Wolfram Gieseke

Die ultimative Anti-Hacker-Bibel

Download
WinOptimizer 18

Link:
https://transfer.mut.de/buch/winoptimizer.exe

1. **Programm herunterladen**
2. **Registrierung und Lizenzschlüssel eingeben**

Die ultimative Anti-Hacker-Bibel

Das Praxisbuch

Wolfram Gieseke

Markt+Technik

ISBN 978-3-95982-188-9

Produktmanagement Christian Braun, Burkhardt Lühr
Herstellung Jutta Brunemann
Korrektorat Alexandra Müller
Covergestaltung David Haberkamp
Coverfotos © Arget – Unsplash.com, Darwin Laganzon, Pete Linforth – Pixabay.com
Satz inpunkt[w]o, Haiger (www.inpunktwo.de)
Druck mediaprint solutions GmbH, Paderborn
Printed in Germany

Vorwort

»Das Böse ist immer und überall« sang schon in den 80er-Jahren die Band »Erste Allgemeine Verunsicherung«. Allgemeine Verunsicherung beschreibt auch den Zustand vieler Menschen, bei denen PC, Smartphone und Internet inzwischen zum Alltag gehören. Beinahe täglich liest man von Sicherheitslücken, Datenlecks, Angriffen auf Onlinedienste oder dass mal wieder ein paar Millionen Benutzerdaten »abhandengekommen« sind.

Doch wer sich informiert und gut vorbereitet, dem muss vor solchen Szenarien nicht bange sein. Denn mit den richtigen Einstellungen und ein paar zusätzlichen Vorsichtsmaßnahmen können Sie sich zuverlässig schützen und sind selbst für die schlimmsten anzunehmenden Situationen – etwa ein entwendetes Smartphone oder ein Einbruch bei Ihrem Onlinedienst – gut gerüstet.

Ich zeige Ihnen, wie Sie Ihren Windows-PC oder auch Ihr Android- oder iOS-Smartphone sicher einrichten, welche Schutzmaßnahmen und Zusatzprogramme sinnvoll sind, wie Sie wirklich sichere Passwörter verwenden und sich trotzdem überall komfortabel anmelden können, wie Sie die wichtigsten Zugänge mit zusätzlichen Anmeldefaktoren sichern oder wie Sie Daten so in der Cloud speichern, dass sie selbst bei einem Einbruch nicht kompromittiert werden. Und ich gebe Ihnen Einblicke in die Vorgehensweise und die technischen Möglichkeiten von Hackern, damit Sie informierte Entscheidungen treffen können, welche Sicherheitsmaßnahmen für Sie wichtig und angemessen sind.

In meinem Blog unter www.gieseke-buch.de informiere ich über neue Entwicklungen, gehe auf aktuelle Probleme ein und beantworte auch gern Fragen meiner Leser. Er dient als ständige Aktualisierung und Ergänzung meiner Bücher. Ebenso können Sie hier mit mir in persönlichen Kontakt treten, um Ihre Fragen oder Anregungen loszuwerden.

Jetzt wünsche ich Ihnen aber erst mal viel Spaß und spannende Erkenntnisse beim Lesen dieses Buches und hoffe, dass Sie sich damit erfolgreich vor den lauernden Gefahren schützen und in kritischen Situationen stets schnell und richtig reagieren können.

Wolfram Gieseke

Inhaltsverzeichnis

1. Sicherheits-Checklisten 13

1.1 Windows 13
1.2 Android 13
1.3 iOS 14
1.4 Webbrowser 14
1.5 Onlineshopping & -banking 15
1.6 Passwörter 15
1.7 Internet- und WLAN-Router 15
1.8 NAS & Co. 16
1.9 Cloud-Dienste 16

2. Das A und O: sichere Passwörter 17

2.1 Wurde einer Ihrer Onlinezugänge schon gehackt? 17
2.2 Sofortmaßnahmen im Ernstfall 18
Symptome für gehackte Passwörter 18
Sofort Gegenmaßnahmen ergreifen 20
2.3 Zuverlässige Passwörter wählen 21
Was steht auf dem Spiel? 22
Wie sicher ist mein Passwort? 22
So werden Passwörter sicher 23
Wie lang sollte ein gutes Passwort sein? 24
Passwörter schützen 25
Ein sicheres Passwort generieren 27
2.4 Hacking-Workshop: Passwörter knacken 29
Archive mit Passwortschutz erstellen 29
Geschützte Archive hacken 31
2.5 Passwort-Manager für Schutz mit Komfort 36
KeePass in Betrieb nehmen 37
Zugangsdaten in KeePass speichern 41
KeePass im Browser verwenden 51
KeePass auf Mobilgeräten 56

2.6 Zwei-Faktor-Authentifizierung (2FA) ... 61
Zwei-Faktor-Anmeldungen bei Onlinediensten ... 62
2FA bei Google-Konten ohne App ... 65
2FA mit Authy ... 67

2.7 FIDO2 statt Passworteingabe ... 73
FIDO2 schon heute praktisch nutzen ... 73

3. Windows-PC: Zugang und Daten schützen ... 77

3.1 Sperrbildschirm und Anmeldeoptionen ... 77
Die Anmeldevarianten bei Windows 10 ... 77
Nur ausgewählte Informationen auf dem Sperrbildschirm ... 82
Hacking-Workshop: Windows-Anmeldung knacken ... 83

3.2 Windows-Benutzerkonten sinnvoll einsetzen ... 85
Zusätzliche Konten für weitere Benutzer anlegen ... 86
Das Kennwort eines Benutzerkontos ändern ... 88
Kontoname und Kontotyp nachträglich verändern ... 91

3.3 Benutzerkontensteuerung schützt PC und Daten ... 92
Die Berechtigungsstufen der Benutzerkontensteuerung ... 93
Die Privilegien des Administratorkontos ... 94
Sichere Hausmannskost als Standardbenutzer ... 95
Die Benutzerkontensteuerung anpassen ... 96

3.4 Windows stets auf dem aktuellen Stand ... 102
Hacking-Workshop: Windows mit dem Hacker-Baukasten angreifen ... 102
Vollautomatische Windows-Updates ... 106
Mehr Kontrolle: den Update-Zeitraum selbst bestimmen ... 108
Installierte Updates überprüfen ... 109
Updates bei Problemen mittels Rollback rückgängig machen ... 110

3.5 Software in der Windows-Sandbox testen ... 112
Die Sandbox-Funktion aktivieren ... 112
Windows-Sandbox ausführen und nutzen ... 113
Die Windows-Sandbox konfigurieren ... 115

3.6 Dateien verschlüsseln ... 116
Ausgewählte Dateien und Ordner schützen ... 117
Komplette Laufwerke verschlüsseln ... 121

Daten auf USB-Sticks und Speicherkarten schützen 130
VeraCrypt: kostenlose und sichere Alternative 134

3.7 Windows-PCs im Netzwerk schützen 139
Öffentliche Netze nur mit aktivem Schutzschild 140
Die klassische Windows Defender Firewall für zuverlässigen Basisschutz 141
Erweiterte Firewall-Einstellungen für flexiblen Schutz 146

4. Android-Geräte sicher nutzen 151

4.1 Den Zugang zum Gerät kontrollieren 151
Passwörter bei der Eingabe zuverlässig verbergen 154
Anmelden per Wischmuster 154
Per Fingerabdruck entsperren 156
Smart Lock – Sperren nur, wenn nötig 158

4.2 Ein Android-Gerät sicher mit anderen teilen 160
Weitere Benutzer anlegen 160
Zwischen Benutzerkonten wechseln 161

4.3 Android aktuell halten – wenn möglich 162
Keine Updates mehr? Alternativen prüfen 163
Apps aktuell halten 165

4.4 Apps sicher installieren und kontrollieren 166
Android-Apps – darauf sollten Sie achten 166
Software aus anderen Quellen installieren 168
Berechtigungen für Apps prüfen und beschränken 169
Apps als Geräteadministratoren 171
Apps als Bedienhilfen 172

4.5 Virenschutz für Android-Geräte 173
So reagiert Play Protect auf problematische Apps 174

4.6 Daten auf Android-Geräten verschlüsseln 175
Die Geräteverschlüsselung aktivieren 176

4.7 Geräte bei Verlust aufspüren oder sperren 178
Fernzugriff auf Android-Geräte 178

4.8 Root-Zugriff: mehr Schaden als Nutzen? 180
Das spricht gegen Root-Zugriff 180

5.	**iPhone und iPad: iOS mit Sicherheit**	**183**
5.1	Das Gerät sicher und komfortabel sperren	183
	Per Biometrie entsperren	184
	Biometrie für weitere Autorisierungen verwenden	185
	Was wird bei gesperrtem Gerät preisgegeben?	186
5.2	iOS aktuell halten	186
	Neue Updates automatisch einspielen	187
5.3	App-Berechtigungen kontrollieren	188
	Welche Berechtigung hat eine bestimmte App?	189
5.4	Das Gerät im Verlustfall orten und sperren	189
5.5	Zwei-Faktor-Authentifizierung für die Apple-ID	191
5.6	Sichere Backups für den Ernstfall	192
	Verschlüsselte Komplett-Backups mit iTunes	193
6.	**Drahtlos sicher: WLANs ohne Risiko**	**195**
6.1	Das eigene WLAN zuverlässig absichern	195
	Eigener Name für das Drahtlosnetzwerk	197
	Kennwort und Verschlüsselung optimal wählen	199
	Zugangssteuerung per MAC-Adresse	202
	Sicherheitslücke: WLAN-Geräte per WPS anmelden	206
6.2	Besuchern ein Gäste-WLAN gefahrlos bereitstellen	208
	Privates Gäste-WLAN einrichten	209
	QR-Code für schnelles, unkompliziertes Anmelden ausdrucken	211
	Den Gästezugang mit Filterregeln flexibel steuern	212
6.3	Fremde Netzwerke ohne Risiken nutzen	214
	Gefahrenquelle öffentliche Hotspots	214
	Gefahrenquelle Hotspot-Portalseiten	218
	Mit VPN überall sicher online gehen	220
7.	**Malware: Viren & Co. vermeiden & bekämpfen**	**233**
7.1	Verhaltensregeln: Schädlinge vermeiden	233
	Fremde Speichermedien prüfen	233
	Vorsicht bei E-Mail-Anhängen	234

Datei-Downloads 235
Drive-By-Infektionen 237

7.2 Infektionen mit Antivirensoftware verhindern 238
Funktioniert mein Virenschutz? 238
Den PC mit Windows Defender schützen 240

7.3 Erpressungstrojaner 250
Schutz vor Erpressungstrojanern 251
Sofortmaßnahmen 254
Den Übeltäter sicher identifizieren 255
Den Schädling loswerden 257
Die Dateiverschlüsselung aufheben 264

7.4 Verdächtige Datei mit Sysinternal-Tools analysieren 268
Sysinternals-Tools im Explorer bereitstellen 269
Alle Autostart-Einträge gründlich prüfen 271
Verdächtige Anwendungen mit dem Prozess-Explorer erkennen 272
Programme mit dem Prozessmonitor analysieren 276

8. Web und Cloud gefahrlos nutzen 279

8.1 Webbrowser aktuell halten 279
Firefox aktualisieren 279
Chrome aktualisieren 280

8.2 Sichere Webseiten mit HTTPS 281
Die Sicherheit einer Webseite prüfen 283
Mit HTTPS Everywhere überall sicher surfen 284

8.3 Angriffe über aktive Inhalte vermeiden 287
Hacking-Workshop: Sind Seiten per Clickjacking verwundbar? 288
JavaScript deaktivieren 290
Inhalte mit NoScript gezielt steuern 292

8.4 Sicherheitsrisiko Browser-Erweiterungen und -Plug-ins 295
Vor dem Installieren prüfen 295
Vorhandene Erweiterungen kontrollieren 296
Plug-ins für zusätzliche Webtechnologien 298

8.5 Webseitenberechtigungen kontrollieren 299
Berechtigungen kontrollieren und nachträglich ändern 300

Alle Berechtigungen einer bestimmten Webseite betrachten 301
Berechtigungen nur in Ausnahmefällen erteilen 302

8.6 Sichere Passwörter für Webdienste 303
Anmelden als? 304
Passwort-Manager im Webbrowser? 304

8.7 Onlineshopping 305
Zuverlässige Onlinehändler 306
Online sicher bezahlen 309
Kaufvertrag sicher abschließen 311
One-Touch-Shopping – pro und kontra 312
Sonderfall Onlineauktionen und -kleinanzeigen 313

8.8 Onlinebanking 314
Mehrfacher Schutz fürs Onlinebanking 315
Onlinebanking ohne Datenspuren 315
Banking per App 316

8.9 Cloud-Dienste sicher nutzen 317
Zwei-Faktor-Authentifizierung nutzen 318
Angemeldete Geräte überprüfen 321
App-Freigaben kontrollieren 322
Boxcryptor: Daten verschlüsselt in der Cloud speichern 323

9. Heimnetzwerk und Geräte schützen 329

9.1 Web- und Wartungszugänge absichern 329
Eigene Zugangsdaten verwenden 330
Fernzugriffe und -wartung abschalten 331
Wichtige Änderungen zusätzlich bestätigen 334
Die Tastensperre der FRITZ!Box aktivieren 334

9.2 Firmware aktualisieren 335

9.3 Portfreigaben kontrollieren und absichern 337
Hacking-Workshop: Schwachstellen per Portscan aufspüren 338
Portscan am eigenen Internetanschluss 340
Portfreigaben im Router steuern 342
Sicherheitsfalle UPnP 345
Ein Gerät komplett für den Zugriff freigeben (DMZ) 348

9.4 Nur notwendige Funktionen eingeschaltet lassen ... 348
Erweiterte Ansicht für volle Kontrolle ... 349
9.5 Nachricht bei Problemen oder Verdacht ... 350
Worüber soll wie benachrichtigt werden? ... 351
9.6 Besondere Maßnahmen bei NAS ... 351
Zusatzpakete bei NAS kontrollieren ... 352
Pakete auf dem aktuellen Stand halten ... 353
Verschlüsselter Zugriff aufs NAS ... 354
Ordner mit wichtigen Daten verschlüsseln ... 356
Stichwortverzeichnis ... 359

1. Sicherheits-Checklisten

Ein Windows-PC oder ein Smartphone ist kein Flugzeug, bei dem ein kleiner Fehler über Leben oder Tod entscheiden kann. Trotzdem können falsche Einstellungen oder riskante Aktionen auch hier gravierende Folgen für die Datensicherheit, die eigene Identität oder auch das Vermögen haben. Deshalb habe ich an den Anfang dieses Buches einige Checklisten gestellt, die sich jeweils verschiedenen Themenbereichen wie Windows, Webbrowser oder Passwörtern widmen. Sie fassen kompakt zusammen, was es im jeweiligen Bereich besonders zu beachten gilt, und verweisen für ausführlichere Beschreibungen auf die entsprechenden Seiten im Buch. So können Sie den Istzustand analysieren und schnell erkennen, wo Handlungsbedarf besteht. Diese Listen können Sie auch später immer mal wieder durchgehen, um sich zu vergewissern, dass Sie immer noch ausreichend geschützt sind.

1.1 Windows

- ☑ Ist der Zugang mit einem sicheren Passwort geschützt? ______ ⇨ Seite 77
- ☑ Ist die Benutzerkontensteuerung sicher eingestellt? ______ ⇨ Seite 92
- ☑ Haben zusätzliche Benutzer eigene Konten? ______ ⇨ Seite 85
- ☑ Ist Windows immer auf dem aktuellen Stand? ______ ⇨ Seite 102
- ☑ Sind auch Webbrowser und andere Anwendungen aktuell? ______ ⇨ Seite 279
- ☑ Ist ein effektiver Virenschutz eingerichtet? ______ ⇨ Seite 238
- ☑ Verwenden Mobil-PCs bei öffentlichen Zugängen VPN? ______ ⇨ Seite 220
- ☑ Werden neue, unbekannte Programme sicher getestet? ______ ⇨ Seite 112
- ☑ Ist die Windows-Netzwerk-Firewall sicher konfiguriert? ______ ⇨ Seite 141
- ☑ Sind vertrauliche Daten auf der Platte verschlüsselt? ______ ⇨ Seite 116

1.2 Android

- ☑ Ist eine sichere Bildschirmsperre eingerichtet? ______ ⇨ Seite 151
- ☑ Ist Android auf dem aktuellen Stand? ______ ⇨ Seite 162
- ☑ Ist der Virenschutz Play Protect aktiviert? ______ ⇨ Seite 173
- ☑ Sind die App-Berechtigungen auf das Nötigste beschränkt? ______ ⇨ Seite 169
- ☑ Sind Apps aus unsicheren Quellen blockiert? ______ ⇨ Seite 168

- ☑ Haben Sie Geräteadministrator und Bedienhilfen kontrolliert? ⇨ Seite 171
- ☑ Sind die Dateien auf dem Smartphone verschlüsselt? ⇨ Seite 175
- ☑ Ist das Gerät für Fernortung und -sperre bei Verlust vorbereitet? ⇨ Seite 178
- ☑ Ist eine VPN-Verbindung für öffentliche Hotspots eingerichtet? ⇨ Seite 228
- ☑ Ist kein Root-Zugriff eingerichtet? ⇨ Seite 180
- ☑ Haben Sie eine Passwort-Manager-App installiert und eingerichtet? ⇨ Seite 56

1.3 iOS

- ☑ Wurde eine sichere Sperrmethode per PIN oder Biometrie gewählt? ⇨ Seite 183
- ☑ Ist ein zusätzlicher Schutz für Apple Pay & Co. aktiviert? ⇨ Seite 185
- ☑ Ist iOS immer auf dem aktuellen Stand? ⇨ Seite 186
- ☑ Sind die Zugriffsrechte von Apps auf das Nötigste beschränkt? ⇨ Seite 188
- ☑ Sind Fernortung und -sperrung bei Verlust aktiviert? ⇨ Seite 189
- ☑ Wurde eine Zwei-Faktor-Verschlüsselung für die Apple-ID eingerichtet? ⇨ Seite 191
- ☑ Wurden verschlüsselte Backups mit iTunes angelegt? ⇨ Seite 192
- ☑ Haben Sie eine Passwort-Manager-App installiert und eingerichtet? ⇨ Seite 56
- ☑ Ist der USB-Anschluss bei einem gesperrten Gerät blockiert? ⇨ Seite 186

1.4 Webbrowser

- ☑ Ist Ihr Webbrowser stets auf dem aktuellen Stand? ⇨ Seite 279
- ☑ Sind sichere Verbindungen per HTTPS aktiviert, wann immer möglich? ⇨ Seite 281
- ☑ Sind nur notwendige aktive Inhalte und Skripte zugelassen? ⇨ Seite 287
- ☑ Haben Sie die Kontrolle über Ihre Browser-Erweiterungen und Plug-ins? ⇨ Seite 295
- ☑ Sind die Berechtigungen von Webseiten eingeschränkt? ⇨ Seite 299
- ☑ Ist der Passwort-Manager im Webbrowser deaktiviert? ⇨ Seite 304
- ☑ Ist ein Browser-Add-on für den Passwort-Manager installiert? ⇨ Seite 51

1.5 Onlineshopping & -banking

- ☑ Ist Ihr Webbrowser stets auf dem aktuellen Stand? ⇨ Seite 279
- ☑ Sind sichere Verbindungen per HTTPS aktiviert, wann immer möglich? ⇨ Seite 281
- ☑ Haben Sie sichere, einzigartige Passwörter für alle Konten gewählt? ⇨ Seite 21
- ☑ Haben Sie die Kriterien für zuverlässige Händler beachtet? ⇨ Seite 306
- ☑ Haben Sie ein sicheres Bezahlverfahren mit Käuferschutz gewählt? ⇨ Seite 309
- ☑ Sind alle One-Touch-Shopping-Funktionen deaktiviert? ⇨ Seite 312
- ☑ Haben Sie die Vorsichtsmaßnahmen bei Onlineauktionen im Blick? ⇨ Seite 313
- ☑ Haben Sie eine anonyme Browser-Sitzung für das Onlinebanking genutzt? ⇨ Seite 315
- ☑ Ist ein sicherer Zweitfaktor für die Banking-TANs im Einsatz? ⇨ Seite 316

1.6 Passwörter

- ☑ Haben Sie das Verzeichnis gehackter Zugänge kontrolliert? ⇨ Seite 17
- ☑ Haben Sie sichere, einzigartige Passwörter für alle Konten gewählt? ⇨ Seite 21
- ☑ Ist ein sicherer Passwort-Manager eingerichtet? ⇨ Seite 36
- ☑ Ist eine Zwei-Faktor-Anmeldung für wichtige Zugänge aktiviert? ⇨ Seite 61
- ☑ Sind Biometrie oder Hardwareschlüssel eingerichtet? ⇨ Seite 73

1.7 Internet- und WLAN-Router

- ☑ Haben Sie die Standardzugangsdaten durch Ihre eigenen ersetzt? ⇨ Seite 330
- ☑ Haben Sie sichere Passwörter für die Weboberfläche gewählt? ⇨ Seite 21
- ☑ Sind überflüssige Wartungszugänge geschlossen? ⇨ Seite 331
- ☑ Ist das automatische Update der Firmware konfiguriert? ⇨ Seite 335
- ☑ Haben Sie Ihr eigenes Netzwerk mit Portscan auf Lecks überprüft? ⇨ Seite 338
- ☑ Haben Sie Ihren Internetanschluss über einen externen Scan getestet? ⇨ Seite 340
- ☑ Sind nur wirklich notwendige Ports nach außen freigegeben? ⇨ Seite 342
- ☑ Ist die automatische Portfreigabe per UPnP deaktiviert? ⇨ Seite 345

- ☑ Ist die Demilitarisierte Zone (DMZ) ausgeschaltet? ⇨ Seite 348
- ☑ Sind alle nicht benötigten Funktionen abgeschaltet? ⇨ Seite 348
- ☑ Haben Sie die Nachrichten bei kritischen Ereignissen konfiguriert? ⇨ Seite 350

1.8 NAS & Co.

- ☑ Haben Sie die Standardzugangsdaten durch Ihre eigenen ersetzt? ⇨ Seite 330
- ☑ Haben Sie sichere Passwörter für die Weboberfläche gewählt? ⇨ Seite 21
- ☑ Sind alle unnötigen Funktionen und Pakete deaktiviert? ⇨ Seite 352
- ☑ Haben Sie automatische Updates von Firmware und Paketen aktiviert? ⇨ Seite 353
- ☑ Sind vertrauliche Daten auf dem NAS verschlüsselt? ⇨ Seite 356
- ☑ Haben Sie Nachrichten bei kritischen Ereignissen konfiguriert? ⇨ Seite 350

1.9 Cloud-Dienste

- ☑ Ist Ihr Webbrowser stets auf dem aktuellsten Stand? ⇨ Seite 279
- ☑ Sind sichere Verbindungen per HTTPS aktiviert, wann immer möglich? ⇨ Seite 281
- ☑ Haben Sie sichere, einzigartige Passwörter für alle Konten gewählt? ⇨ Seite 21
- ☑ Ist die Zwei-Faktor-Anmeldung eingerichtet? ⇨ Seite 318
- ☑ Sind die angemeldeten Geräte beim Cloud-Dienst kontrolliert? ⇨ Seite 321
- ☑ Haben Sie die Berechtigungen von Apps und Fremddiensten überprüft? ⇨ Seite 322
- ☑ Haben Sie vertrauliche Daten in der Cloud verschlüsselt abgelegt? ⇨ Seite 323

2. Das A und O: sichere Passwörter

Ein Buch über Sicherheit und den Schutz vor Hackern muss beinahe zwangsläufig mit dem Thema »Passwörter« beginnen. Denn ohne Zugangsdaten zu PCs, Smartphones und einer Vielzahl von Onlinediensten geht heutzutage praktisch nichts mehr in der digitalen Welt.

2.1 Wurde einer Ihrer Onlinezugänge schon gehackt?

Gehackte Onlinezugänge sind eine Ware, die wie andere Informationen in interessierten Kreisen gehandelt oder getauscht werden. So entstehen umfangreiche Log-in-Sammlungen, die gelegentlich auch das Licht der Öffentlichkeit erblicken, wenn sie geleakt oder bei Ermittlungen beschlagnahmt werden.

Der Betreiber der Website haveibeenpwned.com (was so viel heißt wie »bin ich gehackt worden«) sammelt solche Daten und macht sie für eine Suche zugänglich.

1. Öffnen Sie die Adresse haveibeenpwned.com in einem beliebigen Webbrowser.
2. Tippen Sie in das Eingabefeld unter der Überschrift *';--have i been pwned?* die vollständige E-Mail-Adresse ein, die Sie für Onlinedienste verwenden bzw. verwendet haben.

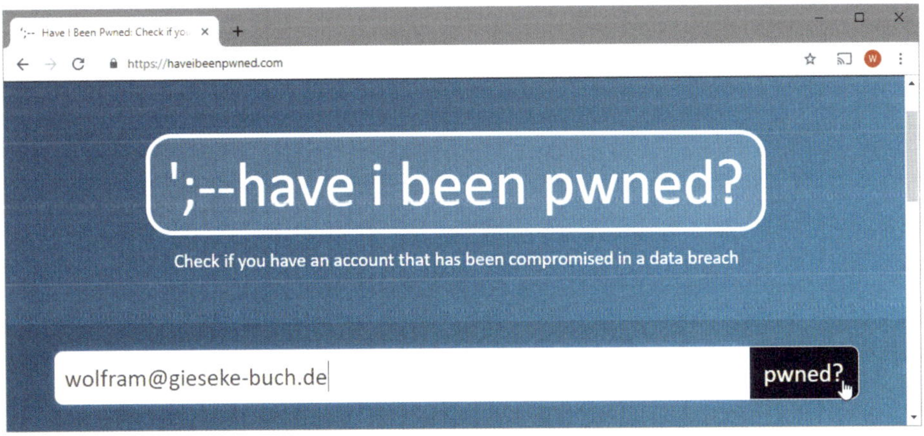

3. Klicken Sie dann rechts daneben auf die *pwned?*-Schaltfläche.
4. Der Server durchsucht nun seine Datenbestände und überprüft, ob die angegebene E-Mail-Adresse darin irgendwo auftaucht. Idealerweise ist das nicht der Fall, dann erhalten Sie die Meldung *Good news – no pwnage found!*.

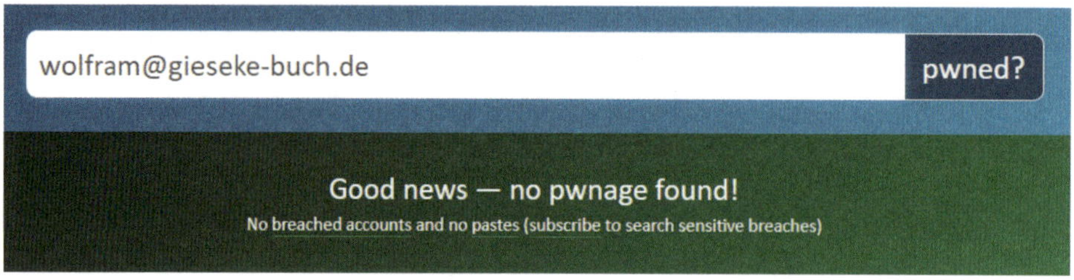

5. Sollte tatsächlich ein Zugang mit dieser E-Mail-Adresse gehackt worden sein, sehen Sie stattdessen die Meldung *Oh no – pwned!* In diesem Fall sollten Sie unbedingt umgehend aktiv werden und alle Onlinezugänge, die diese E-Mail-Adresse nutzen, überprüfen sowie das Passwort ändern. Mehr zu solchen Sofortmaßnahmen bei gehackten Zugängen erfahren Sie im Folgenden.

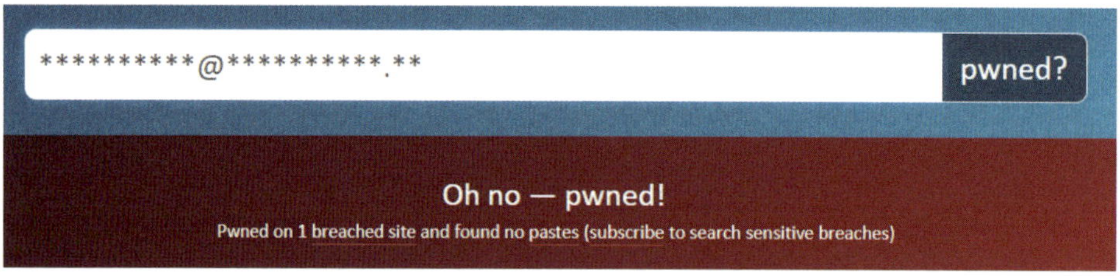

2.2 Sofortmaßnahmen im Ernstfall

Wenn Sie bemerken oder vermuten, dass Ihre Anmeldedaten gehackt wurden, sollten Sie umgehend tätig werden. Das gilt umso mehr für »wichtige« Log-ins etwa für Onlineshopping oder -banking, wo ein Missbrauch direkt ins Geld gehen kann. Aber auch bei vermeintlich weniger wichtigen Diensten kann es unangenehme Folgen haben, wenn sich jemand mit Ihren Anmeldedaten als Sie ausgibt.

Symptome für gehackte Passwörter

Solange ein Passwortdieb nichts wirklich Auffälliges anstellt – wie z. B. das alte Passwort zu ändern –, bemerken Sie seine Anwesenheit vielleicht erst, wenn es zu spät ist. Dann nämlich, wenn überraschende Rechnungen ins Haus flattern oder es anderweitig ein böses Erwachen gibt.

Es gibt allerdings einige Hinweise, auf die Sie achten können:

- Wenn Sie sich mit Ihrem Passwort nicht mehr wie gewohnt anmelden können, könnte dies daran liegen, dass ein Hacker sich Zugang verschafft und das Passwort dann geändert hat.

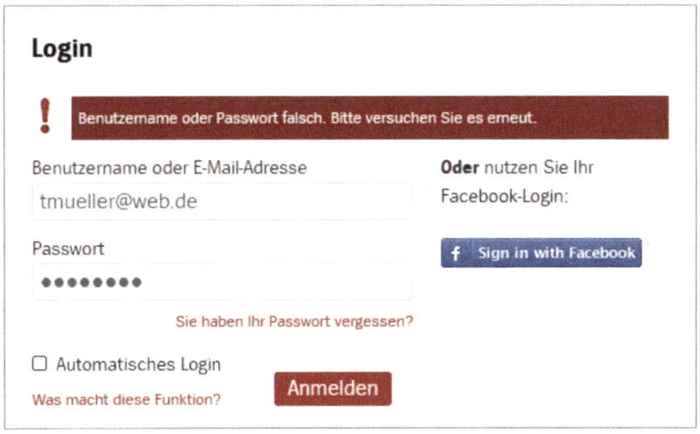

- Wenn Sie plötzlich vermehrt merkwürdige Nachrichten per E-Mail oder Chat erhalten, die sich auf völlig fremde Themen beziehen oder von gänzlich unbekannten Absendern stammen, kommuniziert möglicherweise ein Passwortdieb unter Ihrem Namen.
- Wenn Sie beim Anmelden mit der Fehlermeldung abgewiesen werden, Sie seien bereits online. Das kann zwar auch ein simpler Fehler sein, aber wenn sich solche Vorfälle häufen, sollten Sie ihnen unbedingt auf den Grund gehen.
- Achten Sie in Foren und Messaging-Diensten auf Beiträge, die angeblich von Ihnen verfasst wurden. Deutliche Hinweise sind auch Antworten auf solche Nachrichten oder unerwartete Bemerkungen von anderen über Ihre Onlineaktivitäten.
- Wenn Sie Bestellbestätigungen oder Rechnungen über Produkte oder Dienstleistungen bekommen, die Sie nicht geordert haben, schauen Sie genau hin. Es ist manchmal schwierig, solche Nachrichten von Spam zu unterscheiden. Deshalb sollten Sie insbesondere Dateianhänge bei solchen Mails nicht gleich öffnen. Aber wenn die Mail Ihre konkrete Lieferadresse etc. enthält, sollten Sie der Sache auf den Grund gehen.
- Viele Dienste bieten mittlerweile hilfreiche Funktionen an, die beim Aufspüren verdächtiger Aktivitäten helfen. So erfahren Sie beispielsweise bei der Anmeldung bei einem Onlinedienst, wann Sie diesen zuletzt von welchem Rechner aus genutzt haben. Überprüfen Sie diese Angaben gelegentlich.
- Andere Anbieter erkennen Geräte, von denen aus sich jemand bei einem Konto anmeldet. Erfolgt eine Anmeldung von einem neuen Konto aus, erhält der Kontobesitzer eine Benachrichtigung per E-Mail oder SMS. Gehen Sie solchen Hinweisen nach, wenn Sie sich nicht erklären können, wie sie zustande kamen. Ähnliches gilt für den Zugriff durch externe Anwendungen.

- Viele Dienste bieten auch einen Verlauf bzw. eine Aktivitätshistorie. Diese dient vor allem dem Komfort, aber man kann damit auch überprüfen, ob es in jüngster Vergangenheit Aktivitäten gab, die man nicht selbst ausgeführt hat.

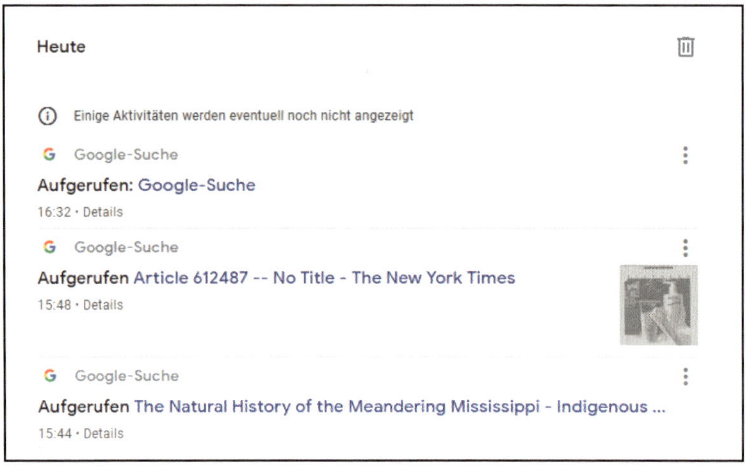

Sofort Gegenmaßnahmen ergreifen

Sollten Sie trotzdem Hinweise oder gar konkrete Beweise haben, dass jemand Ihr Passwort missbraucht, dann gibt es einige Dinge, die Sie umgehend tun sollten:

1. Wenn möglich, ändern Sie umgehend Ihr Passwort. Wählen Sie unbedingt ein neues sicheres Passwort (siehe Seite 23).
2. Wenn Sie sich nicht mehr anmelden können, weil der Eindringling das Passwort bereits geändert hat, können Sie oftmals die Funktion *Passwort vergessen* verwenden, um das Kennwort zurückzusetzen. Über eine hinterlegte E-Mail-Adresse, Telefonnummer o. Ä. können Sie dann wieder Zugang zu Ihrem Konto erlangen – wenn der Angreifer diesen Mechanismus nicht bereits zu seinen Gunsten manipuliert hat.
3. Wenn das Passwort geändert wurde und Sie es nicht zurücksetzen können (etwa weil die hinterlegte E-Mail-Adresse offensichtlich geändert wurde), nehmen Sie Kontakt zum Kundendienst, Administrator oder Betreiber des Onlinedienstes auf. Beschreiben Sie, was vorgefallen ist. Fordern Sie den Betreiber auf, das Passwort zu ändern oder den Zugang ggf. ganz zu sperren. Das ist oft nicht ganz einfach, da der Betreiber sich selbst absichern muss, aber zumindest ist Ihr Fall damit »aktenkundig«. Je eher Sie dies machen, desto besser – insbesondere wenn der Eindringling laufende Kosten oder sonstige Schäden verursachen kann.
4. Auch wenn Sie Ihr Passwort selbst ändern konnten, sollten Sie den Betreiber von dem Vorfall unterrichten. Vielleicht hat der Hacker sich nicht nur in Ihren Zugang eingeschlichen. Außerdem haben Sie bessere Karten, wenn der Angreifer in der Zwischenzeit Probleme oder Kosten verursacht hat.

5. Suchen Sie gründlich nach Spuren, die der Eindringling hinterlassen hat. Vielleicht hat er Nachrichten in Ihrem Namen verfasst oder Inhalte eingestellt und veröffentlicht. Überprüfen Sie auch alle Einstellungen des Kontos ganz genau. Bei E-Mail-Postfächern etwa kann man Weiterleitungsregeln festlegen, durch die Kopien aller Nachrichten an eine andere Adresse gesendet werden. So hätte ein Angreifer Sie weiterhin unter Kontrolle, selbst wenn Sie Ihr Postfach vermeintlich zurückerobert hätten.
6. Hatte der Angreifer Zugriff auf Dateien (beispielsweise in einem Cloud-Speicher), dann betrachten Sie diese ab sofort als kompromittiert. Haben Sie ein sicheres Backup, sollten Sie dieses direkt einspielen, um auf Nummer sicher zu gehen. Andernfalls müssen Sie die Dateien nicht zwangsläufig löschen. Bilder etwa können schlimmstenfalls beschädigt oder gelöscht sein. In wichtigen Dokumenten aber könnten Änderungen vorgenommen worden sein. Ausführbare Dateien (auch in Archiven) sollten keinesfalls mehr benutzt werden.
7. Überprüfen Sie ggf. Foren und Diskussionsgruppen auf Nachrichten, die mit Ihrem Absender verschickt wurden. Sollten Sie fündig werden, informieren Sie die betreffende Gruppe über den Missbrauch Ihres Passworts, und stellen Sie klar, dass die Nachricht nicht wirklich von Ihnen stammte.
8. Je nach Art des gehackten Zugangs kann es sinnvoll sein, eine Strafanzeige gegen unbekannt zu stellen. Die Behörden werden zwar nur bei einem relevanten Schaden größere Anstrengungen unternehmen und dabei oftmals auch wenig Erfolg haben. Wichtig ist aber, dass Ihr Fall »aktenkundig« ist, falls sich in der Folgezeit erst noch Aktivitäten des Angreifers herausstellen, die weitere Schäden verursacht haben oder womöglich strafrechtlich relevant sind. Man ist dann in einer besseren Position, wenn man nachweisen kann, dass man den Angriff schon längst angezeigt hat.
9. Wechseln Sie Ihre Passwörter in der Folgezeit regelmäßig, und seien Sie besonders wachsam. Eventuell funktioniert der Trick des Angreifers erneut. Vielleicht hat er bei dem Einbruch auch Informationen erbeutet, die ihm einen erneuten Angriff leichter machen.

2.3 Zuverlässige Passwörter wählen

Das Passwort ist zusammen mit dem Benutzernamen Ihre Eintrittskarte zu allem, was mit vertraulichen und persönlichen Daten zu tun hat. Nicht nur Ihr eigener Rechner ist so geschützt, auch jeder Onlinedienst verlangt ein Passwort bei der Anmeldung. Ebenso müssen Sie sich beim Onlinebanking mit PIN oder Passwort anmelden und ausweisen, bevor Sie Zugriff auf Ihr Konto erhalten.

Das bedeutet zum einen, dass Sie Ihr Passwort möglichst nicht vergessen sollten, um sich nicht selbst von Ihren Daten und Kommunikationsmöglichkeiten auszuschließen. Zum andern heißt es aber auch, dass jeder, der Ihr Passwort kennt, sich an Ihrer Stelle dieser Daten und Zugänge bedienen kann.

Was steht auf dem Spiel?

Jeder, der in den Besitz Ihres Passworts gelangt, kann auf dem Gerät oder mit dem jeweiligen Onlinedienst alles machen, was Sie selbst tun dürfen. Und er kann Dinge tun, die Sie selbst nie machen würden.

- Wenn jemand beispielsweise Ihr Facebook-Konto stiehlt, kann er damit Ihre Online-Identität annehmen. Stellen Sie sich z. B. vor, er veröffentlicht Nachrichten und Bilder unter Ihrem Namen oder tritt als Sie mit Ihren Freunden in Kontakt. Stellen Sie sich dann noch vor, was das Übelste ist, das er dabei anstellen könnte.
- Ganz nebenbei kann er Sie selbst von Ihren Zugängen und Daten aussperren, indem er das Passwort ändert, sodass Sie selbst keinen Zugang mehr haben.
- Geht es beispielsweise um ein Konto für Onlineshopping, einen Onlinedienst mit Abonnements oder Onlinespiele mit InGame-Käufen, kann es noch viel schlimmer kommen. Sämtliche Bestellungen, Käufe, Abos und sonstigen Kosten werden dann von Ihrem hinterlegten Konto abgebucht. Selbst wenn Sie beweisen können, dass ein anderer Ihre Zugangsdaten missbraucht hat, wird es nicht einfach werden, sich diese Kosten zurückzuholen.
- Wenn Sie eine eigene Website oder ein Profil bei Facebook, Instagram o. Ä. haben, die mit dem gestohlenen Passwort geschützt ist, kann der Eindringling richtig kreativ werden. Dass er Ihre Seiten verunstaltet, ist noch das Geringste. Vielleicht benutzt er es, um unter Ihrem Namen illegale Inhalte zu verbreiten.

Die Möglichkeiten sind vielfältig und lassen sich leicht auf einen Nenner bringen: Jemand, der Ihr Passwort kennt, kann Sie Ihr Ansehen, Ihren Onlinezugang und viel Geld kosten und darüber hinaus Zugang zu Ihren sensibelsten persönlichen Daten erlangen.

Wie sicher ist mein Passwort?

Auf der Webseite checkdeinpasswort.de können Sie Passwörter testen. Tippen Sie dort in das Eingabefeld Ihr Passwort ein. Es wird in Echtzeit bewertet, sodass sich die Hintergrundfarbe der Seite bei jedem Zeichen dynamisch anpasst.

Rot bedeutet »völlig unsicher« und geht mit jedem (guten) weiteren Zeichen allmählich zu Gelb über. Ziel ist es, eine grüne Hintergrundfarbe zu erreichen. Zusätzlich erhalten Sie darunter jeweils eine Erläuterung, was das derzeit eingetippte Passwort unsicher macht.

Zur Bewertung verwendet die Webseite eine Liste der häufigsten deutschen Vor- und Nachnamen, eine Liste der häufigsten deutschen Wörter sowie eine Liste der 10.000 weltweit meistgenutzten Passwörter. Findet sich Ihr Passwort oder ein wesentlicher Teil davon in einer dieser Listen, hat es keine Chance, in den »grünen« Bereich zu gelangen.

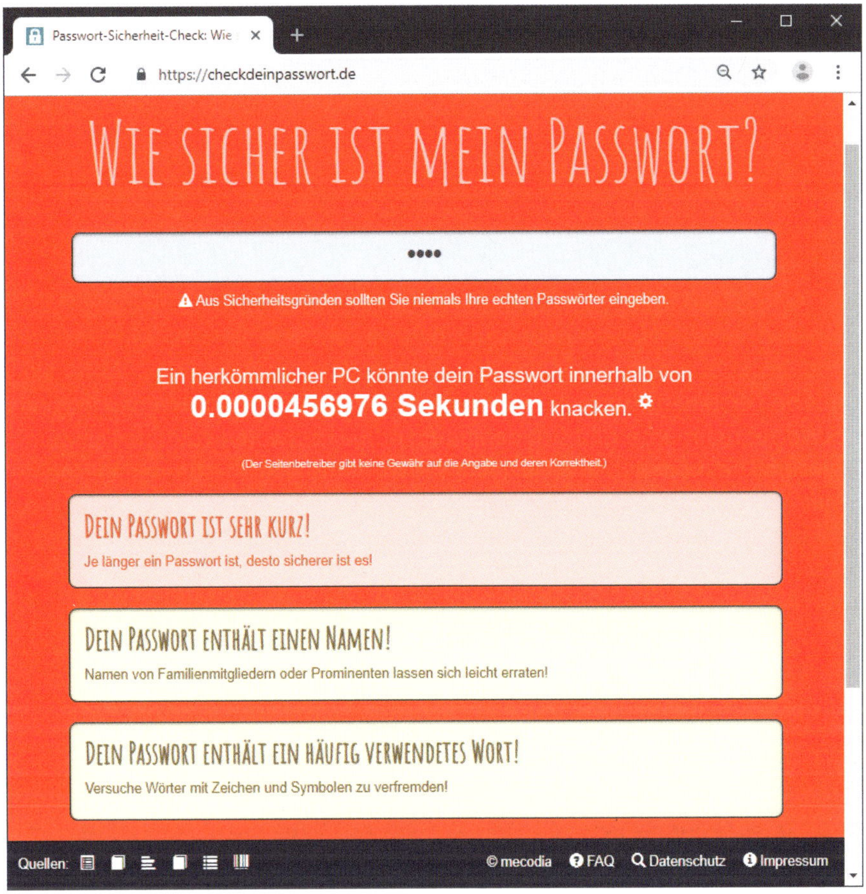

So werden Passwörter sicher

Effektiver Passwortschutz beginnt mit der Wahl des Passworts. Ein Passwort, das von anderen leicht erraten werden kann, ist so gut wie keins. Viele naheliegende Begriffe lassen sich leicht merken, eignen sich aber überhaupt nicht als Passwort:

- der eigene Name, ebenso wie der von Frau, Freundin, Kindern oder Haustieren,
- Lieblingsfarbe, Lieblingsband, Lieblingsautor, Lieblings...,
- Marke, Typ oder Kennzeichen des eigenen Autos,
- das eigene Geburtsdatum oder das von Verwandten oder Freunden,
- PLZ oder Name des Wohnorts,
- alle sonstigen Begriffe, die jedermann wissen oder herausbekommen könnte, der Sie auch nur flüchtig kennt.

Auch bei weniger naheliegenden Begriffen sollten Sie darauf achten, keine Wörter zu benutzen, wie sie z. B. in Lexika oder Wörterbüchern stehen. Genau solche Wortlisten benutzen Hacker, um ein Passwort auf die harte Tour herauszubekommen. Deshalb sollte jedes Passwort Elemente enthalten, die ganz bestimmt nicht in einem Wörterbuch vorkommen. Eine gute Regel ist, in jedem Passwort mindestens eine Zahl und ein Sonderzeichen (z. B. , ; . : _ ? ! + - & $ §) an einer willkürlichen Stelle einzubauen.

Der persönliche Satz

Sie suchen nach einem leicht zu merkenden Passwort, das trotzdem sicher ist? Denken Sie sich doch einfach einen sehr persönlichen Satz aus, den Sie sich bestimmt gut merken können, z. B.: »Mein erstes Haustier war ein Kater namens Felix.« Wenn Sie jetzt jeweils den ersten Buchstaben (oder auch den zweiten, den dritten den letzten etc.) jedes Wortes nehmen, ergibt sich daraus ein prima Passwort. In diesem Fall wäre es z. B. `MeHweKnF`, ein scheinbar völlig sinnloses Wort, das ganz bestimmt in keinem Lexikon auftaucht. Trotzdem hat diese exotische Kombination für Sie einen Sinn und ist deshalb gut zu merken. Vielleicht finden Sie nun noch die Möglichkeit, an einer halbwegs sinnvollen Stelle eine Ziffer und/oder ein Sonderzeichen einzubauen, etwa so: `M1HweK=F`.

Wie lang sollte ein gutes Passwort sein?

Die Antwort auf diese Frage scheint nahezuliegen: je länger, desto besser. Tatsächlich ist es aber nicht ganz so einfach. Natürlich hängt die Sicherheit eines Passworts technisch gesehen von seiner Länge ab. Ein Passwort, das aus nur einem Zeichen besteht, kann jedermann durch einfaches Ausprobieren in relativ kurzer Zeit erraten. Mit jedem zusätzlichen Zeichen potenziert sich der dazu nötige Aufwand, sodass ein zehnstelliges Passwort selbst mit technischen Hilfsmitteln kaum zu knacken ist.

Hacker beschränken sich aber nicht auf technische Hilfsmittel. Eine ebenso einfache wie effektive Methode ist, das Opfer beim Eintippen des Passworts heimlich zu beobachten. Wenn Ihr Passwort nun so lang und kompliziert ist, dass Sie es nur langsam eintippen können und womöglich noch Tippfehler machen und die Eingabe wiederholen müssen, geben Sie einem heimlichen Zuschauer gute Chancen, zumindest Teile des gesuchten Begriffs zu sehen. Wenn er sich den Rest dazudenken kann, dann ist Ihr Passwort dadurch schon verraten. Achten Sie beim Auswählen des Passworts deshalb darauf, dass es nicht nur sicher, sondern auch schnell und flüssig einzugeben ist.

Wenn Sie auf Nummer sicher gehen wollen und außerdem ein gutes Gedächtnis besitzen, gibt es eine recht einfache Methode, sehr sichere Passwörter zu schaffen: Tippen Sie mit geschlossenen Augen ein paarmal mit verschiedenen Fingern auf die Tastatur. Schauen Sie sich das Ergebnis an, und ergänzen Sie es ggf. mit einigen Zahlen und Sonderzeichen. Wenn Sie es schaffen, sich das Ergebnis einzuprägen, besitzen Sie ein Passwort, das wohl niemand erraten kann.

Längenbeschränkungen

Manchmal hängt die Länge des Passworts nicht nur von Ihrer Wahl ab. Bei einigen Anwendungen ist eine feste Länge vorgegeben. Bekanntestes Beispiel sind wohl die PINs von EC-Karten, die grundsätzlich vierstellig sind. Ähnlich ist es auch bei anderen PIN-Anwendungen wie z. B. Onlinebanking, wo die Geheimzahlen oder Passwörter teilweise nur zwischen vier und sechs Stellen lang sein dürfen. Diese Beschränkungen liegen in der Regel in der verwendeten Software begründet, die nur einen begrenzten Speicherplatz für das Verarbeiten der PINs zur Verfügung hat.

Ebenso gibt es Mindestlängen bei der Wahl von Passwörtern. Darüber werden Sie meist vor dem ersten Eingeben eines Kennworts informiert. Manchmal erfahren Sie es aber auch erst, wenn Sie ein zu kurzes Passwort gewählt haben und das Programm sich deshalb beschwert. Dann teilt es Ihnen aber mit, wie lang das Passwort denn nun sein muss. Auch wenn es etwas nervig sein mag, erst im x-ten Anlauf ein geeignetes Passwort zu finden, sind Systeme, die die Passwörter der Benutzer auf Sicherheit überprüfen, sehr sinnvoll. Sie helfen den Benutzern, die häufigsten Fehler beim Auswählen von sicheren Passwörtern zu vermeiden.

Passwörter schützen

Auch ein geschickt gewähltes Passwort ist noch lange nicht sicher. Damit es wirklich geheim bleibt, sollten Sie es genauso sensibel wie z. B. die PIN Ihrer Bankkarte oder eine Safe-Kombination behandeln. Dazu gehört, das Passwort nirgends schriftlich zu hinterlassen und es niemand anderem mitzuteilen.

Darüber hinaus gibt es einige besondere Vorsichtsmaßnahmen im Umgang mit Passwörtern:

- Wenn Sie einen neuen Benutzerzugang erhalten, besteht der in der Regel aus einer Benutzerkennung und einem automatisch generierten Passwort. Dieses Passwort wird meist nach einfachen Regeln erzeugt. Diese Regeln sind auch Hackern bekannt, die häufig Systeme nach solchen neuen Benutzern durchsuchen. Melden Sie sich deshalb umgehend nach Erhalt der Zugangsdaten an, und ändern Sie das Passwort.
- Leichtsinnige Betreiber verzichten teilweise immer noch auf das Verwenden eines Anfangspassworts. Hier ist der Zugang so lange ungeschützt, bis der Benutzer sich das erste Mal anmeldet. Dann wird er automatisch aufgefordert, ein Passwort anzugeben. Wer sagt aber, dass nicht ein Hacker den frei zugänglichen Zugang entdeckt und sich zu eigen macht? Auch deshalb ist beim ersten Anmelden für einen neuen Zugang Eile geboten.
- Schreiben Sie ein Passwort nicht auf einen Klebezettel an den Monitor. Auch das Versteck unter der Schreibunterlage ist inzwischen aus diversen James-Bond-Filmen bekannt und war auch noch nie sicher. Solange Sie nicht als Einsiedler auf einer einsamen

Insel wohnen, müssen Sie davon ausgehen, dass andere Personen Zugang zu Ihrem Schreibtisch und Ihrem Rechner haben und sich solche Verstecke zunutze machen. Wenn Sie Ihre Passwörter auf dem Rechner speichern wollen, dann verwenden Sie dazu ein Programm, das sie verschlüsselt ablegt (siehe dazu Seite 36).

- Geben Sie Ihr Passwort niemand anderem, egal, wie sehr Sie ihm oder ihr vertrauen. Auch wenn diese Person Ihr Passwort nicht missbraucht, kann sie es doch durch eine Unachtsamkeit anderen verraten. Das Passwort zu »verleihen«, heißt immer auch, die Kontrolle darüber aus der Hand zu geben. Auch Mitarbeiter von Onlinediensten, -banken oder -shops fragen Kunden **niemals** nach deren Passwörtern. Allerdings ist dieser Trick bei Hackern sehr beliebt.
- Sollte es doch einmal unbedingt notwendig sein, ein Passwort jemand anderem mitzuteilen, dann gehen Sie so vor: Ändern Sie zunächst das aktuelle Passwort in ein anderes. Dieses neue Geheimwort sollte absolut neutral sein und dem anderen keinen Hinweis darauf geben, wie Sie üblicherweise Ihr Passwort gestalten. Teilen Sie das neue Passwort mit, und klären Sie dabei, wie lange der andere den Zugang benutzen wird. Sofort nach Ablauf dieser Zeit melden Sie sich an und wechseln das Passwort erneut. Entweder Sie gehen zu dem alten Passwort zurück, oder Sie nutzen die Gelegenheit für einen Wechsel.
- Die wichtigste Regel heißt: Ändern Sie Ihr Passwort regelmäßig, auch wenn es lästig ist. Sie können nie wissen, ob nicht doch jemand Ihr geheimes Erkennungswort bereits ausgespäht oder geknackt hat. Wenn man es bemerkt, dann ist es meist schon zu spät, und der Schaden ist angerichtet. Wenn Sie aber regelmäßig Ihr Passwort wechseln, geben Sie einem Eindringling möglichst wenig Zeit, mit dem erschlichenen Zugang Unheil anzurichten. Das neue Passwort muss er schließlich erst wieder herausfinden. Wenn ein Hacker Sie ins Visier genommen hat, wird ihn ein regelmäßiger Wechsel des Passworts außerdem abschrecken.

Gefährlich: Passwörter in Anmeldedialogen speichern

Anwendungen mit Onlinefunktionen bieten häufig die Möglichkeit, Zugangsdaten wie Benutzername und Kennwort zu speichern. Das entbindet die Benutzer von der lästigen Pflicht, stets dieselben Eingaben wiederholen zu müssen. Das ist sicherlich sehr bequem, aber alles andere als sicher.

Stellen Sie sich vor, Ihr Rechner wird bei einem Einbruch entwendet. Wenn der Einbrecher ohne jegliche Passworteingabe Zugang zu Ihrem Rechner bekommt und Ihre Onlinedienste oder -shops direkt öffnen kann, braucht er nicht mal Hacker zu sein, um auf Ihre Kosten durch das Web zu surfen.

Ein Passwort für das automatische Anmelden zu speichern, ist also ungefähr so, als ob Sie gar kein Passwort hätten. Auch wenn ein anderer Ihr Passwort nicht lesen kann (weil es ja nicht im Klartext angezeigt wird), kann er sich beliebig Zugang verschaffen.

Autovervollständigen im Webbrowser?

Praktisch alle aktuellen Webbrowser verfügen über zahlreiche Komfortfunktionen, die den Benutzern das Surfen möglichst leicht machen sollen. Dazu gehört auch das automatische Vervollständigen von regelmäßig besuchten Formularseiten. Auch hier bedeutet der Komfort einen erheblichen Sicherheitsmangel. Wenn Sie sich beispielsweise ohne Eingabe eines Passworts bei einem vertraulichen Webangebot anmelden können, weil der Browser dies automatisch für Sie erledigt, kann das auch jeder andere, der Zugang zu Ihrem Rechner erlangt. Für kritische Kennwörter wie etwa die PIN beim Onlinebanking sollte man deshalb keinesfalls die Autovervollständigung verwenden. Besser und sicherer ist es allerdings, einen Passwort-Manager wie KeePass (siehe Seite 36) zu verwenden. Der integriert sich in den Webbrowser und kann ebenfalls Anmeldeformulare ausfüllen. Allerdings erst, wenn Sie zumindest einmal das Master-Passwort des Managers eingetippt haben.

Ein sicheres Passwort generieren

Im Prinzip können Sie sich jederzeit selbst ein sicheres Passwort erstellen, indem Sie willkürlich auf der Tastatur herumhacken und das Ergebnis ggf. anschließend noch etwas bearbeiten, um den Anforderungen der jeweiligen Anmeldung zu entsprechen. Denn immer mehr Anbieter machen konkrete Vorgaben, nicht nur zur Länge des Passworts, sondern auch zu obligatorischen Bestandteilen wie Großbuchstaben, Ziffern und Sonderzeichen. Das ist sinnvoll, da Passwörter dadurch wesentlich sicherer werden, macht es aber auch etwas anspruchsvoller, eine entsprechende Zeichenkette zu finden. Eine praktische Hilfe dabei sind Passwort-Generatoren. Passwort-Manager wie KeePass (siehe Seite 36) haben eine solche Funktion direkt eingebaut. Sie können aber auch einfach einen Online-Passwort-Generator in Anspruch nehmen:

1. Öffnen Sie im Webbrowser beispielsweise die Adresse www.passwort-generator.com.
2. Dort finden Sie direkt oben den Abschnitt *Jetzt sicheres Passwort generieren*.

3. Mit dem Schieberegler wählen Sie die Länge des zu erstellenden Kennworts. Das Formular macht dabei durch die Farbe und die Angabe der zum Knacken benötigten Zeit deutlich, ab wann die Länge als sicher eingeschätzt wird.

4. Macht der Anbieter, bei dem Sie das Passwort verwenden möchten, konkrete Vorgaben zu obligatorischen Bestandteilen, klicken Sie auf *Einstellungen anpassen*.
5. Dadurch klappen Sie zusätzliche Optionen aus. Mit dem blauen Schieberegler können Sie sich beispielsweise gleich mehrere Passwörter erstellen lassen, aus denen Sie dann eines auswählen.
6. Darunter finden Sie Optionen für Groß- und Kleinbuchstaben, Nummern und Sonderzeichen. Markieren Sie die Bestandteile, die der Anbieter fordert.

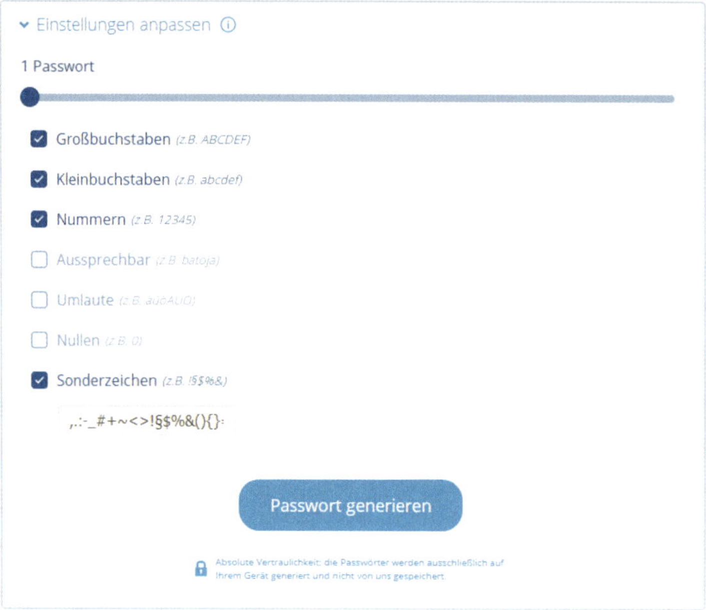

7. Haben Sie alle Einstellungen wie benötigt vorgenommen, klicken Sie darunter auf *Passwort generieren*.
8. Unterhalb dieser Schaltfläche wird dann das generierte Passwort (oder ggf. mehrere) angezeigt. Mit einem Klick auf das Symbol rechts daneben kopieren Sie die generierte Zeichenkette in die Zwischenablage, von wo aus Sie sie direkt in das Anmeldeformular einfügen können.

Aussprechbare Kennwörter

Eine Sonderstellung nimmt die Option *Aussprechbar* ein. Sie lässt sich als einzige nicht mit anderen Optionen kombinieren und verwendet stets nur Kleinbuchstaben. Damit erzeugt sie silbenbasierte Zufallswörter, die für einen Menschen aussprechbar und somit auch besser merkbar sein sollen. Dafür sind sie aber auch wesentlich leichter zu knacken, was man schnell erkennt, wenn man etwas mit den verschiedenen Optionen experimentiert und den sich dabei ständig verändernden Zeitaufwand für das Knacken im Auge behält.

Machen Sie also um die *Aussprechbar*-Option einen großen Bogen.

2.4 Hacking-Workshop: Passwörter knacken

ZIP-Kompression eignet sich gut, um große Dateien oder auch umfangreichere Verzeichnisse in eine Archivdatei zu verpacken, die man dann gut aufheben oder auch per Internet oder USB-Stick weitergeben kann. Will man vermeiden, dass die verpackten Dateien in falsche Hände geraten, kann man sie mit einem Passwort versehen. Zwar lässt sich ein Archiv auch ohne öffnen, aber zum Entpacken und Betrachten enthaltener Dateien muss man das richtige Passwort eingeben.

Was aber, wenn man auf ein verschlüsseltes ZIP-Archiv ohne das Passwort zugreifen will, weil man es nicht kennt oder vergessen hat? Dann benötigt man ein Programm, das die Verschlüsselung von Archiven mithilfe eines Wörterbuchs oder durch schiere Rechenpower ermitteln kann. 7-Zip-Archive etwa erlauben beliebig viele Versuche bei der Eingabe des Passworts. Es gibt also keinen Schutzmechanismus, der beispielsweise nach drei erfolglosen Eingaben eine Zwangspause erfordert. Deshalb eignet sich diese Verschlüsselung auch gut für Experimente.

Archive mit Passwortschutz erstellen

Mit der in Windows integrierten ZIP-Funktion kann man nur einfache Archive ohne Passwort erstellen.

Im Folgenden verwende ich deshalb die kostenlose Alternative 7-Zip (www.7-zip.de), die es ermöglicht, beim Erstellen eines Archivs ein Kennwort anzugeben.

1. Starten Sie 7-Zip, und navigieren Sie damit zu dem Ordner, in dem sich die zu verschlüsselnden Dateien befinden.
2. Markieren Sie die Dateien, die Sie archivieren möchten, und klicken Sie dann oben links auf *Hinzufügen*.

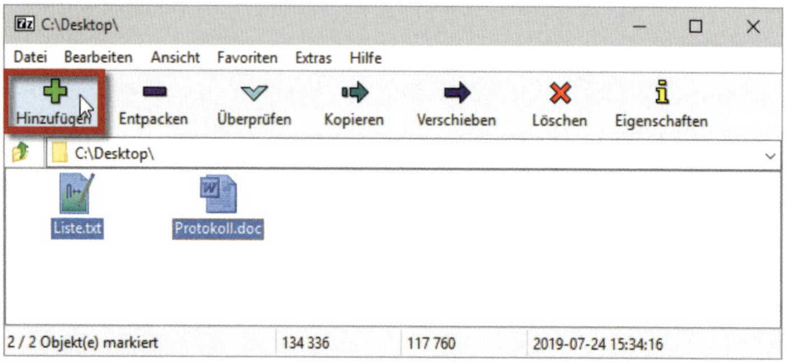

3. Im anschließenden Dialog geben Sie oben links zunächst den gewünschten Namen für die zu erstellende Archivdatei an, wobei Sie auch den automatischen Vorschlag des Programms übernehmen können.
4. Alles (wesentliche) Weitere wird rechts unten im Bereich *Verschlüsselung* erledigt. Hier geben Sie das gewünschte Passwort zweimal ein. Alternativ setzen Sie ein Häkchen bei *Passwort anzeigen*. Dann wird das Kennwort im Klartext dargestellt, und Sie brauchen es auch nur einmal einzutippen.
5. Bei der Einstellung *Verfahren* sollten Sie es für Standard-ZIP-Archive bei *ZipCrypto* belassen.
6. Klicken Sie schließlich ganz unten auf *OK*, um das passwortgeschützte Archiv zu erstellen.

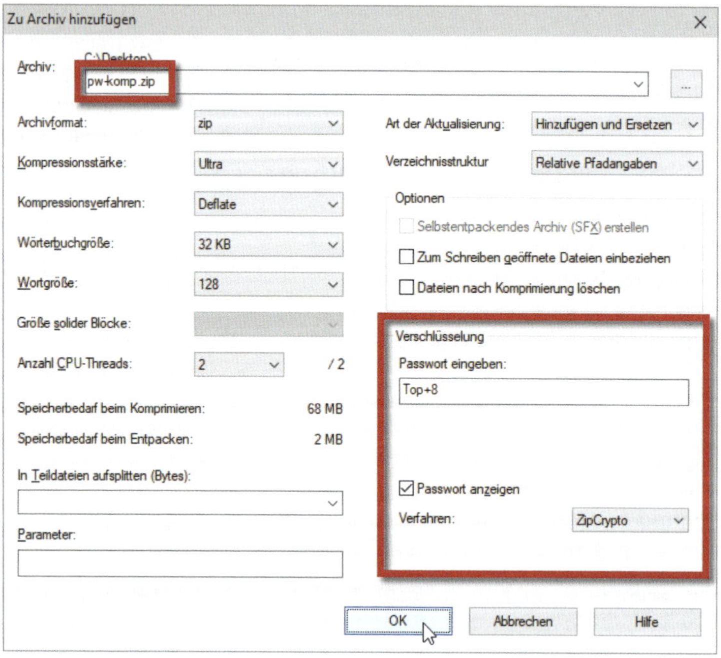

Auf die so beschriebene Weise erstellen Sie am besten gleich mehrere ZIP-Archive mit unterschiedlich langen und komplexen Passwörtern, um mit dem im Folgenden beschriebenen Programm deren Zuverlässigkeit zu testen.

Ich habe für das Beispiel die folgenden drei Dateien und Passwörter mit jeweils identischem Archivinhalt verwendet:

ZIP-Datei	Passwort
pw-kurz.zip	top
pw-lang.zip	Topas
pw-komp.zip	Top+8

Das sind selbstverständlich alles recht kurze Kennwörter, deren Verwendung im wahren Leben nicht zu empfehlen wäre. Allerdings werden Sie feststellen, dass selbst so kurze Passwörter einen durchschnittlichen PC schon einige Zeit beschäftigen können. Verwenden Sie also gern eigene Passwörter für die Archive, aber übertreiben Sie es nicht gleich mit der Länge.

Geschützte Archive hacken

Es gibt eine ganze Reihe von Programmen, mit denen man das Passwort einer Archivdatei durch stumpfes Ausprobieren ermitteln kann. Viele sind allerdings kostenpflichtig und nicht gerade billig. Ich werde stattdessen im Folgenden das Programm *John the Ripper* nutzen. Dabei handelt es sich um ein Kommandozeilenprogramm ohne schicke Fensteroberfläche. Dafür ist das Programm aber sehr leistungsfähig und flexibel. Denn neben ZIP-Archiven kann es eine Vielzahl anderer verschlüsselter Dateitypen knacken. Haben Sie die Vorgehensweise erst mal verstanden, können Sie es also vielseitig einsetzen. Außerdem erhalten Sie dadurch auch einen guten Einblick in die Vorgehensweise und die Möglichkeiten von Passwort-Crackern.

Sie können John the Ripper unter www.openwall.com/john herunterladen. Sie erhalten dort ein ZIP-Archiv, das Sie einfach entpacken können. Der so entstehende Ordner enthält alle notwendigen Programme. Eine Installation ist nicht erforderlich. Navigieren Sie mit dem Datei-Explorer in das *run/*-Unterverzeichnis des John-the-Ripper-Ordners, und tippen Sie dann in der Adressleiste des Explorers `cmd` ein, um eine Eingabeaufforderung direkt in diesem Ordner zu öffnen.

ZIP-Archive in eine Hash-Datei umwandeln

John the Ripper arbeitet nicht direkt mit verschlüsselten Dateien. Stattdessen benötigt das Programm einen aus der verschlüsselten Datei erstellten Hash. Dieser Hash ist quasi ein Konzentrat aus der Originaldatei, das einen für die Verschlüsselung wesentlichen Teil enthält. Anstatt sich mit einer womöglich umfangreichen Originaldatei herumzuschlagen, kann John the Ripper sich auf das Wesentliche konzentrieren. Außerdem gibt das dem Passwortknacker seine große Flexibilität, da er so unabhängig von Dateiformat und Verschlüsselungsverfahren der Originaldatei ist. Man benötigt lediglich ein kleines Hilfsprogramm, das aus der Originaldatei den Hash-Wert ermittelt. Und solche Hilfsprogramme bringt John the Ripper direkt mit, unter anderem für ZIP-Archive.

Der Kommandozeilenbefehl für das Hilfsprogramm lautet:

zip2john ***[Originaldatei]*** *>>* ***[Hash-Datei]***, wobei die entstehende Hash-Datei eine Textdatei ist, der Sie einen beliebigen Namen geben können. Für das Beispiel könnte der Befehl konkret also so aussehen:

```
zip2john pw-kurz.zip >> hash-pw-kurz.txt
```

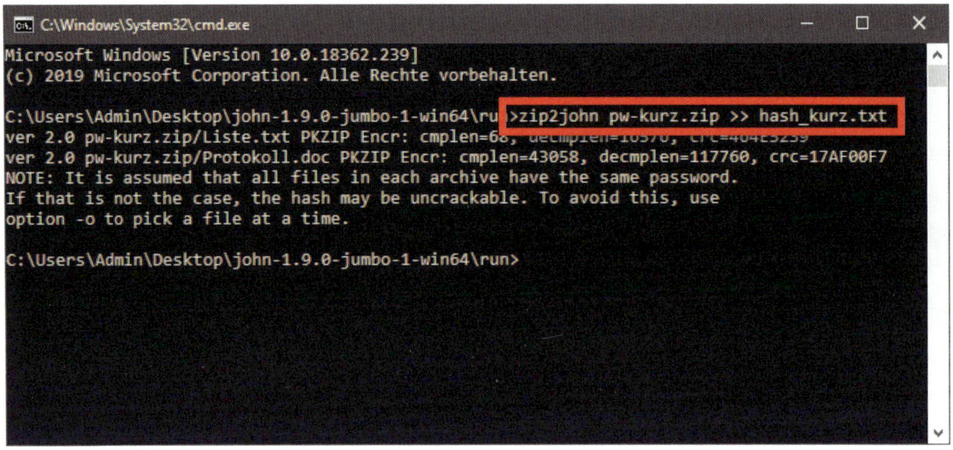

Die so entstandene Datei können Sie probeweise in einem einfachen Texteditor öffnen. Sie enthält den Namen des ZIP-Archivs sowie die Namen der darin enthaltenen Dateien. Der eigentliche Hash-Wert beginnt mit *$pkzip2$* und endet auch mit dieser Zeichenkette. Alles dazwischen sind die Hash-Daten, die John the Ripper für den Angriff auf das Passwort benötigt.

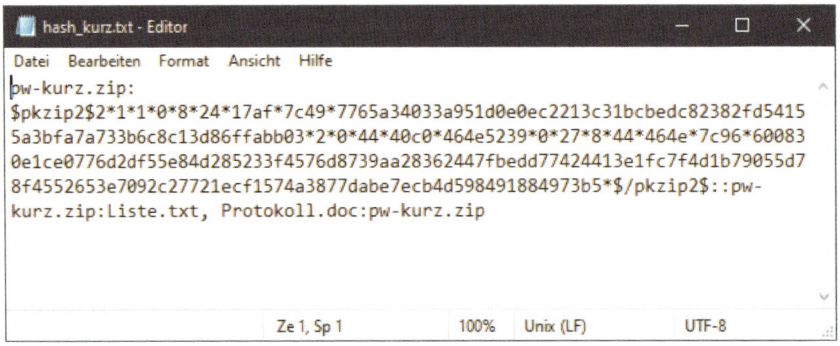

> **Was kann John the Ripper noch alles?**
>
> Vielleicht möchten Sie wissen, welche Dateien man mit John the Ripper noch knacken kann? Dann geben Sie in der Eingabeaufforderung im Unterverzeichnis *run/* den Befehl `dir *2john.exe` ein. Als Ergebnis erhalten Sie eine Liste der Hilfsprogramme, die Sie unter Windows direkt ausführen können, um Hash-Dateien aus verschiedenen Ausgangsformaten zu erstellen. Noch mehr Möglichkeiten erhalten Sie, wenn Sie `dir *2john.*` eingeben. Dann werden zusätzlich noch Skripte in Perl, Python, JavaScript und Lua angezeigt. Um diese zu nutzen, müssen Sie allerdings zunächst einen passenden Interpreter für die jeweilige Skriptsprache installieren.

Die Hash-Datei mit dem Passwort-Cracker angreifen

Wenn Sie aus Ihrem ZIP-Archiv (oder auch einem der anderen durch Hilfsprogramme unterstützten Dateiformate) eine Hash-Datei gewonnen haben, können Sie John the Ripper auf diesen Hash-Wert ansetzen. Das Vorgehen ist ab hier also für alle Arten von verschlüsselten Daten identisch. Das Programm bietet eine Vielzahl von Optionen, um es optimal einsetzen zu können. Es kann beispielsweise auch Wörterbuchdateien voller typischer Passwörter abarbeiten oder sich auf besonders wahrscheinliche Zeichenkombinationen stürzen. In der Regel wird man es aber mit einer Brute-Force-Attacke versuchen, also dem stupiden Ausprobieren aller möglichen Zeichenkombinationen. Das geht ohne besondere Parameter mit dem Befehl *john* **[Hash-Datei]**. Für unser Beispiel könnte der Befehl also lauten:

```
john hash-kurz.txt
```

Nun huschen ein paar Zeilen über den Bildschirm. Aber wenn Sie – wie im Beispiel – mit einer Datei mit sehr kurzem Passwort beginnen, wird das Programm auch direkt wieder die Arbeit beenden und Ihnen das Passwort präsentieren. Sie müssen allerdings genau auf die Bildschirmausgabe schauen. Sie finden es in der viertletzten Zeile der Ausgabe ganz links, gefolgt von dem Namen der Originaldatei in Klammern.

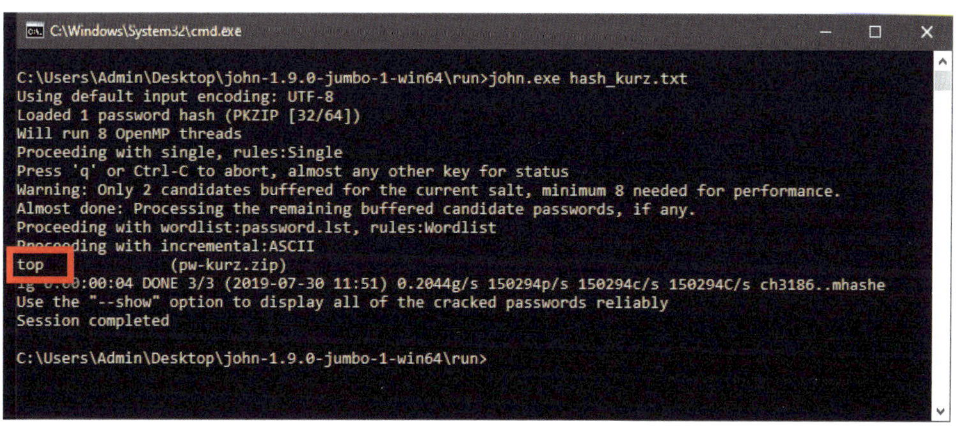

Interessant dürfte auch die Zeile direkt darunter sein. Sie enthält eine Zeitangabe, wie lange das Programm gelaufen ist, bis das Passwort geknackt wurde. So können Sie sich eine Stoppuhr o. Ä. sparen, wenn Sie ausprobieren, wie gut unterschiedlich lange und komplexe Kennwörter dem Passwortknacker widerstehen.

Die maximale Länge des Passworts vorgeben

Das Programm hat keine Möglichkeit, die Länge des Passworts vorherzusehen, und probiert deshalb standardmäßig alle Passwörter mit einer Länge bis zu 13 Zeichen aus. Dabei verwendet es eine Strategie, bei der wahrscheinliche Zeichenkombinationen bevorzugt werden, auch wenn sie länger sind. Es kann also selbst bei fünf- oder sechsstelligen Kennwörtern schon recht lange dauern, bis Sie ein Ergebnis erhalten, weil das Programm »nebenbei« auch schon sieben- und achtstellige Kombinationen ausprobiert. Bei Tests mit bekannten Passwörtern können Sie das vermeiden, indem Sie dem Programm die maximal zu testende Kennwortlänge mitteilen. Das geht mit dem Parameter *-max-len=***X**, also beispielsweise

```
john -max-len=5 hash-komp.txt
```

Die genauen Rechenzeiten hängen von der Leistungsfähigkeit des PCs (insbesondere des Prozessors) ab und sind deshalb bei jedem anders. Die folgende Tabelle gibt die Werte wieder, die ich mit den genannten Beispieldateien und -passwörtern mit einem Intel Core i7-6700K erzielt habe. Sie demonstrieren sehr schön, wie sich nicht nur die Länge, sondern auch die Komplexität eines Passworts auf den Rechenaufwand auswirkt.

ZIP-Datei	Passwort	Dauer (mm:ss)
pw-kurz.zip	top	00:04
pw-lang.zip	Topas	01:37
pw-komp.zip	Top+8	01:23 (mit `-max-len=5`, ohne würde es viele Stunden dauern)

Kurze Kennwörter nur aus Kleinbuchstaben lassen sich in Sekundenschnelle ermitteln. Schon einzelne Großbuchstaben erhöhen den Aufwand wesentlich. Streut man noch Sonderzeichen ein und macht das Passwort ausreichend lang, braucht ein Brute-Force-Angreifer schon sehr viel Geduld.

Ab zweistelligen Zeichenlängen benötigt eine Brute-Force-Attacke mit einem handelsüblichen PC Rechenzeiten, die nicht mehr praktikabel sind. Wobei man nicht außer Acht lassen sollte, dass Geheimdienste mit Hochleistungsrechnern und spezialisierter Hardware noch mal andere Möglichkeiten haben. Aber auch für die wird es mit jedem weiteren Zeichen Passwortlänge schwerer und irgendwann unmöglich.

Wie kann man sich dagegen schützen?

Die Ergebnisse des Tests zeigen es deutlich: Der beste Schutz gegen einen Passwortknacker ist ein ausreichend langes und komplexes Passwort. Wenn ein durchschnittlicher PC ein paar Hundert Jahre für die Analyse benötigt, müssen Sie sich keine Sorgen machen, sofern Sie nicht gerade Staatsgeheimnisse bewahren möchten. Ein weiterer wichtiger Abwehrmechanismus gegen Passwortknacker sind Beschränkungen, wie oft neue Versuche zur Passworteingabe unternommen werden dürfen. Eine Zwangspause von einer Minute nach drei Fehlversuchen ist für einen Menschen ärgerlich, aber verkraftbar. Ein Programm aber wird dadurch nachhaltig ausgebremst. Allerdings hat man als einfacher Anwender auf solche Sicherheitsmaßnahmen keinen Einfluss, sondern kann nur bei den genutzten Anwendungen und Diensten prüfen, ob sie implementiert wurden.

Mathematik für Passwortknacker

Dieses einfache Experiment zeigt eindrucksvoll, dass ein längeres und komplexeres Passwort den Aufwand für einen potenziellen Angreifer nicht nur ein bisschen, sondern ganz erheblich steigert. Jedes zusätzliche (Sonder-)Zeichen erhöht den zum Knacken benötigten Aufwand exponentiell. Mit ein wenig Taschenrechnerakrobatik kann man dies auch belegen:

- Wenn man bei der Analyse große und kleine Buchstaben, Ziffern sowie die typischen Sonderzeichen berücksichtigt, verwendet John the Ripper insgesamt 94 verschiedene Zeichen. Um ein (theoretisches) einstelliges Passwort zu knacken, muss es also 94 Zeichen testen – nicht gerade viel.
- Wird das Passwort zweistellig, sind schon 94 mal 94 Zeichen, also 8.836 Kombinationen, zu berücksichtigen, bei drei Stellen werden es schon 94 mal 94 mal 94, also 830.584 Kombinationen.
- Ein achtstelliges Passwort würde 6.095.689.385.410.816 (über 6 Trilliarden) Kombinationen erfordern. Bei einer Rate von ca. 31.181.000 Kombinationen pro Sekunde (beispielhafte Eigenangabe von John the Ripper) würde es also bis zu sechs Jahre dauern, bis das Programm per Brute Force alle Kombinationen ausprobieren kann.
- Erhöhen Sie die Länge des Passworts auf zehn Zeichen, würde die benötigte Rechenzeit auf maximal 55.000 Jahre ansteigen. Das erscheint zumindest für den Moment sehr sicher (mehr darüber erfahren Sie im nachfolgenden Infokasten).

Zeitangaben bei Verschlüsselungsverfahren

Man gibt bei Verschlüsselungsverfahren oder Schlüssellängen gern einen Zeitraum an, den das Knacken der Verschlüsselung in Anspruch nehmen würde. Das ist – wie bei unserem Beispiel – eine gute Vergleichsmöglichkeit. Allerdings sollte man solche Angaben niemals als absolute Werte ernst nehmen. Wenn jemand behauptet, dass das

Knacken eines Schlüssels 1.000 Jahre in Anspruch nehmen würde, dann berücksichtigt er dabei nicht, dass sich die Technologie in diesen 1.000 Jahren rasant weiterentwickeln wird. Nicht nur werden heute bereits bekannte Computer immer schneller. Es wird auch völlig neue Möglichkeiten geben. So haben die bereits jetzt in Entwicklung befindlichen Quantencomputer das Potenzial, die heute angewandten Verschlüsselungsverfahren in erheblich kürzerer Zeit zu brechen.

2.5 Passwort-Manager für Schutz mit Komfort

Als Passwort-Manager bezeichnet man eine Softwarelösung – entweder als eigenständiges lokales Programm auf einem Rechner oder als Cloud-Lösung für die parallele Nutzung auf mehreren Geräten –, mit der Sie alle Ihre Zugangsdaten erfassen und bei Bedarf automatisch oder zumindest recht komfortabel verwenden können. Der Vorteil dabei ist, dass Sie beliebig viele und komplexe Passwörter verwenden können, da Sie sich nur das Kennwort des Passwort-Managers selbst merken müssen. Der stellt Ihnen die Zugangsdaten dann automatisch oder zum einfachen Einfügen in die Anmeldedialoge Ihrer Onlinedienste bereit.

Noch vor gar nicht langer Zeit galten solche Passwort-Manager den meisten Sicherheitsexperten als Teufelszeug. Schließlich ist ein solches Programm ein klassischer »Single Point of Failure«, also eine Sollbruchstelle jedes Sicherheitskonzepts. Denn wenn es jemand schafft, irgendwie in Ihren Passwort-Manager zu gelangen, dann hat er sofort Zugang zu Ihrem gesamten digitalen Leben. Mittlerweile hat sich das Urteil aber weitestgehend gewendet, und das – verantwortliche – Verwenden eines Passwort-Managers wird durchaus empfohlen.

Das hat vor allem zwei Gründe:

- Zum einen gibt es inzwischen verschiedene etablierte und vertrauenswürdige Anbieter. Zwar sind Sicherheitslücken nie ganz auszuschließen, aber die wilden Kindertage der Branche sind vorbei.
- Zum anderen lässt sich eine andere zentrale Empfehlung – für jeden Zugang ein anderes, möglich komplexes und zufallsgeneriertes Passwort zu verwenden – praktisch nur auf diese Weise umsetzen. Der Passwort-Manager wird also als probates Mittel gesehen, um den Anwendern das Befolgen zentraler Schutzregeln zu erleichtern.

Es gibt eine Vielzahl von Passwort-Managern, angefangen mit einem simplen Programm, das Ihre Zugangsdaten in einer verschlüsselten Textdatei speichert und bei Bedarf wieder sichtbar macht, bis hin zu einer Rundum-Cloud-Lösung, mit der Sie Ihre vertraulichen Daten automatisch auf verschiedenen Geräten nutzen können, um sich mehr oder weniger vollautomatisch bei Onlinediensten etc. anzumelden.

Im Folgenden möchte ich Ihnen die Lösung KeePass vorstellen und damit auch ans Herz legen. Sie hat in meinen Augen mehrere Vorteile:

- KeePass ist Open Source. Das bedeutet nicht nur, dass die Nutzung kostenlos ist, sondern auch, dass der Quellcode des Programms für jeden offenliegt. Es ist deshalb sehr unwahrscheinlich, dass sich darin Hintertüren oder schwerwiegende Sicherheitslücken verstecken.
- KeePass lässt sich von einer einfachen Einzelplatzlösung bis hin zur cloudbasierten Onlinesynchronisierung zwischen mehreren Geräten mit verschiedenen Betriebssystemen (Windows, Android, iOS etc.) praktisch beliebig an die eigenen Bedürfnisse anpassen.
- Das Synchronisieren kann in Eigenregie erfolgen, ohne sich auf die Sicherheit und Zuverlässigkeit eines Fremdanbieters verlassen zu müssen.
- Es gibt eine rege KeePass-Community, die Ergänzungen zum eigentlichen Programm beisteuert. Dazu zählen etwa eigene Apps für die Mobilbetriebssysteme oder Erweiterungen für die komfortable Nutzung in Webbrowsern. Auch dabei kann man individuell wählen, welche Plug-ins man benötigt und welche nicht.

KeePass in Betrieb nehmen

Die Installation der Desktop-Anwendung für KeePass ist keine besondere Herausforderung. Beim ersten Start müssen Sie allerdings einige wichtige Einstellungen vornehmen, auf die ich hier kurz eingehen möchte.

KeePass auf Deutsch

Standardmäßig spricht KeePass Englisch. Es gibt aber Übersetzungen der Oberfläche in zahlreiche Sprachen, darunter auch Deutsch. Laden Sie sich dazu unter keepass.info/translations.html die für Ihre Sprache und die KeePass-Version (2.x!) passende Version herunter.

Dieses Archiv enthält nur eine Datei wie *German.lngx*. Fügen Sie diese Datei in das Verzeichnis *C:\Program Files (x86)\KeePass Password Safe 2\Languages* ein. Nach dem ersten Start können Sie dann im Programm unter *View/Change Language* die Oberflächensprache verändern.

1. Zunächst fragt KeePass, ob Sie die automatische Überprüfung auf Updates aktivieren möchten. Dann schaut das Programm bei jedem Start im Hintergrund nach, ob eine Aktualisierung vorliegt, und weist Sie ggf. darauf hin. Dies sollte aus Sicherheitsgründen gemacht werden, damit Ihre KeePass-Version stets auf dem neuesten Stand ist und beispielsweise entdeckte Fehler oder Sicherheitslücken zügig behoben werden. Klicken Sie dazu auf *Enable*.

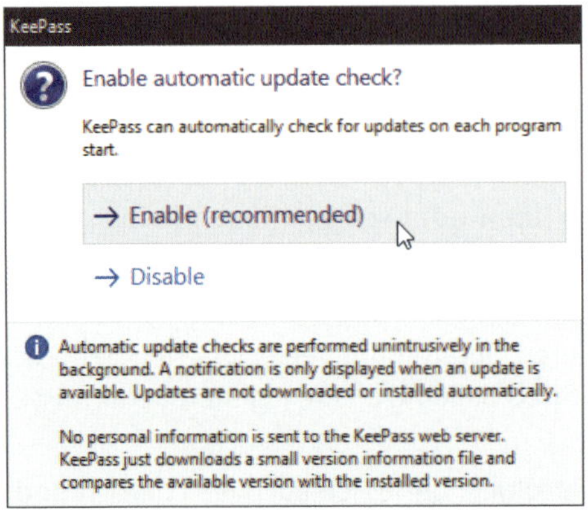

2. Anschließend öffnet sich das Hauptfenster der Anwendung, das allerdings noch weitgehend leer ist. Möchten Sie die Sprache der Programmoberfläche verändern (siehe Hinweiskasten), dann klicken Sie auf *View/Change Language* und wählen die heruntergeladene Sprache aus. Nach einem Neustart zeigt KeePass sich dann beispielsweise auf Deutsch (wie im Folgenden).

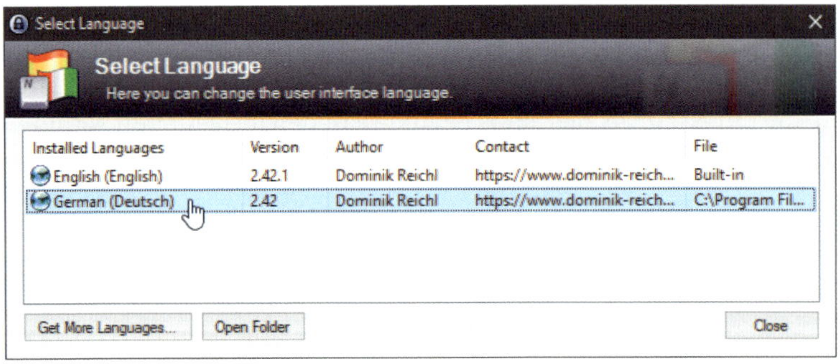

3. Klicken Sie oben links auf das *Neu*-Symbol, oder wählen Sie im Menü *Datei/Neu*. Damit erstellen Sie eine neue Datenbankdatei, in der KeePass Ihre Zugangsdaten erfasst und verschlüsselt ablegt.

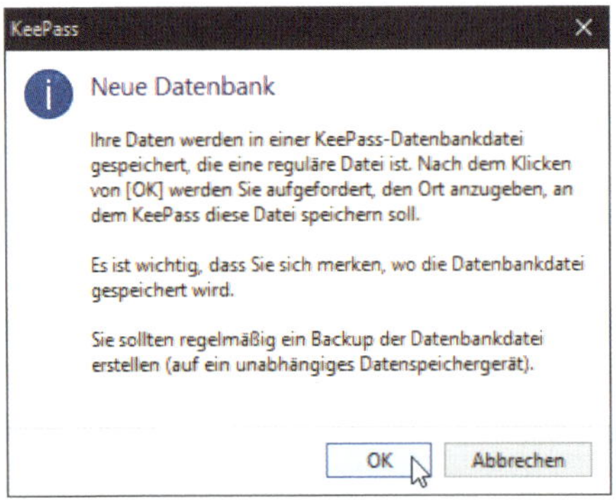

4. Wählen Sie dann einen Ort aus, an dem diese Datenbankdatei gespeichert werden soll. Das kann beispielsweise Ihr Benutzerverzeichnis auf der lokalen Festplatte sein oder aber auch ein Netzwerk- oder Cloud-Speicher. Die Inhalte der Datei sind verschlüsselt und damit vor Unbefugten geschützt. Trotzdem sollte die Datei vor Verlust und Beschädigung geschützt sein und beispielsweise bei regelmäßigen Backups berücksichtigt werden. Fürs Erste können Sie die Datenbankdatei wie vorgeschlagen in Ihrem *Dokumente*-Ordner ablegen. Für das Synchronisieren der Daten mit anderen Geräten bieten sich andere Varianten an, auf die ich später noch eingehe.
5. Nun geht es daran, den Hauptschlüssel festzulegen, mit dem der Zugriff auf Ihre Anmeldedaten geschützt sein soll. Das ist also das Master-Passwort, mit dem Sie den Zugriff auf die KeePass-Datenbank freigeben. Das muss man nicht bei jeder einzelnen Onlineanmeldung machen, sondern beispielsweise nur einmal pro Sitzung. Sie können und sollten dafür also ruhig ein längeres, komplexes und somit sehr sicheres Passwort wählen. Der Anzeige für *Geschätzte Qualität* können Sie entnehmen, ob KeePass selbst Ihr gewähltes Kennwort für ausreichend sicher hält.

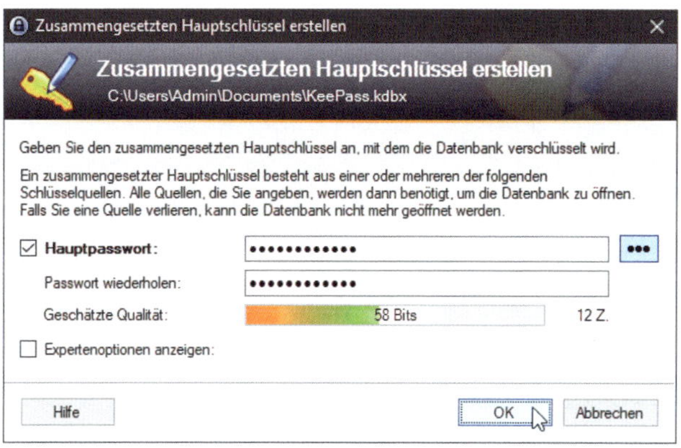

6. Schließlich gelangen Sie in die Datenbankeinstellungen, wo Sie in der Rubrik *Allgemein* den Namen der Datenbank festlegen sollten.

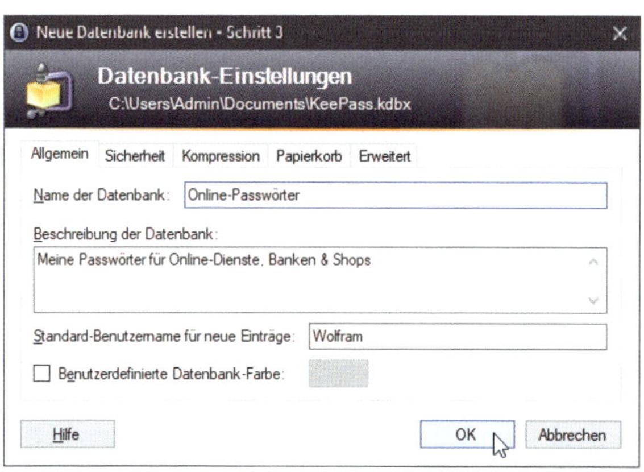

Zusätzlich können Sie eine Beschreibung der Datenbank sowie den Standardbenutzernamen für neue Einträge und eine Farbe festlegen. Das sind aber alles nur Angaben, die Ihnen die Orientierung erleichtern sollen, insbesondere wenn Sie mit mehreren Datenbanken hantieren.

Schlüsseldatei oder Benutzerkonto als zusätzliche Schlüssel

Alternativ bzw. ergänzend zu einem Hauptpasswort können Sie unter *Expertenoptionen* eine *Schlüsseldatei* oder Ihren *Windows-Benutzeraccount* als KeePass-Schlüssel verwenden. Als Schlüsseldatei kann eine beliebige vorliegende Datei (beispielsweise ein Bild oder ein möglichst umfangreiches Office-Dokument) dienen. Nur solange diese Datei (unverändert!) an der angegebenen Stelle vorliegt, kann die KeePass-Datenbank geöffnet werden. Ähnlich verhält es sich mit dem Benutzerkonto: Wählen Sie diese Option, kann die Datenbank nur geöffnet werden, wenn Sie mit demselben Benutzerkonto wie beim Erstellen der Datenbank angemeldet sind.

Beides können sinnvolle Ergänzungen zum Master-Passwort sein, sie können aber auch zusätzliche Probleme verursachen, beispielsweise wenn Sie die Datenbank auf mehr als einem Gerät einsetzen möchten. Und wenn Sie die Schlüsseldatei verlieren oder das Benutzerkonto beispielsweise durch einen Hardwaredefekt verloren gehen sollte, wird es schwierig bis unmöglich, wieder Zugriff auf die KeePass-Daten zu erlangen.

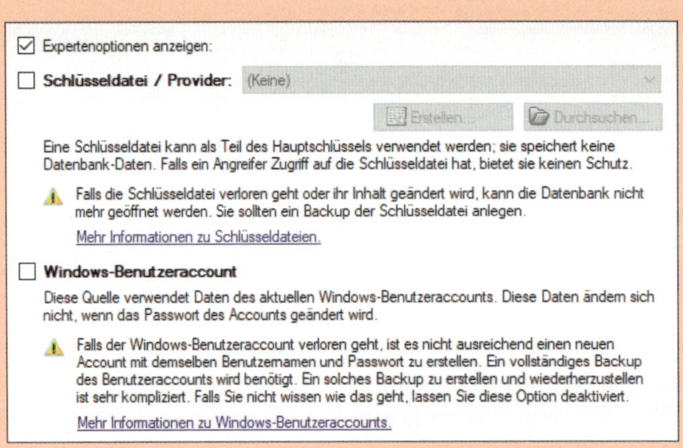

7. In den anderen Rubriken finden Sie weitere Einstellungen etwa zur verwendeten Verschlüsselung und Kompression. Diese sind standardmäßig sinnvoll gewählt und können bei Bedarf auch nachträglich noch verändert werden, sodass Sie sie zunächst beibehalten sollten. Klicken Sie unten auf *OK*, um die Einstellungen zu schließen.
8. Abschließend bietet KeePass Ihnen an, ein Notfallblatt zu drucken. Dieses enthält alle notwendigen Angaben zur Datenbank (einschließlich des Master-Passworts). Dieses Blatt können Sie an einer sicheren, vor dem Zugriff durch Unbefugte geschützten Stelle aufbewahren, um bei Bedarf auch nach langer Zeit noch auf diese Informationen

zugreifen zu können. Es kann auch dazu dienen, anderen Personen bei einem Unfall oder Schlimmerem Zugriff auf Ihre Zugangsdaten zu ermöglichen.

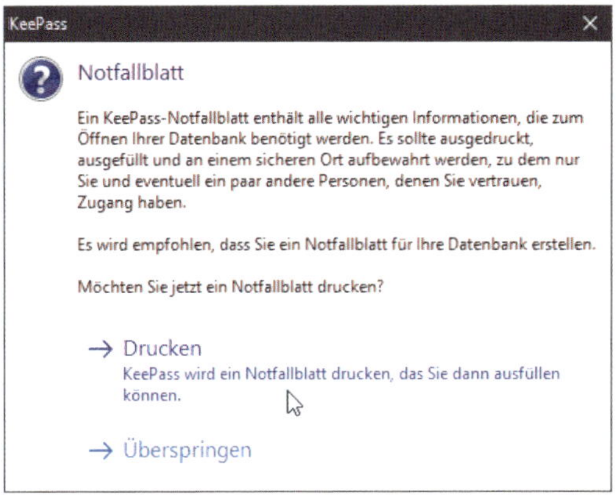

Zugangsdaten in KeePass speichern

Wenn Sie eine Datenbank eingerichtet haben, können Sie darin beliebig viele Zugangsdaten speichern. Üblicherweise besteht ein Log-in nur aus Benutzername bzw. E-Mail-Adresse und Kennwort. Aber Sie können auch weitere Informationen wie etwa eine Webadresse hinterlegen, um die entsprechende Webseite direkt aus KeePass heraus öffnen zu können.

1. Um einen neuen Eintrag anzulegen, klicken Sie auf die Schaltfläche *Eintrag hinzufügen* oder wählen den Menübefehl *Eintrag/Eintrag hinzufügen*.
2. Damit öffnen Sie einen Dialog, in dem Sie die wichtigsten Daten direkt in der Rubrik *Eintrag* angeben. KeePass hat manches davon bereits ausgefüllt, aber Sie können selbstverständlich alles durch eigene Inhalte ersetzen:

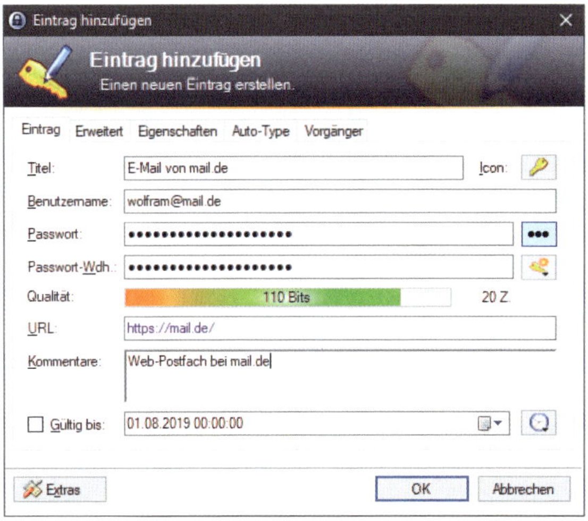

- ***Titel***: Hier können Sie einen Titel für diese Zugangsdaten angeben. Dieser dient vor allem Ihrer eigenen Orientierung. Er kann aber auch dabei helfen, dass beispielsweise Webseiten automatisch erkannt und ausgefüllt werden. Für Webdienste ist es also hilfreich, den Webseitentitel auch als Titel des Eintrags in KeePass zu nutzen.
- ***Benutzername***: Hier tragen Sie den Benutzernamen (bzw. die E-Mail-Adresse, ID, Kontonummer o. Ä.) ein, mit dem Sie sich bei der Anmeldung identifizieren.
- ***Passwort*** und ***Passwort-Wdh.***: Hier hat KeePass bereits ein jeweils zufällig erzeugtes sehr sicheres Passwort eingetragen, das Sie verwenden können. Sie können aber auch ein anderes eintragen, wenn dieses bereits feststeht. Wollen Sie ein Passwort nach bestimmten Vorgaben des Anbieters erstellen, klicken Sie auf die untere Schaltfläche rechts neben diesen Feldern und starten im so geöffneten Menü den *Passwort-Generator* (mehr dazu auf Seite 49). Wie üblich muss das Passwort zweimal identisch eingetragen werden, um Tippfehler auszuschließen. Alternativ tippen Sie rechts auf das Drei-Punkte-Symbol, um das Passwort im Klartext bearbeiten zu können.

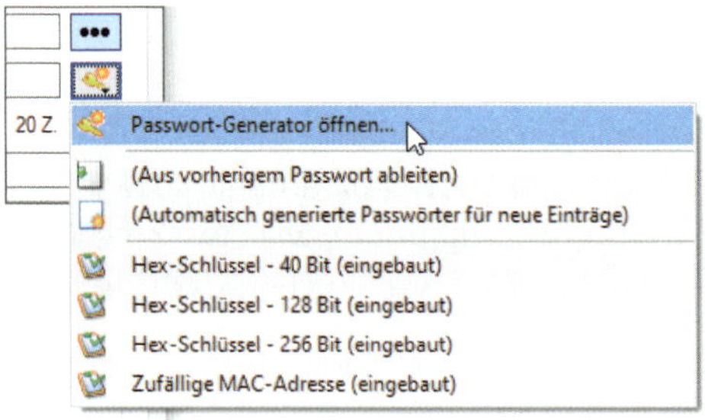

- ***URL***: Geben Sie hier möglichst exakt die Adresse der Webseite an, auf der die Anmeldedaten eingegeben werden müssen. Diese Adresse ruft KeePass auf, um die Seite zu öffnen. Gleichzeitig kann diese Angabe aber auch dem automatischen Erkennen der Seite im Webbrowser dienen.
- ***Kommentare*** können Sie nach Bedarf eintippen, etwa um zusätzliche Informationen zu dieser Anmeldung zu hinterlegen. Das können beispielsweise Informationen sein, die Sie zum Zurücksetzen des Passworts benötigen.

3. Diese Angaben reichen für einen Eintrag. In den weiteren Rubriken können Sie zusätzliche Angaben machen und spezielle Einstellungen vornehmen. Auf einiges davon gehe ich im Folgenden noch ein, aber in den meisten Fällen werden Sie dies nicht benötigen.
4. Klicken Sie ganz unten auf *OK*, um den Eintrag zu speichern.
5. Wichtig: Vergessen Sie nicht, nach dem Erstellen oder Verändern von Einträgen auch die Datenbank zu speichern. Verwenden Sie dazu die *Speichern*-Schaltfläche in der Symbolleiste oder *Datei/Speichern*. Andernfalls werden Sie spätestens beim Beenden von KeePass darauf hingewiesen.

Gespeicherte Informationen abrufen

Haben Sie die Eingabemaske von KeePass kennengelernt, haben Sie eventuell zunächst Bedenken, wie Sie bei Bedarf auf möglichst einfache Weise an die gespeicherten Daten kommen. Dafür gibt es aber eine ganze Reihe von komfortablen Möglichkeiten, wenn die auch teilweise zusätzliche Komponenten erfordern. Aber auch das Programm selbst bietet Funktionen, die sich nicht auf den ersten Blick erschließen.

Ein gutes Beispiel dafür ist die Listenansicht der Einträge im Hauptfenster. Hier werden für jeden Eintrag der gewählten Kategorie Titel, Benutzername, Passwort (mit Sternchen), URL und Kommentare aufgeführt.

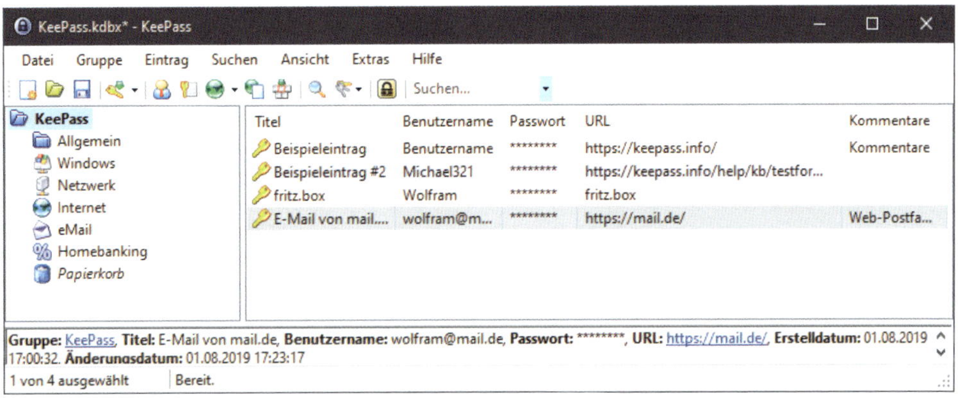

Die Liste der Einträge dient nicht nur der Schönschau, sondern hat auch verborgene praktische Funktionen.

Wenn Sie nun beispielsweise einen Benutzernamen doppelt anklicken, wird er in die Zwischenablage Ihres PCs eingefügt. Sie können nun also zu einem Anmeldedialog wechseln und den Benutzernamen dort einfach mit Strg+V einfügen. Ebenso fügt ein Doppelklick auf ein Passwort dieses (unverschlüsselt) in die Zwischenablage ein.

Und KeePass macht das auf die sichere Tour: Die Daten bleiben jeweils nur einige Sekunden in der Zwischenablage und werden dann automatisch wieder daraus entfernt.

Zwischenablage zu schnell leer?

Falls Ihnen das automatische Leeren der Zwischenablage zu schnell geht: Wenn Sie die *Einstellungen* mit *Extras/Optionen* öffnen, finden Sie in der Rubrik *Sicherheit* in der dritten Zeile die Option *Zwischenablage automatisch leeren*. Im Feld rechts daneben können Sie die Zeitspanne verlängern. Mit dem Häkchen ganz links können Sie das automatische Löschen deaktivieren, was aber nicht empfehlenswert ist.

> **KeePass und der Windows-Zwischenablageverlauf**
>
> Als Microsoft bei Windows 10 den Zwischenablageverlauf einführte, gab es sofort Warnungen, dass dieser in Verbindung mit Passwort-Managern ein Sicherheitsrisiko darstellen könnte. KeePass vermeidet dieses Risiko, indem die auf die beschriebene Weise in die Zwischenablage kopierten Informationen nicht im Zwischenablageverlauf landen.

Ein Doppelklick auf eine URL in der Liste fügt diese allerdings nicht in die Zwischenablage ein, sondern öffnet die entsprechende Webseite im Browser.

Klicken Sie mit der rechten Maustaste auf eine URL, können Sie diesen Vorgang noch weiter beeinflussen. Über das Untermenü *URL(s)* können Sie sogar den zu verwendenden Browser sowie bei Bedarf ein Privatfenster (Inkognito-Surfen) auswählen.

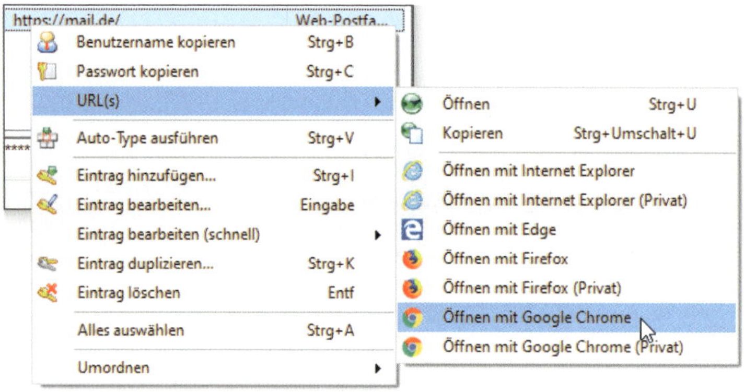

Haben Sie eine Webseite mit einem in KeePass hinterlegten Anmeldeformular geöffnet, können Sie sich auch gleich eine weitere versteckte Funktion zunutze machen:

1. Platzieren Sie die Einfügemarke im ersten Eingabefeld für den Benutzernamen (sofern das nicht ohnehin automatisch passiert).
2. Drücken Sie dann die Tastenkombination Strg+Alt+A, die KeePass systemweit eingerichtet hat.
3. KeePass fügt dann die für diese Webseite gespeicherten Anmeldedaten in das Formular ein und sendet sie ab.

Bei den meisten Onlinediensten klappt das ohne Weiteres, und Sie können sich so mit einer einfachen Tastenkombination jederzeit anmelden. In speziellen Fällen kann es erforderlich sein, weitere Informationen anzugeben oder zusätzliche Einstellungen vorzunehmen. Darauf gehe ich in den folgenden Abschnitten ein.

Zusätzliche Informationen speichern

In den meisten Fällen benötigen Sie für eine Anmeldung nur den Benutzernamen o. Ä. und ein Kennwort. Manche Zugänge erfordern aber zusätzliche Angaben wie etwa eine ID bei manchen Onlinebanken.

Damit Sie auch solche Angaben speichern und ggf. automatisch ausfüllen können, lassen sich KeePass-Einträge um zusätzliche Informationen ergänzen:

1. Wechseln Sie dazu in einem Eintrag in die Rubrik *Erweitert*.
2. Hier lassen sich im oberen Bereich *Stringfelder* beliebige Name-Wert-Paare anlegen. Klicken Sie dazu rechts auf die *Hinzufügen*-Schaltfläche.

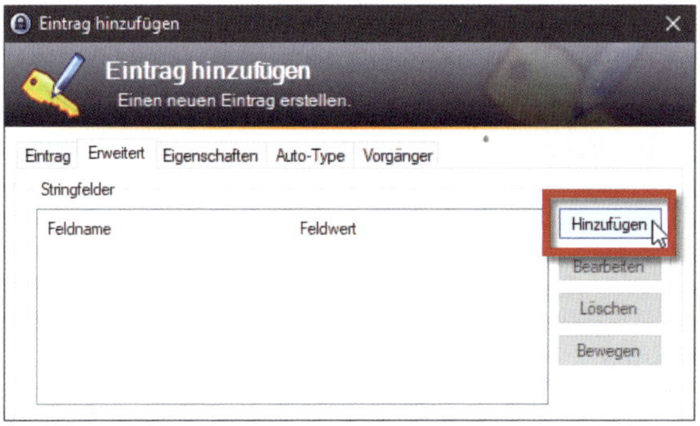

3. Im anschließenden Dialog geben Sie bei *Name* zunächst eine Bezeichnung für die zu speichernde Information ein. Diese dient vor allem Ihrer eigenen Orientierung und kann dementsprechend frei gewählt werden. Allerdings darf ein bestimmter Name bei einem Datenbankeintrag immer nur einmal verwendet werden.
4. Darunter geben Sie den *Wert* an, der für diesen Namen abgelegt werden soll.
5. Die Option *Speicherschutz aktivieren* sorgt dafür, dass die Information wie ein Passwort verschlüsselt im Arbeitsspeicher abgelegt und auch in der KeePass-Oberfläche nirgends im Klartext angezeigt wird.
6. Klicken Sie auf *OK*, um die Information zum Eintrag hinzuzufügen.

Auf diese Weise können Sie auch mehrere verschiedene Zusatzinformationen zu einem Eintrag hinterlegen, die Sie entweder zum automatischen Anmelden oder für sich selbst als Gedächtnisstütze benötigen.

Seiten in einem bestimmten Browser öffnen

Wenn Sie die zu einem Eintrag hinterlegte Webadresse direkt aus KeePass heraus öffnen, erfolgt dies mit dem Standard-Browser. Vielleicht haben Sie mehrere Webbrowser installiert und bevorzugen für bestimmte Webseiten einen anderen. Oder Sie möchten bestimmte Webadressen grundsätzlich im verschwiegenen InPrivate-Modus besuchen? Dazu können Sie für jeden Eintrag festlegen, wie er geöffnet werden soll.

1. Wechseln Sie dazu bei einem Eintrag in die Rubrik *Eigenschaften*. Hier finden Sie etwa in der Mitte das Auswahlfeld *URL überschreiben*.
2. Wenn Sie dieses öffnen, finden Sie eine ganze Reihe von Einträgen für alle verbreiteten Browser:
   - Die jeweiligen Webbrowser erkennen Sie leicht am Schlüsselwort in geschweiften Klammern, also beispielsweise *[GOOGLECHROME}* oder *{FIREFOX}*. Soll KeePass eine Webseite immer im Firefox öffnen, wählen Sie also *cmd://{FIREFOX} "{URL}"*.
   - Für die meisten Webbrowser gibt es einen zweiten Eintrag mit einer Ergänzung wie *-private* oder *-incognito*. Das bedeutet, dass der Aufruf des Browsers mit einem zusätzlichen Parameter erfolgt, wodurch dieser direkt eine InPrivate-Surfsitzung öffnet.

   Auch wenn Ihr persönlicher Webbrowser nicht dabei ist, können Sie ihn trotzdem auf die beschriebene Art nutzen. Sie müssen dazu lediglich den vollständigen Pfad zur Programmdatei des Browsers kennen. Diesen setzen Sie anstelle des Browser-Namens ein, etwa so:

   ```
   cmd://"C:\Programme\Vivaldi\Application\vivaldi.exe" "{URL}"
   ```
3. Wählen Sie einen passenden Eintrag für den gewünschten Browser aus, und klicken Sie unten auf *OK*.

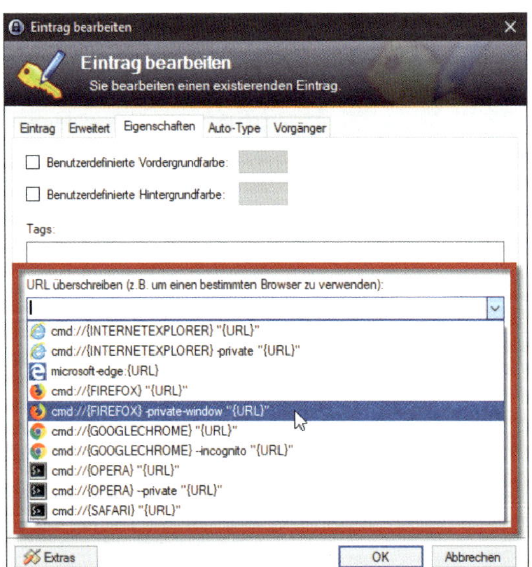

Das automatische Ausfüllen optimieren

Das automatische Ausfüllen funktioniert praktisch in beliebigen Anwendungen mit dem Tastenkürzel [Strg]+[Alt]+[A]. Die Voraussetzungen dafür:

- Die Einfügemarke muss sich zuvor im Feld für den Benutzernamen befinden.
- Der Wechsel vom Benutzer- zum Passwortfeld muss mit einem einmaligen [⇆] erfolgen können.
- Die Anmeldung muss mit [↵] abgeschlossen werden können.

Denn beim automatischen Anmelden macht KeePass genau das: Es fügt den Benutzernamen an der aktuellen Stelle in die Anwendung ein, sendet dann einmal den Tastencode für [⇆], fügt anschließend das Passwort ein und sendet schließlich den Tastencode für [↵].

Das klappt so auch in erstaunlichen vielen Anwendungen und Webseiten. Aber es gibt eben auch Ausnahmen. So kann es etwa sein, dass sich zwischen den Eingabefeldern für Benutzername und Passwort weitere Elemente befinden, sodass man zwei- oder dreimal [⇆] drücken müsste, um von der Benutzer- zur Passworteingabe zu wechseln. Oder man muss eben nicht nur Benutzername und Passwort eintippen, sondern zusätzliche Informationen wie etwa eine ID fürs Onlinebanking (siehe Seite 45).

Damit KeePass Sie auch in solchen Situationen automatisch anmelden kann, können Sie die Sequenz für das Einfügen von Daten und Tastencodes bei Bedarf für jeden Eintrag individuell anpassen.

1. Wechseln Sie dazu bei einem Eintrag in die Rubrik *Auto-Type*.
2. Wählen Sie dort die Option *Standardsequenz überschreiben*, und klicken Sie dann rechts daneben auf *Bearbeiten*.

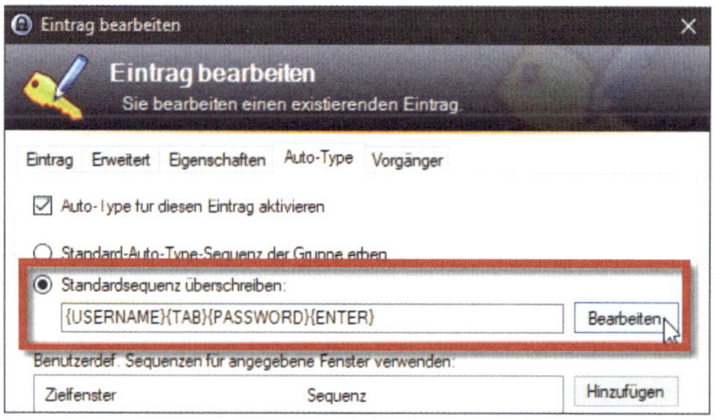

3. Im anschließenden Dialog sehen Sie in dem mittleren Eingabefeld die Standardtastensequenz *{USERNAME}{TAB}{PASSWORD}{ENTER}*. Diese entspricht wie beschrieben dem Einfügen des Benutzernamens, gefolgt von [⇆], dem Passwort und schließlich [↵].
4. Diese Sequenz können Sie nun verändern. Die dazu nötigen Befehle können Sie direkt eintippen oder aus den darunter beschriebenen Platzhaltern einfügen (durch Anklicken). Sind bei einer Anmeldung zwei [⇆] zum Wechseln vom Benutzernamen zum Passwort erforderlich, platzieren Sie die Einfügemarke in der Sequenz hinter dem ersten *{TAB}*.

5. Suchen Sie dann in der Beschreibung darunter den Abschnitt *Spezialtasten*, und klicken Sie dort auf *{TAB}*. Dann fügt KeePass ein zweites *{TAB}* in die Sequenz ein. (Sie können dies aber selbstverständlich auch selbst eintippen, sofern Sie die korrekte Schreibweise genau einhalten.)

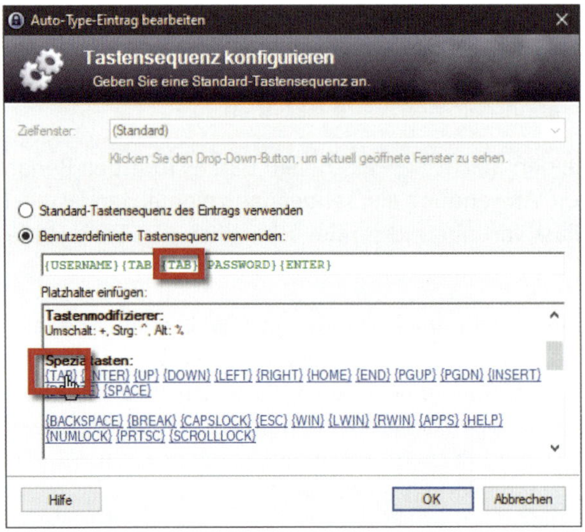

6. Auf diese Weise können Sie die Tastensequenz ganz individuell anpassen:
   - Muss man bei einer Anwendung die Anmeldung nicht mit [↵], sondern beispielsweise mit [⇧]+[↵] abschließen, finden Sie im Abschnitt *Tastenmodifizierer* die passende Ergänzung. In diesem Fall muss dem *{Enter}* ein + vorangestellt werden, insgesamt also:

     `{USERNAME}{TAB}{PASSWORD}+{ENTER}`
   - Erfordert eine Anmeldung mehr als Benutzername und Passwort, kann die Sequenz entsprechend erweitert werden. Auf Seite 45 habe ich beispielsweise gezeigt, wie Sie eine Onlinebanking-ID als zusätzliche Information in einem Eintrag hinterlegen können. Damit diese ebenfalls automatisch eingefügt wird, könnte die Tastensequenz beispielsweise so aussehen:

     `{USERNAME}{TAB}{S:Onlinebanking-ID}{TAB}{PASSWORD}{ENTER}`
   - Selbst für ein mehrstufiges Anmeldeverfahren, bei dem beispielsweise erst der Benutzername und dann auf einer weiteren Seite das Passwort eingegeben werden muss, kann man eine Tastensequenz gestalten. Dabei hilft der Befehl `{DELAY X}`, der anstelle von X eine Anzahl von Millisekunden annimmt, die abgewartet wird, bevor der nächste Tastendruck erfolgt. Diese Tastensequenz gibt zunächst den Benutzernamen ein und schickt ihn ab, wartet dann fünf Sekunden (5.000 Millisekunden) und schickt dann das Passwort hinterher:

     `{USERNAME}{ENTER}{DELAY 5000}{PASSWORD}{ENTER}`

- Soll beim Anmelden zusätzlich jedes Mal eine Option angekreuzt werden, beispielsweise, dass man angemeldet bleiben möchte, ist auch das möglich. KeePass kann die Option in der Anmeldemaske durch die richtige Anzahl ↹ ansteuern, dann mit der Leertaste das Häkchen setzen und das Anmeldeformular absenden:

  `{USERNAME}{TAB}{PASSWORD}{TAB} {TAB}{ENTER}`

Das sind nur einige Beispiele für die Auto-Type-Funktion von KeePass. Sie bietet noch eine Vielzahl von weiteren Möglichkeiten und sollte in der Lage sein, praktisch alle Arten von Anmeldungen und automatisierten Dateneingaben zu meistern.

Wenn Sie mit einer bestimmten Anmeldung ein Problem haben, klicken Sie ganz unten auf *Hilfe*, um eine ausführlichere Beschreibung der verschiedenen Platzhalter und Kombinationsmöglichkeiten zu erhalten.

Mit dem Passwort-Generator sichere Passwörter erzeugen

KeePass ermöglicht es Ihnen, für jede Anmeldung ein eigenes Passwort zu speichern und dieses vollautomatisch einzufügen. Es spricht also nichts mehr dagegen, sehr komplexe, lange und sichere Passwörter zu verwenden.

Und auch beim Erzeugen solcher Passwörter kann Ihnen KeePass helfen.

1. Rufen Sie in KeePass die Menüfunktion *Extras/Passwort generieren* auf, um den *Passwort-Generator* zu öffnen.

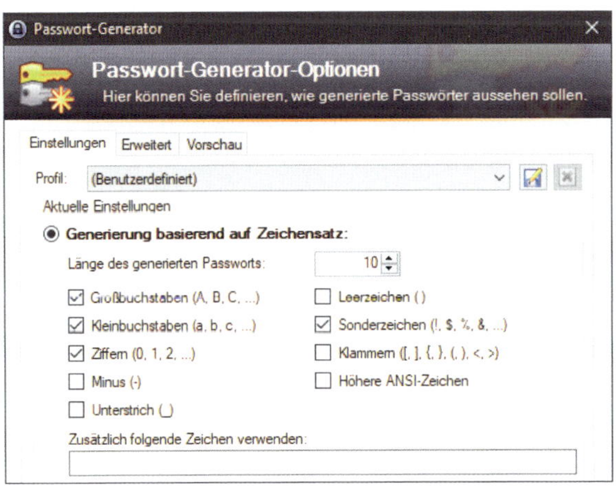

2. In der Rubrik *Einstellungen* können Sie hier die Anforderungen an das Kennwort definieren. Zunächst sollten Sie jeweils die *Länge des generierten Passworts* festlegen.
3. Insbesondere wenn ein Anbieter bestimmte Regeln hinsichtlich der Verwendung von Groß- und Kleinbuchstaben, Ziffern und Sonderzeichen hat, können Sie diese mit den darunterstehenden Optionen abbilden.

4. Die so getroffenen Voreinstellungen verwendet KeePass jeweils, wenn Sie in der Programmoberfläche oder über ein Kontextmenü ein neues Kennwort erzeugen lassen.
5. Sie können aber auch jetzt direkt ein entsprechendes Passwort erhalten, indem Sie in die Rubrik *Vorschau* wechseln. Hier finden Sie gleich eine ganze Liste von Passwörtern, die mit den unter *Einstellungen* festgelegten Regeln erzeugt wurden. Sie können eines davon markieren und kopieren und dann beliebig weiterverwenden.

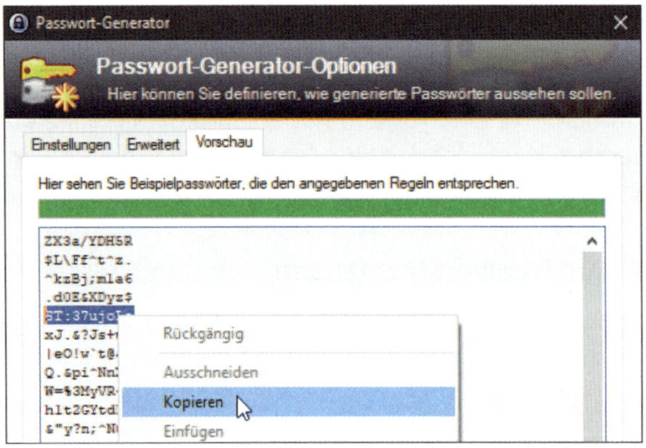

Auch in den Einträgen Ihrer Schlüsseldatenbank haben Sie die Möglichkeit, sich jederzeit direkt ein neues Passwort vom Generator erzeugen zu lassen. Klicken Sie dazu auf die Schaltfläche rechts neben dem unteren Passwortfeld:

- Hier können Sie ebenfalls den Passwort-Generator öffnen und das von diesem erstellte Kennwort in den Eintrag übernehmen.
- Sie können aber auch direkt ein automatisch generiertes Passwort nach den im Passwort-Generator eingestellten Regeln erzeugen lassen.
- Sehr praktisch kann auch die Variante *(Aus vorherigem Passwort ableiten)* sein, wenn es sich um einen Zugang mit festen Regeln für Passwörter handelt. KeePass versucht dann, aus den Elementen des alten Passworts diese Regeln hinsichtlich Länge und zu verwendender Zeichentypen zu erkennen und ein entsprechendes neues Kennwort zu erzeugen.

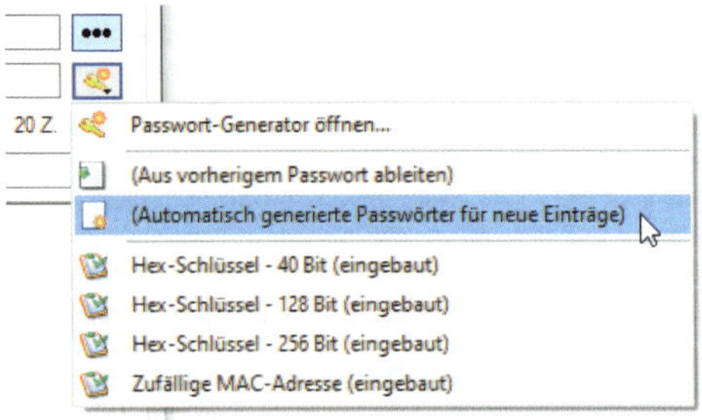

Eigene Profile für den Passwort-Generator

Die eingebauten Profile sind sicher, entsprechen aber nicht den Anforderungen, die man häufig antrifft. Sie können aber eigene Profile erstellen und speichern. Wählen Sie dazu die Option *Generierung basierend auf Zeichensatz*, und wählen Sie die gewünschte Länge und die gewünschten Optionen aus. Häufig werden Klein- und Großbuchstaben sowie mindestens eine Ziffer und ein Sonderzeichen verlangt. Klicken Sie dann oben rechts neben dem *Profil*-Feld auf das *Speichern*-Symbol. Geben Sie im anschließenden Dialog einen möglichst sprechenden Namen für dieses Profil an. Dieses können Sie ab sofort im Passwort-Generator abrufen, aber auch im Kontextmenü oder über eine Browser-Erweiterung.

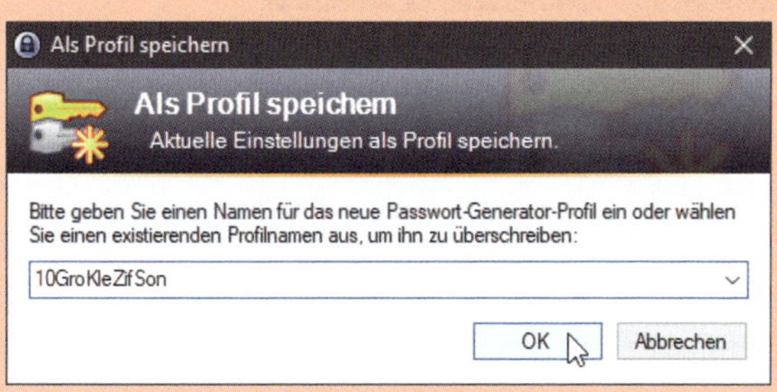

KeePass im Browser verwenden

Auf den vorangegangenen Seiten habe ich gezeigt, wie Sie KeePass verwenden können, um sich bei beliebigen Anwendungen und eben auch Webseiten im Browser anzumelden. Wer sich nur gelegentlich mal zum Onlinebanking oder E-Mail-Lesen anmeldet, für den wird das womöglich hinreichend komfortabel sein. Wer aber viel im Web unterwegs ist und täglich diverse Onlinedienste mit Anmeldung besucht, wird mehr Komfort suchen.

Hier kommen Erweiterungen für KeePass ins Spiel, die den Passwort-Manager direkt in Ihren Webbrowser integrieren. So erkennt er beispielsweise automatisch, wenn Sie eine Webseite aufrufen, für die er Anmeldedaten vorliegen hat. Ebenso kann er sichere Passwörter direkt im Webbrowser erzeugen und neue oder veränderte Anmeldedaten in den Einträgen Ihrer KeePass-Datenbank speichern.

Browser-Erweiterungen für KeePass

Es gibt eine ganze Reihe von KeePass-Erweiterungen für die Integration in verschiedene Browser. Sie unterscheiden sich in Fähigkeiten und Komfort. Ich stelle im Folgenden eine Kombination der KeePass-Erweiterung KeePassRPC und der Browser-Erweiterung Kee für Chrome und Firefox vor. Diese hat sich in meinen Tests als zuverlässige, komfortable und leistungsfähige Lösung bewährt.

1. Öffnen Sie die Webseite https://github.com/kee-org/keepassrpc/releases, und laden Sie dort die Datei *KeePassRPC.plgx* herunter.
2. Kopieren Sie diese Datei anschließend aus dem Download-Ordner in die Zwischenablage.
3. Wechseln Sie dann zum KeePass-Hauptprogramm, und rufen Sie die Menüfunktion *Extras/Plug-Ins* auf.
4. Klicken Sie im anschließenden Dialog unten auf die Schaltfläche *Ordner öffnen*.

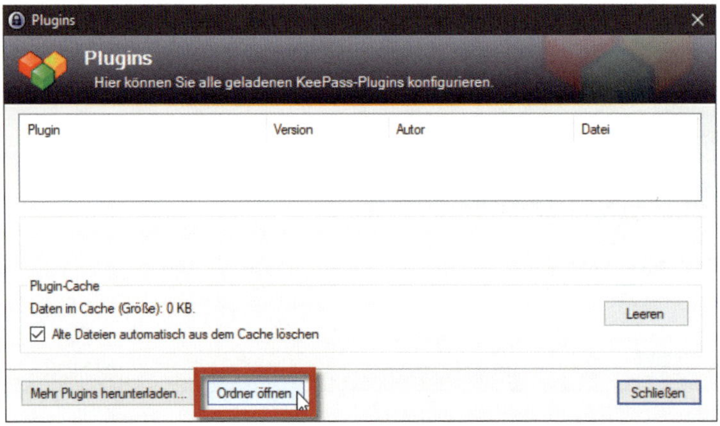

5. Im so geöffneten Ordner fügen Sie nun die Datei *KeePassRPC.plgx* aus der Zwischenablage ein.
6. Damit KeePass das neue Plug-in ausführt, müssen Sie das Programm nun einmal kurz beenden, neu starten und Ihre Schlüsseldatenbank wieder freigeben. Anschließend sollten Sie im *Extras*-Menü ganz unten einen neuen Eintrag *KeePassRPC (Kee) Options* vorfinden.
7. Damit ist aufseiten von KeePass alles vorbereitet. Sie müssen nun nur noch die passende Browser-Erweiterung in Chrome und/oder Firefox installieren. Diese finden Sie im Chrome Web Store bzw. im Firefox-Add-on-Verzeichnis unter dem Namen *Kee – Password Manager*.

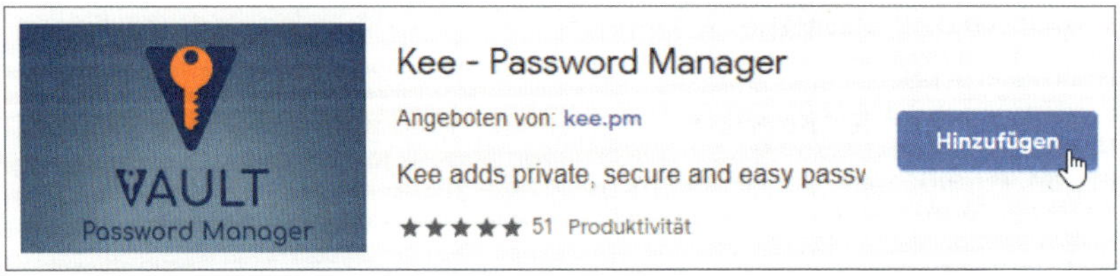

8. Sobald Sie die Erweiterung im Browser installieren, stellt sie eine Verbindung zu KeePass her (das dafür im Hintergrund laufen muss). KeePass öffnet daraufhin einen Dialog mit einem Sicherheitscode, den Sie abtippen oder kopieren können.

9. Wechseln Sie zurück zum Webbrowser, und fügen Sie diesen Code im hier angezeigten Autorisierungsformular ein.

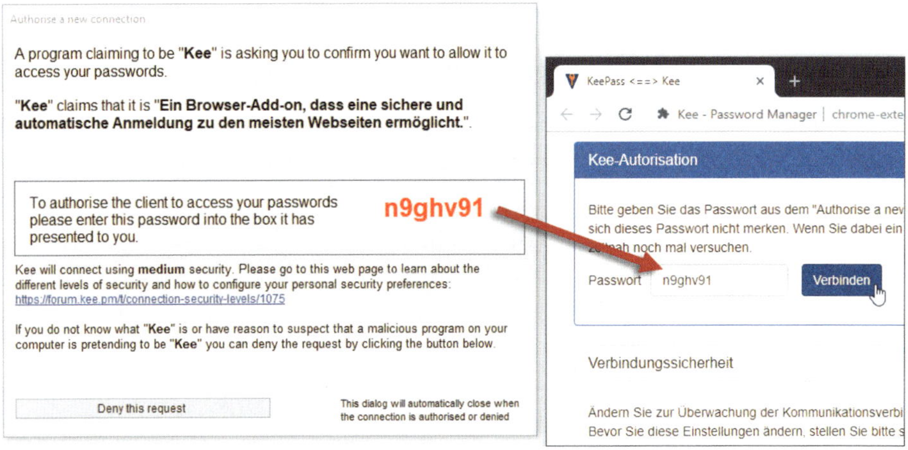

10. Hat alles funktioniert, finden Sie anschließend das Symbol der Erweiterung im Webbrowser vor.

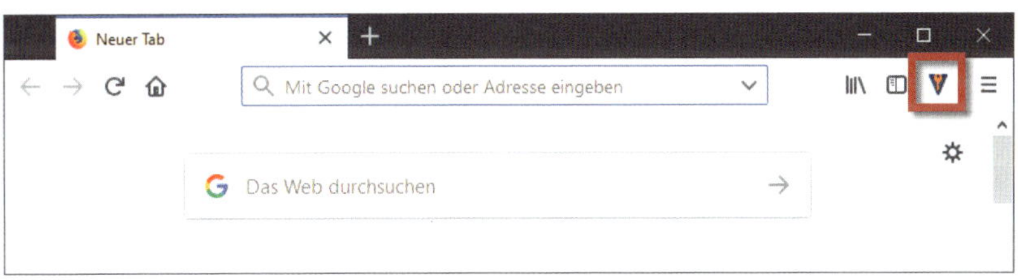

Anmeldungen im Browser automatisch ausfüllen

Sind die KeePass-Erweiterungen installiert und aktiv, lässt sich das Anmelden auf Webseiten weitestgehend automatisieren. Voraussetzung dafür ist, dass das KeePass-Programm im Hintergrund läuft und Ihre Schlüsseldatenbank entsperrt ist. Andernfalls zeigt das KeePass-Symbol in der Browser-Symbolleiste einen entsprechenden Hinweis.

1. Wann immer Sie eine Webseite öffnen, überprüft die KeePass-Erweiterung, ob es für deren URL oder Titel einen passenden Eintrag in der Schlüsseldatenbank gibt.

2. Ist das der Fall, fügt sie Benutzername und Kennwort in die vorgesehenen Formularfelder ein. Zusätzlich versieht sie diese Felder mit ihrem eigenen Symbol, sodass Sie stets sicher sein können, dass diese Angaben von der KeePass-Erweiterung kommen (und nicht etwa von der Auto-Ausfüllen-Funktion des Webbrowsers).

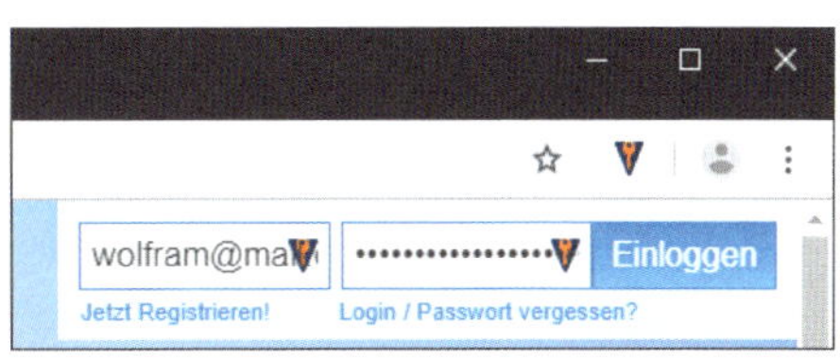

3. Sollte das automatische Erkennen der Webseite mal nicht klappen, klicken Sie mit der rechten Maustaste auf eines der Formularfelder und wählen im Kontextmenü *Kee – Passwort Manager/Passende Log-in-Daten finden*, um die Suche manuell anzustoßen.
4. Sie brauchen das Formular dann nur noch mit der entsprechenden Schaltfläche oder ↵ abzusenden, um die Anmeldung abzuschließen.

Sollten die Anmeldedaten nicht wie erwartet ausgefüllt werden, überprüfen Sie die Auto-Type-Tastensequenz und passen Sie diese ggf. an (siehe Seite 47).

Anmeldungen vollautomatisch durchführen

Sie können über die Browser-Erweiterung auch den virtuellen Anmeldeknopf drücken und sich so vollautomatisch anmelden lassen. Soll das grundsätzlich passieren, klicken Sie mit der rechten Maustaste auf das KeePass-Symbol in der Browser-Symbolleiste und wählen dort die *Optionen*. In den so geöffneten Einstellungen wählen Sie im Abschnitt *Einträge ausfüllen* unter *Automatisch* die Option *Das Formular ausfüllen und absenden*. Alternativ können Sie diese Einstellung auch nur für bestimmte Einträge vornehmen.

Dies geht im KeePass-Hauptprogramm, wo Sie nach dem Installieren der Erweiterung bei jedem Eintrag eine zusätzliche Rubrik *Kee* finden. Hier können Sie im Abschnitt *Entry behaviour* jeweils für das Ausfüllen (*Auto-fill*) und das Absenden (*Auto-submit*) wählen, ob die allgemeinen KeePass-Einstellungen gelten sollen oder ob die Angaben für diesen speziellen Eintrag immer bzw. niemals ausgefüllt oder abgesendet werden sollen. Das ermöglicht es, KeePass auch an Webseiten anzupassen, die mit dem automatischen Ausfüllen und Anmelden sonst Probleme machen würden.

Neue Passwörter generieren

Mit der Erweiterung können Sie auch ganz bequem direkt im Webbrowser neue, sichere Passwörter generieren und direkt in die entsprechenden Formularfelder einfügen. Insbesondere in Verbindung mit dem automatischen Aktualisieren des entsprechenden KeePass-Eintrags ist es dadurch sehr leicht und komfortabel, die Empfehlungen für sichere Passwörter und das regelmäßige Wechseln derselben ganz praktisch umzusetzen.

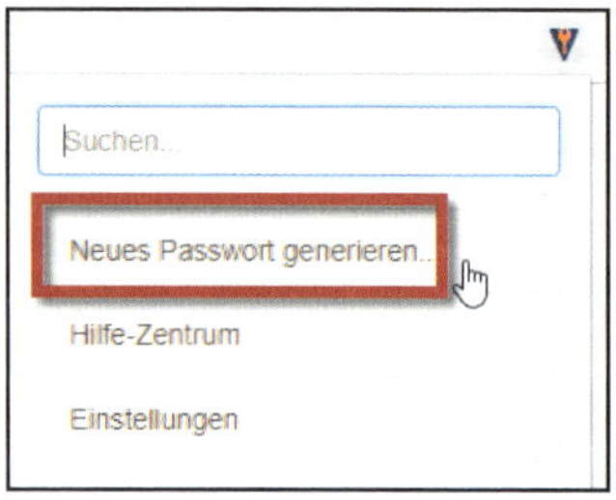

1. Öffnen Sie beim Webdienst die Einstellungen zum Ändern des Passworts. Eventuell müssen Sie hier nochmals das bisherige Passwort eintippen (oder von KeePass einfügen lassen).
2. Klicken Sie dann einfach auf das KeePass-Symbol im Browser, und wählen Sie im Menü den Befehl *Neues Passwort generieren*. Sollte das Symbol nicht angezeigt werden, können Sie mit der rechten Maustaste

irgendwo auf die Webseite klicken und im Kontextmenü die Funktion *Kee – Password Manager/Neues Passwort generieren* wählen.

3. Nun wird ein Dialog angezeigt, in dem Sie Länge und Bestandteile des zu erstellenden Kennworts auswählen können. Dazu stehen Ihnen die Profile des KeePass-Passwort-Managers zur Auswahl. *Hex-Schlüssel – 40 Bit* etwa erstellt ein Passwort aus zehn Kleinbuchstaben und Ziffern. Haben Sie eigene Profile im Passwort-Manager erstellt, werden diese hier ebenfalls angeboten. Klicken Sie das gewünschte Profil einfach an.

4. KeePass erzeugt nun ein entsprechendes Passwort und fügt es in die Zwischenablage ein. Den Hinweis dazu können Sie mit einem Klick auf *Schließen* ausblenden oder mit *Nachricht nicht mehr anzeigen* in Zukunft ganz unterdrücken.

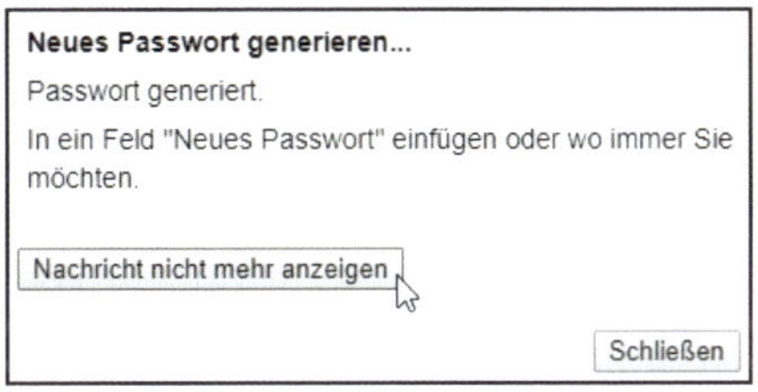

5. Platzieren Sie die Einfügemarke im Eingabefeld für das neue Passwort und drücken Sie Strg+V, um das generierte Kennwort aus der Zwischenablage dort einzufügen.
6. Muss das neue Kennwort zweimal angegeben werden, wiederholen Sie diesen Schritt mit dem zweiten Eingabefeld.
7. Schicken Sie das Formular dann ab, um die Passwortänderung durchzuführen.

Geänderte Passwörter automatisch erfassen

Wenn Sie ein Passwort regelmäßig ändern, muss das auch im entsprechenden Eintrag der KeePass-Datenbank nachgetragen werden, damit KeePass auch weiterhin diese Anmel dung automatisch ausfüllen und durchführen kann. Bei diesem Vorgang unterstützt Sie die KeePass-Browser-Erweiterung optimal.

1. Wenn Sie sich mit dem geänderten Passwort bei einer Webseite anmelden, erkennt die KeePass-Erweiterung das in der Regel automatisch. Das Symbol in der Browser-Leiste zeigt dies kurz mit einem visuellen Effekt an.
2. Klicken Sie einfach auf das Symbol, und wählen Sie den nur in dieser Situation angezeigten Menüpunkt *Letzte Log-in-Daten speichern*.

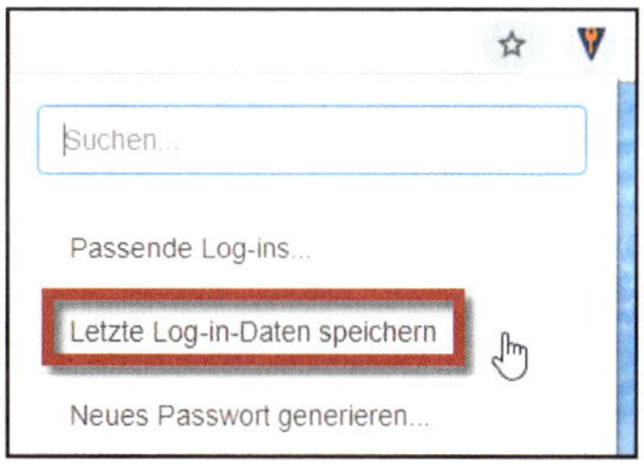

3. Im so geöffneten Dialog wechseln Sie in die Rubrik *Existierenden Eintrag aktualisieren* (die andere Rubrik verwenden Sie, wenn Sie einen ganz neuen Eintrag direkt aus dem Webbrowser heraus anlegen möchten).
4. Meist wird KeePass Ihnen basierend auf der aktuell geöffneten Webseite direkt den entsprechenden Eintrag aus seiner Datenbank zur Auswahl anbieten. Andernfalls können Sie mit einem Klick auf die gleichnamige Schaltfläche nach dem richtigen Datensatz suchen.
5. Klicken Sie einfach auf den Eintrag, der aktualisiert werden soll. Die Erweiterung ändert dann den entsprechenden Eintrag in der KeePass-Datenbank und speichert diese.

KeePass auf Mobilgeräten

Neben dem PC sind weitere wichtige Geräte, auf denen man einen Passwort-Manager einsetzen möchte, Smartphones und Tablets. Für KeePass gibt es eine ganze Reihe von Apps für die verschiedenen Onlineplattformen – und das nicht nur für die gängigen Android- und iOS-Geräte, sondern auch für seltenere bzw. ältere Vertreter wie Windows Phone oder BlackBerry. Es kommt also so ziemlich jeder auf seine Kosten. Voraussetzung dafür ist, dass die App Zugriff auf die Datenbankdatei erhält.

Gemeinsamer Zugriff auf die KeePass-Datenbank

Sie können selbstverständlich auf dem PC und einem Mobilgerät jeweils eigene KeePass-Datenbanken anlegen und diese parallel pflegen. Wirklich praktisch ist das aber nicht, denn damit wird das regelmäßige Ändern von Passwörtern so umständlich, dass man es eher sein lassen wird. Sinnvoller ist es, wenn PC und Mobilgerät(e) auf dieselbe Datenbank zugreifen, sodass Änderungen jederzeit vorgenommen werden können und sich direkt überall widerspiegeln.

Dazu gibt es eine ganze Reihe von Lösungsmöglichkeiten:

- Beispielsweise könnten Sie Ihre Schlüsseldatenbank vom PC mit einem Cloud-Dienst wie Google Drive oder OneDrive synchronisieren. Dann haben Sie eine stets aktuelle Kopie der Schlüsseldatenbank in der Cloud. Das Mobilgerät seinerseits kann sich ebenfalls mit dieser Cloud synchronisieren, sodass die Schlüsseldatenbank auf diesem Weg auch aufs Smartphone gelangt.
- Letzterer Schritt ist dabei nicht mal unbedingt nötig, da einige der KeePass-Apps direkt auf ausgewählte Cloud-Speicher zugreifen können.

- Wer eine eigene Cloud wie ownCloud, Nextcloud oder pCloud eingerichtet hat, kann auf einen fremden Cloud-Anbieter verzichten. Auch hier bieten Apps wie *Keepass-2Android* eine direkte Unterstützung, sodass auf dem Mobilgerät keine weiteren Apps eingerichtet werden müssen.
- Alternativ stehen Ihnen andere Protokolle wie (S)FTP oder WebDAV für den Datenabgleich zur Verfügung.
- Schließlich können Sie jeden anderen Weg wählen, um eine Kopie der Schlüsseldatei ins Dateisystem des Mobilgerätes zu übertragen, beispielsweise per USB. Das senkt zwar den Komfort, verzichtet dafür aber auf jegliche Cloud-Etappen.

Keepass2Android einrichten

Im Folgenden zeige ich Ihnen die Vorgehensweise auf dem Mobilgerät am Beispiel der Android-App *Keepass2Android*. Sie bietet viele Synchronisierungsoptionen, eine komfortable Oberfläche sowie unkompliziertes Einfügen der Anmeldedaten in Dialoge. Außerdem kann sie einen ggf. vorhandenen Fingerabdruckscanner zum Entsperren der Datenbank nutzen.

1. Nach dem Installieren der App wählen Sie beim ersten Start *Datei öffnen*.
2. *Keepass2Android* präsentiert Ihnen daraufhin zahlreiche Möglichkeiten zum Synchronisieren bzw. Abrufen einer Schlüsseldatenbank. Wählen Sie diejenige, die zu Ihrem Synchronisierungskonzept passt:
   - Befindet sich die Schlüsseldatei bzw. eine Kopie davon bereits auf dem Mobilgerät, wählen Sie *Android-Dateibrowser* und navigieren dann zur Schlüsseldatei. Den Zugriff auf das lokale Dateisystem sollten Sie der App auf Rückfrage gestatten.
   - Für einen der unterstützten Cloud-Dienste müssen Sie Ihr Benutzerkonto angeben sowie der Keepass2Android-App den Zugriff auf diesen Dienst gestatten.
   - Für eigene Clouds oder FTP- bzw. WebDAV-Server benötigen Sie die Serveradresse sowie die entsprechenden Zugangsdaten.

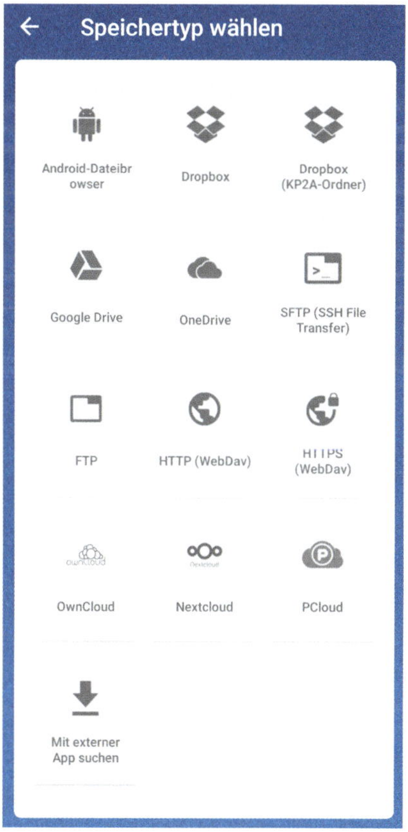

3. Konnte die Schlüsseldatei geöffnet werden, fragt die App anschließend das Master-Passwort dafür ab. Wenn Sie bei dieser Gelegenheit QuickUnlock aktivieren, brauchen Sie nach dem initialen Entsperren der Datenbank nur noch die letzten drei Stellen des Master-Passworts anzugeben, um die Datenbank nach einer längeren Pause erneut freizugeben.
4. Anschließend zeigt *Keepass2Android* Ihnen die Einträge Ihrer KeePass-Datenbank an.

KeePass per Fingerabdruck entsperren

Viele Smartphones sind mit einem Fingerabdruckscanner ausgestattet, der zum sicheren Entsperren des Gerätes genutzt werden kann. Da liegt es nahe, auch die KeePass-Datenbank bei Bedarf einfach per Fingerabdruck freizugeben, anstatt jedes Mal das Master-Passwort in der Bildschirmtastatur einzutippen. Voraussetzung dafür ist, dass Sie die Fingerabdruckfunktion Ihres Mobilgerätes bereits aktiviert und mindestens einen Finger eingelernt haben.

1. Öffnen Sie mit einem Tipp auf das *Optionen*-Symbol oben rechts das Menü der App, und wählen Sie darin *Einstellungen/Datenbank-Einstellungen*.
2. Tippen Sie dort auf *Entsperren mit Fingerabdruck*.
3. Wählen Sie im anschließenden Dialog die Option *Volles Entsperren mit Fingerabdruck aktivieren*. Möchten Sie initial immer noch das Master-Passwort selbst eingeben und nur den QuickUnlock nach längeren Pausen per Fingerabdruck durchführen, wählen Sie stattdessen *Entsperren mit Fingerabdruck für QuickUnlock*.

4. Die App fordert Sie nun auf, Ihren Finger auf dem Fingerabdrucksensor zu platzieren, um den Fingerabdruck zu überprüfen. Wenn dies gelingt, wird die Funktion aktiviert, und ab sofort können Sie anstelle des Master-Passworts jeweils Ihren Fingerabdruck zum Entsperren verwenden.

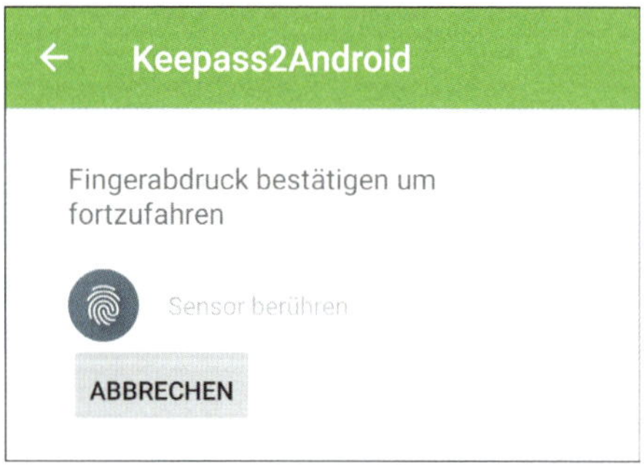

Anmeldedaten im Browser einfügen

Um gespeicherte Anmeldedaten direkt in Anmeldeformulare beispielsweise im Chrome-Webbrowser einzufügen, bringt die App eine eigene virtuelle Tastatur mit, die Sie bei Bedarf aktivieren können.

Die Vorgehensweise:

1. Öffnen Sie zunächst die Webseite mit dem fraglichen Anmeldeformular.
2. Öffnen Sie dann das Menü des Browsers mit der 3-Punkte-Schaltfläche oben rechts. Tippen Sie im Menü auf *Teilen*, und wählen Sie anschließend das Symbol für *Passwort suchen* aus.

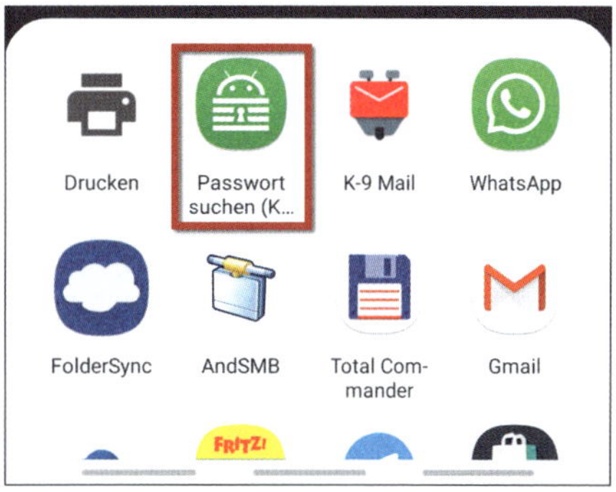

3. Damit starten Sie in *Keepass2Android* eine Suche nach einem Eintrag, der zu der im Browser angezeigten Seite passt. Tippen Sie den gewünschten Eintrag einfach an.

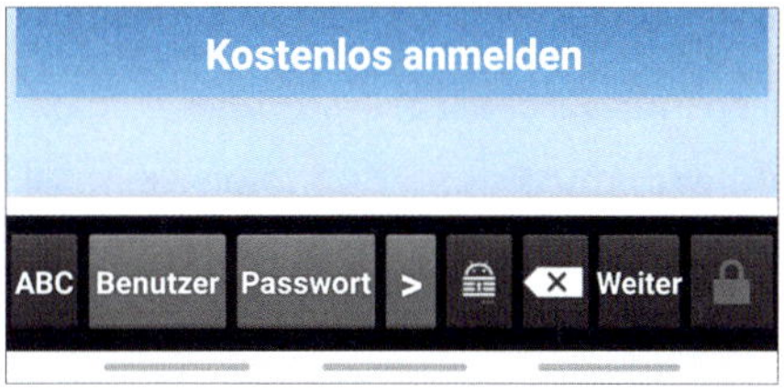

4. Anschließend gelangen Sie zurück in den Webbrowser, wo Sie nun auf das erste Eingabefeld des Anmeldeformulars tippen. Dadurch wird die Bildschirmtastatur eingeblendet. Sollte nicht direkt die eigene virtuelle Tastatur von *Keepass2Android* angezeigt werden, müssen Sie diese zunächst auswählen.
5. Hat die Keepass2Android-Bildschirmtastatur bereits einen passenden Eintrag für Sie, besteht sie nur aus einer schmalen Leiste. Tippen Sie dort auf die Taste *Benutzer*, um das Benutzerfeld auszufüllen.

6. Der Fokus wechselt anschließend automatisch zum Passworteingabefeld. Nur falls das nicht klappt, müssen Sie manuell nachhelfen. Tippen Sie dann in der Eingabeleiste auf die Schaltfläche *Passwort*, um auch dieses im Formular einzutragen.
7. Dann brauchen Sie nur noch auf das Pfeilsymbol rechts daneben zu tippen, um das Anmeldeformular abzusenden.

Die Vorgehensweise ist etwas vielschrittig, aber wenn man sich erst mal daran gewöhnt hat, geht es recht flott von der Hand. Es gibt eine Alternative in Form eines Plug-ins für die App, die noch etwas mehr Komfort ermöglicht (mehr darüber erfahren Sie im folgenden Abschnitt).

Mehr Komfort durch das AutoFill-Plugin

Der Komfort von *Keepass2Android* lässt sich mit einem Plug-in verbessern. Dieses Plug-in darf allerdings nicht über den Google Play Store verbreitet werden, da es Googles Richtlinien für Android nicht entspricht.

Wenn Sie es trotzdem ausprobieren möchten:

1. Sie finden in den Einstellungen von *Keepass2Android* unter *Plug-ins/Plug-ins online* die Download-Möglichkeit für das *AutoFill-Plugin*.
2. Es muss nach dem Download installiert und dazu das Installieren von Apps außerhalb des Play Store zumindest vorübergehend erlaubt werden.
3. Anschließend kehren Sie zu den *Plug-ins*-Einstellungen zurück und aktivieren das Plug-in. Bestätigen Sie dazu die Rückfragen des Android-Betriebssystems.
4. Nun muss das Smartphone einmal neu gestartet werden, damit das Plug-in in Betrieb genommen werden kann.

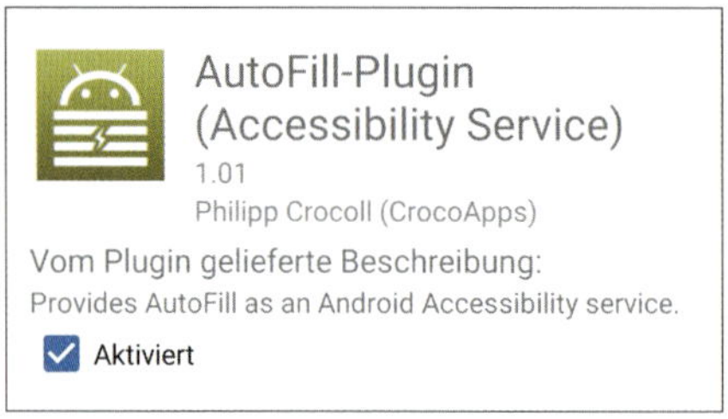

Nach dem Neustart entsperren Sie zunächst mit *Keepass2Android* wie gewohnt Ihre Schlüsseldatenbank. Nun können Sie mit dem Webbrowser eine Webseite mit einem bekannten Anmeldeformular ansteuern.

1. Das AutoFill-Plug-in erkennt solche Seiten automatisch und zeigt dann ein zusätzliches *Keepass2Android*-Symbol in der Infoleiste des Smartphones an.
2. Ziehen Sie die Infoleiste herunter, und tippen Sie auf den Eintrag *KP2A AutoFillPlugin*.
3. Ist die Zuordnung zwischen Webseite und Datenbankeintrag eindeutig, wählt das Plug-in diesen Eintrag direkt aus und befüllt das Anmeldeformular damit.
4. Andernfalls erhalten Sie eine Liste der infrage kommenden Einträge und können denjenigen antippen, der verwendet werden soll.

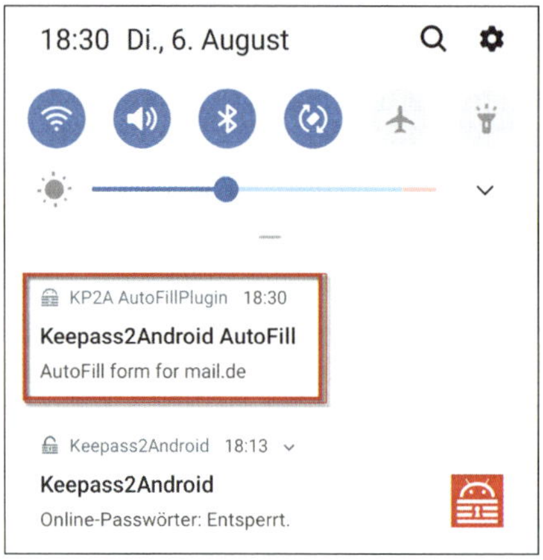

Damit erreichen Sie einen Komfort, der fast an die KeePass-Browser-Erweiterungen unter Windows heranreicht. Das *AutoFill-Plugin* kann sogar noch mehr, denn es erkennt, wenn Sie neue Konten einrichten oder Passwörter ändern, und bietet Ihnen dann an, den entsprechenden KeePass-Eintrag zu aktualisieren.

2.6 Zwei-Faktor-Authentifizierung (2FA)

Ein sicheres Passwort gewährleistet einen guten Schutz für Ihre Daten und Onlinezugänge. Aber es ist immer ein Szenario denkbar, in dem es ausgespäht werden oder durch einen technischen Fehler in fremde Hände geraten könnte. Erinnert sei hier nur an die immer wieder bekannt werdenden Sicherheitslücken oder Datendiebstähle auch bei bekannten Webdiensten, durch die Nutzerdaten entwendet oder sogar veröffentlicht werden (siehe auch Seite 17). In solchen Fällen nützt auch das sicherste Passwort nichts.

Deshalb empfiehlt es sich, zumindest für besonders wichtige Onlinezugänge, bei denen viel auf dem Spiel steht, eine Zwei-Faktor-Authentifizierung einzurichten. Das bedeutet, dass für eine Anmeldung jeweils zwei von mehreren möglichen Komponenten zusammenkommen müssen:

- **Wissen**, das im Normalfall nur der Zugangsberechtigte hat, also beispielsweise ein Passwort.
- Ein **Gegenstand**, den es – zumindest in dieser speziellen Ausführung – nur einmal gibt und der sich im Besitz des Zugangsberechtigten befindet.
- Ein **eindeutiges körperliches Merkmal** des Zugangsberechtigten wie etwa ein Fingerabdruck, Sprache, das Gesicht oder die Iris.

Wichtig ist, dass zwei voneinander getrennte Faktoren und unterschiedliche Medien bzw. Übertragungswege verwendet werden. Beachtet man diese Trennung nicht, wird die Zwei-Faktor-Absicherung kompromittiert. Eine auf zwei getrennten Faktoren basierende Authentifizierung benutzen viele Menschen ganz selbstverständlich im Alltag, ohne sich dessen vielleicht immer bewusst zu sein:

- Um Geld am **Geldautomaten** abzuheben, benötigt man eine PIN (Wissen) und eine Bankkarte (Gegenstand). Das Notieren der PIN auf oder in der Nähe der Bankkarte ist streng verboten, weil dadurch die Trennung der zwei Faktoren aufgehoben wird und der reine Besitz der Bankkarte ausreicht, um Geld abzuheben.
- Beim **Onlinebanking** meldet man sich mit einer PIN oder einem Passwort (Wissen) an. Für alle relevanten Transaktionen benötigt man zusätzlich eine TAN. Diese stammt von einer Liste, einem TAN-Generator oder wird per Mobilgerät übermittelt (Gegenstand). Deshalb wird davon abgeraten, Banking-Apps auf dem Smartphone zu nutzen, wenn dabei mobile TANs per SMS auf ebendieses Handy gesendet werden. Denn wenn das Gerät entwendet wird, hat der Dieb womöglich Zugang zur Banking-App und kann damit Überweisungen beauftragen. Die SMS zum Bestätigen der Aufträge werden ihm praktischerweise auf dasselbe Gerät geschickt.
- Ein weiteres triviales Beispiel ist Ihre **Haustür**: Um in Ihre Wohnung zu gelangen, benötigt man die Adresse (Wissen) und den Haustürschlüssel (Gegenstand). Beide Faktoren jeweils für sich reichen nicht. Nur weil jemand Ihre Adresse kennt, kommt er noch lange nicht rein. Und wenn ein Fremder Ihren Haustürschlüssel auf der Straße findet, weiß

er nicht, wo sich die passende Haustür dazu befindet. Nur wenn man beides hat, kann man die Haustür öffnen. Das ist auch der Grund, warum – hoffentlich – niemand seine Adresse auf den Haustürschlüssel gravieren lässt.

Zwei-Faktor-Anmeldungen bei Onlinediensten

Bei Onlinediensten melden Sie sich in der Regel nur mit Benutzerkennung und Passwort an, also mit einem Faktor. Viele Anbieter beschränken sich auch darauf und gewähren ihren Nutzern keine weiteren Möglichkeiten. Aber insbesondere große und für viele Anwender besonders wichtige Dienste bieten mittlerweile 2FA an, beispielsweise Google, Microsoft, Facebook, WhatsApp, PayPal oder Twitter.

Gerade bei Diensten wie Google und Facebook, die gern von anderen Diensten oder Apps zur Authentifizierung genutzt werden, sollte man dieses Angebot nutzen. Denn wenn jemand diesen Zugang knackt, dann bekommt er dadurch automatisch auch Zugriff auf alle anderen Dienste, für die man sich mit diesem Konto angemeldet hat.

- Als zweiten Faktor nutzen diese Dienste in der Regel das Smartphone, das die meisten Anwender ohnehin besitzen. Es wird – ergänzend zu den Anmeldedaten (Wissen) – zum Gegenstand, der mit dem Benutzerkonto verknüpft wird. Dazu wird bei der Anmeldung ein zusätzliches Einmalpasswort verlangt, das zuvor per SMS oder mittels einer speziellen App an das Mobilgerät gesendet wurde. Man kann sich bei dem Dienst also nur noch anmelden, wenn man auch im Besitz des verknüpften Gerätes ist.
- Eine Ausnahme ist WhatsApp, das den umgekehrten Weg geht. Denn WhatsApp benutzt standardmäßig kein Wissen, sondern einen Gegenstand in Form der SIM-Karte, mit der ein Konto verknüpft ist. Bei der Zwei-Faktor-Authentifizierung wird in diesem Fall Wissen in Form einer Geheimzahl ergänzt, die der Benutzer sich für zukünftige Anmeldungen merken muss.
- Ein Problem bei dieser Form der Zwei-Faktor-Anmeldung ist, dass sie nicht mehr möglich ist, wenn das Gerät verloren geht oder beschädigt wird. Deshalb sollte man – wenn möglich – eine Notfall-E-Mail-Adresse o. Ä. angeben, die es in solchen Fällen ermöglicht, den zweiten Faktor zurückzusetzen.

Sie müssen dabei keine Angst haben, sich in Zukunft mehrmals täglich mit einem zusätzlichen Faktor anmelden zu müssen. 2FA nutzt in der Regel zusätzliche Mechanismen, um zu erkennen, von wo eine Anmeldung erfolgt. Nutzen Sie immer dasselbe Gerät, reicht in der Regel die einfache Anmeldung per Passwort, und nur gelegentlich oder bei kritischen Aktionen wie etwa einer Passwortänderung wird um eine Zwei-Faktor-Authentifizierung gebeten.

Erfolgt eine Anmeldung aber beispielsweise erstmals von einem bislang unbekannten Gerät, wird immer auch der zweite Faktor abgefragt werden, um die Zulässigkeit des neuen Gerätes sicherzustellen.

TOTP – zeitlich begrenzte Einmalpasswörter

Die meisten Onlinedienste verwenden für 2FA das Verfahren **T**ime-based **O**ne-**t**ime **P**assword (TOTP), also zeitbasierte Einmalpasswörter. Wenn die Zwei-Faktor-Anmeldung initial eingerichtet wird, erzeugt der Server des Onlinedienstes einen geheimen Schlüssel. Dieser wird meist als QR-Code auf dem Bildschirm dargestellt. Der Anwender benötigt auf seinem Smartphone eine 2FA-App, die den QR-Code scannt, den geheimen Schlüssel daraus ermittelt und sicher speichert. Zur Bestätigung erzeugt sie ein erstes Einmalpasswort, das der Benutzer zurück an den Server übermittelt. Damit ist die 2FA-Anmeldung aktiviert.

Ab sofort kann der Benutzer mit seiner 2FA-App jederzeit neue Einmalpasswörter für diesen Dienst erstellen. Die App berechnet dazu aus dem hinterlegten geheimen Schlüssel und der aktuellen Uhrzeit mittels einer Hash-Funktion ein sechs- bis achtstelliges Passwort, das am Bildschirm angezeigt wird. Dieses Einmalpasswort gibt der Benutzer als zweiten Faktor bei der Anmeldung an. Da bei der Berechnung auch die Uhrzeit mit einfließt, ist das Passwort immer nur eine kurze Zeit gültig. Selbst wenn jemand das Einmalpasswort ausspähen könnte, müsste er es also zusammen mit dem regulären Passwort innerhalb kürzester Zeit einsetzen. Basierend auf diesem Prinzip, gibt es verschiedene Varianten. So kann man Google-Konten auch ohne 2FA-App mit einem zweiten Faktor schützen, wenn diese mit einem Mobilgerät verknüpft sind. Bei einer Anmeldung sendet Google eine Push-Benachrichtigung an das verknüpfte Gerät, die dessen Besitzer zeitnah bestätigen muss.

2FA-Apps mit TOTP sind austauschbar

Es gibt verschiedene 2FA-Apps für Mobilgeräte. Unter anderem bieten Google und Microsoft eigene Apps an und erwecken gern den Eindruck, dass man ihre Zwei-Faktor-Anmeldung nur mit jeweils dieser App nutzen kann. In der Praxis kann es auch Vorteile haben, die jeweils zum Dienst passende App zu verwenden. Prinzipiell ist es aber nicht erforderlich, sondern Sie können auch für Google und Microsoft jede 2FA-App nutzen (oder eben auch die Google-Authenticator-App für Microsoft-Konten). TOTP ist ein einheitlicher, offener Standard, der den sicheren und zuverlässigen Datenaustausch zwischen allen Diensten und Apps gewährleistet, die sich an diesen Standard halten. Wichtig allerdings: Wenn Sie sich einmal für eine 2FA-App entschieden haben, können Sie nicht einfach zu einer anderen wechseln. In dem Fall müssen Sie erst alle eingerichteten Zwei-Faktor-Anmeldungen wieder deaktivieren, um sie anschließend mit der neuen App erneut einrichten zu können.

Wo kann man sich per 2FA anmelden?

Die Webseite twofactorauth.org pflegt eine aktuelle Liste aller Onlinedienste, bei denen Sie eine Zwei-Faktor-Anmeldung verwenden können.

Die Dienste sind in verschiedene Rubriken eingeteilt. Einen bestimmten Dienst finden Sie am schnellsten, indem Sie den Namen oben in das Eingabefeld eintippen.

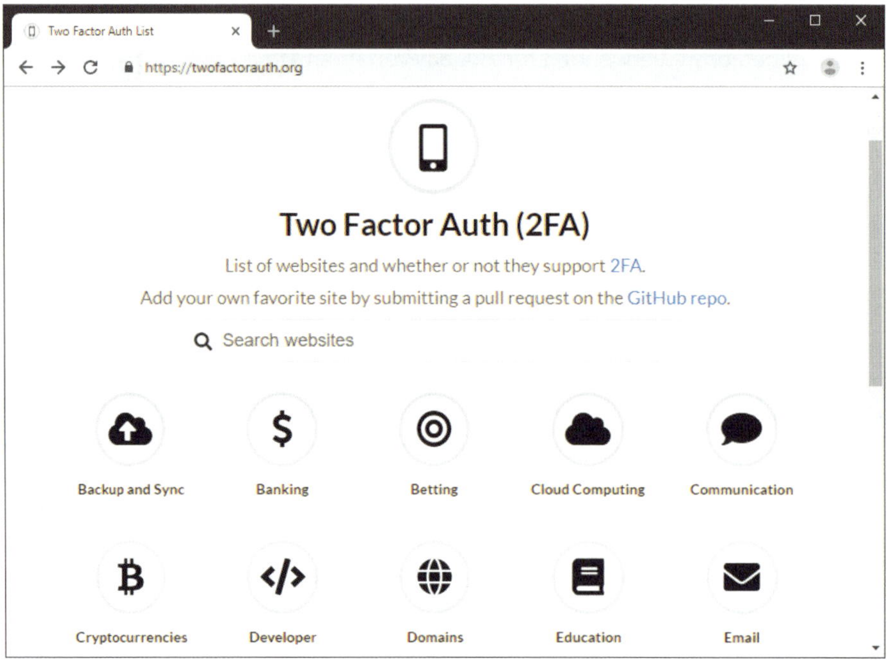

Es werden dann in einer Tabelle jeweils alle Dienste angezeigt, die zu den eingegebenen Zeichen passen. Mit jedem weiteren Zeichen engen Sie die Auswahl also weiter ein. Jeder Eintrag enthält neben dem Namen des Webdienstes Angaben, welche Varianten der Zwei-Faktor-Anmeldung angeboten werden. Finden Sie in der Spalte *Docs* ein Symbol, verbirgt sich dahinter ein Link zu einer Serviceseite des jeweiligen Dienstes mit weiterführenden Informationen und Anleitungen.

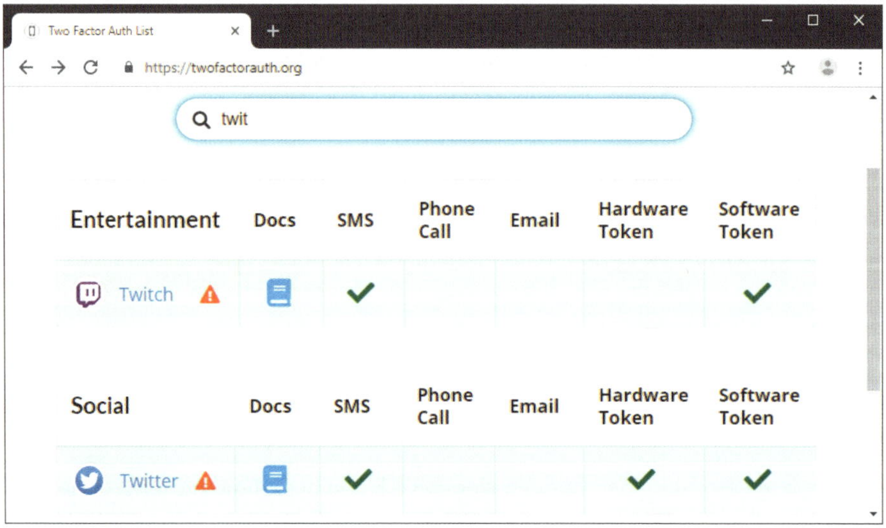

2FA bei Google-Konten ohne App

Für Google-Konten können Sie eine Zwei-Faktor-Anmeldung ganz ohne zusätzliche App verwenden. Dazu reicht es, wenn das entsprechende Google-Konto mit einem Android-Mobilgerät verknüpft ist. Bei der 2FA-Anmeldung sendet Google dann eine Push-Nachricht an dieses Gerät. Daraufhin zeigt das Gerät einen Dialog an, in dem der Benutzer die Anmeldung bestätigen kann.

1. Öffnen Sie google.de und melden Sie sich über das Benutzersymbol oben rechts bei Ihrem Google-Konto an.
2. Klicken Sie dann erneut auf das Benutzersymbol, und klicken Sie im so geöffneten Dialog auf die Schaltfläche *Google-Konto*.

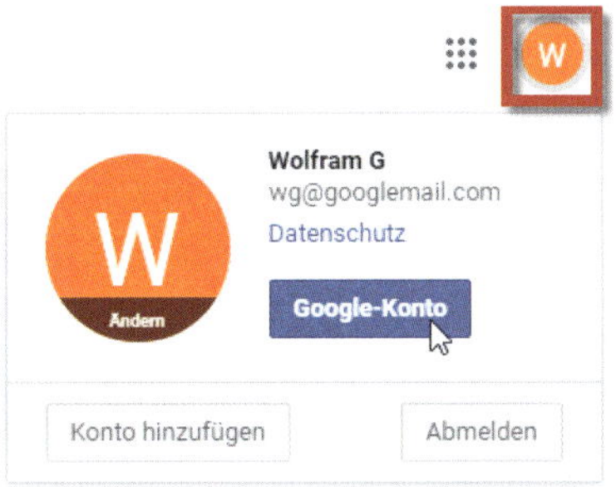

3. In den Einstellungen Ihres Google-Kontos öffnen Sie links die Rubrik *Sicherheit*.
4. Klicken Sie dort im Abschnitt *Bei Google anmelden* auf die Zeile *Bestätigung in zwei Schritten*.

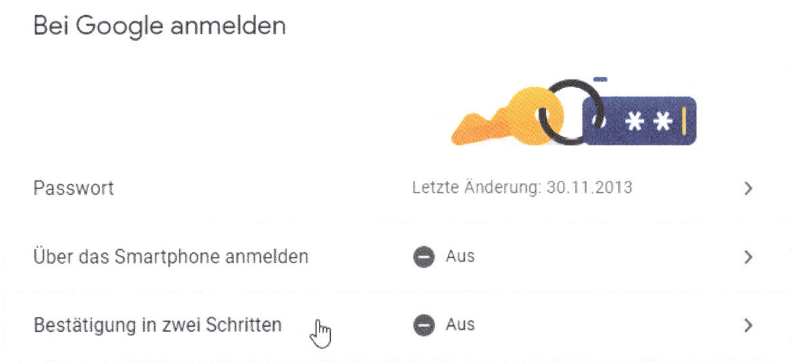

5. Beginnen Sie den anschließenden Assistenten mit *Jetzt starten*. Als Erstes müssen Sie aus Sicherheitsgründen erneut Ihr Passwort eingeben.
6. Der Assistent zeigt Ihnen dann das Gerät bzw. die Geräte an, die derzeit mit dem Google-Konto verknüpft sind. An diese Geräte sendet Google in Zukunft eine Aufforderung zur Bestätigung der 2FA-Anmeldung. Sollten es mehrere Geräte sein und Sie die

Aufforderung nicht auf allen erhalten wollen, können Sie einzelne Geräte zum Abschluss des Einrichtens deaktivieren. Klicken Sie dann unten auf *JETZT AUSPROBIEREN*.

7. Daraufhin erleben Sie die Funktion zum ersten Mal in Aktion: Google sendet an das bzw. die Mobilgerät(e) eine Push-Nachricht, und diese zeigen daraufhin die Rückfrage auf dem Bildschirm an. Tippen Sie auf *JA*, um die Anmeldung zu bestätigen. Genauso wird es in Zukunft jedes Mal ablaufen, wenn Sie sich nach längerer Abwesenheit oder mit einem neuen Gerät bei Ihrem Google-Konto anmelden.

8. Nun wird eine Ersatzoption konfiguriert, auf die Sie zurückgreifen können, wenn Sie das Mobilgerät verlieren sollten. Dazu kann Google Ihnen einen Code per SMS zusenden oder per Telefonanruf vorlesen. Vorsicht, Falle: Geben Sie hier möglichst nicht die Nummer des Smartphones an, das Sie gerade als zweiten Faktor einrichten. Denn wenn das verloren geht, nützt Ihnen keine Ersatzoption etwas, die mit diesem Gerät zu tun hat. Eine einfache, aber robuste Alternative verbirgt sich hinter *ANDERE SICHERUNGSOPTION VERWENDEN*. Damit öffnen Sie eine Liste mit Codes, die Sie herunterladen oder ausdrucken können. Wenn Sie diese an einem sicheren Ort aufbewahren, können Sie die Codes im Ernstfall nutzen, um sich auch ohne Smartphone Zugang zur Ihrem 2FA-gesicherten Google-Konto zu verschaffen und alles Weitere zu veranlassen.

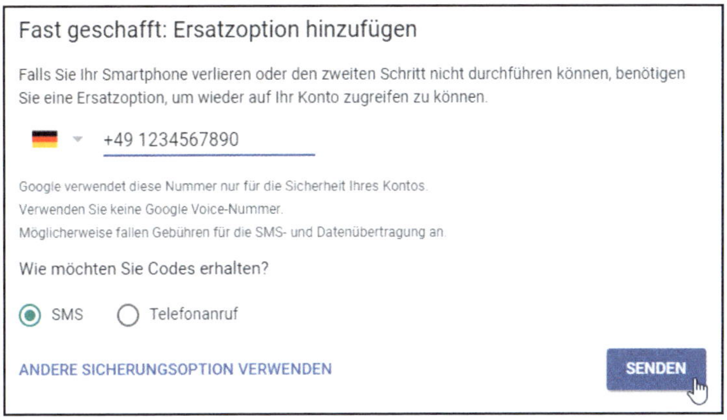

9. Schließlich erhalten Sie noch mal eine kurze Zusammenfassung. Klicken Sie darunter auf *Aktivieren*, um die Zwei-Faktor-Anmeldung endgültig einzuschalten.

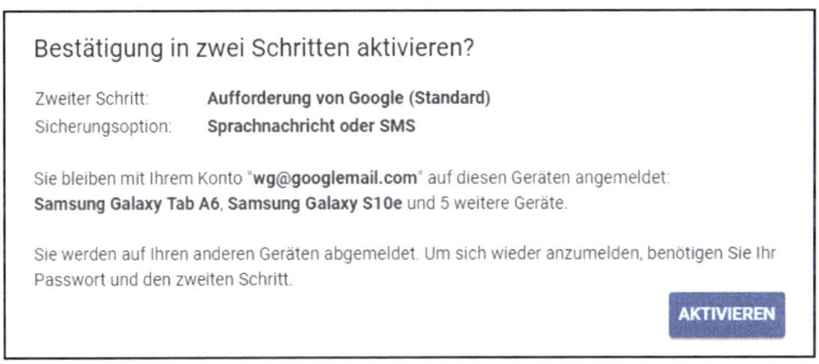

2FA mit Authy

Eine Zwei-Faktor-Authentifizierung ohne zusätzliche App direkt per Smartphone ist nur in Ausnahmefällen wie bei Google-Konten möglich, da die Funktion hier direkt in Android integriert ist. In allen anderen Fällen benötigt man eine 2FA-App. Sowohl Google als auch Microsoft bieten eigene 2FA-Apps an, die jeweils gut mit deren Diensten verknüpft sind. Wenn Sie hauptsächlich Konten eines dieser Anbieter verwenden, ist es deshalb durchaus sinnvoll, auch die dazugehörenden 2FA-Apps einzusetzen.

Ich möchte hier als unabhängige Alternative aber die App *Authy* (erhältlich im Apple Store und im Google Play Store) vorstellen. Sie lässt sich für alle TOTP-basierten 2FA-Anmeldungen nutzen und bringt eine Reihe von zusätzlichen Vorteilen mit sich. So kann sie auch auf Windows-PCs und im Webbrowser genutzt werden. Und sie erlaubt das gleichzeitige Nutzen auf mehreren Geräten, zwischen denen die Daten automatisch synchronisiert werden können. Das ist nicht nur praktisch, sondern man hat dadurch automatisch auch ein Backup, falls das Mobilgerät verloren gehen oder beschädigt werden sollte.

Authy einrichten

Beim ersten Start nach dem Installieren der App müssen einige Schritte erledigt werden, um *Authy* einzurichten.

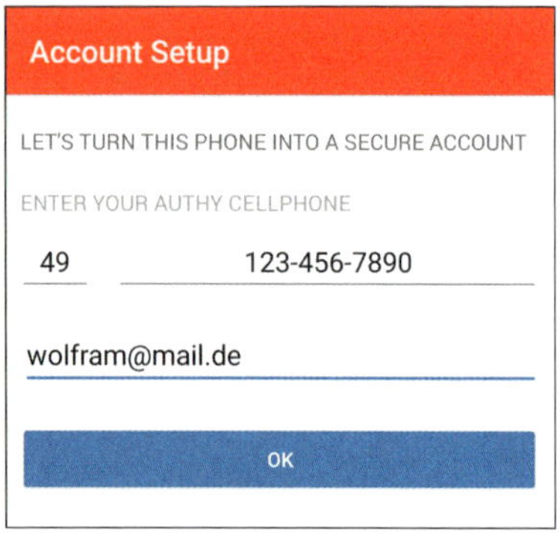

1. Tippen Sie zunächst die Telefonnummer Ihres Smartphones und Ihre E-Mail-Adresse ein. Dies dient dazu, die App mit dieser Nummer und Adresse zu verknüpfen.

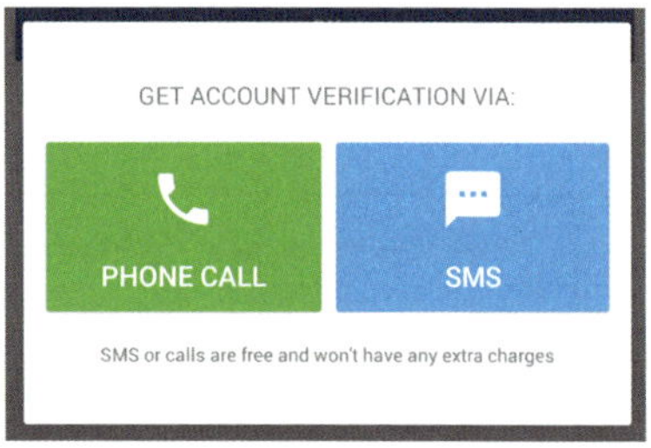

2. Wählen Sie dann, ob Sie einen Bestätigungscode per SMS zugesandt oder mittels eines Telefonanrufs vorgelesen bekommen möchten.
3. Die eingehende SMS wird von *Authy* in der Regel automatisch erkannt. Andernfalls oder bei einem Telefonanruf tippen Sie den erhaltenen Code in den Dialog ein.

Die richtige Telefonnummer für die Überprüfung

Es ist naheliegend, hier die Mobilnummer des Smartphones anzugeben, auf dem Sie Authy anmelden. Bedenken Sie aber, dass bei einem plötzlichen Verlust dieses Gerätes auch der Zugriff auf SMS und Anrufe zumindest vorübergehend unterbrochen sein kann.

Es ist also sinnvoll, hier eine andere Nummer anzugeben, beispielsweise eine Festnetznummer, auf der Sie sich anrufen lassen, um den Code entgegenzunehmen.

Eine 2FA-Anmeldung aktivieren

Damit Sie sich mit *Authy* per Zwei-Faktor-Authentifizierung bei einem Onlinedienst anmelden können, muss die Anmeldung für jeden Webdienst einmalig aktiviert werden. Dabei wird der geheime Schlüssel vom Anbieter zu *Authy* übermittelt und bestätigt, mit dem *Authy* ab dann jederzeit Einmalpasswörter zur Anmeldung bei diesem Dienst erzeugen kann.

Im Folgenden zeige ich am Beispiel des beliebten Online-Zahlungsdienstes PayPal, wie eine solche Aktivierung abläuft.

1. Melden Sie sich wie gewohnt bei PayPal an, und öffnen Sie in den Einstellungen Ihres Kontos die Rubrik *Sicherheit*.

2. Lokalisieren Sie in der Optionsliste die Zeile *Zweistufige Verifizierung*, und klicken Sie darauf.

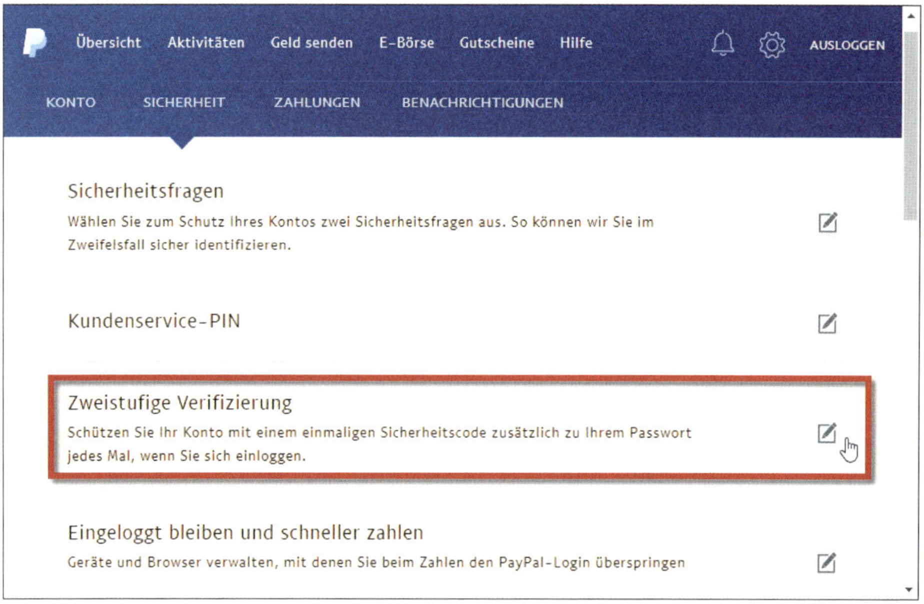

3. Nun können Sie wählen, ob Sie jeweils einen *Code per SMS erhalten* oder wie ich in diesem Beispiel eine *Authentifizierungs-App verwenden* möchten. Klicken Sie dann auf *Einrichten*.

4. Im nächsten Schritt sehen Sie im Webbrowser einen QR-Code. Ab hier geht es in der Authy-App weiter.

5. Starten Sie *Authy* und tippen Sie auf das *Hinzufügen*-Symbol.

6. Tippen Sie im nächsten Schritt in der App auf *Scan QR Code*. Beim ersten Mal müssen Sie bei dieser Gelegenheit *Authy* den Zugriff auf Bilder und Videos gestatten.

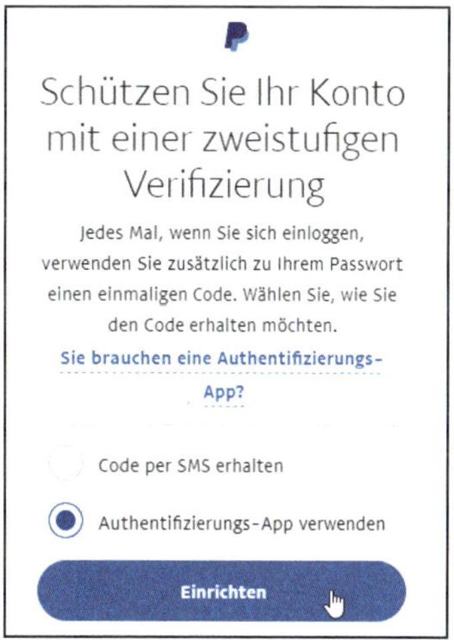

7. Richten Sie nun die Kamera des Smartphones auf den PC-Bildschirm, sodass der QR-Code auf dem Display des Mobilgerätes angezeigt wird. Sobald *Authy* den QR-Code erkennt und auslesen kann, übernimmt die App automatisch die darin enthaltenen Daten.

8. Wenn Sie erstmals eine 2FA-Anmeldung mit *Authy* aktivieren, können Sie ein Backup-Passwort festlegen. Damit erstellt *Authy* eine verschlüsselte Sicherung Ihrer Daten und speichert diese in seiner Cloud. Der Vorteil ist, dass Sie mit diesem Passwort Ihre Daten auch auf einem anderen Gerät wiederherstellen können. Das ist praktisch, wenn Ihr Smartphone verloren gehen sollte, und macht auch den Wechsel von einem Gerät zum anderen sowie den Einsatz von *Authy* auf mehreren Geräten sehr einfach. Andererseits sollte das hier gewählte Passwort sehr sicher sein, damit es nicht gehackt werden kann.

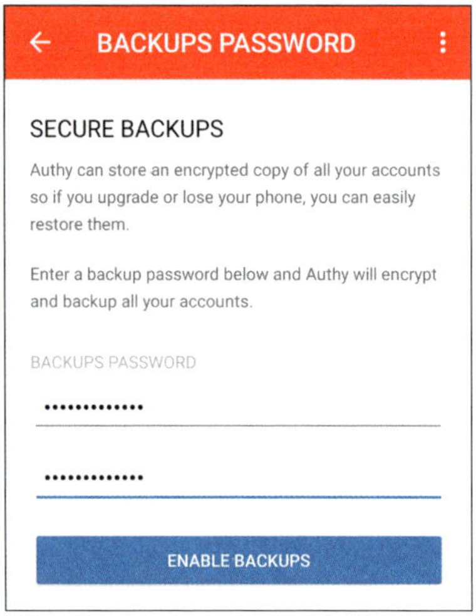

9. Wurde der QR-Code erkannt und ausgelesen, können Sie einen Namen für dieses Konto angeben. Dieser kann frei gewählt werden und dient nur Ihrer eigenen Orientierung. Er sollte knapp und aussagekräftig sein, damit Sie den Eintrag in *Authy* jederzeit schnell finden können, wenn Sie ein Einmalpasswort für die Anmeldung benötigen.

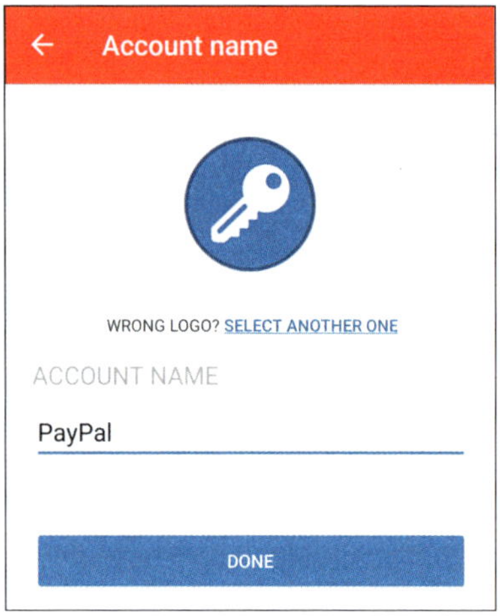

10. Wichtig ist der letzte Schritt: Nach dem Einrichten zeigt *Authy* Ihnen einen Code für den neuen Zugang an. Wechseln Sie nun zurück zum Webdienst und tippen Sie diesen Code dort ein. Er dient zur Bestätigung, dass die 2FA-Authentifizierung eingerichtet wurde. Erst damit wird die sichere Anmeldung bei diesem Dienst endgültig aktiviert.

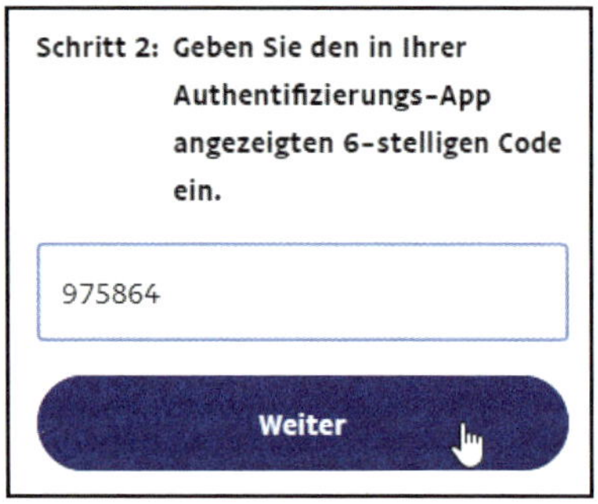

Einige Anbieter wie auch PayPal bieten nach der Aktivierung an, eine Alternative zur 2FA-Anmeldung per App einzurichten, beispielsweise durch Senden einer SMS an eine bestimmte Nummer. Das ist auch nicht verkehrt, denn wenn Sie Smartphone bzw. App verlieren, können Sie sich nicht mehr bei Webdiensten anmelden, für die Sie eine 2FA-Anmeldung per *Authy* aktiviert haben. Dann ist es gut, eine Alternative in der Hinterhand zu haben. Nutzen Sie solche Angebote also. Verwenden Sie dafür aber möglichst nicht die Nummer des Smartphones, auf dem *Authy* installiert ist.

Mit einem Einmalpasswort anmelden

Wenn Sie eine Zwei-Faktor-Anmeldung mit *Authy* eingerichtet haben, kommt zur Anmeldung bei solchen Onlinediensten zukünftig jeweils ein weiterer Schritt hinzu:

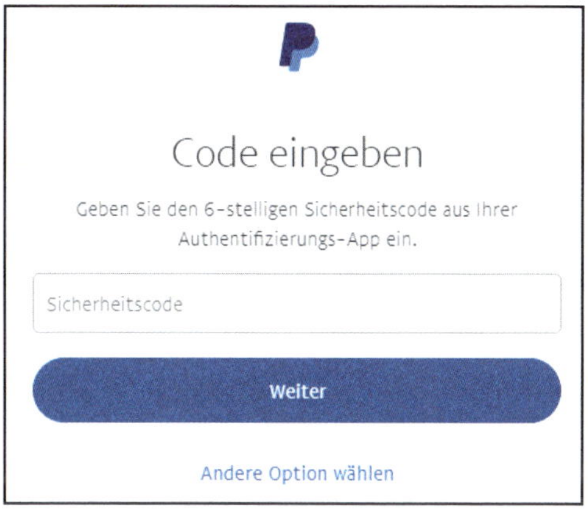

1. Melden Sie sich zunächst wie gewohnt mit Benutzernamen und Passwort an.
2. Nun fragt der Webdienst zusätzlich nach einem Sicherheitscode aus Ihrer Authentifzierungs-App.
3. Starten Sie also *Authy* auf Ihrem Smartphone, und suchen Sie in der Liste der eingerichteten Konten nach diesem Onlinedienst.

4. Wenn Sie dessen Eintrag öffnen, sehen Sie direkt den Sicherheitscode, den Sie für die Anmeldung nutzen können. Zusätzlich wird ein Countdown angezeigt, wie lange dieser Einmalcode noch gültig ist. Sollten das nur noch wenige Sekunden sein, warten Sie lieber ab, bis ein neuer Code angezeigt und der Zähler zurückgesetzt wird. Denn innerhalb dieser Zeit (mit etwas Kulanz) sollten Sie den Code auf der Webseite des Onlinedienstes eingegeben haben. Bitte entschuldigen Sie die Qualität des nebenstehenden Bildes. Es gehört zu den Sicherheitsmerkmalen von *Authy*, dass man von diesem Vorgang kein Bildschirmfoto machen kann, um Spionageprogramme auszuschließen. Deshalb musste ich in diesem Fall den Bildschirm klassisch abfotografieren.
5. Sollte die Anmeldung direkt auf dem Smartphone erfolgen, können Sie das Kopiersymbol antippen, um den Sicherheitscode in die Zwischenablage zu übertragen. Dann brauchen Sie nur zum Browser (oder einer anderen App) zu wechseln, dort lange in das Eingabefeld zu tippen und *Einfügen* zu wählen.

Die Zeitbegrenzung der Einmalpasswörter

Die für 2FA erzeugten Einmalpasswörter sind zeitlich begrenzt. Dazu fließt in den erzeugten Code die aktuelle Uhrzeit ein. Der Empfänger überprüft den Code und akzeptiert ihn nur innerhalb einer bestimmten Zeitspanne nach seiner Erzeugung. Meist sind dies 30 Sekunden plus einer gewissen Toleranz. Sie sollten sich also nicht zu viel Zeit lassen, allerdings können Sie jederzeit auf den nächsten Code warten.

Ein Problem kann jedoch entstehen, wenn eines der beteiligten Geräte eine deutlich abweichende Uhrzeit verwendet. Dann wird unter Umständen ein Zeitstempel in den Sicherheitscode eingefügt, der beim Empfänger schon längst abgelaufen ist. Wenn also der 2FA-Code mehrfach nicht akzeptiert wird, obwohl Sie ihn zügig eingetippt haben, überprüfen Sie, ob die Uhr Ihres Smartphones eventuell falsch geht.

Authy auf mehreren Geräten synchronisieren

Einer der großen Vorteile von *Authy* ist, dass man es recht unkompliziert mit anderen Geräten synchronisieren kann. Das ist vorteilhaft, wenn man es auf mehreren Geräten nutzen will. Es gibt aber auch zusätzlichen Schutz, denn wenn Ihr Smartphone mit *Authy* ausfällt, können Sie zu einem anderen Gerät greifen und damit wie gewohnt weiter 2FA machen. Das kann ein Tablet oder vielleicht das Smartphone eines Partners sein (der ohne Passwort damit nichts weiter anfangen kann). Dann steht es Ihnen im Notfall schnell wieder zur Verfügung.

Authy ist aber auch für andere Plattformen verfügbar, etwa als Erweiterung für den Chrome-Webbrowser oder als eigenständige Anwendung für Windows und macOS. Sie können also beispielsweise *Authy* für Windows (authy.com/download) auf Ihrem PC installieren. Einmal eingerichtet, brauchen Sie sich nicht weiter darum zu kümmern, können es aber jederzeit verwenden, falls Ihr Smartphone mal nicht greifbar ist. Und falls es irgendwann Probleme mit dem Smartphone geben sollte, haben Sie mit der Windows-Anwendung eine zuverlässige Rückversicherung.

1. Zum Einrichten weiterer Authy-Versionen – egal, für welche Plattform – wiederholen Sie im Wesentlichen die auf Seite 68 beschriebenen Schritte.
2. Geben Sie dabei dieselbe Telefonnummer wie bei Ihrem eigenen Smartphone an.
3. Bestätigen Sie dann über diese Nummer die Verwendung eines weiteren Gerätes.
4. Auch als Backup-Passwort geben Sie dasselbe an, das Sie auch bei Authy auf Ihrem Smartphone verwenden.

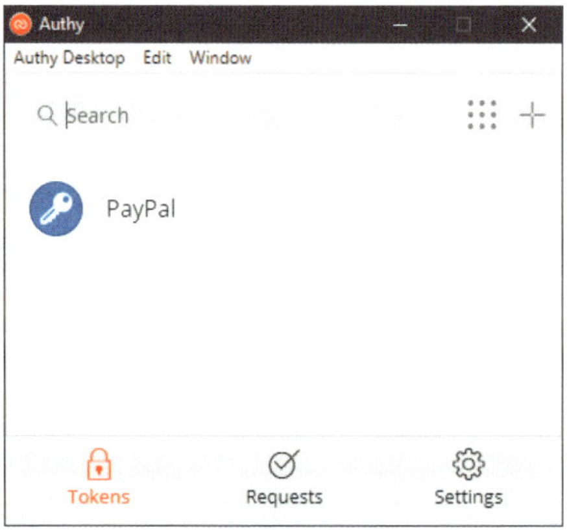

5. Die zusätzliche App lädt dann direkt die eingerichteten 2FA-Eingänge herunter. Ab sofort können Sie beide Apps beliebig einsetzen, da Daten automatisch synchronisiert werden.

2.7 FIDO2 statt Passworteingabe

Nachdem ich nun ausführlich beschrieben habe, wie man sichere Passwörter gestaltet und sie sicher und zugleich komfortabel nutzen kann, hier nun die – vermeintlich – schlechte Nachricht: Trotz allem sind Passwörter eine aussterbende Technologie. Die Zukunft gehört Authentifizierungsverfahren, die ganz ohne Passwort auskommen. Stattdessen weist man sich mit einem unfälschbaren Gegenstand oder biometrischen Kennzeichen aus. Und die Zukunft hat in Form von FIDO2 bereits begonnen und beispielsweise bei Windows 10 und Android Einzug gehalten.

FIDO steht für **F**ast **ID**entity **O**nline, also schnelle Online-Identität. Unter diesem Namen hat sich eine Allianz aus großen Unternehmen – unter anderem Microsoft, Google und PayPal – zum Ziel gesetzt, praktische und sichere Alternativen zur Anmeldung per Passwort zu schaffen. Stattdessen wird beim Registrieren eines Kontos ein Schlüssel erzeugt, der aufseiten des Benutzers sicher aufbewahrt wird. Das kann in Form einer speziellen Hardware, etwa eines USB-FIDO-Keys, geschehen. Der hat den Vorteil, dass man ihn stets bei sich tragen und somit auch auf verschiedenen Geräten nutzen kann.

Ebenso kann aber auch das Betriebssystem einen Speicher für solche Schlüssel bereitstellen, den es mit seinen Authentifizierungsverfahren schützt. Das machen beispielsweise Windows 10 und Android. Bei solchen Geräten kann man sich also bei einer Webseite anmelden, indem man den Zugriff auf den Schlüsselspeicher freigibt. Das kann man auf dieselbe Weise machen, wie man das Gerät auch entsperrt, also beispielsweise auch per PIN, Fingerabdruck oder Gesichtserkennung.

FIDO2 schon heute praktisch nutzen

Der FIDO2-Standard ist noch relativ jung und muss sich erst auf breiter Front durchsetzen, wofür die Chancen aber relativ gut stehen. Bislang wird er vor allem bei Anmeldungen mit Zwei-Faktor-Authentifizierung (siehe Seite 61) als zweiter Sicherheitsfaktor genutzt, beispielsweise beim Cloud-Speicherdienst Dropbox. Mit dem WebAuthn-Protokoll gibt es aber eine offene JavaScript-Schnittstelle, über die jede Webseite das FIDO2-Modul des Webbrowsers ansprechen kann (beispielsweise in Chrome und Firefox). Der kann dann mit einem FIDO2-Speicher kommunizieren und daraus den Schlüssel abrufen, der für die Anmeldung bei einer Webseite benötigt wird. Das klingt kompliziert, aber in der Praxis bedeutet es, dass man sich mit dieser Technologie in Zukunft einfach per Fingerabdruck oder durch Drücken eines Knöpfchens an einem USB-Stick sicher anmelden kann.

FIDO2 bei Windows 10

Windows 10 unterstützt FIDO2 seit dem Frühjahrs-Update 2019 (Version 1903). Dazu müssen Sie lediglich eine der von Windows 10 angebotenen Windows-Hello-Anmeldeoptionen aktivieren (siehe Seite 80). Dann können Sie dieses Anmeldeverfahren jederzeit auf kompatiblen Webseiten nutzen:

1. Bei der Anmeldung wählen Sie das FIDO2- bzw. WebAuthn-Verfahren aus. Einen Benutzernamen sowie ggf. weitere Daten werden Sie weiterhin angeben müssen. Ein Passwort sollte aber nicht erforderlich sein.
2. Wenn Sie den Registrierungsvorgang starten, meldet sich *Windows-Sicherheit* mit einem Dialog, der Sie auffordert, sich mit der standardmäßig für Ihr Windows festgelegten Anmeldemethode auszuweisen.

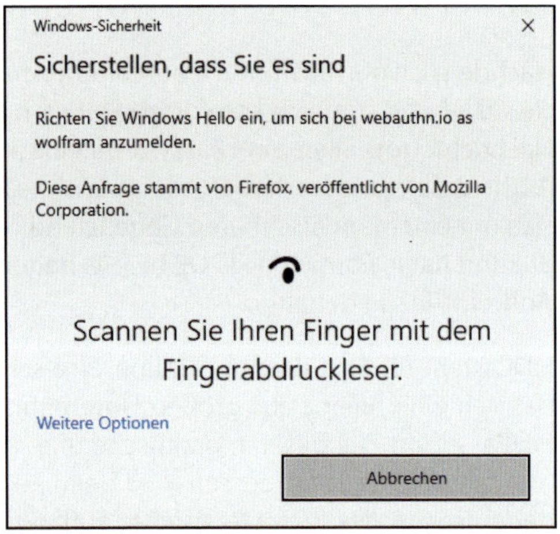

3. Verwenden Sie also beispielsweise einen Fingerabdruckscanner, dann legen Sie den Finger jetzt darauf.
4. Mit *Weitere Optionen* können Sie alternativ eine der anderen auf Ihrem PC verfügbaren Windows-Hello-Verfahren wie beispielsweise PIN oder Gesichtserkennung wählen.

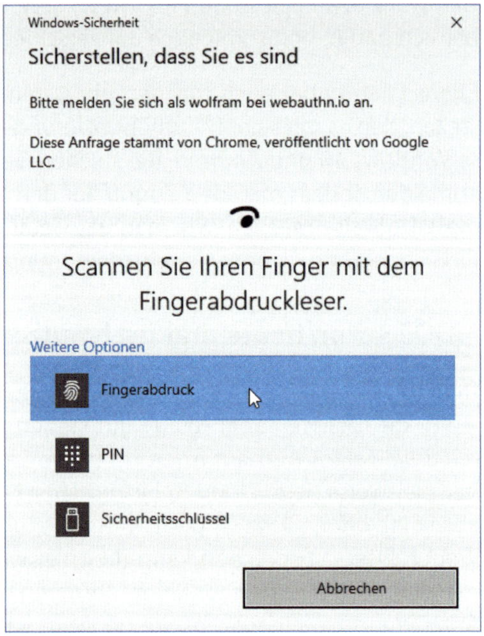

Das war's auch schon. Windows hat einen Schlüssel für das Anmelden bei diesem Webdienst in seinem sicheren Speicher abgelegt. Wenn Sie sich nun auf dieser Webseite anmelden wollen, geben Sie Ihren Benutzernamen ein und starten den Anmeldevorgang. Dann wird wiederum ein Dialog von Windows Hello angezeigt. Verwenden Sie hier eines der bei Windows Hello eingerichteten Anmeldeverfahren. Anschließend sind Sie direkt auf der Webseite angemeldet.

FIDO2 bei Android

Auch auf Android-Geräten ab Version 7 ist das Nutzen von FIDO2 für Webanmeldungen möglich. Voraussetzung dafür ist, dass das Mobilgerät über einen Fingerabdruckscanner verfügt. Alternativ kann man einen FIDO2-Hardwareschlüssel verwenden, der per USB, Bluetooth oder NFC mit dem Gerät verbunden wird. Als Browser müssen die Mobilversionen von Firefox oder Chrome verwendet werden.

1. Wählen Sie auf der Webseite das FIDO2- bzw. WebAuthn-Anmeldeverfahren aus, und geben Sie einen Benutzernamen sowie ggf. weitere Daten ein.

2. Wenn Sie nun die Registrierung starten, meldet sich bei Android automatisch ein Assistent für das Einrichten eines Sicherheitsschlüssels. Bestätigen Sie diesen mit *Jetzt starten*.
3. Der Assistent präsentiert Ihnen dann eine Liste der Möglichkeiten, wie der Sicherheitsschlüssel für diese Webseite gespeichert werden kann:

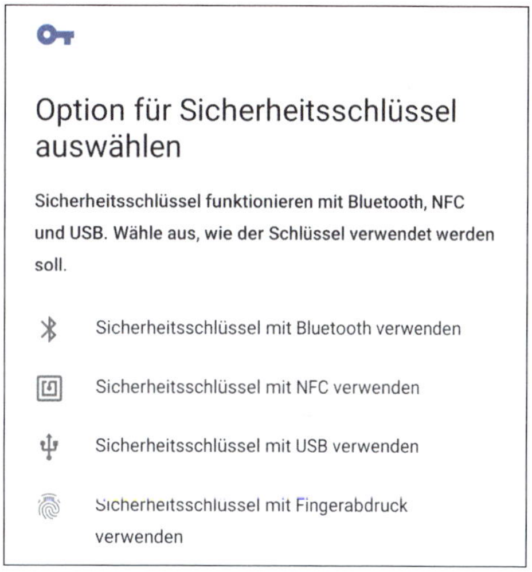

   - *Bluetooth*
     Ein Hardwareschlüssel wird per Bluetooth mit dem Gerät verbunden und speichert den Schlüssel.
   - *NFC*
     Alternativ kann ein Schlüssel auch per Near Field Communication mit dem Gerät kommunizieren. Das NFC-Token braucht dann jeweils nur an die Rückseite des Smartphones gehalten zu werden.
   - *USB*
     USB-Schlüssel wie der YubiKey werden per USB mit dem Mobilgerät verbunden. Zur Freigabe eines Schlüssels muss jeweils eine Taste gedrückt bzw. eine Sensorfläche am USB-Schlüssel berührt werden.
   - *Fingerabdruck*
     Hinter dieser Variante verbirgt sich die Möglichkeit, Android selbst als Schlüsselspeicher zu verwenden. Das geht mit einem vorhandenen Fingerabdruckscanner besonders komfortabel. Aber auch wenn gar kein solcher Sensor vorhanden ist, können Sie diese Variante nutzen. Dann verwenden Sie zum Freigeben eines Schlüssels dasselbe Verfahren wie beim Entsperren des Bildschirms. Voraussetzung: Es muss ein sicheres Entsperrverfahren eingerichtet sein, also nicht nur einfaches Wischen.

4. Die weiteren Schritte hängen dann vom gewählten Verfahren ab. Entscheiden Sie sich für Fingerabdruck, legen Sie einfach nur den Finger zur Überprüfung auf den Sensor. Bei USB oder Bluetooth müssen Sie eine Taste am Schlüsselspeicher drücken, um die Freigabe zu bestätigen. Bei NFC führen Sie den Hardwareschlüssel kurz an die Rückseite des Mobilgerätes, bis er erkannt wird.

Ist der Schlüssel einmal registriert, zeigt Android in Zukunft bei jeder Anmeldung bei diesem Webdienst automatisch einen Dialog an, der Sie zum Bestätigen der Anmeldung mit dem gewählten Verfahren auffordert. Legen Sie also wiederum den Finger auf den Sensor, bzw. drücken Sie die Taste am Hardwareschlüssel o. Ä. Dann werden Sie unmittelbar angemeldet.

3. Windows-PC: Zugang und Daten schützen

Für viele Benutzer ist ein Windows-PC der Dreh- und Angelpunkt des privaten und /oder beruflichen digitalen Lebens. Dementsprechend wichtig ist es, dass der Zugang zu diesem Rechner zuverlässig geschützt wird. Das gilt sowohl von innen, also für den PC selbst und den physikalischen Zugang dazu, als auch von außen vor Angriffen aus dem Netz. Hinweis: Für alle PCs, die ihren Zugang zu Netzwerk bzw. Internet per WLAN herstellen, lesen Sie am besten zusätzlich das Kapitel zu diesem Thema auf Seite 195.

3.1 Sperrbildschirm und Anmeldeoptionen

Der Sperrbildschirm wird nach dem Einschalten des PCs angezeigt oder wenn das Gerät sich aufgrund der Energiespareinstellungen automatisch in den Energiesparmodus begeben hat. Ebenso können Sie den Sperrbildschirm jederzeit gezielt aktivieren, indem Sie im Startmenü oben rechts auf Ihren Benutzernamen tippen oder klicken und im so geöffneten Menü *Sperren* wählen.

Durch den Sperrbildschirm wird sichergestellt, dass nicht irgendjemand anders Ihren PC reaktivieren und Zugang zu Ihren Daten erhalten kann.

Die Anmeldevarianten bei Windows 10

Windows unterstützt eine große Auswahl an Anmeldemethoden. Neben den Klassikern Kennwort und PIN-Code erlaubt es auch biometrische Merkmale wie Fingerabdruck oder Gesichtserkennung, wenn der PC mit entsprechender Hardware ausgerüstet ist.

Und auch Hardwareschlüssel wie ein spezieller USB-Stick (siehe Seite 73) können verwendet werden.

1. Die Auswahl der Entsperrmöglichkeiten finden Sie in den modernen *Einstellungen* unter *Konten/Anmeldeoptionen*.
2. Hier sind auf der rechten Seite oben alle Möglichkeiten aufgeführt. Allerdings bedeutet dies nicht, dass alle auch verfügbar sind. Insbesondere die biometrischen Verfahren sind auf entsprechende Hardware angewiesen. Hier steht in der Liste ggf. die Einschränkung *Diese Option ist zurzeit nicht verfügbar*.
3. Wenn Sie zu einer anderen Anmeldevariante wechseln wollen, müssen Sie aus Sicherheitsgründen zunächst noch einmal die bisherige Entsperraktion durchführen. Wollen Sie beispielsweise von einem Kennwort zu einem PIN-Code wechseln, müssen Sie noch einmal das Passwort eintippen (siehe nachfolgendes Beispiel).

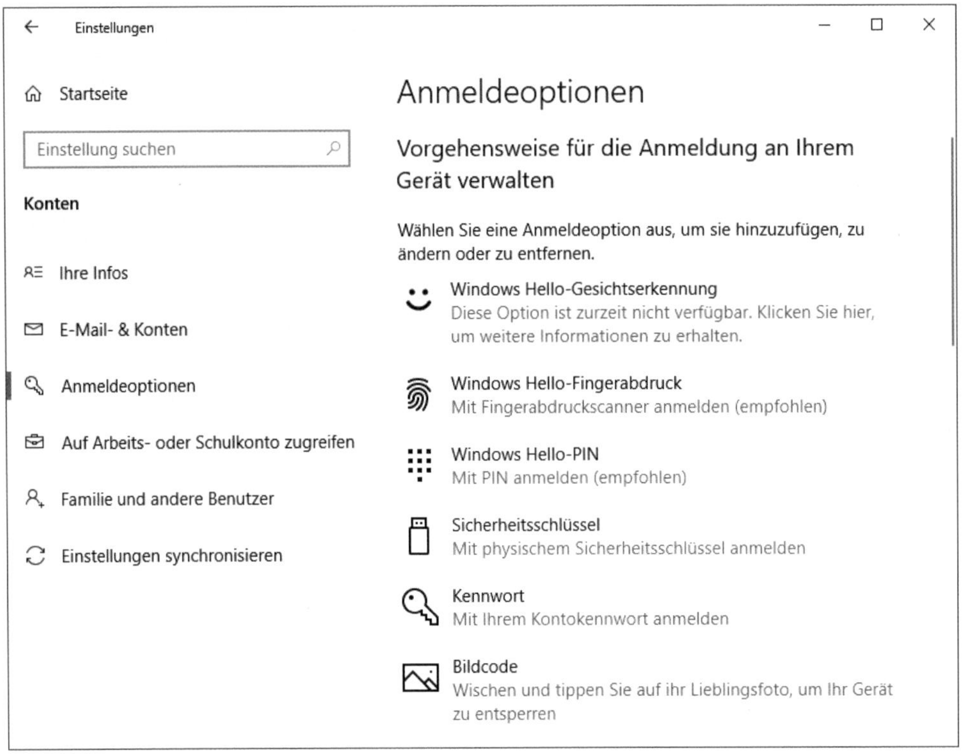

Das Windows-Passwort bleibt

Egal, welche Anmeldemethode(n) Sie in Windows einrichten: Das Passwort Ihres Benutzerkontos bleibt erhalten und wird auch weiterhin benötigt, beispielsweise wenn Sie eine neue Entsperrmethode einrichten wollen (sonst könnte ja jeder mit Zugang zu Ihrem PC heimlich seinen eigenen Zugang anlegen). Gemeint ist damit das Passwort, das Sie beim Anlegen Ihres Windows-Benutzerkontos festgelegt haben. Wenn Sie ein Microsoft-Konto verwenden, dann ist es dessen Kennwort. Auch wenn Sie sich im Alltag nur mit einer anderen Methode anmelden, dürfen Sie dieses Kennwort also nicht vergessen bzw. sollten es ggf. an einer sicheren Stelle notieren, falls es Ihnen nach langer Zeit der Nichtverwendung nicht mehr einfallen sollte.

Zugang per PIN-Code

PIN-Codes sind vom Smartphone, der EC-Karte und ähnlichen Objekten mit Schutzbedarf bekannt. Ihr wesentlicher Vorteil gegenüber einem klassischen Passwort: Man braucht nur zehn Zifferntasten anstelle einer kompletten Tastatur. Dieses Ziffernfeld zeigt Windows automatisch auf dem Bildschirm an, sodass man auf diese Weise wesentlich komfortabler entsperren kann.

1. Um das Entsperren per PIN einzustellen, öffnen Sie in den *Einstellungen* den Bereich *Konten/Anmeldeoptionen*.
2. Klicken oder tippen Sie hier bei *Windows Hello-PIN* auf *Hinzufügen*.

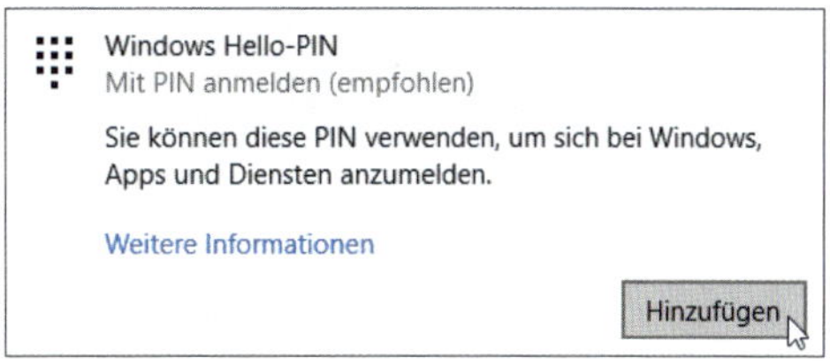

3. Geben Sie dann zur Bestätigung des Vorgangs einmal Ihr Benutzerkennwort ein.

4. Nun können Sie die PIN-Nummer, mit der Sie sich anmelden möchten, eintippen – und das Gleiche noch ein zweites Mal zur Bestätigung.

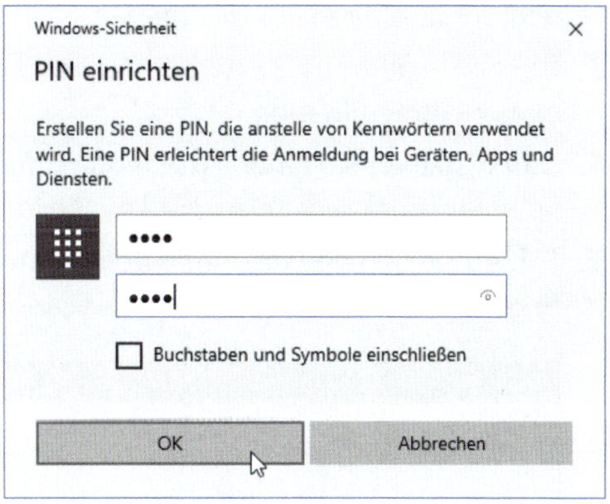

Wenn Sie sich nun auf dem Sperrbildschirm anmelden möchten, wird anstelle des Kennworts die PIN abgefragt. Wenn Sie in das Eingabefeld tippen, wird automatisch eine numerische Bildschirmtastatur angezeigt. Hier tippen Sie einfach die Ziffern Ihrer PIN ein. Nach der letzten (korrekten!) Ziffer wird das Gerät sofort entsperrt. Ein ↵ am Ende wie beim Kennwort ist nicht erforderlich.

Fingerabdruckscanner

Zu den meistverbreiteten Systemen für biometrische Zugangskontrolle gehören Fingerabdruckscanner. Auch immer mehr Notebooks bzw. Tablets werden mit einem eingebauten Scanner ausgeliefert. Und falls nicht, kann man einen USB-Fingerabdruckscanner nachrüsten. Er erlaubt es beispielsweise, sich bei Windows per Fingerauflegen anzumelden.

USB-Fingerabdruckscanner für Windows-PCs

Windows 10 verfügt über die eingebaute Windows-Hello-Schnittstelle für biometrische Zugangskontrolle. Windows-Hello-kompatible Hardware wird von Windows direkt unterstützt, ohne dass zusätzliche Software erforderlich ist. Windows-Hello-kompatible USB-Fingerabdruckscanner bekommt man ab ca. 25 Euro. Diese sind aber nicht unbedingt sehr zuverlässig. Und einen Fingerabdruckscanner, der regelmäßig erst beim zweiten oder dritten Versuch funktioniert, wird man auf Dauer nur ungern nutzen. Mein Tipp: Geben Sie lieber ca. das Doppelte für ein Gerät eines namhaften Herstellers (beispielsweise Kensington) aus. Erfahrungsgemäß funktionieren diese oftmals zuverlässiger und bieten nützliche Zusatzfunktionen.

1. Um das Entsperren per Fingerabdruck einzustellen, öffnen Sie in den *Einstellungen* den Bereich *Konten/Anmeldeoptionen*.
2. Klicken oder tippen Sie hier zunächst auf den Bereich *Windows Hello-Fingerabdruck* und dann auf *Hinzufügen*.
3. Geben Sie dann zur Bestätigung des Vorgangs einmal Ihr Benutzerkennwort bzw. eine eingerichtete PIN ein.
4. Damit starten Sie einen Assistenten, der diese Entsperrmethode einrichtet und Ihren Fingerabdruck registriert. Klicken Sie im ersten Schritt auf *Los geht's*.
5. Folgen Sie den Anweisungen des Assistenten, und legen Sie beispielsweise den Zeigefinger auf den Sensorbereich des Scanners.

6. Wiederholen Sie diesen Vorgang mit demselben Finger mehrfach, bis der Assistent ausreichend Daten gesammelt hat. Variieren Sie dabei die Position und Ausrichtung des Fingers jeweils etwas. Der gesamte Abdruck sollte aus verschiedenen Winkeln erfasst werden. Dann sind Sie später beim Entsperren flexibler, und die Erkennungsrate ist besser.
7. Hat der Assistent genügend Daten gesammelt, beendet er den Vorgang. Sie können anschließend aber noch weitere Finger anlernen. Das ist vorteilhaft, wenn ein angelernter Finger einmal verschmutzt oder verletzt sein sollte. Eine Schnittwunde in der Fingerfläche beispielsweise könnte den Abdruck so stark verändern, dass er nicht mehr erkannt wird. Dann ist es gut, wenn man auf einen anderen Finger ausweichen kann.

Sie können auch zu einem späteren Zeitpunkt noch Fingerabdrücke hinzufügen. Das ermöglicht es beispielsweise auch, den Zugang zum PC auf diese Weise für verschiedene Personen zu ermöglichen. Öffnen Sie dazu erneut die *Einstellungen* im Bereich *Konten/Anmeldeoptionen*, und klicken Sie rechts auf *Windows Hello-Fingerabdruck*. Nun können Sie mit *Weitere hinzufügen* zusätzliche Fingerabdrücke registrieren. Die Anzahl der zu speichernden Fingerabdrücke ist nicht durch Windows begrenzt, sondern durch die Erkennungshardware. Denn die digitalen Modelle der Fingerabdrücke verbleiben im Sensor selbst. Der meldet beim Erkennen eines registrierten Abdrucks lediglich einen entsprechenden Code über die Windows-Hello-Schnittstelle ans Betriebssystem.

Den PC bei Abwesenheit automatisch sperren

Unter *Konten/Anmeldeoptionen* finden Sie die Funktion *Dynamische Sperre*. Diese verwendet ein per Bluetooth mit dem PC gekoppeltes Smartphone. Solange sich das Gerät in Reichweite befindet, ist alles in Ordnung. Verlassen Sie aber den Arbeitsplatz (und nehmen das Smartphone mit), reißt die Bluetooth-Verbindung ab. Windows sperrt nun den PC automatisch. Der Zugang ist dann nur über den Sperrbildschirm und die dafür eingestellte Entsperrmethode möglich.

Damit das Ganze funktioniert, benötigt der PC eine Bluetooth-Schnittstelle, mit der Sie das Smartphone einmalig koppeln müssen. Ist dies erledigt, verbindet sich das Smartphone automatisch mit dem PC, sobald beide in Reichweite voneinander sind.

1. Öffnen Sie in den *Einstellungen* den Bereich *Konten/Anmeldeoptionen*.
2. Aktivieren Sie hier im Bereich *Dynamische Sperre* die Option *Zulassen, dass Windows Ihre Abwesenheit erkennt und das Gerät automatisch sperrt*.
3. Damit ist die Funktion auch schon eingeschaltet und aktiv.

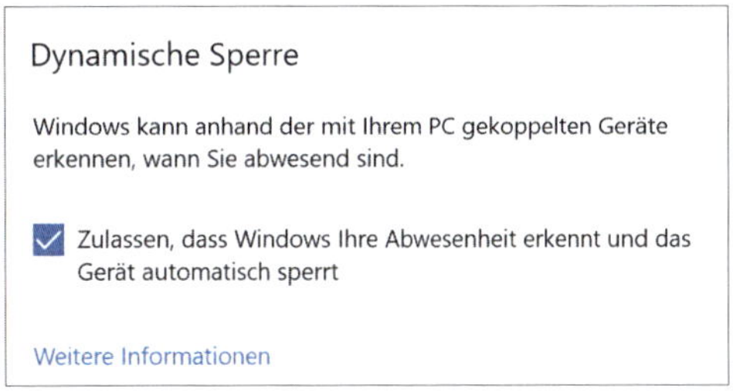

Wenn Sie sich nun mit dem Smartphone von Ihrem PC entfernen und damit die Bluetooth-Reichweite verlassen, aktiviert Windows nach 30 Sekunden automatisch den Sperrbildschirm.

Die dynamische Sperre testen

Es wäre etwas unpraktisch, diese Funktion tatsächlich durch »Weggehen« zu testen. Es gibt aber eine Alternative: Deaktivieren Sie bei Ihrem Smartphone einfach die Bluetooth-Funktion, und warten Sie dann ab, ob Windows nach ca. einer halben Minute zum Sperrbildschirm wechselt.

Folgendes sollten Sie zu dieser Funktion noch wissen:

- Sie können sie auch einsetzen, wenn Sie verschiedene Geräte per Bluetooth mit Ihrem PC verbunden haben, etwa Kopfhörer, Tastatur o. Ä. Die Funktion berücksichtigt nur Geräte, die man typischerweise mit sich trägt, insbesondere Smartphones. Die Bluetooth-Spezifikation erlaubt es Windows, die Geräteklassen zu unterscheiden.
- Diese Funktion beschränkt sich auf das Sperren. Erwarten Sie also nicht, dass Windows sich automatisch wieder entsperrt, wenn Sie mit dem Smartphone zu Ihrem PC zurückkehren.
- Selbst wenn Sie Ihr Smartphone mal nicht dabeihaben, können Sie den PC uneingeschränkt nutzen. Die Funktion wird erst »scharf geschaltet«, wenn nach dem Entsperren einmal eine Verbindung mit dem Smartphone festgestellt wurde. Selbst wenn also beispielsweise der Akku Ihres Smartphones im Laufe eines Arbeitstags den Geist aufgibt, müssen Sie den PC maximal einmal neu entsperren und können dann wieder ungestört arbeiten.

Diese Sperrvariante ist nicht ganz so sicher wie das Sperren von Hand. Wenn Sie beispielsweise ins Nachbarbüro oder in einen Besprechungsraum schräg über den Flur gehen, ist die Reichweite eventuell noch so groß, dass keine Sperrung erfolgt. Betrachten Sie es eher als zusätzliche Absicherung, falls Sie das Sperren mal vergessen oder sich länger bzw. weiter, als zunächst gedacht, von Ihrem PC entfernen.

Nur ausgewählte Informationen auf dem Sperrbildschirm

Der Sperrbildschirm kann wichtige Informationen liefern, wenn es bestimmten Apps erlaubt ist, beispielsweise Statusinformationen und Benachrichtigungen auch dann anzuzeigen, wenn der Sperrbildschirm aktiviert ist. Das kann angenehm und komfortabel sein. Es führt aber auch dazu, dass, etwa beim Verlust des Gerätes, der neue »Besitzer« ganz ohne Anmeldung bzw. Entsperren auf dem Sperrbildschirm persönliche Informationen aus Benachrichtigungen, neuen E-Mails etc. gewinnen kann. Deshalb sollten Sie sorgfältig auswählen, welche Informationen hier angezeigt werden dürfen.

1. Dazu können Sie in den *Einstellungen* unter *Personalisierung/Sperrbildschirm* zunächst *Eine App auswählen, für die ausführliche Statusinfos auf dem Sperrbildschirm angezeigt werden* dürfen.

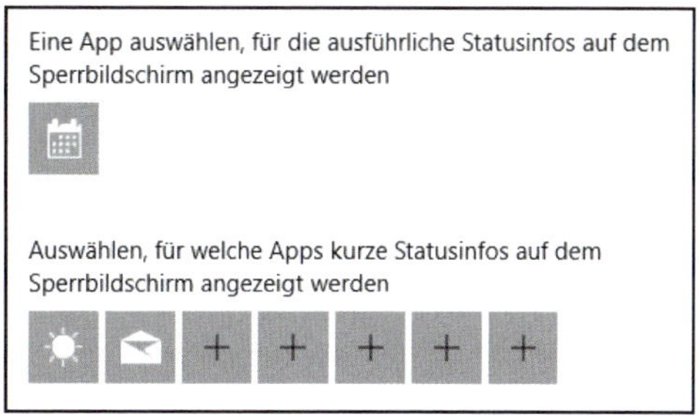

2. Klicken Sie auf das Symbol darunter, um zu sehen, welche Apps dafür zur Auswahl stehen. Ist hier *Mail* oder *Kalender* gewählt, kann der Sperrbildschirm persönliche Daten verraten. *Wetter* oder *Nachrichten* wären weniger persönlich. Mit *Keiner* wird gar nichts ausführlich angezeigt.
3. Darunter können Sie mehrere Apps für das Anzeigen kurzer Statusinfos auswählen. Diese sind weniger problematisch, weil sie nur ein Symbol auf dem Sperrbildschirm anzeigen, etwa eine Sonne für gutes Wetter oder ein Mail-Symbol, wenn neue Nachrichten vorliegen.
4. Um Apps vom Sperrbildschirm zu entfernen, tippen Sie jeweils auf ihr Symbol und wählen in der Liste ganz oben den Menüpunkt *Keiner* aus.

Hacking-Workshop: Windows-Anmeldung knacken

Die Windows-Anmeldung ist sinnvoll, aber sie bietet keinen vollkommenen Schutz. Solange jemand physikalischen Zugang zum PC hat, kann er trotzdem an Festplatten und damit Dateien gelangen. Aber auch das Benutzerkonto selbst ist nicht so geschützt, wie man meinen sollte. Tatsächlich lässt sich das Passwort eines Benutzers mit einem kleinen Trick ändern, sodass man sich Zugang zu seinem Konto und allen damit verbundenen Rechten verschaffen kann. Alles, was man dazu benötigt, sind der Benutzername (der aber auf der Anmeldeseite angezeigt wird) und ein Windows-Installationsmedium in Form einer DVD oder eines USB-Sticks. So können Sie es selbst ausprobieren:

1. Starten Sie den PC vom Installationsmedium, und beginnen Sie die Installation mit *Jetzt installieren* (keine Angst, es wird nicht wirklich etwas installiert).
2. Drücken Sie im nächsten Schritt die Tastenkombination [⇧]+[F10]. Damit öffnen Sie eine Eingabeaufforderung.
3. Starten Sie hier mit dem Befehl `regedit` den Registrierungs-Editor.

4. Wählen Sie darin den Schlüssel *HKEY_LOCAL_MACHINE* aus, und klicken Sie dann auf *Datei/Struktur laden*.
5. Navigieren Sie im *Öffnen*-Dialog zum Windows-Laufwerk, dort zum Pfad *\Windows\System32\config* und in diesem Ordner zur Datei *Software*.
6. Nun möchte der Registrierungs-Editor wissen, wohin er die Struktur laden soll. Geben Sie hier einen beliebigen Namen an, den Sie sich nur merken sollten, beispielsweise *passwort*.
7. Navigieren Sie nun im Registrierungs-Editor zum Schlüssel *HKEY_LOCAL_MACHINE\passwort\Microsoft\Windows NT\CurrentVersion\Image File Execution Options*. Verwenden Sie dabei anstelle von *passwort* ggf. den von Ihnen in Schritt 6 gewählten Namen.
8. Legen Sie in diesem Schlüssel auf der rechten Seite mit *Bearbeiten/Neu/Schlüssel* einen neuen Unterschlüssel namens *utilman.exe* an.

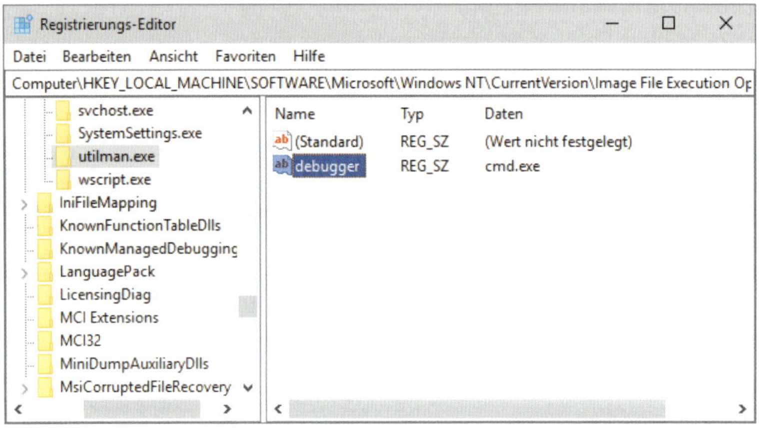

9. Darin legen Sie wiederum mit *Bearbeiten/Neu/Zeichenfolge* eine Zeichenfolge namens *debugger* an. Öffnen Sie diese zum Bearbeiten, und geben Sie ihr den Wert *cmd.exe*.
10. Wählen Sie nun im Registrierungs-Editor den Schlüssel *HKEY_LOCAL_MACHINE\passwort* (ggf. durch die von Ihnen gewählte Bezeichnung ersetzt) aus, und klicken Sie auf *Datei/Struktur entfernen*.
11. Starten Sie nun den PC neu, wobei Sie wieder regulär und nicht vom Windows-Image booten. Wenn der Anmeldebildschirm angezeigt wird, drücken Sie ⊞+U.
12. Dadurch erhalten Sie auf dem Anmeldebildschirm eine Eingabeaufforderung mit Administratorrechten. Tippen Sie hier den folgenden Befehl ein, wobei Sie *<Kontoname>* durch den Namen des Benutzers mit dem vergessenen Passwort ersetzen:

```
net user <Kontoname> *
```

13. Geben Sie dann ein neues Passwort an (zweimal). Damit können Sie sich ab sofort bei diesem Benutzerkonto anmelden.

Wie kann man sich dagegen schützen?

Der entscheidende Schritt ist das Booten mit einem Installationsdatenträger. Dadurch gibt es keine Einstellung im vorhandenen Windows, die dagegen schützen würde, da Windows beim Booten noch nicht aktiv ist. Allerdings kann man die Boot-Einstellungen im UEFI/BIOS meist so ändern, dass ein Booten von USB oder DVD nicht mehr möglich ist. Damit ein Angreifer das nicht einfach wieder rückgängig machen kann, muss der Zugriff auf UEFI/BIOS zusätzlich mit einem sicheren Passwort geschützt werden.

Sicherheitslücke wieder schließen

Der hier verwendete Trick reißt eine Sicherheitslücke in Ihren PC, die theoretisch jeder nutzen kann, der physischen Zugang zum Rechner hat. Deshalb sollten Sie diese Lücke nach erfolgreichem Passwortwechsel umgehend wieder schließen. Öffnen Sie nach der Anmeldung wiederum den Registrierungs-Editor (einfach `regedit` im Suchfeld des Startmenüs eintippen), navigieren Sie zum Schlüssel *HKEY_LOCAL_MACHINE\SOFTWARE\Microsoft\Windows NT\CurrentVersion\Image File Execution Options\utilman.exe*, und löschen Sie diesen Schlüssel mitsamt Inhalt wieder.

3.2 Windows-Benutzerkonten sinnvoll einsetzen

Bei der Installation von Windows richten Sie automatisch ein Benutzerkonto ein. Dieses wird standardmäßig für den Administratorbenutzer angelegt. Wenn Sie der einzige Nutzer Ihres PCs sind, können Sie es dabei belassen. Aufgrund des Schutzes durch die Benutzerkontensteuerung ist es nicht mehr notwendig, zusätzlich ein eingeschränktes Konto für die tägliche gefahrlose Arbeit am PC einzurichten.

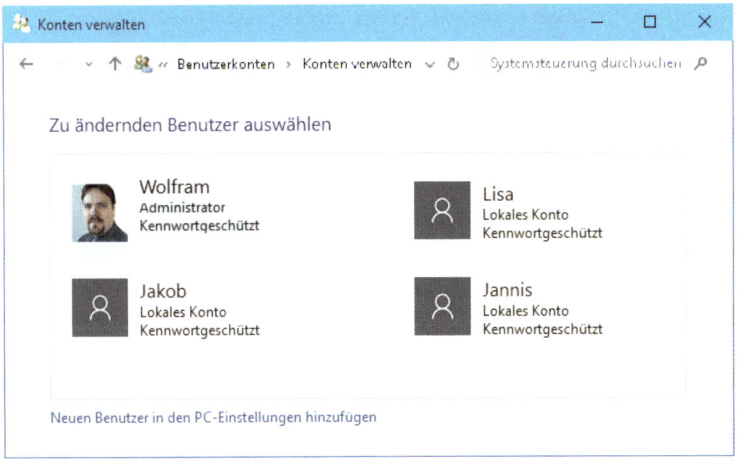

Trotzdem können Sie selbstverständlich zusätzliche Benutzerkonten anlegen, um z. B. weiteren Personen das Arbeiten am PC zu ermöglichen. So arbeitet jeder in seiner eigenen Umgebung und kann vor allem seine eigenen Dokumente verwenden, die vor dem Zugriff der anderen geschützt sind.

Zusätzliche Konten für weitere Benutzer anlegen

Soll ein PC von mehreren Personen genutzt werden, bietet es sich an, für jeden Benutzer auch ein eigenes Konto einzurichten. Sicherlich ist das gerade in einer Familie nicht unbedingt notwendig, aber es hat viele Vorteile. So kann sich jeder seine eigene Arbeitsumgebung einrichten, z. B. was die Desktop-Gestaltung angeht. Außerdem erhält jeder Benutzer automatisch seinen eigenen Bereich für Dateien, sodass nichts durcheinandergerät. Auch wenn jeder sein eigenes E-Mail-Konto nutzen will, geht das so am einfachsten.

Im Vergleich zu früheren Windows-Versionen ist das Hantieren mit Benutzerkonten etwas umständlicher geworden. Zwar gibt es in der Systemsteuerung nach wie vor ein gleichnamiges Modul, in dem Sie auch einige Einstellungen vornehmen können, aber beispielsweise das Anlegen neuer Benutzerkonten ist nur in den modernen *Einstellungen* möglich. Zusätzlich muss man hier noch darauf achten, zusätzliche Konten wirklich nur lokal auf dem PC anzulegen und nicht gleich ein zusätzliches Microsoft-Konto daraus zu machen.

1. Öffnen Sie die *Einstellungen*, und wechseln Sie dort in die Kategorie *Konten* und dann in die Untergruppe *Familie und andere Benutzer*. Sie erreichen diese Einstellung auch direkt aus der Benutzerverwaltung der klassischen Systemsteuerung mit dem Link *Neue Benutzer in den PC-Einstellungen hinzufügen*.

2. Nun wäre es vermutlich intuitiv, ein *Familienmitglied hinzufügen* zu lassen. Genau das würde ich aber nicht tun. Denn dies geht nur über das Anlegen eines weiteren Microsoft-Kontos. Das kostet zwar nichts außer etwas Mühe, ist aber unnötig, wenn dieser Benutzer ohnehin nur den lokalen PC mitbenutzen soll. Wählen Sie also besser unter *Andere Benutzer* die Funktion *Diesem PC eine andere Person hinzufügen*.

3. Um ein klassisches lokales Benutzerkonto anzulegen, wählen Sie erst unten *Ich kenne die Anmeldeinformationen für diese Person nicht* und dann im nächsten Schritt *Benutzer ohne Microsoft-Konto hinzufügen*.

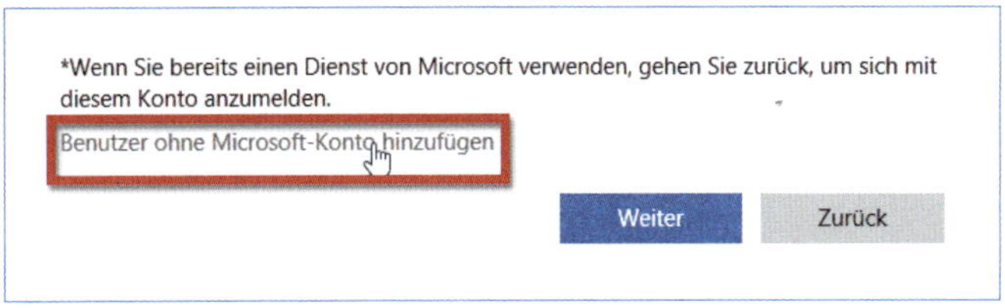

4. Im nächsten Schritt geben Sie Name, Kennwort und Kennwortfragen für den neuen Benutzer an. Tippen Sie dann unten auf *Weiter*.

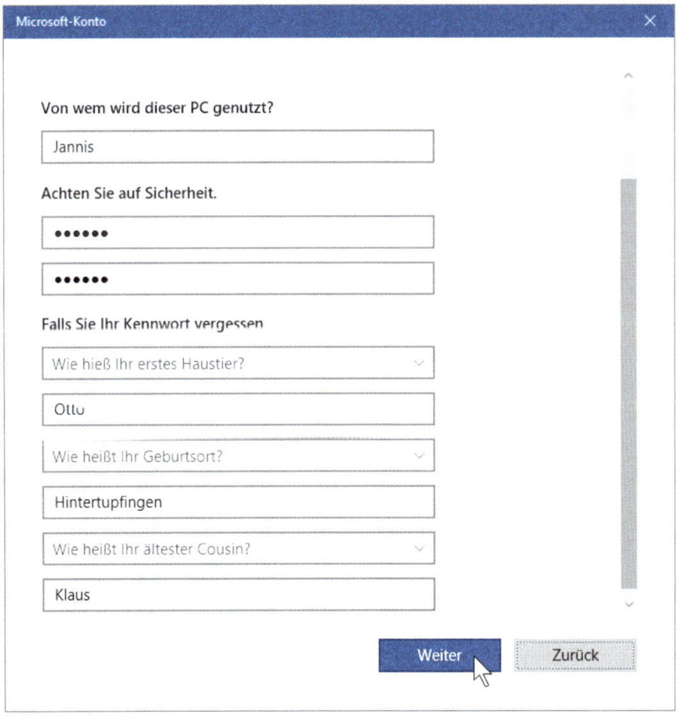

5. Anschließend gelangen Sie zurück in die Kontenübersicht, in der das neue Benutzerkonto schon direkt aufgeführt wird.

Microsoft-Konto für eigene E-Mail-Adresse und Kinderschutz

Es gibt Ausnahmen, bei denen das Hinzufügen eines Familienmitglieds sinnvoll sein kann. So erhält man mit einem Microsoft-Konto automatisch auch eine eigene E-Mail-Adresse. Vor allem aber, wenn Sie für Kinder oder Jugendliche Schutzfunktionen wie Zeitlimits, Beschränkungen auf bestimmte Webseiten und Apps etc. einrichten wollen, ist ein Microsoft-Konto empfehlenswert. Die entsprechenden Funktionen – bei früheren Windows-Versionen unter dem Namen Family Safety integriert oder zumindest nachrüstbar – sind nun an ein Microsoft-Konto gebunden und lassen sich nur darüber konfigurieren.

Das Kennwort eines Benutzerkontos ändern

Sicherheitsexperten empfehlen, wichtige Kennwörter regelmäßig zu ändern. Windows bietet Ihnen dazu zwei Möglichkeiten.

Hinweis: Verwenden Sie ein lokales Konto, sehen die Dialoge etwas anders aus, der grundlegende Ablauf ist aber der gleiche.

1. In den touch-optimierten *Einstellungen* können Sie jeweils nur das eigene Benutzerkonto bearbeiten, mit dem Sie gerade angemeldet sind. Klicken Sie dazu in der Kategorie *Konten/Anmeldeoptionen* unter *Kennwort* auf die Schaltfläche *Ändern*.

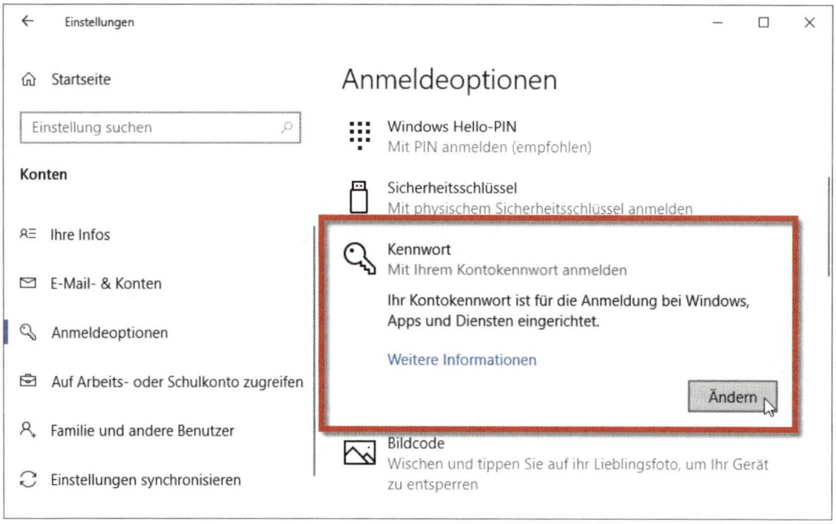

2. Nun müssen Sie sich zunächst noch einmal mit dem alten Konto anmelden. Verwenden Sie dazu die derzeit für die Windows-Anmeldung konfigurierte Methode wie Passwort, PIN oder Windows Hello.

3. Eventuell möchte Microsoft nun eine Bestätigung haben, dass diese Änderung auch durch einen befugten Benutzer erfolgt. Dazu wird die Authentifizierungsmethode verwendet, die Sie für Ihr Microsoft-Konto festgelegt haben, also beispielsweise eine SMS an Ihr Mobiltelefon. Geben Sie dazu zur Bestätigung die letzten vier Ziffern Ihrer Mobilfunknummer ein.

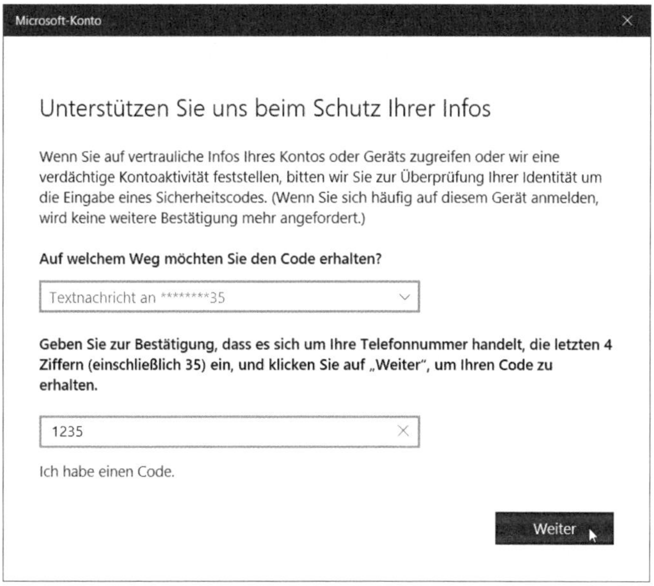

4. Warten Sie dann die SMS ab, und tippen Sie den damit übermittelten Code im anschließenden Dialog ein. Klicken Sie dann unten rechts auf *Weiter*. Sollte es dabei Probleme geben, oder Sie können Ihr Mobiltelefon gerade nicht nutzen, klicken Sie ggf. auf *Eine andere Überprüfungsoption verwenden*.

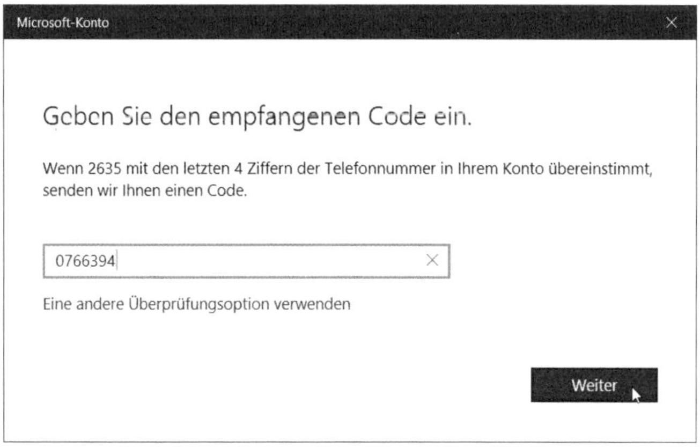

5. Geben Sie dann zweimal das neue Kennwort ein. Es darf nicht kürzer als acht Zeichen sein und sollte von den folgenden Elementen mindestens zwei verschiedene umfassen: Großbuchstaben, Kleinbuchstaben, Zahlen, Symbole (+, –, ., % etc.). Andernfalls beschwert Windows sich über mangelnde Sicherheit. Klicken Sie dann unten auf *Weiter*.

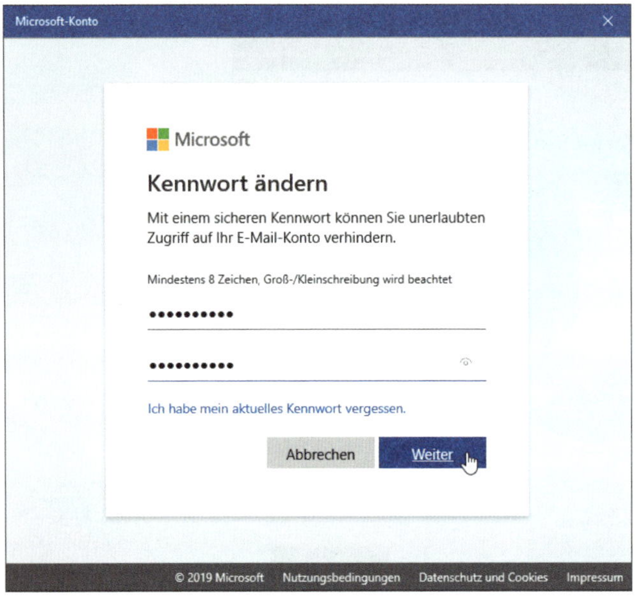

In der klassischen Systemsteuerung können Sie die Kennwörter anderer lokaler Konten bearbeiten, die gerade nicht angemeldet sind.

1. Öffnen Sie dazu die *Benutzerkonten* und dort die Kontenübersicht mit *Anderes Konto verwalten*.

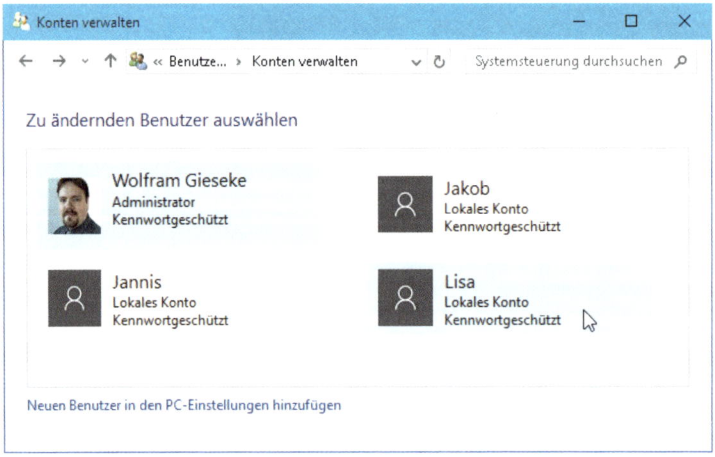

2. Wählen Sie das Konto aus, dessen Eigenschaften Sie bearbeiten möchten, und klicken Sie im anschließenden Dialog auf *Kennwort ändern*.
3. Tippen Sie dann das neue Kennwort zweimal ein, um Vertipper auszuschließen.

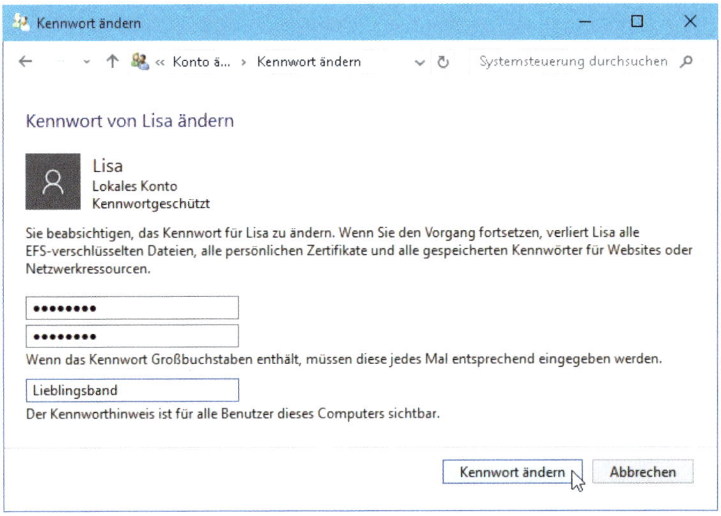

4. Zusätzlich können Sie einen Kennworthinweis hinterlegen, der als Gedankenstütze dienen soll. Allerdings ist dieser Hinweis für alle anderen Benutzer auch sichtbar, sodass er nicht zu offensichtlich sein sollte.
5. Klicken Sie dann unten auf *Kennwort ändern*.

Kontoname und Kontotyp nachträglich verändern

Praktisch alle Einstellungen eines Benutzerkontos können jederzeit angepasst werden. Bei Kennwort und Kontobild ist das naheliegend, aber selbst so elementare Eckdaten wie den Benutzernamen oder den Kontotyp (Administrator oder Standardbenutzer) können Sie verändern, wenn die Umstände dies erfordern.

Windows nimmt dann automatisch alle Änderungen vor, damit das Benutzerkonto auch mit den neuen Einstellungen wieder reibungslos funktioniert.

1. Öffnen Sie in der Systemsteuerung den Bereich *Benutzerkonten*, und klicken Sie dort auf *Anderes Konto verwalten*, um die Übersicht über die Benutzerkonten sowie das zu ändernde Konto aufzurufen.
2. Im anschließenden Menü finden Sie ganz oben den Punkt *Kontonamen ändern*.
3. Damit öffnen Sie einen Dialog, in dem Sie einfach den neuen Namen für diesen Benutzer eingeben können. Mit der Schaltfläche *Namen ändern* veranlassen Sie die Änderung, und Windows führt automatisch alle Maßnahmen durch, die dazu erforderlich sind.

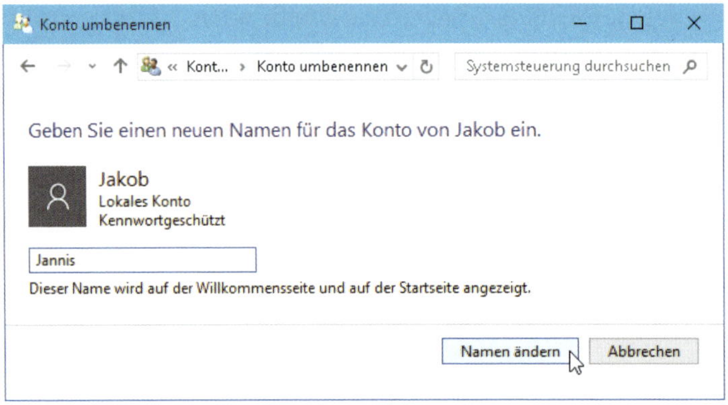

4. Zurück im Kontomenü, können Sie unter dem Menüpunkt *Kontotyp ändern* diesem Benutzerkonto ein anderes Berechtigungsschema zuweisen.
5. Wählen Sie dazu im anschließenden Dialog den jeweils anderen Kontotyp aus, und klicken Sie dann unten auf *Kontotyp ändern*. Windows verändert automatisch alle Zugriffsrechte dieses Kontotyps entsprechend.

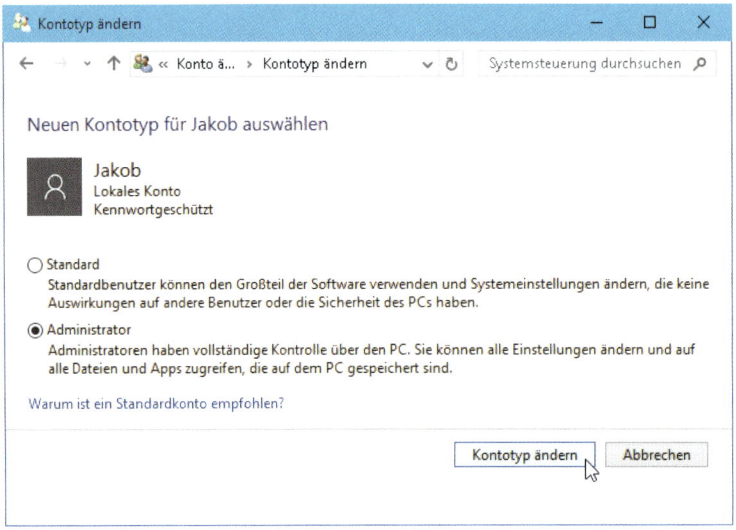

3.3 Benutzerkontensteuerung schützt PC und Daten

Zentrales Sicherheitselement zum Schutz vor bösartiger Software ist bei Windows die Benutzerkontensteuerung. Sie ermöglicht es, standardmäßig mit eingeschränkten Rechten zu arbeiten, wodurch gefährliche Angriffe vermieden werden können. Nur wenn bestimmte Aktionen wie etwa das Installieren einer Anwendung höhere Zugriffsrechte erfordern, werden diese kurzfristig auf Nachfrage eingeräumt. Als Anwender können Sie dabei selbst einstellen, wie diese Schutzfunktion in bestimmten Situationen reagieren soll. So lassen sich allzu häufige, unnötige Rückfragen vermeiden, und es lässt sich ein Kompromiss aus Sicherheit und Komfort finden.

Die Berechtigungsstufen der Benutzerkontensteuerung

Die **U**ser **A**ccount **C**ontrol (UAC) – oder auf Deutsch Benutzerkontensteuerung – basiert auf verschiedenen Typen von Benutzerkonten. Gleichzeitig sieht sie aber die Möglichkeit vor, dass ein Benutzer eine Anwendung mit erhöhten Zugriffsrechten ausführen kann, wenn seine eigenen Berechtigungen dafür nicht ausreichen.

Er muss sich dazu nicht gleich als Administrator anmelden und somit auch alle anderen Anwendungen mit erhöhten Rechten (und erhöhtem Risiko) laufen lassen. Stattdessen braucht er nur diesem einen Programm vorübergehend höhere Rechte zuzuweisen. Alles andere läuft mit den normalen Berechtigungen weiter.

Dementsprechend gibt es drei Typen von Benutzern:

- Der **Systemadministrator** unterliegt als Superuser des PCs keinerlei Beschränkungen. Die Anwendungen, die er startet, haben also völlig unbegrenzten Zugriff auf das System, mit allen Vor- und Nachteilen. Dieses Konto soll nun allerdings nur noch in Ausnahmefällen überhaupt verwendet werden. Dementsprechend wird es auf dem Anmeldebildschirm auch nicht zur Auswahl angeboten.
- Benutzer, die regelmäßig Änderungen an Systemeinstellungen vornehmen müssen oder Software installieren wollen, können ein **Administrator**-Konto erhalten. Dieses ist aber nicht wie bisher mit dem Systemadministrator identisch, sondern läuft normalerweise mit den Berechtigungen eines Standardnutzers.
  Wenn Anwendungen erhöhte Rechte benötigen, reicht für einen Administrator aber das Bestätigen eines entsprechenden Hinweises per *OK*-Klick, um diesem Programm höhere Berechtigungen zu verschaffen. So kann der Benutzer sich darauf verlassen, dass er bei systemkritischen Zugriffen zuvor informiert wird und selbst entscheiden kann.
- Normale Anwender sollten als **Standardbenutzer** angemeldet werden. Als solche können sie keine Systemeinstellungen verändern oder Anwendungen installieren. Allerdings sind ihnen einige häufig genutzte Möglichkeiten freigestellt, etwa das Einrichten eines Druckers oder das Beantworten von Meldungen der Windows-Firewall.

  Wenn ein Standardbenutzer Systemeinstellungen verändern oder Anwendungen ausführen will, die höhere Rechte erfordern, wird ebenfalls ein Hinweisfenster angezeigt. Für ihn reicht allerdings nicht der Klick auf *OK*, sondern er muss die Log-in-Daten des Systemadministrators oder eines Benutzers aus der Administratorgruppe angeben, um die Berechtigungen für das Programm zu erhöhen.

Systemadministrator vs. Administratorgruppe

Durch die Namensgebung etwas verwirrend ist das Verhältnis zwischen dem lokalen Systemadministrator (der standardmäßig auch noch den Benutzernamen *Administrator* trägt) und dem Administrator-Kontotyp. Beide haben die gleichen Rechte. Der Unterschied ist: Der Systemadministrator darf alles ohne Rückfrage. Für ihn ist die Benutzerkontensteuerung praktisch außer Kraft gesetzt. Die Mitglieder der Administrator-Benutzergruppe dürfen auch alles. Allerdings erfolgt vor systemkritischen Eingriffen jeweils ein Hinweis mit der Bitte um Bestätigung. Diese Benutzer werden bei administrativen Tätigkeiten also immer mal wieder von einem Hinweisfenster unterbrochen. Dafür haben sie die Sicherheit, dass sie bei der alltäglichen Arbeit sofort gewarnt werden, wenn eine Anwendung höhere Zugriffsrechte anfordert, als ihr gemäß Standard zustehen.

Die Privilegien des Administratorkontos

Der Kontotyp *Administrator* (nicht der Systemadministratorbenutzer!, siehe oben) ist das richtige Benutzerprofil für alle Anwender, die immer mal wieder Software installieren und/oder Änderungen an der Systemkonfiguration vornehmen wollen. Auch die meisten Heimanwender, die sich selbst um die Pflege ihres PCs kümmern, werden wohl ein solches Konto wählen. Im Gegensatz etwa zu Windows XP ist dies auch die richtige (weil sichere) Entscheidung.

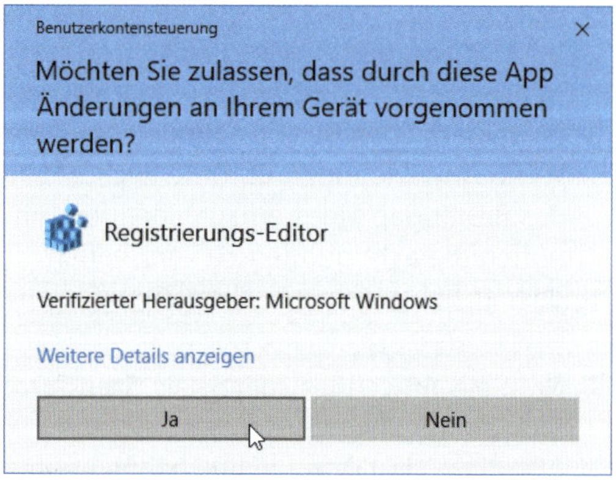

Bei der Anmeldung erhalten Benutzer dieses Typs allerdings zunächst nur die gleichen Berechtigungen wie Standardbenutzer (siehe folgenden Abschnitt), also nur eingeschränkte Rechte, die die Sicherheit des PCs nicht gefährden. Wenn ein Administratorbenutzer etwas unternimmt, das Administratorrechte erfordert, bemerkt die Benutzerkontensteuerung dies automatisch und wird aktiv. Sie zeigt dann ein Hinweisfenster an, das angibt, welches Programm höhere Rechte erfordert. Der Benutzer kann die Ausführung dann fortsetzen oder eben abbrechen. Mit *Weitere Details anzeigen* erhalten Sie zusätzliche Informationen zum Vorgang, die eventuell eine zusätzliche Entscheidungshilfe geben. Die Idee dahinter ist, dass auch Administratorbenutzer unbesorgt und ungefährdet arbeiten können. Sie haben zwar das Potenzial, jederzeit auch systemkritische Änderungen durchzuführen, allerdings nur nach einer Bestätigung. Selbst wenn sich bösartige Software wie z. B. ein Trojaner einschleichen würde, könnte diese nicht ohne ausdrückliche Genehmigung durch den Benutzer aktiv werden.

Voraussetzung für das Funktionieren dieses Prinzips ist allerdings, dass die Administratorbenutzer eben auch wirklich genau hinsehen, bevor sie Änderungen und Zugriffe zulassen. Darin dürfte wohl auch eine absehbare Schwäche dieses Systems liegen. Wenn die Benutzer mit Bestätigungsdialogen überflutet werden, stumpfen sie womöglich früher oder später ab und klicken nur noch reflexartig auf *Ja* oder *Zulassen*. Wenn das der Fall ist, wäre das System letztlich unsicherer als das alte, da die Anwender sich in einer trügerischen Sicherheit wiegen. Auch hier zeigt sich mal wieder, dass zwischen Sicherheit und Komfort meist eben nur Kompromisse möglich sind.

Sofortlösung: Eingabeaufforderung ohne Administratorrechte

An einigen Stellen hat Microsoft – aus Sicherheitsgründen – auch für Administratorkonten zusätzliche Hürden eingebaut. Beachtet man diese nicht, kann dies zu Problemen führen, weil bestimmte Dinge nicht funktionieren, obwohl sie es – scheinbar – sollten.

Ganz wichtig ist dies bei der Kommandozeile in der Eingabeaufforderung, die von erfahreneren Benutzern gern mal für Abkürzungen und Konfigurationsaufgaben genutzt wird. Auch wenn Sie mit Administratorrechten angemeldet sind, wird die Kommandozeile standardmäßig immer nur mit den Rechten eines Standardbenutzers ausgeführt. Deshalb erhalten auch alle in der Konsole eingegebenen Befehle bzw. die dadurch gestarteten Programme nur Standardrechte. Manche Programme funktionieren dann nicht oder lassen sich gar nicht starten. Für solche Fälle sollten Sie die Eingabeaufforderung mit der rechten Maustaste und dem Menüeintrag *Als Administrator ausführen* aufrufen. Dann erben auch die in der Konsole ausgeführten Befehle und Programme diesen Status.

Sichere Hausmannskost als Standardbenutzer

Aus dem eingeschränkten Benutzer früherer Windows-Versionen ist nun der Standardbenutzer geworden. Dieser Kontotyp ist für solche Benutzer vorgesehen, die mit einem fertig eingerichteten System und der darauf vorhandenen Software arbeiten wollen. Das Installieren weiterer Anwendungen oder das Ändern von Systemeinstellungen ist solchen Benutzern nicht erlaubt. Allerdings haben auch sie grundlegende Berechtigungen, z. B. für das Einrichten von Druckern oder das Reagieren auf Meldungen der Windows-Firewall.

Ein Standardbenutzer kann also völlig unbesorgt mit Windows arbeiten. Bösartige Software kann er sich aufgrund seiner beschränkten Zugriffsrechte nicht einfangen, bzw. sie kann sich zumindest nicht dauerhaft im System festsetzen. Aber auch für Benutzer, die hin und wieder Programme installieren oder Einstellungen verändern wollen, ist ein Standardbenutzer-Konto keine schlechte Wahl. Auch von diesem Konto aus lassen sich solche Aktionen erledigen, ohne dass Sie sich ab- und als Administrator anmelden müssen.

Wann immer ein Standardbenutzer etwas unternimmt, zu dem Administratorrechte erforderlich sind, wird wiederum die Benutzerkontensteuerung aktiv. Sie erkennt, dass die Berechtigung des Benutzers dazu nicht ausreicht, und meldet sich mit einem Hinweisfenster. Hier hat der Anwender nun die Möglichkeit, das Kennwort eines Benutzers aus der Administratorgruppe einzugeben. Dazu werden alle Administratorbenutzer aufgeführt. Wählen Sie einfach das Konto aus, dessen Kennwort Sie verwenden wollen. Hintergedanke der Lösung ist auch, dass ein Administrator dem Benutzer während der Aktion »über die Schulter schaut« und sein Kennwort eingibt, um die Maßnahme zu autorisieren.

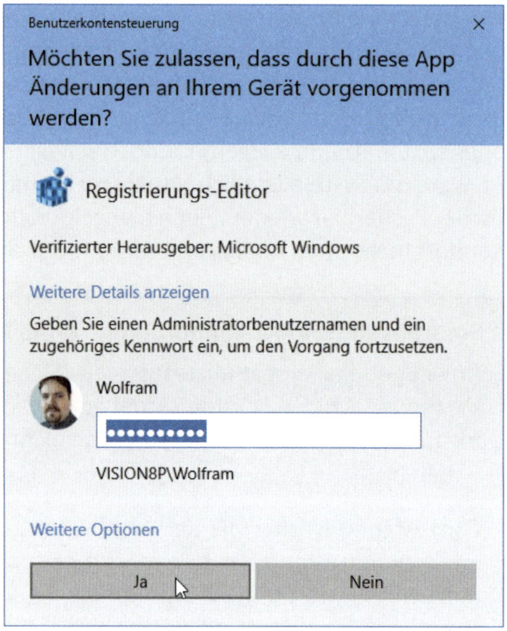

In Firmennetzwerken wird es außerdem möglich sein, dass ein Administrator sein Kennwort in einer solchen Situation per Remote Access eingeben kann, ohne also unbedingt persönlich am PC anwesend zu sein.

Die Benutzerkontensteuerung anpassen

Ein wichtiger Vorteil bei der Benutzerkontensteuerung von Windows ist für den Anwender die Möglichkeit, selbst einzustellen, wie diese Schutzfunktion in bestimmten Situationen reagieren soll. So lassen sich allzu häufige unnötige Rückfragen vermeiden, und Sie können einen Kompromiss aus Sicherheit und Komfort für sich finden.

1. Öffnen Sie in der Systemsteuerung das Wartungscenter. In der Kategorieansicht finden Sie es unter *System und Sicherheit/Sicherheit und Wartung*.

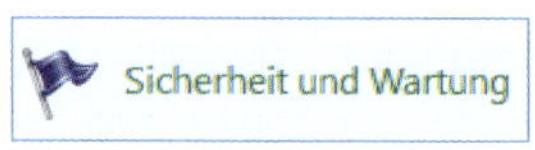

2. Klicken Sie hier links im Aufgabenbereich auf den Link *Einstellungen der Benutzerkontensteuerung ändern*.

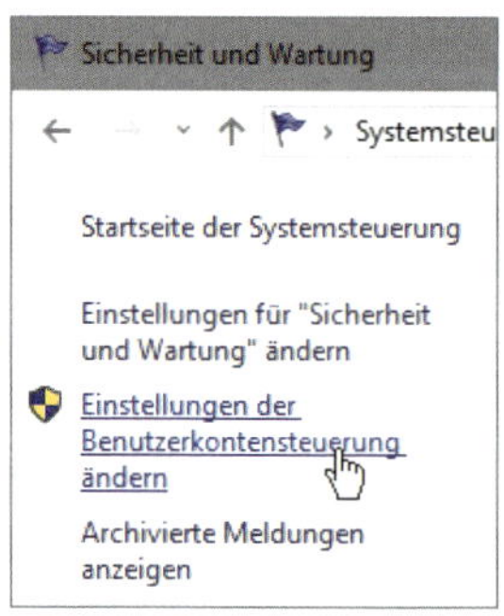

3. Im anschließenden Menü können Sie über den Schieberegler festlegen, wie die Benutzerkontensteuerung in welchen Situationen reagieren soll.
   - *In folgenden Situationen immer benachrichtigen* – das wäre dann wieder so in etwa das frühe Vista-Niveau und ist wohl nur für Übervorsichtige oder für ganz besonders brenzlige Situationen zu empfehlen (wenn überhaupt).

- *Nur benachrichtigen, wenn von Apps Änderungen am Computer vorgenommen werden (Standard)* – diese Standardeinstellung ist mit der vorherigen fast identisch, allerdings erfolgt dabei jeweils ein Umschalten auf den »sicheren Desktop«. Die Warnungen können so keinesfalls übersehen und müssen unbedingt beantwortet bzw. bestätigt werden, bevor es weitergeht. Das verhindert, dass böswillige Programme die Benutzerkontensteuerung manipulieren können, erhöht dafür aber wieder den Nervfaktor. Für unerfahrene Benutzer ist es jedoch keine schlechte Wahl, da Situationen mit Sicherheitsrückfrage so eindeutiger sind.

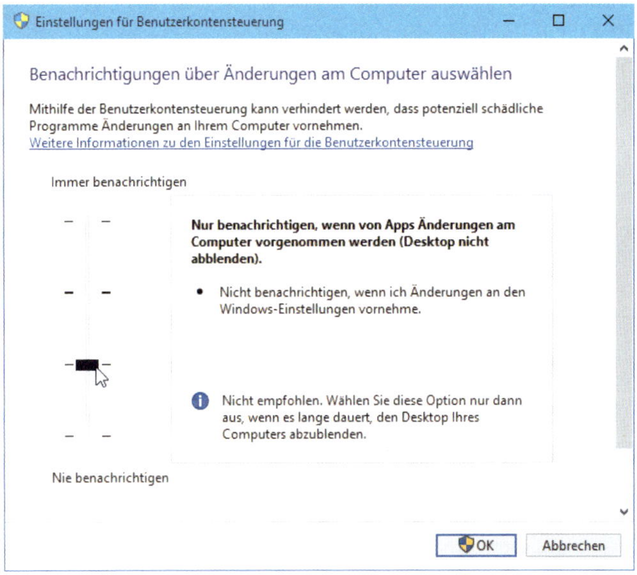

- *Nur benachrichtigen, wenn von Apps Änderungen am Computer vorgenommen werden (Desktop nicht abblenden)* – diese Einstellung reduziert die Rückmeldungen auf ein absolut erträgliches Maß und bietet trotzdem Sicherheit. Und sie verzichtet auf den irritierenden Wechsel zum »sicheren Desktop« während der Rückmeldung. Für erfahrene Benutzer ist dies empfehlenswert.
- *In folgenden Situationen nie benachrichtigen* – das ist komfortabel, aber riskant, denn so können kritische Dinge hinter dem Rücken des Benutzers ablaufen. Dadurch wird die an sich ja sinnvolle Benutzerkontensteuerung quasi deaktiviert. Deshalb ist diese Einstellung nicht zu empfehlen.

Durch diese Einstellung lässt sich das Verhalten der Benutzerkontensteuerung zumindest grob an die eigenen Kenntnisse und das individuelle Sicherheitsbedürfnis anpassen. Zusätzlich bieten Gruppenrichtlinien die Möglichkeit, die verschiedenen Aspekte dieser Schutzfunktion noch feiner zu bestimmen und so auch sehr individuelle Probleme mit der Benutzerkontensteuerung zu lösen. Leider sind diese nur in den Editionen ab der Pro-Version vorhanden. In der »kleineren« Edition lässt sich die gleiche Wirkung aber durch Eingriffe in die Registry erreichen.

Die Benutzerkontensteuerung per Gruppenrichtlinie steuern

Bei den Windows-Editionen Pro, Enterprise und Education gehört der Gruppenrichtlinien-Editor zum Lieferumfang. Mit diesem lässt sich die Benutzerkontensteuerung in einigen Details individuell einstellen. So können Sie das Verhalten von Windows den eigenen Vorlieben bzw. der bevorzugten Arbeitsweise anpassen.

1. Öffnen Sie in der Systemsteuerung das Modul *Verwaltung* und dort den Bereich *Lokale Sicherheitsrichtlinie*.
2. Wählen Sie dort links in der Navigationsspalte die Kategorie *Sicherheitseinstellungen/Lokale Richtlinien/Sicherheitsoptionen*.
3. Ganz oben in der rechten Liste ist dann eine Reihe von Einstellungen zu diesem Bereich aufgeführt, die mit *Benutzerkontensteuerung* beginnen. Die Bedeutung und die Funktion der einzelnen Abschnitte werden im Folgenden erläutert.

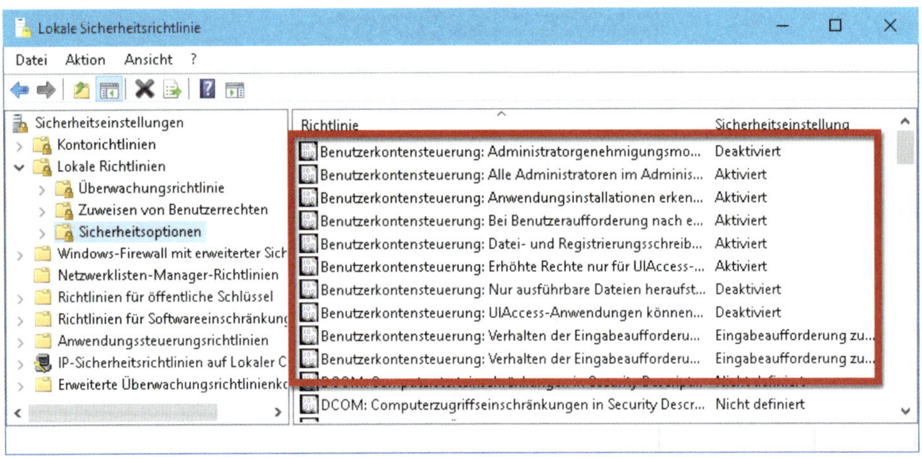

Die Benutzerkontensteuerung per Registry manipulieren

Bei der Windows-Home-Edition gehört der Gruppenrichtlinien-Editor nicht zum Lieferumfang und lässt sich auch nicht nachrüsten. Allerdings lassen sich fast alle seine Einstellungen auch über Parameter in der Registry verändern. So auch die Optionen für die Benutzerkontensteuerung. Welche Registry-Schlüssel das sind und welche Werte sinnvoll sind, finden Sie in den nachfolgenden Abschnitten jeweils in Klammern angegeben.

Die Vorgehensweise ist dabei wie folgt:

1. Tippen Sie im Startbildschirm den Befehl `regedit` ein, und drücken Sie [↵]. Damit rufen Sie den Registrierungs-Editor auf.
2. Öffnen Sie im Registrierungs-Editor den Schlüssel *HKEY_LOCAL_MACHINE\SOFTWARE\Microsoft\Windows\CurrentVersion\Policies\System*.

3. In der rechten Hälfte des Programmfensters wird nun eine Reihe von Einstellungen angezeigt, mit denen Sie das Verhalten der Benutzerkontensteuerung beeinflussen können.

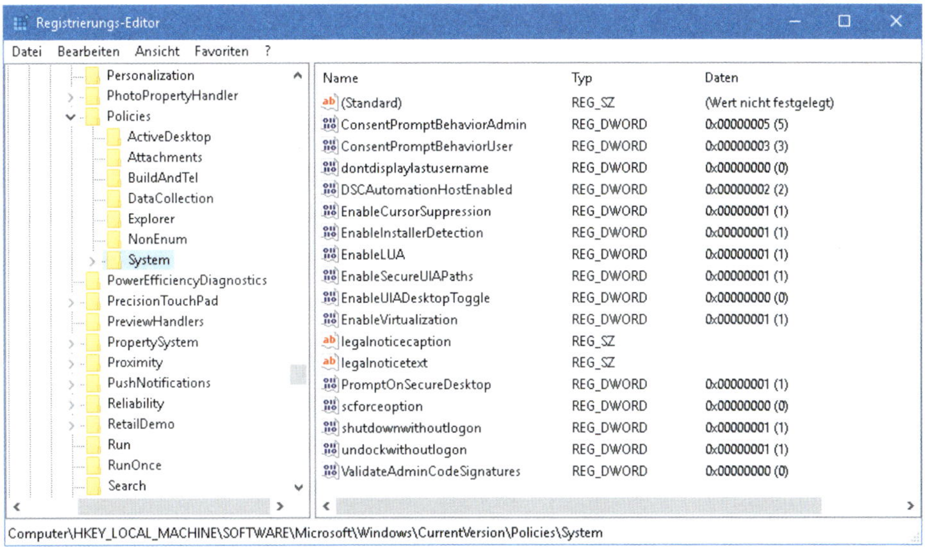

4. Wie bei Registry-Einstellungen üblich, doppelklicken Sie auf einen Eintrag in der Liste. Sie erhalten dann einen Dialog für diesen Eintrag, in dem Sie die Konfiguration per Option oder per Auswahlfeld verändern können.

Welche Anpassungsmöglichkeiten Ihnen die Einstellungen bieten, beschreiben die folgenden Abschnitte.

Administratorbenutzer von Rückfragen verschonen

Eine Möglichkeit der Anpassung besteht darin, die Benutzer der Administratorgruppe von den ständigen Warnhinweisen und Bestätigungen zu verschonen. Dies lässt sich über die Einstellung *Verhalten der Eingabeaufforderung für erhöhte Rechte für Administratoren im Administratorgenehmigungsmodus* erreichen (Registry: *ConsentPromptBehaviorAdmin*). Sie kann auf verschiedene Werte gesetzt werden:

- Keine Aufforderung: Mit der Einstellung *Erhöhte Rechte ohne Eingabeaufforderung* bzw. 0 unterdrücken Sie die Sicherheitshinweise vollständig. In diesem Fall gelten die Rückfragen allerdings automatisch als bestätigt. Eine Anwendung, die höhere Rechte einfordert, bekommt diese also automatisch und ohne Rückfrage zugeteilt. Dies entspricht fast dem Zustand bei Windows XP und sollte mit entsprechender Vorsicht verwendet werden.
- *Eingabeaufforderung zu Anmeldeinformationen* bzw. 1 ist die sicherste Wahl für diese Option. Wenn eine Anwendung höhere Rechte einfordert, muss der Administrator-

benutzer dies nicht nur per *Fortsetzen* bestätigen, sondern auch mit seinem Kennwort autorisieren. Diese Variante kann in Situationen sinnvoll sein, in denen die Gefahr besteht, dass jemand unberechtigt Zugriff auf einen PC hat, auf dem der Administrator angemeldet ist. Selbst dann können ohne Kenntnis von dessen Passwort keine Manipulationen am System erfolgen. Sie können wählen, ob für die Aufforderung auf den sicheren Desktop umgeschaltet werden soll oder nicht.

- *Eingabeaufforderung zur Zustimmung* bzw. 2 ist die Standardeinstellung für diese Option. Das Erteilen höherer Rechte muss der Administratorbenutzer per Klick auf *Fortsetzen* bestätigen. Auch hier kann bei Bedarf das Umschalten auf den sicheren Desktop gewählt werden.

Aus Administratorbenutzern echte Systemadministratoren machen

Zum Sicherheitskonzept von Windows gehört, dass selbst Benutzer der Administratorgruppe nur als Standardbenutzer arbeiten, solange keine höheren Rechte erforderlich sind. Dieses Verhalten können Sie mit der Einstellung *Alle Administratoren im Administratorbestätigungsmodus ausführen* (Registry: *EnableLUA*) steuern.

- *Aktiviert* bzw. 1 entspricht der Standardeinstellung, d. h., die Administratoren arbeiten als Standardbenutzer. Wichtig: Diese Wahl ist die sicherere!
- Manche Situationen können es erfordern, diese neue Funktion mit *Deaktiviert* bzw. 0 abzuschalten. Dann arbeiten alle Benutzer mit einem Administratorkonto genau wie der lokale Systemadministrator selbst mit völlig uneingeschränkten Rechten und ohne jede Rückfrage.

Das Deaktivieren dieser Einstellung ist prinzipiell nicht zu empfehlen, denn es setzt das Sicherheitskonzept von Windows praktisch außer Kraft. Wenn Sie allerdings massive Probleme mit älteren Anwendungen haben, die mit der Benutzerkontensteuerung überhaupt nicht zurechtkommen, kann diese Variante sinnvoll sein. Da alles, was Sie dann tun, mit vollen Administratorrechten erfolgt, gilt dies auch für die Problemprogramme, die dann störungsfrei laufen sollten. Eine dauerhafte Lösung sollte das aus Sicherheitsgründen jedoch nicht sein.

Keine Rückfragen für Standardbenutzer

Auch für die Standardbenutzer lässt sich das Verhalten der Benutzerkontensteuerung einstellen. Mit der Einstellung *Verhalten der Eingabeaufforderung für erhöhte Rechte für Standardbenutzer* (Registry: *ConsentPromptBehaviorUser*) regeln Sie, was passieren soll, wenn eine Anwendung bei einem Standardbenutzer höhere Rechte einfordert:

- *Eingabeaufforderung zu Anmeldeinformationen* bzw. 1 ist die Standardeinstellung für diese Option. Dann wird wie beschrieben ein Hinweisdialog eingeblendet, in dem ein Administratorkennwort eingegeben werden muss, um den Vorgang zu autorisieren. Es gibt dabei eine Variante mit und eine ohne sicheren Desktop.

- *Keine Aufforderung* bzw. 0: Wollen Sie solche Rückfragen bei Standardbenutzern vermeiden, wählen Sie stattdessen die Einstellung *Anforderung für erhöhte Rechte automatisch ablehnen*. Die Benutzerkontensteuerung verzichtet dann auf den Hinweis. Allerdings gibt es einen wichtigen Unterschied zur gleichen Option für Administratorbenutzer: Dem Programm werden die höheren Rechte in diesem Fall stillschweigend verweigert! Ist die Anwendung tatsächlich auf Administratorrechte angewiesen, wird sie also nicht korrekt funktionieren können. Diese Option bietet sich für unerfahrene Standardbenutzer an, die keinesfalls irgendwelche Änderungen an der Systemkonfiguration vornehmen sollen und die durch die Rückfragen der Benutzerkontensteuerung nur unnötig verwirrt würden.

Softwareinstallationen automatisch mit höheren Rechten versehen

Bei der Installation von Software sind fast immer Administratorrechte erforderlich, sei es, um Einträge in der Registry vorzunehmen, oder sei es, weil Dateien ins *Programme*-Verzeichnis kopiert werden müssen. Windows ist (meistens) in der Lage, Installationsprogramme anhand einer Heuristikfunktion automatisch zu erkennen und sie dementsprechend mit höheren Rechten auszuführen. Auch dann ist allerdings eine Bestätigung bzw. Autorisierung durch den Benutzer erforderlich.

Mit der Einstellung *Anwendungsinstallationen erkennen und erhöhte Rechte anfordern* (Registry: *EnableInstallerDetection*) steuern Sie die heuristische Erkennung von Installationsprogrammen. Standardmäßig ist diese Funktion aktiviert (1), was auch sinnvoll ist. Deaktivieren (0) sollte man sie nur, wenn Anwendungen dadurch Probleme verursachen, z. B. weil die Heuristikfunktion nicht präzise genug arbeitet.

Das Umschalten auf den sicheren Desktop bei Rückfragen vermeiden

Wann immer Windows eine Rückfrage wegen eines sicherheitsrelevanten Vorgangs anzeigt, schaltet es dazu auf den sogenannten sicheren Desktop um. Dabei wird die gesamte Benutzeroberfläche ausgeblendet und nur das Rückfragefenster angezeigt. Das geschieht, um auszuschließen, dass die Benutzerkontensteuerung umgangen werden kann, indem z. B. ein Programm den Mausklick auf die *Fortsetzen*-Schaltfläche ausführt. Das Rückfragefenster kann nur von einem menschlichen Benutzer bedient werden.

Wenn Sie das Umschalten aber stört oder falls Ihre Grafikkarte mit dem Wechsel Probleme haben sollte, können Sie den sicheren Desktop vermeiden. Das Rückfragefenster wird dann einfach auf dem normalen Desktop angezeigt, und alle anderen Programmfenster sind währenddessen ebenfalls zugänglich. Bearbeiten Sie dazu den Wert *Bei Benutzeraufforderung nach erhöhten Rechten zum sicheren Desktop wechseln* (Registry: *PromptOnSecureDesktop*). Standardmäßig ist der sichere Desktop aktiviert (1).

3.4 Windows stets auf dem aktuellen Stand

Ohne regelmäßige Online-Updates ist die Sicherheit von Windows nicht zu gewährleisten. Ständig werden neue Sicherheitslücken oder auch andere Fehler entdeckt und erfordern das Einspielen von Aktualisierungen. Meist passiert das unauffällig im Hintergrund. Gelegentlich ist ein Neustart nötig, wenn wichtige Systemkomponenten ausgetauscht werden müssen. Diese Unannehmlichkeiten sollte man aber in Kauf nehmen, denn ein veraltetes System ist ein leichtes Opfer für Angreifer.

Hacking-Workshop: Windows mit dem Hacker-Baukasten angreifen

Man stellt sich Hacker gern als bleichgesichtige Nerds mit Brille vor, die sich die Nächte damit um die Ohren schlagen, einer Sicherheitslücke in einem System auf die Spur zu kommen. Tatsächlich haben die Hacker von heute es oftmals gar nicht mehr so schwer. Denn ihnen stehen umfangreiche digitale Werkzeugkästen zur Verfügung. Diese dienen zwar offiziell dem Testen und Schützen von Systemen vor Angriffen. Aber sie lassen sich nun mal für gute wie für schlechte Zwecke einsetzen. Nun will ich gar nicht behaupten, dass mit solchen Werkzeugen jeder mit wenigen Mausklicks einen erfolgreichen Angriff ausführen kann. Die Programme sind kommandozeilenbasiert und erfordern gewisse Grundkenntnisse. Diese kann sich aber jeder selbst aneignen und hat dann ein mächtiges Werkzeug an der Hand, mit dem sich das Ausspionieren und das Eindringen in fremde Rechner größtenteils automatisieren lassen.

Auf den folgenden Seiten möchte ich Ihnen die prinzipielle Vorgehensweise anhand des Metasploit-Frameworks vorstellen. Das ist eine umfassende Sammlung von Werkzeugen, die einerseits dem Auskundschaften und Diagnostizieren von Netzwerken und Rechnern dienen, die andererseits aber auch konkrete Routinen (Exploits) zum Ausnutzen von Sicherheitslücken umfassen. Eine kostenlose Version für Windows oder Linux/macOS kann unter www.metasploit.com heruntergeladen werden. Metasploit wird von Sicherheitsexperten und Administratoren genutzt, um Sicherheitslücken im System aufzuspüren und zu schließen. Neben diesem »offiziellen« und legalen Verwendungszweck lässt es sich aber genauso für weniger gute Absichten einsetzen. Wenn Sie Metasploit selbst herunterladen und ausprobieren möchten, beachten Sie bitte folgende Hinweise:

- Setzen Sie Metasploit nur auf eigene Rechner bzw. auf Systeme an, für die Sie die Erlaubnis dazu haben. Andernfalls können Sie sich strafbar machen.
- Wenn Sie Metasploit installieren, wird sich Ihr Virenscanner beschweren. Denn das Paket umfasst vielfach Code, der auch von Viren und Trojanern verwendet wird. Richten Sie also ggf. Ausnahmen in Ihrem Virenscanner dafür ein.
- Noch besser ist es aber ohnehin, Metasploit auf einem separaten Testrechner oder in einer virtuellen Maschine zu installieren.

Auf den folgenden Seiten werde ich Ihnen einen beispielhaften Angriff zeigen, mit dem man sich auf Windows-PCs eine Eingabekonsole mit Administratorrechten verschaffen kann, was praktisch das ultimative Ziel jedes Angreifers ist. Falls Sie diesen Angriff mit einem aktuellen Windows-PC nachvollziehen, wird er – hoffentlich – nicht funktionieren. Denn die hier ausgenutzte Sicherheitslücke sollte bei aktuellen Windows-PCs nicht mehr vorhanden sein. Ich habe als Angriffsziel deshalb extra einen alten Windows-7-PC präpariert. Andererseits bauen Hacker immer sehr gern darauf, dass die angegriffenen Systeme eben nicht auf dem aktuellsten Stand sind. Dann ist es ein Leichtes, bekannte und gut erprobte Sicherheitslücken in Stellung zu bringen.

Die Metasploit-Konsole

Metasploit verzichtet auf eine hübsche grafische Oberfläche und wird stattdessen mit Textbefehlen gesteuert. Das klingt erst mal kompliziert, aber letztlich sind es nur relativ wenige Befehle, die man immer wieder benutzt. Wenn Sie die Konsole starten (unter Windows beispielsweise mit der Datei *C:\metasploit-framework\bin\msfconsole.bat*), erhalten Sie nach kurzer Wartezeit eine Liste der enthaltenen Module. Wie Sie sehen, besteht diese tatsächlich aus mehreren Tausend Modulen. Jedes davon steht für eine Sicherheitslücke (*exploits*) oder Code, der über eine Sicherheitslücke in ein System eingeschleust werden kann (*payloads*), um sich dort Zugriff oder beispielsweise erhöhte Rechte zu verschaffen.

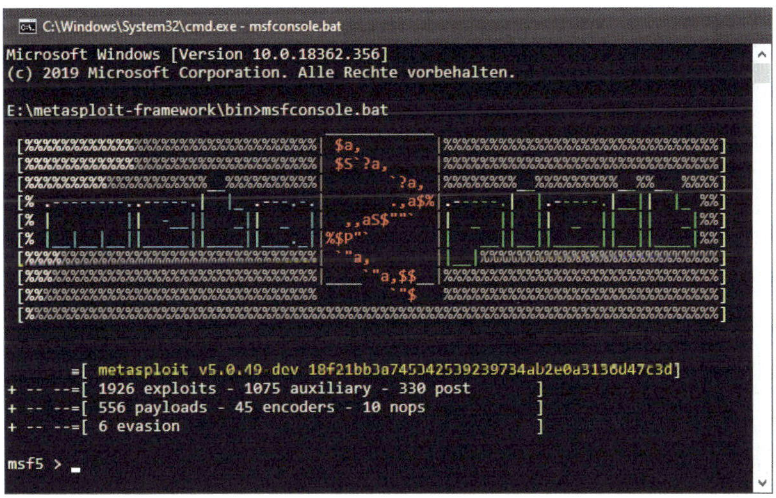

Metasploit kennt buchstäblich Tausende von Angriffswegen in viele Arten von Systemen.

Diagnose mit dem eingebauten Portscanner

Neben den Exploits und Payloads bringt Metasploit auch gleich die nötigen Werkzeuge zum Auskundschaften von Netzwerken und Geräten mit. So kann man mit dem Portscanner Nmap ermitteln, welche Geräte mit dem Netzwerk verbunden sind und welche Betriebssysteme und Dienste darauf laufen. Nmap stelle ich auf Seite 338 ausführlicher vor.

Hier gehe ich deshalb davon aus, dass die IP-Adresse des Ziels bekannt ist und ich nun wissen möchte, welche Software darauf läuft. Das erfahre ich mit dem Befehl `nmap -sV 192.168.1.85`.

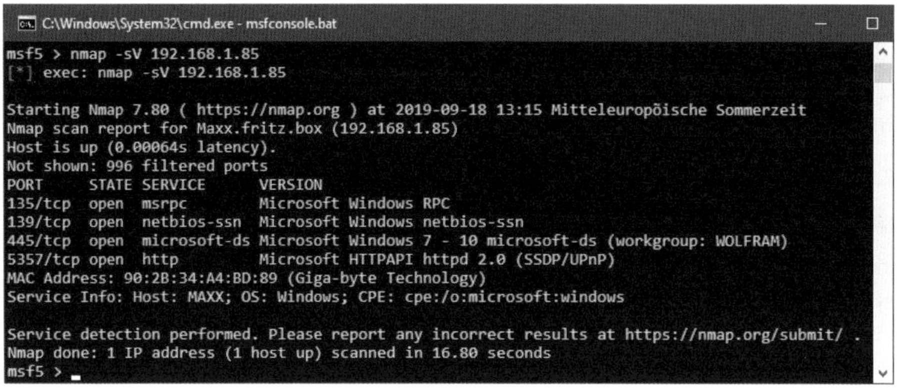

Ein Portscan enthüllt meist das Betriebssystem und laufende Dienste und gibt Hinweise auf lohnende Ziele.

An der Antwort des Programms lässt sich ablesen, dass auf dem Rechner das Windows-Betriebssystem läuft. Außerdem sind einige Standarddienste wie RPC und NetBIOS aktiv, was aber nicht ungewöhnlich ist.

Einen passenden Exploit suchen

Mit diesem Wissen geht es nun an die Wahl eines passenden Exploits. Bei einer vierstelligen Zahl von Kandidaten kommt man ohne Suchfunktion nicht weit. Mit `search type:exploit platform:windows` durchsucht man Metasploit nach Exploits für das Betriebssystem Windows. Das ergäbe allerdings immer noch eine vierstellige Trefferzahl. Da der Portscan ergeben hat, dass auf dem Rechner RPC aktiv ist, könnte man die Suche aber zusätzlich auf Module mit diesem Stichwort einengen: `search type:exploit platform:windows name:Windows RPC`.

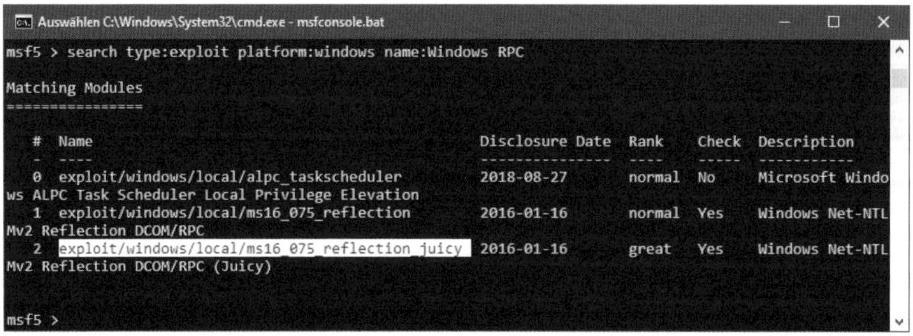

Mit dem search-Befehl kann man gezielt nach bekannten Exploits für Betriebssysteme und Dienste suchen.

Das ist auch die Stelle, an der die Expertise eines erfahrenen Hackers (oder Sicherheitsexperten) besonders zum Tragen kommt. Wenn man weiß, welche Angriffsmethoden besonders vielversprechend sind, kann man diese gezielt heraussuchen und damit beginnen.

Einen Exploit einsetzen

Hat man sich für einen Exploit entschieden, wählt man diesen zunächst mit dem Befehl `use` aus: `use exploit/windows/smb/ms17_010_eternalblue`. Daraufhin verändert sich die Eingabeaufforderung und wird um die Bezeichnung des aktiven Moduls ergänzt. Man befindet sich nun im Kontext dieses Exploits, und die weiteren Befehle beziehen sich speziell darauf.

Zu den ersten Befehlen in diesem Kontext sollte stets `show options` gehören. Damit zeigt man die spezifischen Konfigurationsmöglichkeiten an, die dieses Modul bietet. Die Ausgabe ist also bei jedem Exploit anders, aber meist hat man eine Option wie `RHOST` bzw. `RHOSTS`. Das steht kurz für Remote Host und gibt den Rechner an, auf den der Angriff ausgeführt werden soll. Zumindest diese Einstellung muss in den meisten Fällen vorgenommen werden: `set RHOSTS 192.168.1.85`.

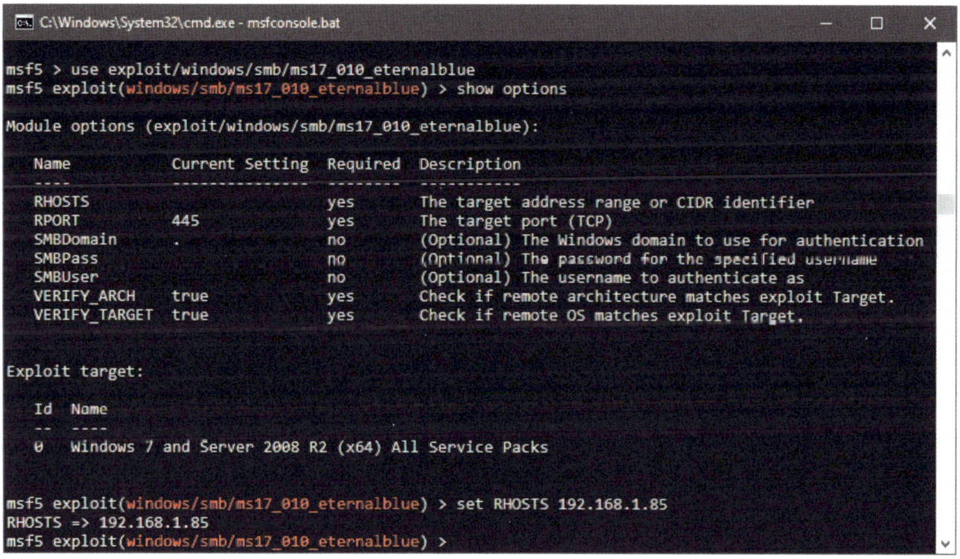

Über Optionen können die Exploits konfiguriert und kann beispielsweise das Angriffsziel festgelegt werden.

Auf diese Weise können weitere Exploit-Einstellungen vorgenommen und beispielsweise auch die Payloads bestimmt werden, die bei einem Angriff ins Zielsystem eingeschleust werden sollen. Hat man alle Optionen festgelegt, führt man den Angriff mit dem Befehl `exploit` aus. Alles Weitere läuft dann automatisch.

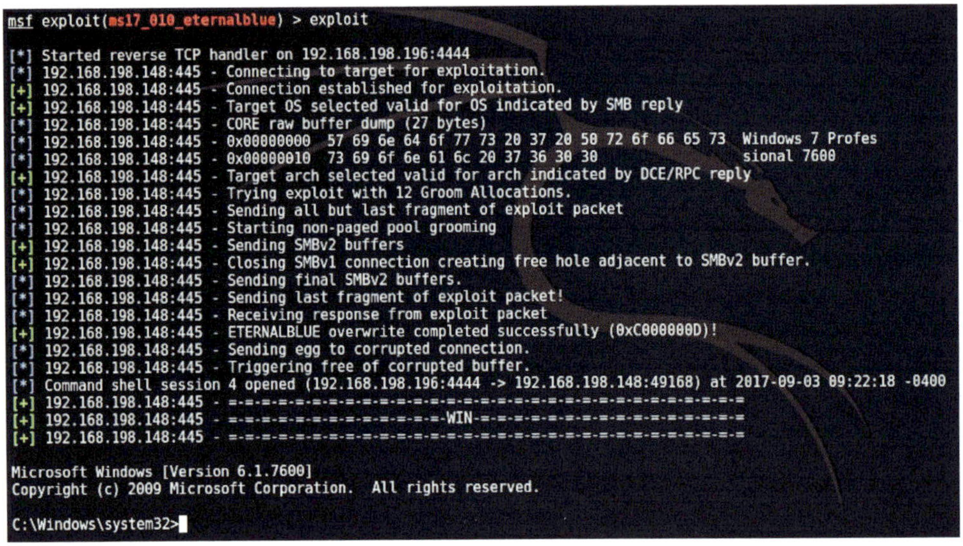

Dieser Angriff war erfolgreich und öffnet auf dem Zielrechner eine Eingabeaufforderung mit Admin-Rechten.

Dieses Beispiel wurde gewählt, um zu zeigen, wie einfach ein Angriff ablaufen kann, wenn das Zielsystem unzureichend geschützt ist. Es sollte Sie keinesfalls in Panik versetzen. Keiner der in Metasploit enthaltenen Exploits ist ein Selbstläufer, der immer und unter allen Umständen funktionieren wird. Im Gegenteil: Praktisch alle Angriffsversuche werden ins Leere laufen, wenn das Zielsystem sicher konfiguriert und seine Software auf dem aktuellsten Stand ist. Andererseits verfügt auch Metasploit über ein Online-Update. Es ist und bleibt also ein ständiges Rennen zwischen Angreifern und Verteidigern.

Vollautomatische Windows-Updates

Die sicherste Variante beim Windows-Update ist der vollautomatische Ablauf: Das System nimmt dazu regelmäßig von allein Kontakt zum Update-Server auf und lädt vorliegende Patches ggf. im Hintergrund herunter, wobei es dafür sorgt, dass die Internetverbindung dadurch nicht allzu merklich belastet wird. Anschließend werden die Updates installiert. Einzelne Komponenten und Dienste werden dabei notfalls ganz automatisch beendet und neu gestartet. Nur wenn ein Neustart notwendig wird, setzt Windows den Anwender davon in Kenntnis. Dies ist mittlerweile aber nur noch bei relativ wenigen systemnahen Updates erforderlich.

Auch bei dieser komfortablen und sicheren Version lohnt sich aber ein Blick in die *Einstellungen*, in denen Sie z. B. den Zeitpunkt für das Herunterladen von Updates auf eine Zeit legen können, in der der PC üblicherweise eingeschaltet, aber meist nicht gerade mit wichtigen Aufgaben beschäftigt ist.

1. Öffnen Sie die *Einstellungen*, und wechseln Sie dort in die Kategorie *Update und Sicherheit*. Darin landen Sie automatisch in der Untergruppe *Windows Update*.
2. Rechts oben sehen Sie dann direkt den Update-Status Ihres PCs. Wird hier nicht auf wichtige Updates hingewiesen, besteht kein akuter Handlungsbedarf. Sie können aber trotzdem mit *Nach Updates suchen* sicherstellen, dass auch keine eventuell weniger wichtigen Aktualisierungen vorliegen.

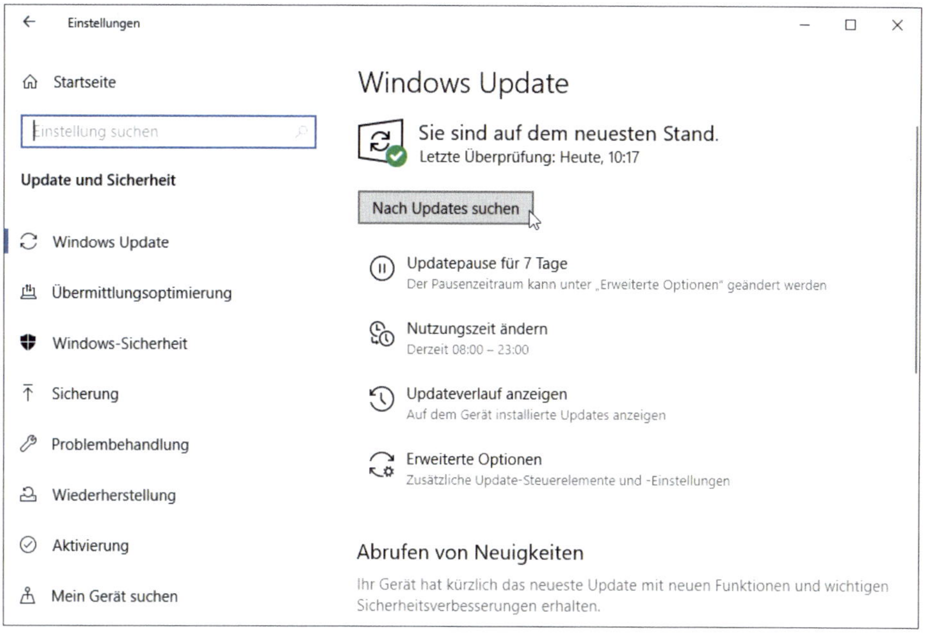

3. Liegen Updates vor, können Sie sich ggf. über die *Details* informieren und das Herunterladen und Installieren des Updates begleiten, was je nach Umfang ein Weilchen dauern kann.
4. Noch immer erfordern manche Aktualisierungen einen Neustart des PCs. In solchen Fällen führt Windows diesen automatisch zu einem Zeitpunkt durch, der außerhalb der typischen Nutzungszeiten liegt. Bis dahin können Sie den PC ganz normal weiternutzen und ggf. auch abschalten. Beim nächsten Start wird das Update dann automatisch eingespielt. Oder Sie klicken auf *Jetzt neu starten*, um den Vorgang gleich hinter sich zu bringen.

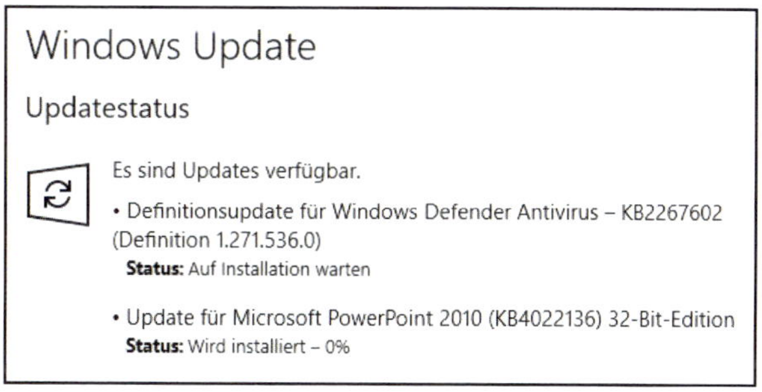

Ausführliche Informationen zu Updates

Microsoft versieht Updates in der Regel mit einer Referenznummer, die auf die Wissensdatenbank (Knowledge Base) der Firma verweist. Diese Referenznummer besteht aus dem Kürzel KB und einigen Ziffern, also z. B. KB123456. Wenn Sie mit einer beliebigen Suchmaschine nach dieser Referenznummer suchen, finden Sie meist sehr schnell den entsprechenden Artikel aus der Microsoft-Wissensdatenbank sowie ggf. weitere Informationsquellen zu dem Update bzw. dem zugrunde liegenden Problem.

Mehr Kontrolle: den Update-Zeitraum selbst bestimmen

Wer gern möglichst die Kontrolle über die Vorgänge auf seinem PC behalten möchte, ist mit den Standardvorgaben für Updates möglicherweise nicht zufrieden. Schließlich kommen Sie so immer wieder in die Situation, dass Windows einen Neustart durchführen möchte, wenn Sie eigentlich mit dem PC arbeiten wollen. Um das zu vermeiden, können Sie die Nutzungszeit ändern und so nervige Neustart-Aufforderungen vermeiden. Wählen Sie dafür aber einen Zeitraum, in dem der PC üblicherweise eingeschaltet ist.

Die Nutzungszeit automatisch ermitteln

Die Nutzungszeit ist der Zeitraum des Tages, an dem der PC üblicherweise verwendet wird und deshalb nicht durch Updates oder womöglich erforderliche Neustarts blockiert werden sollte. Diesen Zeitraum kann Windows automatisch bestimmen und sich so dynamisch den Gewohnheiten des Benutzers anpassen. Klicken Sie dazu in den Windows-Update-Einstellungen auf *Nutzungszeit ändern*, und setzen Sie im anschließenden Menü den Schalter bei *Nutzungszeit für dieses Gerät automatisch auf Grundlage der Aktivitäten anpassen* auf *Ein*.

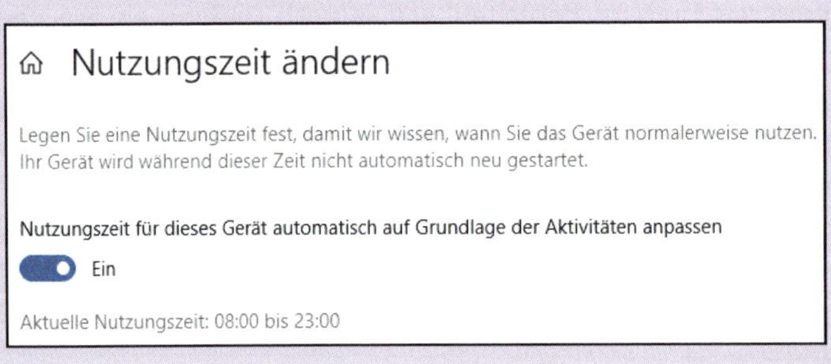

1. Klicken Sie dazu in den Einstellungen von *Windows Update* auf den Link *Nutzungszeit ändern*.
2. Eventuell müssen Sie im anschließenden Dialog zunächst die Option zur automatischen Anpassung der Nutzungszeit ausschalten (mehr dazu erfahren Sie im folgenden Abschnitt). Klicken Sie dann auf *Ändern*.

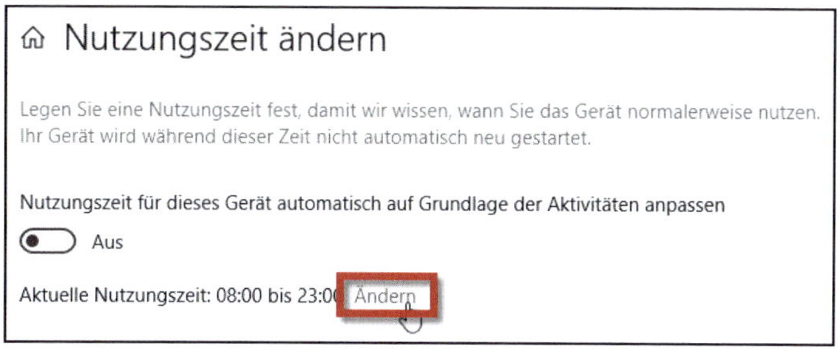

3. Im so geöffneten Menü können Sie *Startzeit* und *Endzeit* des Zeitraums festlegen, in dem Sie nicht von Neustarts belästigt werden möchten.

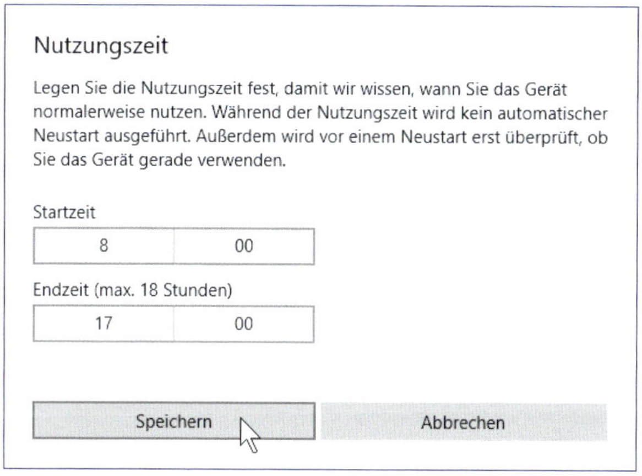

4. Klicken Sie unten auf *Speichern*, um den neuen Zeitraum zu übernehmen.

Hinweis: Die Einstellung wirkt sich nur auf Updates aus, die einen Windows-Neustart erfordern. Updates, die im laufenden Betrieb eingespielt werden können (und das sind die meisten), führt Windows so oder so vollautomatisch durch.

Installierte Updates überprüfen

Wenn das Installieren von Updates automatisch im Hintergrund erfolgt, kann man nie sicher sein, welche Aktualisierungen bereits vorgenommen wurden und welche noch nicht. Ob ein bestimmtes Update bereits auf Ihrem PC eingespielt wurde, können Sie aber schnell herausbekommen.

1. In den *Einstellungen* wählen Sie *Update und Sicherheit/Windows Update.*
2. Klicken Sie dort auf *Updateverlauf anzeigen.*
3. Damit öffnen Sie den *Updateverlauf*, der eine Liste aller durchgeführten Updates umfasst. Neben Name und Installationsdatum verrät jeder Eintrag auch, ob diese Aktualisierung erfolgreich installiert werden konnte.

Sollte bei einem Update keine erfolgreiche Installation gemeldet werden, prüfen Sie zunächst, ob diese Aktualisierung vielleicht zu einem späteren Zeitpunkt bereits erfolgreich nachgeholt werden konnte. Andernfalls sollten Sie einen erneuten Versuch starten, dieses Update zu installieren.

Updates bei Problemen mittels Rollback rückgängig machen

Sollten durch ein Update wider Erwarten Probleme auftreten, oder funktioniert eine wichtige Anwendung nun nicht mehr wie gewünscht, können Sie Updates auch rückgängig machen. Die Änderungen durch das Update werden dann auch rückgängig gemacht und die vorherigen Versionen der entsprechenden Dateien wiederhergestellt. Dies sollte allerdings eine Ausnahme für wirklich problematische Situationen bleiben. Prinzipiell sind gerade wichtige Updates für die Sicherheit Ihres PCs unerlässlich. Außerdem kann das Deinstallieren einzelner Updates wiederum neue Probleme verursachen. Deshalb ist es bei manchen Updates auch von vornherein ausgeschlossen.

1. In den *Einstellungen* öffnen Sie *Update und Sicherheit/Windows Update* und klicken dort auf *Updateverlauf anzeigen*.
2. Klicken Sie im Updateverlauf ganz oben auf *Updates deinstallieren*.
3. Damit öffnen Sie eine Liste der installierten Updates. Diese können Sie z. B. anhand der Spalte *Installiert am* (ganz rechts) sortieren lassen, um die zuletzt installierten Updates nach oben zu bringen.

4. Wählen Sie das fragliche Update aus, und klicken Sie dann auf *Deinstallieren*.

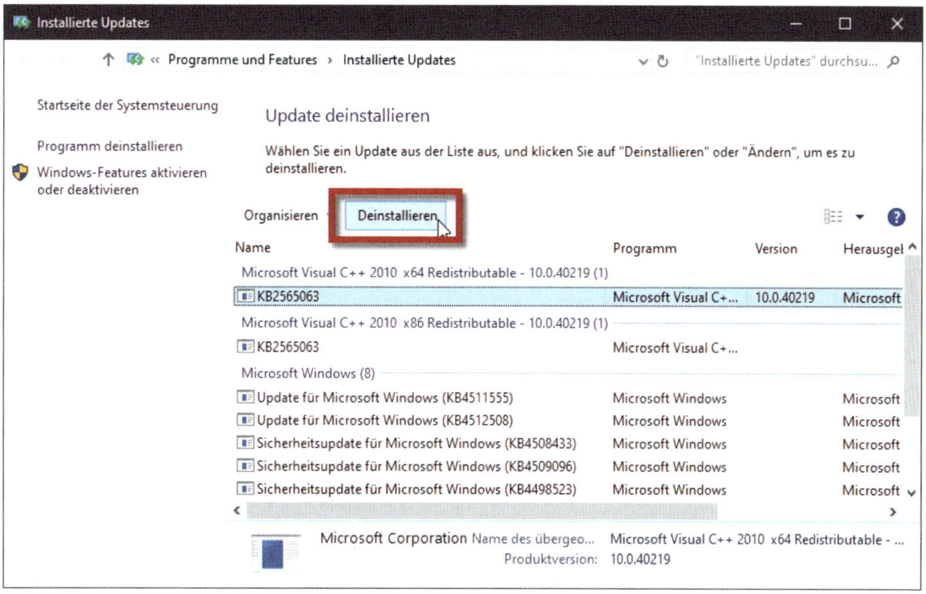

Deinstallieren nicht möglich?

Bei manchen Updates wird keine *Deinstallieren*-Schaltfläche angezeigt, wenn Sie den Eintrag auswählen. Solche Updates können nicht deinstalliert werden. Dies hat in der Regel technische Gründe, etwa weil bestimmte Komponenten dann nicht mehr funktionieren würden. Bei weiter zurückliegenden Updates kann es auch daran liegen, dass die Deinstallationsinformationen inzwischen gelöscht wurden, um den Speicherplatz freizugeben. Auch in solchen Fällen ist kein Deinstallieren mehr möglich.

Updates bei Startproblemen deinstallieren

Sollten Windows-Updates zu Startproblemen führen, muss man diese entfernen, um wieder zu einem stabilen Windows zu gelangen. Microsoft hat eine Funktion dafür direkt in die Startoptionen integriert. Diese erscheinen beispielsweise automatisch, wenn der Systemstart zweimal in Folge misslingt.

1. Wählen Sie in diesem Fall unter *Erweiterte Optionen* den Punkt *Updates deinstallieren*.
2. Nun können Sie ggf. wählen, ob Sie das jüngste Qualitätsupdate (das sind die normalen, laufenden Windows-Updates) oder das letzte Funktionsupdate entfernen möchten.

3. Windows startet dann neu und bittet Sie darum, ein Benutzerkonto auszuwählen und das dazugehörende Passwort einzugeben.
4. Dann können Sie das jeweils letzte Update deinstallieren lassen und testen, ob Windows anschließend wieder ordnungsgemäß startet.

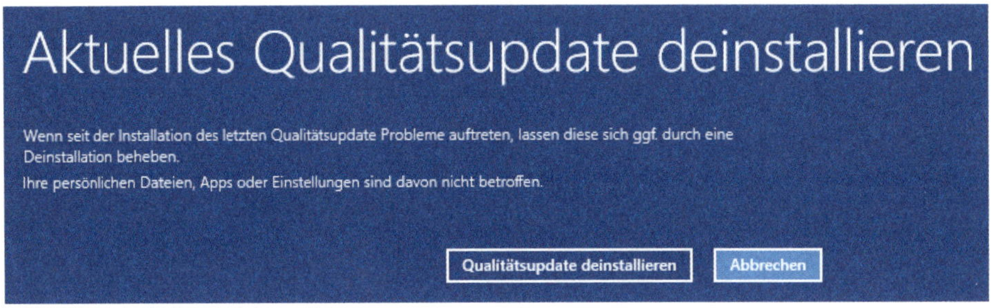

3.5 Software in der Windows-Sandbox testen

Die Windows-Sandbox ist ein virtueller »Sandkasten«, in dem man Programme, aber auch Einstellungen und Windows-Funktionen gefahrlos testen kann. Dazu aktiviert man ein »Windows in Windows«, also ein vollwertiges Windows-System, das wie eine Anwendung in einem Windows-Fenster ausgeführt wird. Dieser Sandkasten ist vom eigentlichen Windows und Ihren Daten völlig isoliert. Selbst wenn man darin ein Programm mit einem Virus oder Trojaner installiert, besteht keine Gefahr. Schließt man das Fenster, werden alle Änderungen rückgängig gemacht.

Hintergrund: Container anstelle eines virtuellen Systems

Windows-Sandbox virtualisiert nur den eigentlichen Windows-Kern. Für alles andere wird eine Container-Technik eingesetzt, die die Komponenten der »echten« Windows-Installation nutzt, aber alle Zugriffe unterbindet, die diese verändern könnten. Diese Mischung von Virtualisierung und Container bietet im Vergleich zu einem kompletten virtuellen Windows viele Vorteile, da sie viel performanter ist, weniger Kompatibilitätsprobleme verursacht und auch weniger Arbeits- und Festplattenspeicher benötigt. Trotzdem ist sie genauso sicher wie ein virtuelles Windows, da die Zugriffe im Sandkasten völlig vom eigentlichen Windows isoliert werden. Was immer in der Sandbox geschieht, kann also keine Auswirkungen auf Windows, installierte Anwendungen oder gespeicherte Daten außerhalb des Sandkastens haben.

Die Sandbox-Funktion aktivieren

Standardmäßig ist die Windows-Sandbox nicht aktiv, und die erforderlichen Komponenten sind auch nicht installiert. Sie müssen sie deshalb zunächst aktivieren.

Voraussetzungen für Windows-Sandbox

Um diese Funktion nutzen zu können, muss der PC über eine Virtualisierungserweiterung verfügen (VT-x), und diese muss ggf. im BIOS aktiviert werden. Außerdem müssen mindestens 4 GByte Arbeitsspeicher vorhanden sein, und der Prozessor muss mindestens zwei Kerne haben.

1. Öffnen Sie in der klassischen Systemsteuerung das Modul *Programme und Features*.
2. Wechseln Sie dort im Navigationsbereich links auf *Windows-Features aktivieren oder deaktivieren*.
3. Suchen Sie in der anschließenden Liste recht weit unten die Option *Windows-Sandbox*, und setzen Sie dort ein Häkchen. Sollte der Eintrag ausgegraut sein, unterstützt Ihr PC die Voraussetzungen nicht (siehe Infokasten).
4. Klicken Sie dann auf *OK*, und warten Sie kurz die Installation der benötigten Komponenten ab. Anschließend ist ein Neustart erforderlich.

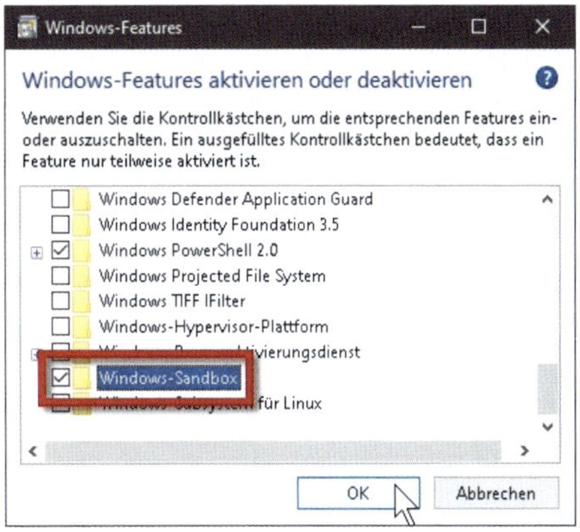

Windows-Sandbox für Windows 10 Home

Die Sandbox ist ab der Pro-Edition verfügbar. Aber auch Home-Nutzer können davon profitieren, da sie sich mit einem Trick auch dort installieren lässt. Laden Sie sich dazu unter http://www.deskmodder.de/blog/2019/04/20/windows-10-home-windows-sandbox-installieren-und-nutzen/ eine Batch-Datei herunter, und führen Sie diese einmalig aus.

Windows-Sandbox ausführen und nutzen

Nach dem Aktivieren der *Windows-Sandbox* in der Systemsteuerung finden Sie ein gleichnamiges Symbol dafür im Startmenü vor. Alternativ tippen Sie *sand* im Suchfeld der Taskleiste ein und erhalten dann den passenden Eintrag zur direkten Auswahl.

Beim ersten Start der Sandbox müssen Sie etwas länger warten, da Windows das Image für den virtuellen Windows-Kern erst erstellen muss. Später geht es dann meist deutlich schneller. Ihre Geduld wird mit einem Windows-in-Windows belohnt, also einem Fenster, in dem eine zusätzliche, völlig isolierte Windows-Umgebung läuft.

Sie finden hier die bekannten Apps aus dem Installationsumfang vor, wie etwa Explorer oder Edge-Browser. Letzteren können Sie verwenden, um Programme herunterzuladen und zu installieren. Wenn Sie einen anderen Webbrowser bevorzugen, können Sie auch diesen in der Sandbox herunterladen und installieren. Allerdings müssen Sie das dann jedes Mal wieder tun.

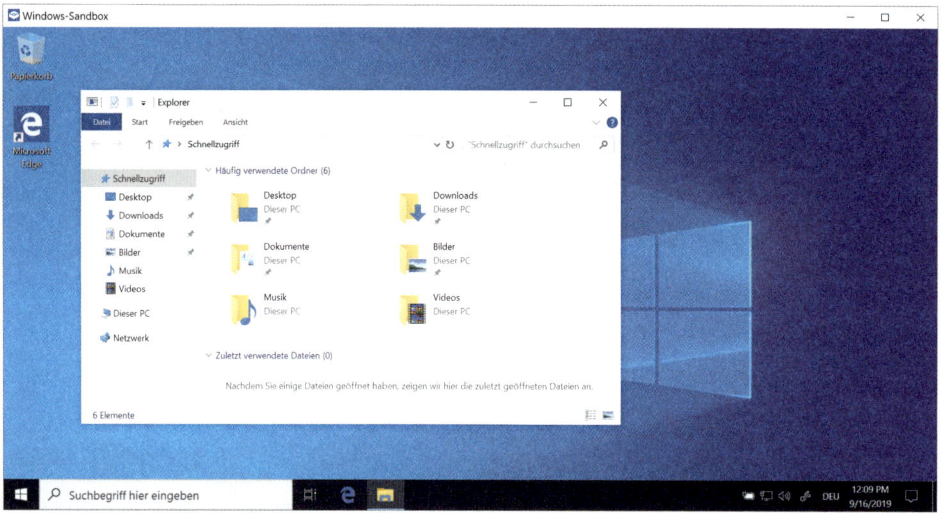

Dateien in die Sandbox einfügen

Um Programme oder Dokumente von Ihrem PC in der Sandbox zu testen, können Sie diese in die laufende Windows-Sandbox einfügen.

1. Klicken Sie auf Ihrem PC das Symbol der Anwendungs- bzw. Setup-Datei oder das Dokument mit der rechten Maustaste an, und wählen Sie im Kontextmenü den *Kopieren*-Befehl.
2. Starten Sie dann die Sandbox, bzw. wechseln Sie zum bereits geöffneten Sandbox-Fenster.
3. Klicken Sie mit der rechten Maustaste auf eine freie Stelle des Windows-Desktops in der Sandbox.
4. Wählen Sie im so geöffneten Kontextmenü den Befehl *Einfügen*.
5. Die Datei wird auf dem Desktop des Sandbox-Windows abgelegt und kann dort geöffnet bzw. ausgeführt werden.

Sandbox beenden

Um die Windows-Sandbox zu beenden, klicken Sie jederzeit oben rechts auf das *X*-Symbol des Fensters. Eine Sicherheitsrückfrage macht Sie dann darauf aufmerksam, dass alle Änderungen, die Sie seit dem Start in der Testumgebung vorgenommen haben, beim Beenden rückstandslos entfernt werden.

Auch wenn Sie beispielsweise einen anderen alternativen Browser installiert haben, wird dieser beim nächsten Start der Windows-Sandbox nicht mehr vorhanden sein.

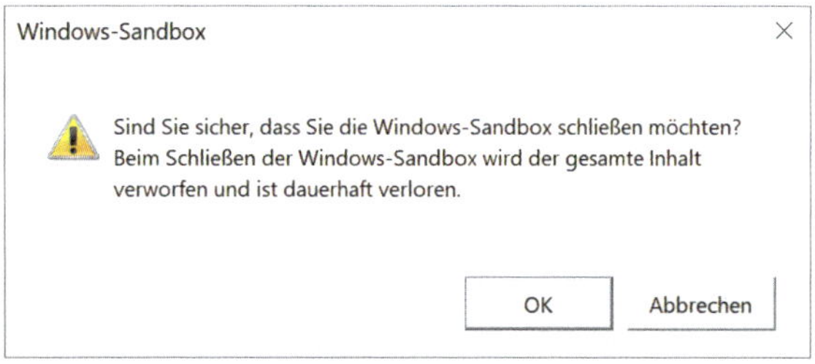

Sandbox startet nicht?

Die Windows-Sandbox startet nicht bzw. bricht den Start nach kurzer Wartezeit mit einer Fehlermeldung ab? Kein Grund zur Beunruhigung, denn Sie sind mit diesem Problem nicht allein. Viele Anwender waren unmittelbar nach dem Update von diesem Problem betroffen. Microsoft hat den Fehler eingeräumt und arbeitet an einem Update, das ihn beheben soll. Also einfach etwas Geduld haben und später erneut versuchen.

Die Windows-Sandbox konfigurieren

Es gibt keine Einstellungsmenüs für das Verhalten der Windows-Sandbox. Über spezielle Konfigurationsdateien kann man das Verhalten aber trotzdem steuern und so beispielsweise einen Ordner des Host-Windows als Laufwerk im Sandbox-Windows einbinden. So erspart man es sich, beispielsweise heruntergeladene Dateien immer erst manuell in die Sandbox einfügen zu müssen. Die Konfigurationsdatei muss man selbst manuell erstellen und sich dabei genau an die Vorgaben von Microsoft halten. Es muss sich um eine Textdatei handeln, die jeweils mit `<Configuration>` beginnt und mit `</Configuration>` endet. Dazwischen kann eine Reihe von Eigenschaften beschrieben werden, die jeweils in der Form `<Eigenschaft>Wert</Eigenschaft>` angegeben werden. Soll beispielsweise die Netzwerkfunktion des Sandbox-Windows deaktiviert werden, lautet die Anweisung:

```
<Networking>Disable</Networking>
```

Will man Ordner des realen Windows in die Sandbox-Umgebung einbinden, ist das noch etwas komplexer:

```
<MappedFolders>
   <MappedFolder>
     <HostFolder>C:\Users\Public\Downloads</HostFolder>
     <ReadOnly>true</ReadOnly>
   </MappedFolder>
</MappedFolders>
```

Will man mehrere Ordner einbinden, kann man zwischen **<MappedFolders>** und **</MappedFolders>** weitere **<MappedFolder>...</MappedFolder>**-Abschnitte anlegen (wichtig, dabei den Unterschied zwischen Folder und Folders zu beachten!).

Darüber hinaus kann man einen Befehl hinterlegen, der in der Sandbox automatisch beim Start ausgeführt wird, beispielsweise das Öffnen des Download-Ordners:

```
<LogonCommand>
     <Command>
  explorer.exe C:\users\WDAGUtility
     Account\Desktop\Downloads
  </Command>
  </LogonCommand>
```

Die so erstellte Datei muss mit der Endung *.wsb* gespeichert werden. Daran erkennt Windows, dass es sich um eine Konfigurationsdatei für die Sandbox handelt. Wenn Sie eine solche Datei per Doppelklick aufrufen, startet Windows die Sandbox und konfiguriert sie automatisch nach den darin enthaltenen Vorgaben.

```
<Configuration>
<VGpu>Disable</VGpu>
<Networking>Disable</Networking>
<MappedFolders>
   <MappedFolder>
     <HostFolder>C:\Users\Public\Downloads</HostFolder>
     <ReadOnly>true</ReadOnly>
   </MappedFolder>
</MappedFolders>
<LogonCommand>
   <Command>explorer.exe C:\users\WDAGUtilityAccount\Desktop\Downloads</Command>
</LogonCommand>
</Configuration>
```

3.6 Dateien verschlüsseln

Sensible persönliche Dokumente oder Geschäftsunterlagen sollten besonders geschützt werden. Dabei geht es darum, dass sie von anderen Benutzern desselben PCs eingesehen oder von Hackern ausgeschnüffelt werden könnten. Was wäre, wenn das Notebook/Tablet unterwegs abhandenkommt oder der PC bei einem Einbruch entwendet wird?

Dann ist nicht nur die Hardware futsch, sondern vertrauliche Informationen gelangen womöglich in falsche Hände, was häufig die schlimmere Folge ist. Denn die Windows-Benutzeranmeldung bietet den Dateien nur begrenzten Schutz (abgesehen davon, dass sie sich umgehen lässt, siehe Seite 102). Alle Benutzer desselben PCs mit ausreichend Zugriffsrechten können alle gespeicherten Dateien lesen. Und Datendiebe können direkt auf die Festplatte zugreifen, wo alle Dokumente standardmäßig ungeschützt liegen.

Windows bringt als Schutz davor verschiedene Möglichkeiten mit, Dateien vor unbefugten Augen und Zugriffen zu schützen:

- Mit der Verschlüsselung auf Ebene des Dateisystems können einzelne Dokumente oder auch ganze Ordner geschützt werden.
- Mit BitLocker lassen sich ganze Laufwerke verschlüsseln, sodass die Daten auf der Festplatte selbst bei einem Diebstahl sicher sind.
- BitLocker To Go erweitert diesen Schutz auf USB-Sticks und Speicherkarten. Auf diese kann dann nur noch zugreifen, wer das richtige Passwort kennt. So können auf diese bequeme und flexible Weise auch vertrauliche Daten weitergegeben werden.

Hinweis: Alle diese eingebauten Mechanismen stehen erst ab der Pro-Edition von Windows zur Verfügung. Nutzer der kleineren Windows-Editionen sollten auf Seite 134 weiterlesen, wie sie ihre Dokumente mit dem kostenlosen VeraCrypt schützen können.

Ausgewählte Dateien und Ordner schützen

Zu den Funktionen des von Windows verwendeten NTFS-Dateisystems gehört das Verschlüsseln einzelner Dateien oder auch ganzer Ordner samt Inhalt. Anwender können damit sensible Dokumente verschlüsseln, sodass diese nur noch nach Anmeldung mit demselben Benutzerkonto geöffnet werden können. Selbst Administratoren können sich zu solchen Dateien keinen Zugang verschaffen.

Wichtig ist dabei aber der Umgang mit dem als Zugangsschlüssel verwendeten Zertifikat. Sollte dieses verloren gehen, sind auch die verschlüsselten Daten ein für alle Mal weg.

Dateien und Ordner per EFS verschlüsseln

Das Verschlüsseln von Dateien und Ordnern ist sozusagen der leichteste Teil. Dazu bedarf es lediglich einer kleinen Einstellung in den Dateieigenschaften.

1. Wählen Sie den oder die Dateien bzw. Ordner im Explorer aus, die Sie verschlüsseln möchten.
2. Klicken Sie mit der rechten Maustaste auf die Auswahl, und wählen Sie im Kontextmenü ganz unten *Eigenschaften*.
3. Klicken Sie in den *Eigenschaften* auf der Registerkarte *Allgemein* unten rechts auf die Schaltfläche *Erweitert*.

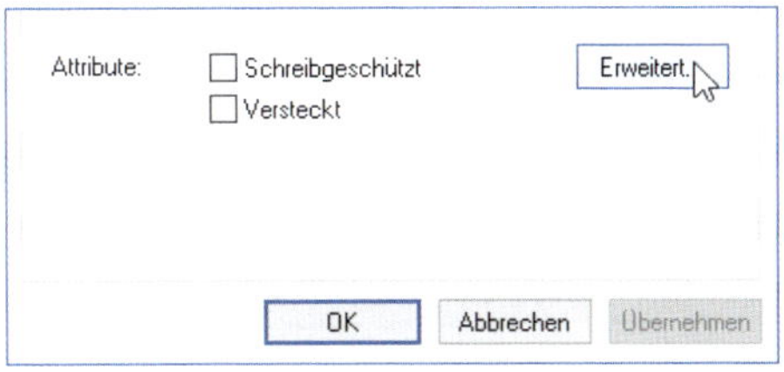

4. Aktivieren Sie im anschließenden Dialog *Erweiterte Attribute* ganz unten die Option *Inhalt verschlüsseln, um Daten zu schützen*. Klicken Sie dann auf *OK*.
5. Zurück in den *Eigenschaften* der Datei, klicken Sie erneut unten auf *OK*.

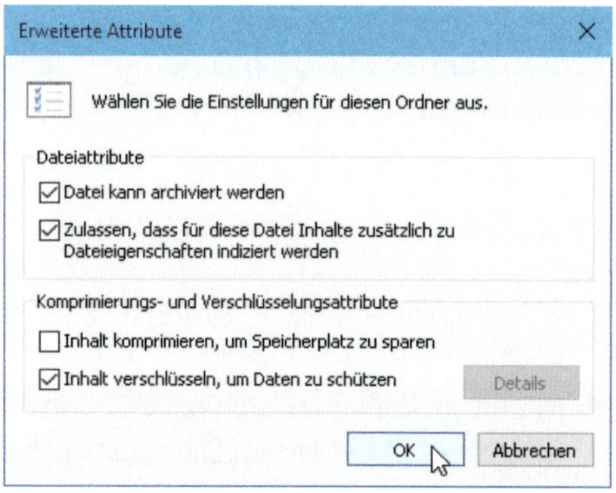

6. Windows zeigt dann eine Verschlüsselungswarnung an. Hier können Sie festlegen, ob Sie wirklich nur diese eine Datei oder auch den gesamten übergeordneten Ordner verschlüsseln möchten. Mit der Option *Immer nur die Datei verschlüsseln* können Sie solche Rückfragen für die Zukunft vermeiden.

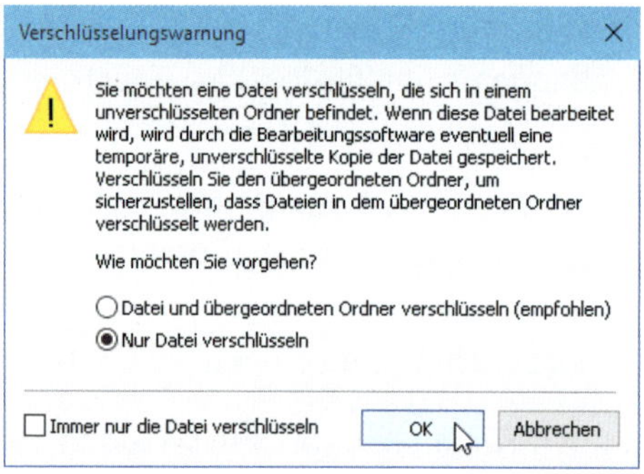

Damit ist das Verschlüsseln auch schon erledigt. Am Zugriff auf die Dateien und Ordner ändert sich dadurch nichts. Das gilt allerdings nur für Sie selbst. Andere Benutzer können so verschlüsselte Dateien nun nicht mehr öffnen, selbst wenn sie entsprechende Zugriffsberechtigungen dafür haben. Um die Verschlüsselung einer Datei später wieder aufzuheben, wiederholen Sie den Vorgang einfach und entfernen diesmal das Häkchen bei der Verschlüsselungsoption.

Grün ist die Farbe der Verschlüsselung

Wundern Sie sich nicht, wenn der Name einer verschlüsselten Datei auf einmal grün im Windows-Explorer aufgeführt wird. Damit signalisiert der Explorer eben diesen Verschlüsselungsstatus der Datei. So lässt sich auf den ersten Blick erkennen, welche Dateien verschlüsselt sind. Das ist wichtig, denn verschlüsselte Dateien lassen sich nicht ohne Weiteres weitergeben, z. B. per USB-Stick, DVD oder E-Mail. Sie können zwar auf einen anderen PC übertragen werden, lassen sich dort aber mangels Verschlüsselungszertifikat nicht öffnen.

Wichtig: EFS-Zertifikate sichern, um Datenverluste zu vermeiden

Windows verwendet für die Verschlüsselung ein Zertifikat, das an Ihr Benutzerkonto gebunden ist. Wenn Sie eine verschlüsselte Datei öffnen möchten, wird dieses Zertifikat abgefragt und der Inhalt damit entschlüsselt. Da nur Ihr Benutzerkonto über ein solches Zertifikat verfügt, können auch nur Sie die Datei öffnen. Allerdings ist damit ein Risiko verbunden.

Sollte Ihr Benutzerkonto z. B. durch einen Hardwaredefekt und eine damit verbundene Windows-Neuinstallation verloren gehen, ist auch kein Zugriff auf verschlüsselte Dateien mehr möglich. Zwar können Sie nach der Neuinstallation ein Benutzerkonto mit gleichem Namen und Kennwort erneut anlegen, aber es ist eben nicht dasselbe Konto und verfügt nicht über das erforderliche Zertifikat.

Deshalb empfiehlt es sich, das Zertifikat auf einem externen Speicher zu sichern, um es in solchen Fällen einspielen zu können und um den Zugriff auf verschlüsselte Dokumente wieder zu ermöglichen.

1. Wenn Sie erstmals eine Datei oder einen Ordner verschlüsseln, wird Ihr persönliches Zertifikat automatisch erstellt, und das Info-Center bietet Ihnen an, dieses zu sichern. Klicken Sie dazu auf den Hinweis.

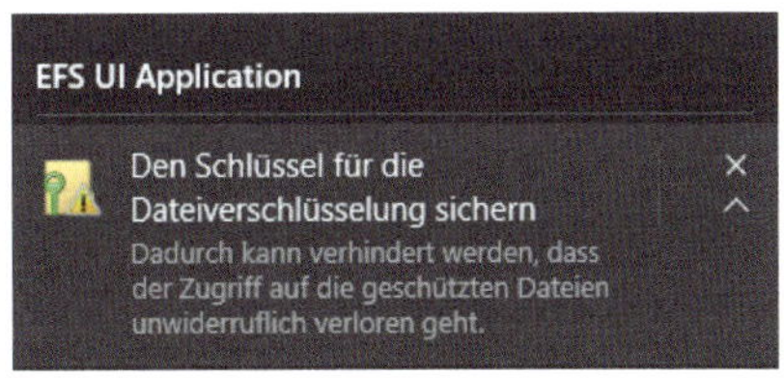

   Sollten Sie den Moment verpasst haben, öffnen Sie, wie oben beschrieben, die *Eigenschaften* einer bereits verschlüsselten Datei, klicken dort auf *Erweitert* und dann auf *Details*. Wählen Sie anschließend in der Liste oben Ihr Benutzerkonto aus, und klicken Sie auf *Schlüssel sichern*.
2. Damit starten Sie einen Assistenten, der Sie durch die notwendigen Schritte führt. Klicken Sie zunächst zweimal auf *Weiter*, um zu den wesentlichen Schritten zu gelangen.
3. Aktivieren Sie die Option *Kennwort*, und geben Sie dann ein sicheres Passwort ein, mit dem das Zertifikat geschützt werden soll. Selbstverständlich dürfen Sie dieses Kennwort keinesfalls vergessen, da Sie es im Falle eines Falles benötigen, um das Zertifikat wieder einzuspielen.

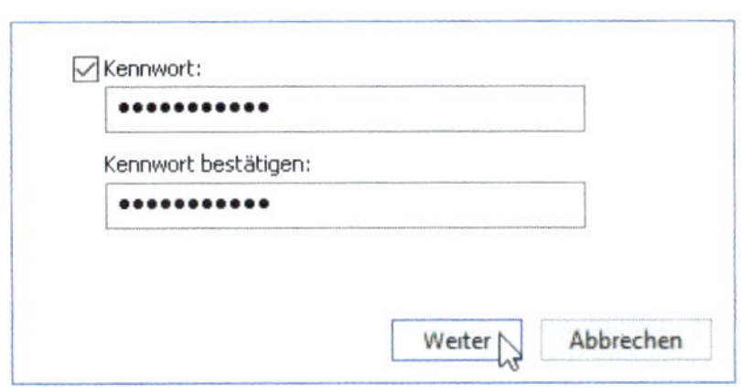

4. Wählen Sie dann Laufwerk, Pfad und Dateiname aus, unter denen Sie das Zertifikat speichern wollen. Hier bietet sich insbesondere ein externes Speichermedium wie ein USB-Stick an. Auch das Brennen auf eine CD oder DVD ist empfehlenswert. Das Speichern auf dem PC selbst bietet nur geringen Schutz, da die Datei z. B. bei einem Hardwaredefekt eventuell ebenfalls beschädigt wird.
5. Schließlich fasst der Assistent nochmals alle Einstellungen zusammen. Klicken Sie hier auf *Fertig stellen*, um die Sicherungsdatei mit dem Zertifikat zu erstellen.

Dieses Sichern des Zertifikats brauchen Sie nur einmalig nach dem ersten Verschlüsseln vorzunehmen. Anschließend verwendet Windows automatisch immer wieder dasselbe Zertifikat, von dem Sie nun ja bereits eine Sicherung haben.

> **Zertifikate auch später noch sichern**
>
> Sollten Sie den Zeitpunkt zum Sichern Ihres Zertifikats verpasst haben, können Sie dies auch später noch nachholen. Klicken Sie einfach auf das Symbol im Infobereich. Das bringt Sie in die Einstellungen Ihres Benutzerkontos. Klicken Sie darin links im Aufgabenbereich auf *Dateiverschlüsselungszertifikate verwalten*. Hier können Sie unter anderem das Zertifikat sichern.

Gesicherte Zertifikate wiederherstellen

Sollten Sie in die Verlegenheit kommen, nicht mehr auf verschlüsselte Dokumente zugreifen zu können, ist eine zuvor erstellte Sicherungskopie Ihres Zertifikats Ihre Rettung. Diese können Sie mit einem Assistenten einspielen und sich so wieder Zugang verschaffen.

1. Verbinden Sie das Speichermedium, auf dem Sie die Sicherungskopie abgelegt haben, mit Ihrem PC. Lokalisieren Sie darauf die Datei mit dem Zertifikat, und öffnen Sie sie per Doppelklick.
2. Damit starten Sie einen Assistenten, in dem Sie nach einem Klick auf *Weiter* zunächst die Option *Aktueller Benutzer* wählen.
3. Bestätigen Sie dann die ausgewählte Datei mit den Schlüsselinformationen.
4. Mit einem erneuten Klick auf *Weiter* gelangen Sie zur Kennworteingabe. Tippen Sie hier das beim Sichern festgelegte Passwort ein, und klicken Sie wiederum auf *Weiter*.

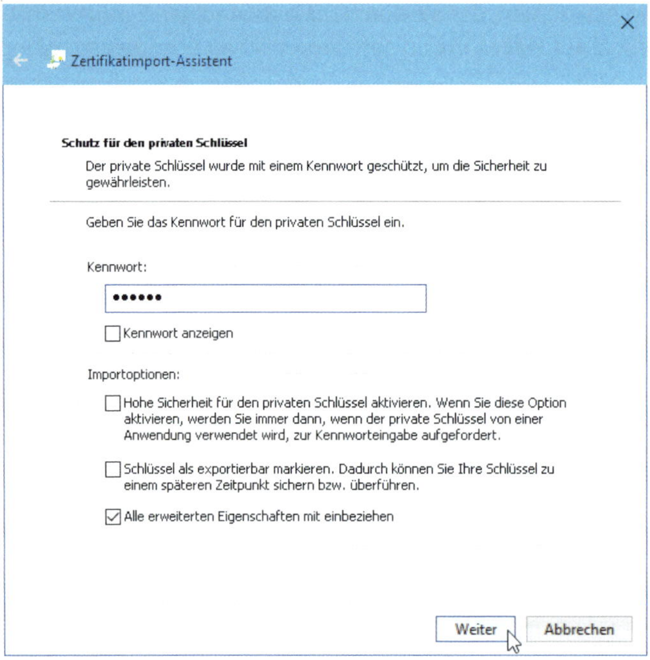

5. Belassen Sie es im nächsten Schritt bei der Einstellung *Zertifikatspeicher automatisch auswählen*, und gehen Sie mit *Weiter* zum letzten Schritt.
6. Klicken Sie hier auf *Fertig stellen*, um das Zertifikat zu importieren. Anschließend sollte der Zugriff auf die geschützten Dokumente dauerhaft wieder möglich sein.

Komplette Laufwerke verschlüsseln

Mit dem in Windows ab der Pro-Edition eingebauten BitLocker lassen sich komplette Laufwerke so verschlüsseln, dass sie nur durch berechtigte Benutzer verwendet werden können. Das ist insbesondere für mobile Computer wie Notebooks und Tablet-PCs sinnvoll, denn so bleiben die Daten auch im Fall eines Verlusts oder Diebstahls sicher und vertraulich.

Selbstverständlich können aber auch Benutzer von Desktop-PCs mit entsprechendem Sicherheitsbedürfnis diese Funktion nutzen. So lässt sich sicherstellen, dass vertrauliche Daten z. B. nur nach dem Einstecken eines bestimmten USB-Sticks zugänglich sind. Standardmäßig ist BitLocker an einen im System vorhandenen TPM-Kryptochip geknüpft. Anstelle eines fest verdrahteten Chips kann aber auch ein handelsüblicher USB-Stick als Autorisierung für den Zugriff verwendet werden.

Verschlüsselung mit Vorsicht genießen

Bevor Sie Ihr Windows-Laufwerk und wichtige Daten per BitLocker verschlüsseln, sollten Sie sich über eventuelle Nebenwirkungen im Klaren sein. Die Verschlüsselung ist sehr sicher, und laut Microsoft soll es auch keine Hintertüren darin geben, durch die sie leicht ausgehebelt werden kann.

Wenn Sie den Schlüssel z. B. auf einem USB-Stick speichern, darf dieser also keinesfalls verloren gehen. Auch ein Defekt wäre das Aus für den Datenzugriff. Von wichtigen Daten sollten Sie deshalb vor der Verschlüsselung unbedingt Sicherheitskopien machen und diese an einem sicheren Ort hinterlegen. Nutzen Sie außerdem die Möglichkeiten, Sicherheitskopien des Schlüssels anzulegen und mit einem Ersatzstick zu arbeiten (siehe folgenden Abschnitt).

So schützt BitLocker Ihre Daten

Im Gegensatz zur EFS-Dateiverschlüsselung verschlüsselt BitLocker immer gleich komplette Laufwerke. Es werden also nicht nur einzelne Ordner oder Dokumente geschützt, sondern das komplette Laufwerk einschließlich installierter Anwendungen und des Betriebssystems selbst.

Als Schlüssel kann ein eingebauter TPM-Chip dienen, der zusätzlich durch eine PIN-Eingabe bei jedem Start abgesichert ist. Alternativ startet Windows nur beim Vorhandensein eines bestimmten USB-Sticks.

Dadurch ergeben sich verschiedene Sicherheitsstufen:

- **Schutz durch einen TPM-Chip ohne PIN**
  Diese Variante ist die komfortabelste, da Sie beim Rechnerstart keine weiteren Schritte zu unternehmen brauchen. Allerdings ist der Schutz eingeschränkt, da es reicht, Zugriff auf den Rechner zu haben, um das System zu starten. Diese Variante schützt z. B. davor, dass die Festplatte aus einem PC entfernt und in einen anderen eingebaut wird und die Daten dort ausgelesen werden. Wird allerdings der komplette Rechner entwendet (z. B. ein Notebook), bietet diese Variante keinen Schutz.
- **Schutz durch einen TPM-Chip mit PIN**
  Durch das Eingeben einer PIN bei jedem Einschalten des PCs wird der Rechner effektiv vor Datendiebstahl gesichert. Wer die PIN nicht kennt, kann zwar in den Besitz des Gerätes gelangen, er kann aber nicht auf die enthaltenen Daten zugreifen (und auch nicht das installierte Windows starten).
- **Schutz durch einen USB-Schlüssel**
  Bei dieser Variante gelingt der Zugriff nur, wenn ein bestimmter USB-Stick beim Start angeschlossen ist. Auch das schützt effektiv vor Datendiebstahl, allerdings nur, wenn der USB-Stick getrennt vom PC aufbewahrt wird. Liegt er z. B. mit in der Notebook-Tasche, stellt er für einen kompetenten Dieb kein Hindernis dar.

BitLocker mit USB-Stick anstatt TPM-Chip

Standardmäßig erfordert BitLocker das Vorhandensein eines TPM-Chips in der PC-Hardware. Aber man kann über Gruppenrichtlinien einstellen, dass BitLocker auch mit einem USB-Stick anstelle des TPM-Chips zusammenarbeiten soll.

1. Wenn Sie in der klassischen Systemsteuerung im Modul *BitLocker-Laufwerkverschlüsselung* mit *BitLocker aktivieren* den Dienst starten und kein TPM-Chip in Ihrem PC installiert ist, beschwert sich das Programm direkt und verweigert die weitere Arbeit.

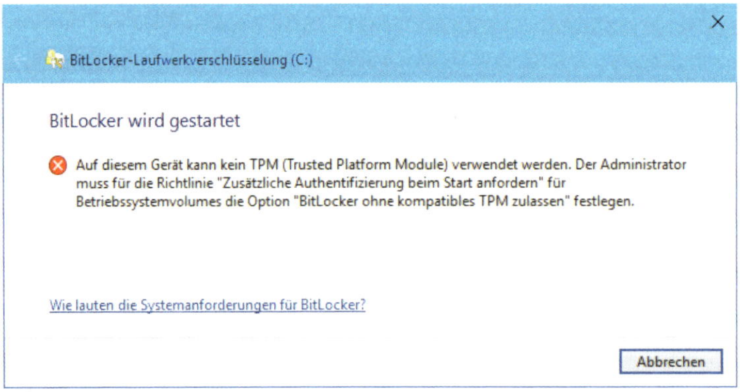

2. Öffnen Sie in diesem Fall das Startmenü, und tippen Sie in das Suchfeld *gpedit.msc* ein. Bestätigen Sie mit [↵].

3. Damit starten Sie den Gruppenrichtlinien-Editor, in dem Sie mit der Navigationsleiste links die Kategorie *Computerkonfiguration/Administrative Vorlagen/Windows-Komponenten/BitLocker-Laufwerkverschlüsselung/Betriebssystemlaufwerke* auswählen.
4. Rechts werden nun die Einstellungen für diesen Bereich angezeigt. Lokalisieren Sie hier die Option *Zusätzliche Authentifizierung beim Start anfordern*, und doppelklicken Sie darauf.
5. Wählen Sie im Einstellungsdialog oben die Option *Aktiviert*, und klicken Sie unten auf *OK*.

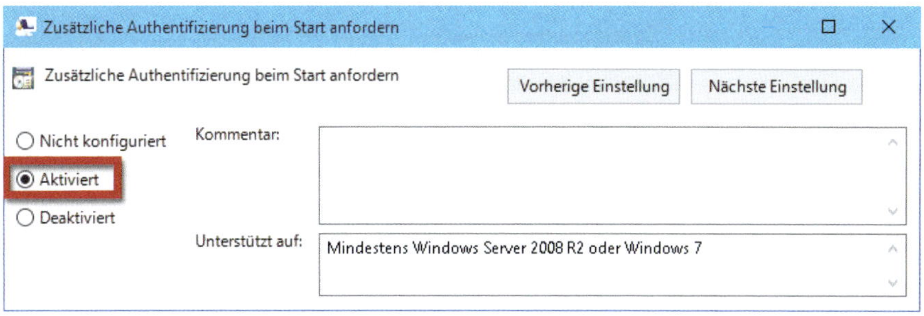

6. Schließen Sie den Gruppenrichtlinien-Editor. Wenn Sie BitLocker nun erneut starten, sollte der Warnhinweis bezüglich des fehlenden TPM-Chips verschwunden sein. Eventuell müssen Sie Windows zwischenzeitlich einmal neu starten.

Ein Laufwerk mit BitLocker verschlüsseln

Um ein Laufwerk mit BitLocker zu sichern, muss es einmalig komplett verschlüsselt werden. Bei allen weiteren Zugriffen erledigt Windows die Ver- und Entschlüsselung dann im Hintergrund in Echtzeit.

Die initiale Verschlüsselung kann hingegen je nach Umfang und Füllstand des Laufwerks bis zu einigen Stunden dauern. Der PC kann in dieser Zeit aber weitergenutzt werden, wenn auch eventuell mit einigen Einschränkungen hinsichtlich der Performance.

Sie können die Verschlüsselung notfalls aber auch unterbrechen und später damit fortfahren. Ebenso können Sie Windows herunterfahren und den PC ausschalten. Die Verschlüsselung wird dann beim nächsten Start automatisch fortgesetzt.

1. Rufen Sie in der Systemsteuerung das Modul *BitLocker-Laufwerkverschlüsselung* auf.

2. Im folgenden Dialog sehen Sie zunächst eine Übersicht über die Laufwerke. Diejenigen, die mit einem Link *BitLocker aktivieren* versehen sind, können mit BitLocker verschlüsselt werden. Alle anderen kommen dafür nicht in Betracht, z. B. weil es sich dabei um FAT32-Laufwerke handelt. Wählen Sie also das Systemlaufwerk Ihrer Windows-In-

stallation aus, und klicken Sie in diesem Feld auf *BitLocker aktivieren*. Damit starten Sie einen Assistenten, der Sie durch die weiteren Schritte führt.

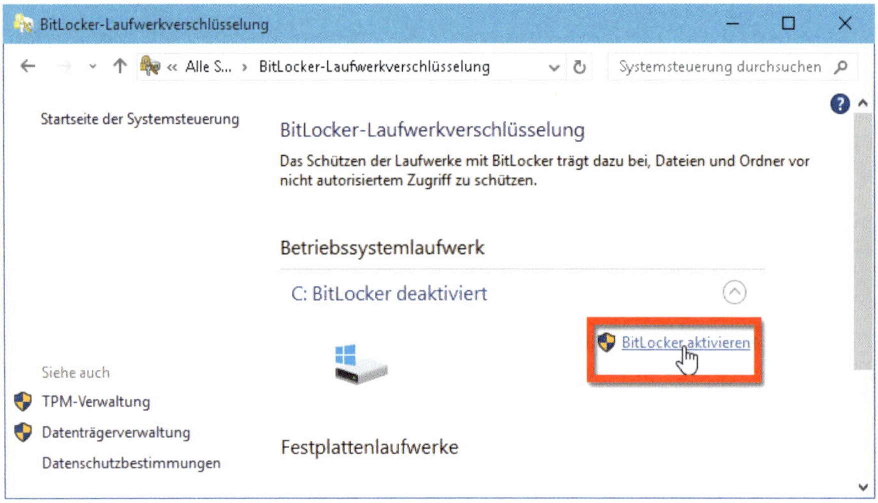

3. Bestätigen Sie die ersten Schritte mit *Weiter*, und wählen Sie dann aus, ob Sie einen TPM-Chip, einen USB-Stick oder ein Kennwort als Schlüssel für BitLocker verwenden möchten. Ist kein TPM-Chip eingebaut, steht diese Variante allerdings ohnehin nicht zur Auswahl. Haben Sie einen TPM-Chip, können Sie sich zwischen der Verwendung ohne PIN und mit PIN entscheiden.

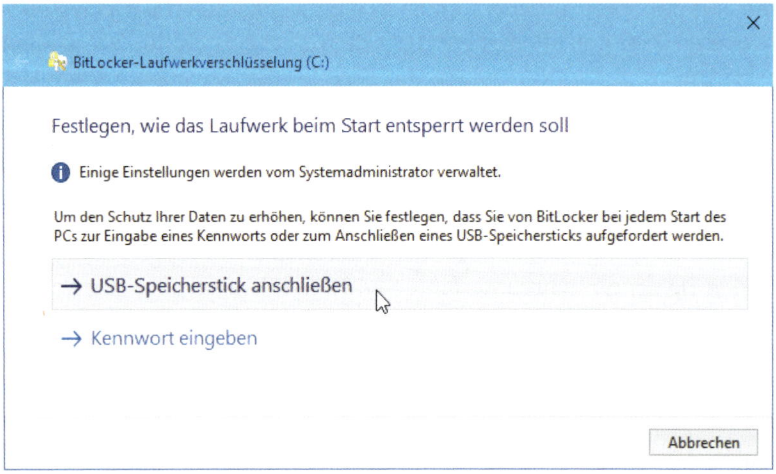

4. Bei Verwendung eines USB-Sticks wählen Sie im nächsten Schritt das Wechsellaufwerk aus, das Sie für diesen Zweck benutzen möchten. Am besten stecken Sie dazu nur den einen USB-Stick ein, der verwendet werden soll, um Verwechslungen zu vermeiden.

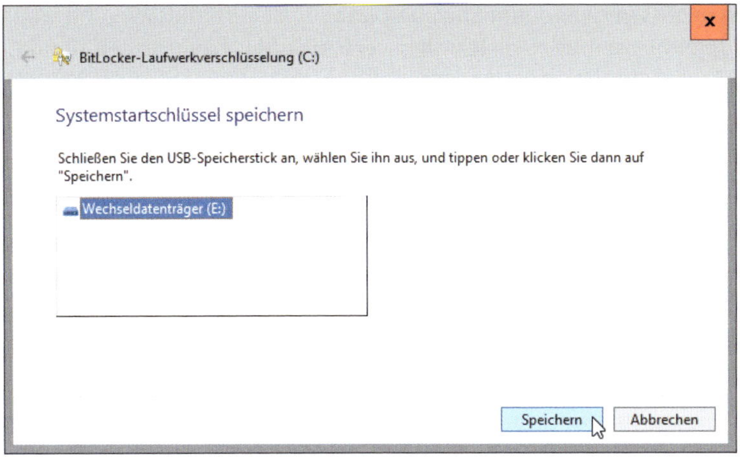

5. Der Assistent erstellt dann einen Wiederherstellungsschlüssel. Mit diesem Schlüssel können Sie den Zugang zu Ihren Daten retten, falls BitLocker Sie am Zugriff hindern sollte (z. B. weil der USB-Stick mit dem Zugangscode defekt oder verloren gegangen ist). Sie können sich den Schlüssel anzeigen lassen und notieren. Alternativ können Sie ihn auch ausdrucken oder in einer Datei speichern. Diese Speicherung darf allerdings keinesfalls auf dem zu verschlüsselnden Laufwerk erfolgen, weil Sie darauf ja im Zweifelsfall keinen Zugriff haben. Nutzen Sie stattdessen beispielsweise einen USB-Stick, oder drucken Sie den Schlüssel für die sichere Verwahrung aus. Am besten verwenden Sie mehrere oder auch alle Möglichkeiten gleichzeitig und verwahren die so entstandenen Kopien des Schlüssels an einem sicheren Ort.

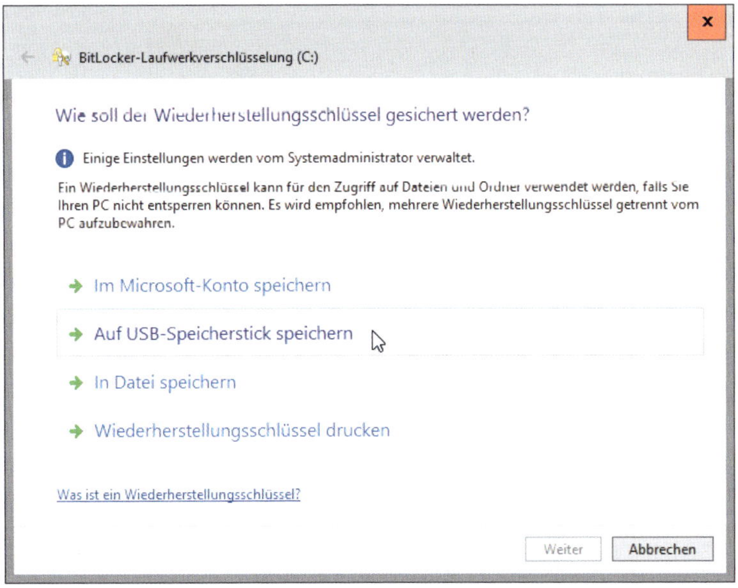

6. Ob Sie nur den bereits verwendeten Speicherplatz sofort verschlüsseln und weiteren später verschlüsseln lassen oder gleich alles verschlüsseln, bleibt Ihnen überlassen. Letzteres ist bei einem bereits genutzten PC sicherer, dauert aber auch länger.

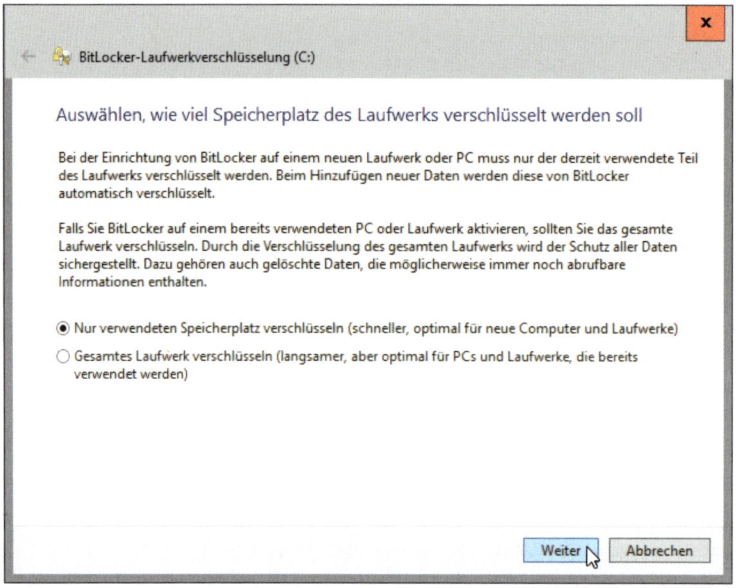

7. Dann kann das eigentliche Verschlüsseln des Laufwerks beginnen. Klicken Sie dazu unten auf die *Weiter*-Schaltfläche. Sollte ein Neustart erforderlich sein, führen Sie ihn durch.

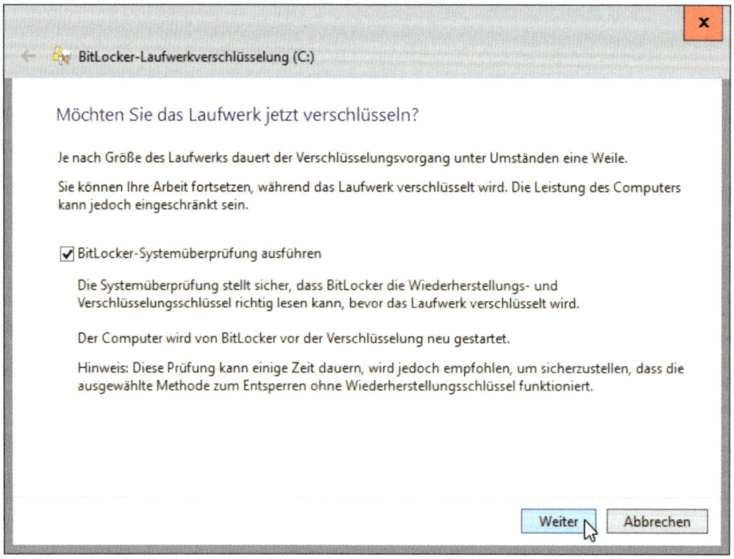

Den PC während des Verschlüsselungsvorgangs nutzen

Die Verschlüsselung eines ganzen Laufwerks kann einige Stunden in Anspruch nehmen. Während der Verschlüsselung des Laufwerks können Sie den PC uneingeschränkt weiterverwenden, allerdings wirkt sich die laufende Verschlüsselung schon spürbar auf die Performance aus. Wenn Sie können, sollten Sie den Rechner deshalb in dieser Zeit also einfach sich selbst überlassen, dann geht es am schnellsten.

Sie können den PC übrigens auch ausschalten. Die Verschlüsselungsfunktion bemerkt das und richtet sich danach. Beim nächsten Start setzt sie ihre Tätigkeit also automatisch fort, bis die Verschlüsselung vollständig ist.

1. Solange die Verschlüsselung des Laufwerks läuft, finden Sie unten rechts im Infobereich ein Symbol dafür vor.
2. Mit einem Doppelklick darauf öffnen Sie einen Dialog mit den Statusinformationen zum Verschlüsselungsvorgang.
3. Hier können Sie ablesen, wie weit die Verschlüsselung bereits fortgeschritten ist.

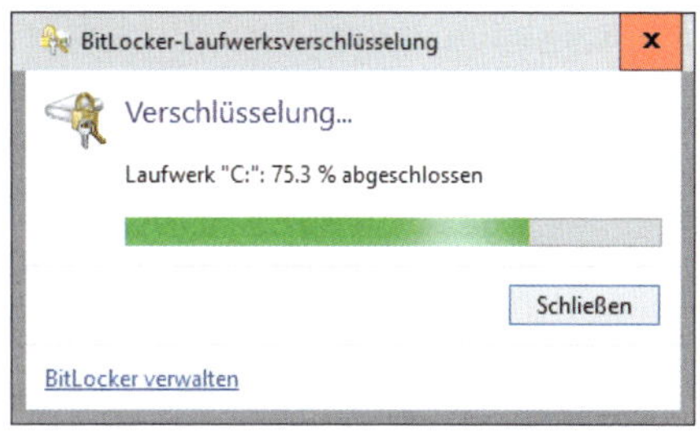

4. Ist die Verschlüsselung vollständig, wird das Symbol automatisch aus dem Infobereich ausgeblendet. Zusätzlich erhalten Sie einen deutlichen Hinweis. Ab sofort können Sie Ihren PC wieder uneingeschränkt nutzen, und Ihre Daten sind vor Diebstahl geschützt.

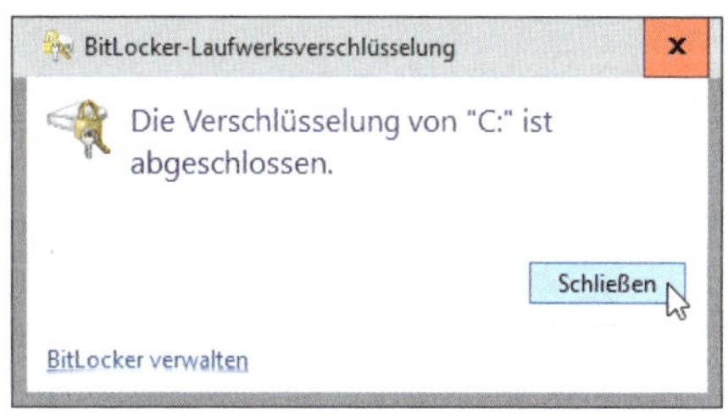

Windows von einem verschlüsselten Laufwerk starten

Im Prinzip können Sie mit Windows von einem verschlüsselten Laufwerk ganz genauso wie sonst auch arbeiten. Das Betriebssystem erledigt das Ver- und Entschlüsseln unmerklich im Hintergrund in Echtzeit. Nur der Start unterscheidet sich, da jeweils beim ersten Zugriff auf das Laufwerk die Berechtigung überprüft werden muss. Dies kann je nach Konfiguration durch das Abfragen des TPM-Moduls im PC, durch den Zugriff auf den präparierten USB-Stick oder durch Eintippen eines festgelegten Kennworts erfolgen. Dafür ist die Start-PIN vorgesehen. Haben Sie diese vor dem Verschlüsseln des Laufwerks auf einem USB-Stick gespeichert, muss dieser Stick eingestöpselt werden. Verfügt Ihr PC über einen TPM-Chip, müssen Sie je nach Einstellung eine PIN eingeben, oder es wird einfach nur das Vorhandensein des Chips überprüft.

1. Haben Sie z. B. ein BitLocker-Kennwort für den Start festgelegt, wird dieses nach dem Einschalten des PCs abgefragt. Tippen Sie die Zeichen einfach ein, und drücken Sie dann [↵].

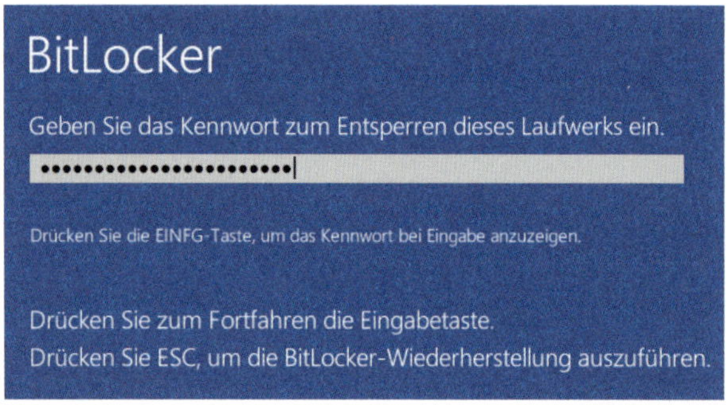

2. Sollten Sie eine BitLocker-Wiederherstellung durchführen müssen, weil das Kennwort falsch ist oder das System einen präparierten USB-Stick nicht erkennt, drücken Sie stattdessen [Esc].
3. Nun kommt der große Auftritt des Wiederherstellungsschlüssels, den Sie während des Einrichtens der Verschlüsselung aufgeschrieben, ausgedruckt oder anderweitig hinterlegt haben, sodass er jetzt greifbar ist.
4. Geben Sie die acht Zahlenblöcke Ihres Wiederherstellungsschlüssels ein. Dafür verwenden Sie die Zifferntasten oder die Funktionstasten [F1] bis [F10], die für die Ziffern 1 bis 9 sowie 0 stehen.

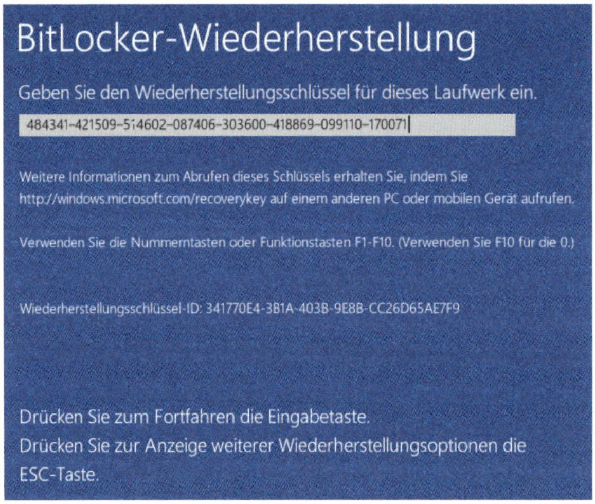

5. Drücken Sie schließlich [↵], wenn alles fertig eingegeben ist. Nun wird der Startvorgang regulär fortgesetzt.

Die Verschlüsselung eines Laufwerks wieder aufheben

Selbstverständlich können Sie die Verschlüsselung eines Laufwerks auch wieder rückgängig machen, um dieses ohne USB-Stick, Start-PIN und sonstige Umstände nutzen zu können.

1. Öffnen Sie dazu erneut das Modul *BitLocker-Laufwerkverschlüsselung* in der Systemsteuerung. Hier finden Sie für jedes BitLocker-geschützte Laufwerk eine Reihe von Optionen. So können Sie hier z. B. auch das BitLocker-Kennwort ändern.
2. Mit einem Klick auf *BitLocker deaktivieren* entfernen Sie die Verschlüsselung von diesem Laufwerk.

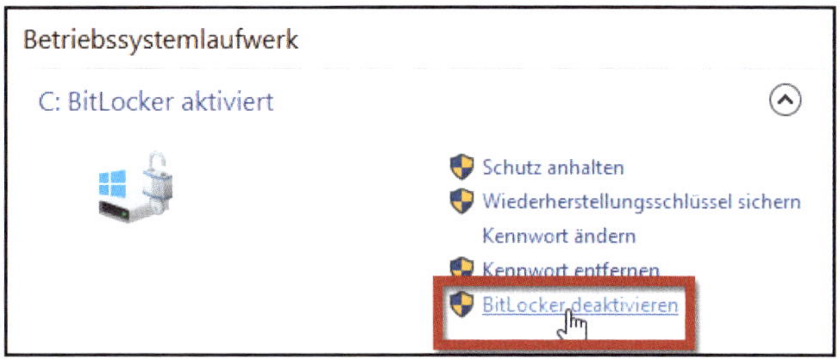

3. Bestätigen Sie dann das Zurücknehmen der Laufwerkverschlüsselung, indem Sie auf die Schaltfläche *BitLocker deaktivieren* klicken.

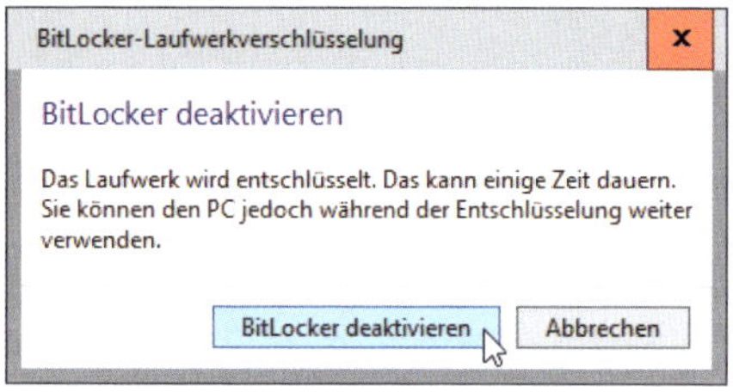

4. Das Entschlüsseln dauert erneut etwa so lange wie das ursprüngliche Verschlüsseln. Sie können aber auch diesmal den PC zwischendurch abschalten und das Entschlüsseln ein anderes Mal fortsetzen lassen. Aber erst wenn die Verschlüsselung vollständig entfernt ist, können Sie Windows wieder ohne Systemstartschlüssel starten.

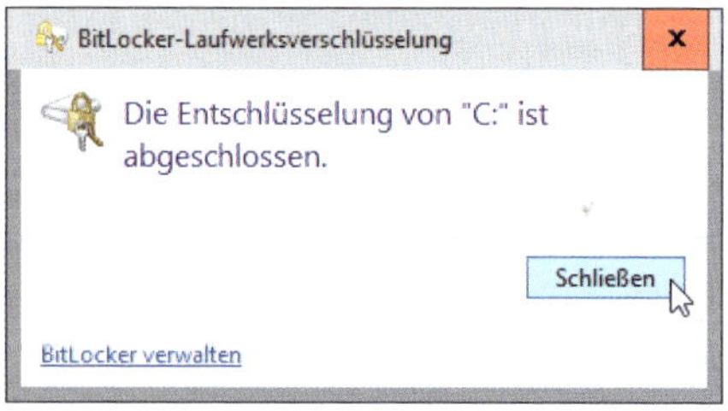

BitLocker-Schutz anhalten

Den BitLocker-Schutz mit *Schutz anhalten* vorübergehend zu deaktivieren, empfiehlt sich, wenn Sie z. B. ein BIOS-Update vornehmen oder die Startdateien des PCs reparieren wollen oder müssen. BitLocker ist dann vorübergehend deaktiviert, damit Sie auf die erforderlichen Dateien zugreifen können. Anschließend können Sie den Schutz wieder reaktivieren.

Diese Variante ist in den genannten Fällen einfacher und schneller, als die Verschlüsselung erst vollständig zu entfernen, um sie später erneut durchzuführen.

Daten auf USB-Sticks und Speicherkarten schützen

BitLocker kann nicht nur Ihre eingebauten Festplattenlaufwerke schützen, sondern auch Wechselspeichermedien wie USB-Sticks und Speicherkarten. Auch diese lassen sich verschlüsseln, sodass der Zugriff nur nach dem Eingeben des dazugehörigen Passworts erlaubt wird. Dabei ist es nicht notwendig, auf »fremden« PCs spezielle Software zu installieren. Zumindest für andere Windows-PCs bringen die verschlüsselten Mobilspeicher alles Notwendige selbst mit.

Wechselmedien durch Verschlüsselung schützen

Um ein Speichermedium zu schützen, müssen Sie es einmalig verschlüsseln. Dabei spielt es keine Rolle, ob zu diesem Zeitpunkt bereits Daten auf dem Speicher sind. Diese werden mit verschlüsselt und können dann sicher genutzt werden.

1. Schließen Sie zunächst das Speichermedium, das Sie mit BitLocker schützen möchten, an den PC an.
2. Öffnen Sie dann in der Systemsteuerung das Modul *BitLocker-Laufwerkverschlüsselung*.

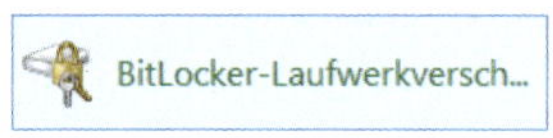

3. Hier werden in der Liste unter *Wechseldatenträger - BitLocker To Go* alle Wechselspeichermedien wie USB-Sticks oder Speicherkarten angezeigt, die gerade mit dem PC verbunden sind. Wählen Sie das Gerät aus, das Sie verschlüsseln möchten, und klicken Sie dort rechts auf *BitLocker aktivieren*. Warten Sie dann kurz, während BitLocker das Speichermedium initialisiert.

4. Wählen Sie nun, wie das Laufwerk vor der Verwendung jeweils entschlüsselt werden soll.

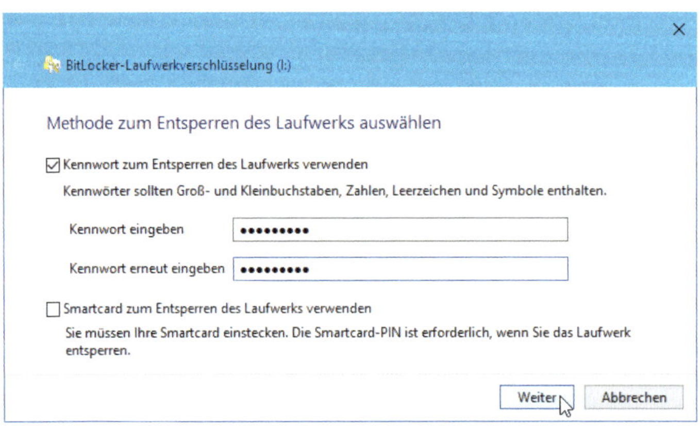

Steht Ihnen eine Smartcard nebst einem entsprechenden Lesegerät zur Verfügung, ist dies die komfortabelste Methode. Das Speichermedium kann dann an anderen PCs ohne diese Smartcard allerdings nicht genutzt werden. Mit *Kennwort zum Entsperren des Laufwerks verwenden* sind Sie deshalb flexibler. Das Kennwort muss mindestens acht Zeichen umfassen, sonst wird es nicht akzeptiert.

5. Anschließend bietet BitLocker Ihnen an, einen Wiederherstellungsschlüssel auszudrucken, in einer Datei zu speichern oder in Ihrem Microsoft-Konto abzulegen. Mit diesem können Sie Zugang zu den verschlüsselten Daten erlangen, sollten Sie das gewählte Kennwort mal vergessen. Bewahren Sie den Wiederherstellungsschlüssel so oder so an einem sicheren Ort auf – allerdings keinesfalls auf dem verschlüsselten Speichermedium selbst, denn dort nützt es Ihnen gar nichts. Erst wenn Sie eine der Varianten gewählt haben, können Sie unten auf *Weiter* klicken.
6. Aktivieren Sie im nächsten Schritt am besten die Option *Gesamtes Laufwerk verschlüsseln*, da der etwas höhere Zeitaufwand dafür bei Wechselspeichern in der Regel nicht so ins Gewicht fällt.

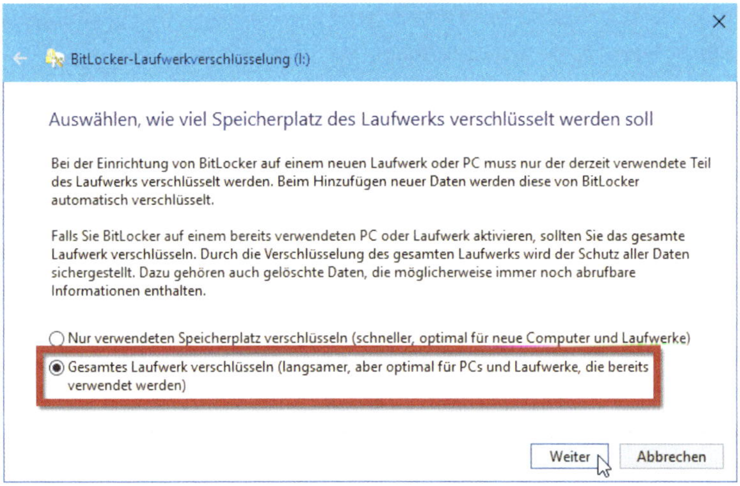

7. Klicken Sie dann unten rechts auf *Verschlüsselung starten*. BitLocker verschlüsselt nun das Laufwerk. Sie sollten das Speichermedium während dieses Vorgangs nicht entfernen. Sollte es unbedingt erforderlich sein, können Sie den Vorgang anhalten, dann den Speicher entfernen und das Ganze später fortsetzen.

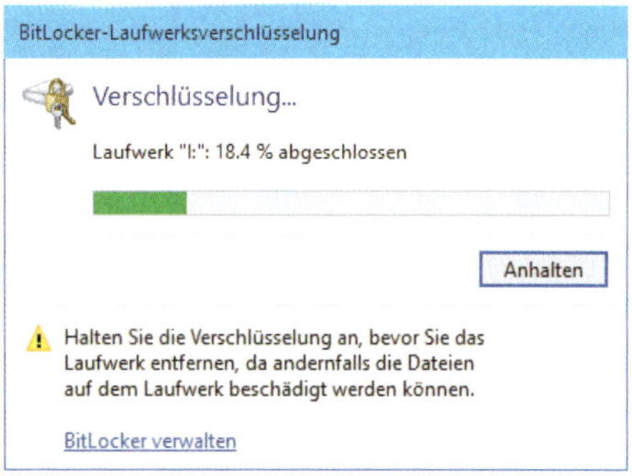

8. Ist das Verschlüsseln vollständig durchgeführt, erhalten Sie eine Erfolgsmeldung. Sie können das Speichermedium nun sicher nutzen.

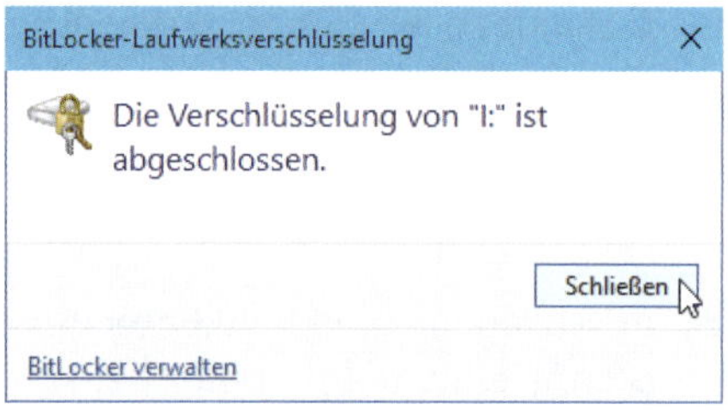

BitLocker-geschützte Speichermedien benutzen

Ein mit BitLocker genutztes Speichermedium können Sie prinzipiell wie sonst auch verwenden. Einziger Unterschied: Jedes Mal, wenn Sie das Speichermedium mit dem PC verbinden, müssen Sie nun das Kennwort eingeben (oder die entsprechende Smartcard muss vorliegen).

In der Praxis blendet Windows beim Einstecken des Speichermediums automatisch einen Hinweis ein, der Ihnen sagt, dass dieses Medium BitLocker-geschützt ist. Klicken Sie darauf, um den Zugang zu autorisieren. Alternativ finden Sie im Kontextmenü eines so geschützten Datenträgers den Befehl *Laufwerk entsperren*.

Wird die Passwortabfrage angezeigt, tippen Sie einfach das festgelegte Kennwort ein und drücken ⏎. Anschließend können Sie das Speichermedium und die darauf gespeicherten Daten wie gewohnt benutzen.

Passwort vergessen?

Sollten Sie das Kennwort für ein BitLocker-geschütztes Speichermedium einmal vergessen haben, können Sie **nur** über den Wiederherstellungsschlüssel an Ihre Daten kommen. Klicken Sie in diesem Fall im Kennwortfenster auf den Link *Weitere Optionen* und dann auf *Wiederherstellungsschlüssel eingeben*. Dann können Sie den Wiederherstellungsschlüssel angeben und so Zugriff auf die Daten erhalten.

Speichersticks beim Einstecken automatisch entschlüsseln

Wenn Sie ein Speichermedium regelmäßig z. B. an Ihrem eigenen PC benutzen, ist das ständige Eingeben des Kennworts vielleicht zu nervig. In solchen Fällen können Sie festlegen, dass der Speicherstick beim Einstecken in diesen PC automatisch angemeldet wird, ohne dass Sie aktiv werden müssen. So viel Komfort wird aber mit weniger Sicherheit erkauft. Das System prüft schließlich nicht, wer den Speicherstick einsteckt. Er kann also auch von Dritten verwendet werden, die Zugang zu Ihrem PC haben.

1. Um ein Speichermedium in Zukunft automatisch anmelden zu lassen, tippen Sie bei der nächsten Anmeldung noch einmal Ihr Kennwort ein.
2. Vor dem Druck auf ↵ klicken Sie dann aber auf *Weitere Optionen* und setzen ein Häkchen bei der Option *Auf diesem PC automatisch entsperren.*
3. Klicken Sie dann unten auf *Entsperren*. In Zukunft wird dieses Speichermedium auf diesem PC automatisch entsperrt. Bei anderen PCs muss aber nach wie vor das Kennwort eingegeben werden.

Den BitLocker-Schutz von Speichermedien wieder entfernen

Sollten Sie den BitLocker-Schutz nicht mehr benötigen, können Sie ihn jederzeit wieder entfernen. Dabei brauchen Sie sich auch keine Sorgen über die auf dem Speicher abgelegten Daten zu machen. Diese werden mit entschlüsselt und stehen anschließend wieder unverschlüsselt zur Verfügung.

1. Schließen Sie das Speichermedium an den PC an, und entsperren Sie es mit dem Kennwort.
2. Öffnen Sie dann in der Systemsteuerung das Modul *BitLocker-Laufwerkverschlüsselung*.
3. Wählen Sie in der Liste unter *Wechseldatenträger - BitLocker To Go* das verschlüsselte Laufwerk aus, und klicken Sie in dessen Aktionsliste auf *BitLocker deaktivieren*.

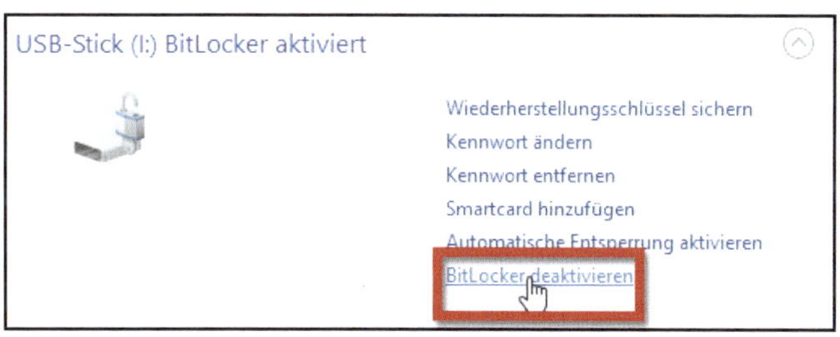

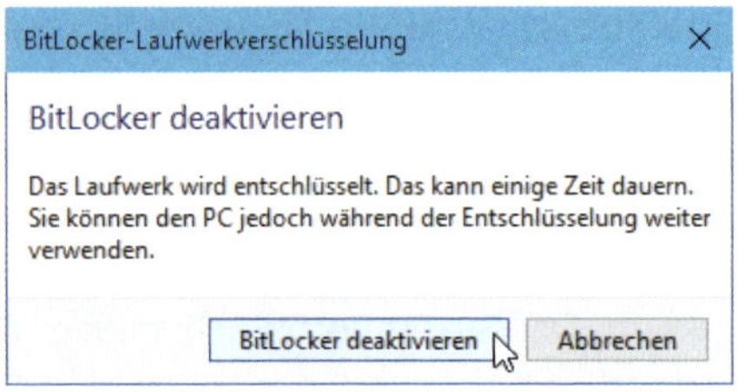

4. Bestätigen Sie den Vorgang im anschließenden Dialog mit einem Klick auf *BitLocker deaktivieren*.
5. Windows entfernt dann die BitLocker-Verschlüsselung von dem Laufwerk. Dies kann je nach Größe des Speichers ein wenig dauern. Sie sollten das Speichermedium während dieses Vorgangs nicht entfernen. Sollte es unbedingt erforderlich sein, können Sie den Vorgang anhalten, dann den Speicher entfernen und das Ganze später fortsetzen.
6. Ist das Entfernen der Verschlüsselung abgeschlossen, erhalten Sie eine Erfolgsmeldung. Sie können das Speichermedium nun wieder ganz regulär verwenden.

VeraCrypt: kostenlose und sichere Alternative

BitLocker ist leider nur in den teureren Windows-Editionen ab der Pro-Version verfügbar und lässt sich für Home-Editionen nicht nachrüsten. Aber glücklicherweise gibt es Alternativen wie die kostenlose Verschlüsselungssoftware VeraCrypt (www.veracrypt.fr). Dieses Programm bietet ebenfalls eine sichere Verschlüsselung und die Möglichkeit, ganze Laufwerke zu schützen. Außerdem enthält es die Möglichkeit, einen sicheren Container für sensible Daten anzulegen. Anstatt gleich ein ganzes Laufwerk zu verschlüsseln, legen Sie stattdessen nur die wirklich schützenswerten Daten in einer sicher verschlüsselten Datei ab. VeraCrypt stellt Ihnen diese als separates Laufwerk unter Windows zur Verfügung, sodass der Zugriff jederzeit schnell und unkompliziert erfolgen kann. Solche Container lassen sich auch problemlos auf andere PCs übertragen und dort – ebenfalls mit VeraCrypt – nutzen.

VeraCrypt in Deutsch
Nach der Installation spricht VeraCrypt standardmäßig Englisch. Es kann aber auch Deutsch, was sich schnell im Menü mit *Settings/Language*, dann der Auswahl *Deutsch* und einem Klick unten auf *OK* aktivieren lässt. Die folgenden Abbildungen sind mit dieser Einstellung angefertigt worden.

Einen VeraCrypt-Container anlegen

Um Daten mit VeraCrypt sicher aufzubewahren, benötigen Sie zunächst einen Container, der mit einem Assistenten schnell angelegt ist.

1. Klicken Sie im VeraCrypt-Hauptprogramm links unten auf die Schaltfläche *Volumen erstellen*, oder wählen Sie die Menüfunktion *Volumen/Neues Volumen erstellen*.

2. Wählen Sie im ersten Schritt die Option *Eine verschlüsselte Containerdatei erstellen*, und klicken Sie unten auf *Weiter*. Wie Sie hier aber schon sehen, bietet VeraCrypt auch andere Funktionen wie etwa das Verschlüsseln ganzer Laufwerke und Wechselspeicher und sogar das Verschlüsseln eines Systemlaufwerks.

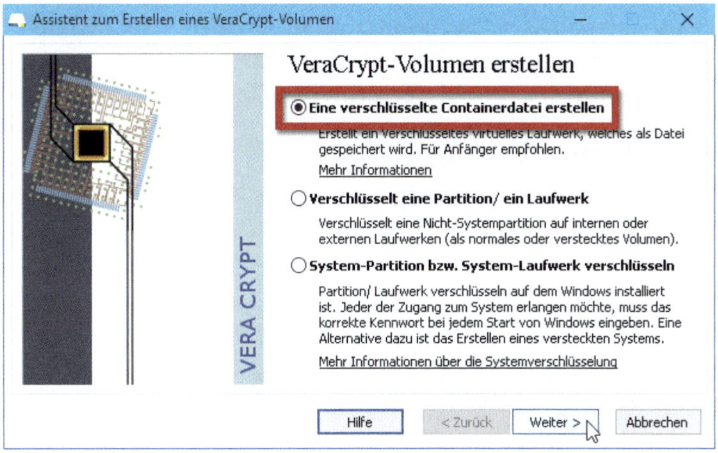

3. Nun können Sie entscheiden, ob Sie einen versteckten verschlüsselten Container erstellen wollen. Dieser ist für Uneingeweihte gar nicht erst zu entdecken, sodass Sie auch niemand dazu zwingen kann, das Passwort für den Zugang preiszugeben. Für erste Versuche sollten Sie sich aber mit *Standard VeraCrypt-Volumen* auf einen einfachen, sichtbaren Container beschränken.
4. Wählen Sie dann aus, wo und mit welchem Dateinamen der Container gespeichert werden soll. Sie können dafür einen beliebigen Speicherort wählen, also eine Festplatte, aber auch einen Wechselspeicher (z. B. einen USB-Stick).

5. Nun legen Sie fest, welche Verschlüsselung Ihr Container verwenden soll. VeraCrypt unterstützt verschiedene Verschlüsselungsalgorithmen sowie Kombinationen davon, die allesamt als sicher gelten können, solange Sie nicht gerade Ihr Patent für kalte Kernfusion damit speichern möchten. Je mehr verschlüsselt wird, desto sicherer sind Ihre Daten, aber Sie sollten auch nicht vergessen, dass das Öffnen und Speichern der verschlüsselten Daten dann entsprechend länger dauert. Für den Anfang ist der AES-Algorithmus, der beispielsweise auch von offiziellen US-Behörden eingesetzt wird, sicherlich kein schlechter Kompromiss zwischen Geschwindigkeit und Sicherheit.

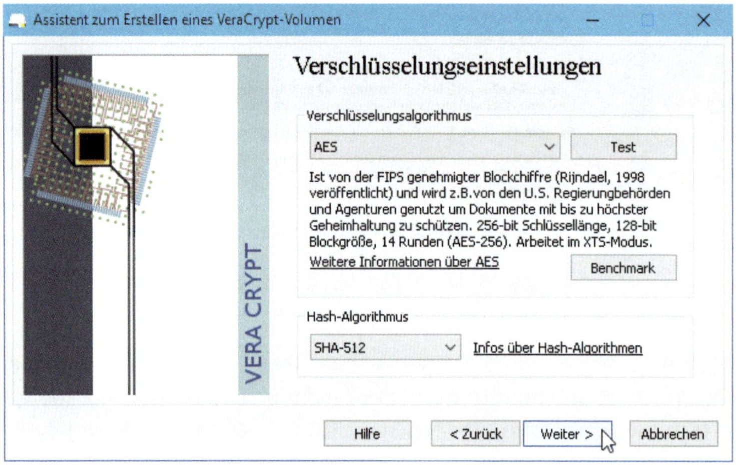

Verschlüsselungsverfahren vergleichen

VeraCrypt bietet die Möglichkeit, die verschiedenen unterstützten Verfahren in einem *Benchmark*-Test auf dem eigenen PC zu vergleichen. So kann man schnell erkennen, wie groß die Unterschiede in der Verarbeitungsgeschwindigkeit zwischen sicheren und sehr sicheren Verfahren sind. So braucht die sehr sichere AES-Variante Twofish (Serpent) etwa zehnmal so lange für dieselbe Datenmenge wie das einfachere Standard-AES.

Daraus lässt sich vielleicht folgende Strategie ableiten: Legen Sie einen kleinen Container mit höchster Verschlüsselung für die sehr sensiblen Daten an. Darüber hinaus erstellen Sie einen größeren mit Standard-AES für die nicht ganz so wichtigen Dinge, die Sie aber öfter mal schnell brauchen, ohne lange auf das Entschlüsseln warten zu wollen.

6. Geben Sie dann an, wie groß der Container sein soll. Beachten Sie dabei die Wahl der richtigen Größenordnung rechts neben dem Eingabefeld (KB = Kilobyte/KByte, MB = Megabyte/MByte, GB = Gigabyte/GByte). Wenn Sie sich in Schritt 8 für einen dynamisch wachsenden Container entscheiden, gibt diese Zahl dessen maximale Größe an.

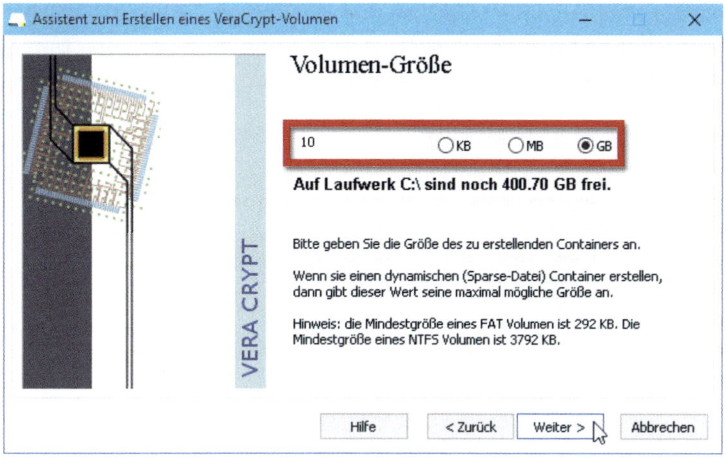

7. Tippen Sie dann das Kennwort ein, mit dem der Zugriff auf Ihren Container geschützt werden soll. Dieser Punkt sollte nicht unterschätzt werden, denn die aufwendigste und sicherste Verschlüsselung nützt nichts, wenn das Passwort erraten oder mit einfachen Mitteln durch Ausprobieren ermittelt werden kann (siehe Kapitel 2). Eine Alternative zum Kennwort ist eine Schlüsseldatei. Dabei wählen Sie eine beliebige Binärdatei (beispielsweise JPEG, MP3 oder ZIP) auf dem PC aus. So brauchen Sie sich nur zu merken, welche Datei es war. Wird diese Datei allerdings verändert oder gelöscht, ist der Zugang zum Container für immer verschlossen.

8. Nun legen Sie noch das Dateisystem des im Container enthaltenen virtuellen Laufwerks fest. Geben Sie dazu zunächst an, ob Sie Dateien mit mehr als 4 GByte Größe im Container speichern möchten. Abhängig davon bietet Ihnen der Assistent dann geeignete Dateisysteme an. Mit *FAT* können Sie kaum etwas falsch machen. Legen Sie Wert darauf, dass die speziellen Windows-Dateieigenschaften im Container erhalten

bleiben, können Sie aber auch *NTFS* wählen. Mit der Option *Dynamisch* wächst die Datei erst im Laufe der Zeit allmählich entsprechend den gespeicherten Daten. Allerdings verringert dies die Sicherheit der Daten und ist deshalb nicht zu empfehlen.

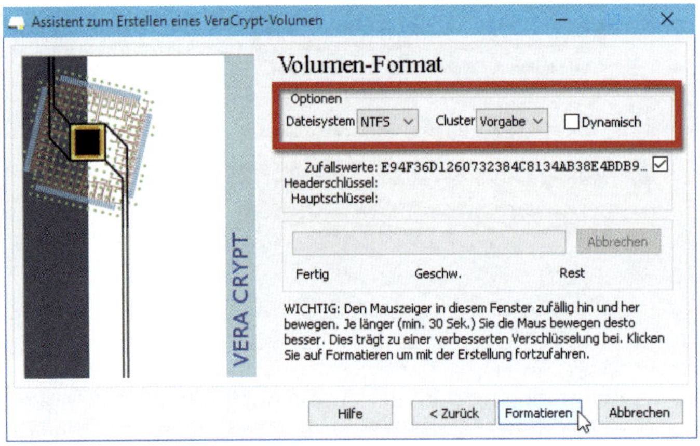

9. Klicken Sie dann auf *Formatieren*, um das virtuelle Laufwerk in der angegebenen Datei zu erstellen. VeraCrypt legt nun den Container nach Ihren Vorgaben an.
10. Klicken Sie schließlich auf *OK*, um den Assistenten zu beenden.

VeraCrypt-Container als virtuelle Laufwerke einbinden

Um einen erstellten Container nutzen zu können, muss er als Laufwerk in das Windows-Dateisystem eingebunden sein. So wird er im Windows-Explorer und in beliebigen Dialogen zum Öffnen und Speichern von Dateien wie ein herkömmliches Laufwerk angezeigt.

1. Wählen Sie im VeraCrypt-Hauptprogramm mit *Datei* den zuvor angelegten Container aus.

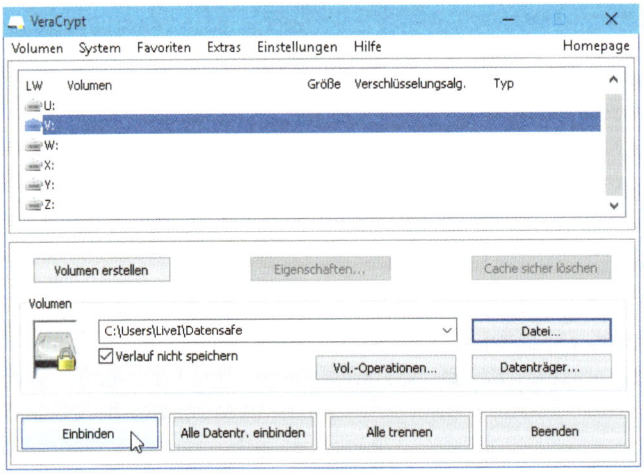

2. Legen Sie dann oben in der Liste den Laufwerkbuchstaben fest, den Sie dafür verwenden möchten, beispielsweise V wie **V**eraCrypt.
3. Klicken Sie dann unten links auf *Einbinden*.

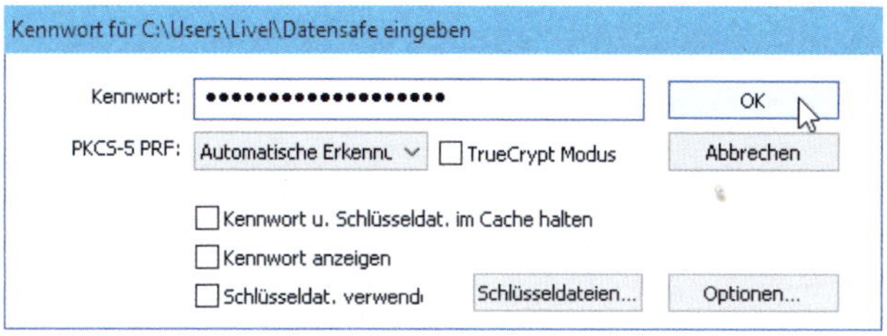

4. Schließlich brauchen Sie nur noch das festgelegte Kennwort für diesen Container anzugeben.

Nun können Sie sich im Windows-Explorer selbst davon überzeugen, dass Ihr verschlüsselter Datei-Container jetzt als eigenes Laufwerk zugänglich ist.

Wichtig: Dieses Einbinden müssen Sie jedes Mal wiederholen, bevor Sie auf die geschützten Daten zugreifen können. Ein automatisches Einbinden des Containers wäre zwar komfortabler, würde aber auch die Schutzfunktion von VeraCrypt verringern. Denn dann hätte jeder, der Zugang zu Ihrem Windows-PC hat, automatisch auch Zugang zu Ihren verschlüsselten Daten.

Verschlüsselte Container loswerden

Wenn Sie für einen VeraCrypt-Container keine Verwendung mehr haben und den Speicherplatz freigeben möchten, brauchen Sie die entsprechende Container-Datei einfach nur zu löschen. Das geht im VeraCrypt-Programm, aber auch einfach mit dem Windows-Explorer, wenn Sie den Speicherort kennen.

3.7 Windows-PCs im Netzwerk schützen

Sobald ein Windows-PC in einem Netzwerk mit anderen Geräten in Verbindung steht, muss er gegen Angriffe geschützt werden. Das gilt insbesondere bei einem Notebook oder Tablet, das man unterwegs in fremden Gastnetzwerken anmeldet (mehr dazu erfahren Sie auf Seite 214). Denn dort kann jeder andere Teilnehmer prinzipiell darauf zugreifen und Lücken zum Eindringen und Datenklau nutzen.

Aber auch im eigenen Heimnetzwerk darf die Sicherheit nicht unterschätzt werden. Zum einen kann sich auch hier ein Angreifer einschleichen und mangelnde Schutzvorkehrungen nutzen, um sich weiter breitzumachen. Zum anderen darf man grundsätzlich auch den »Feind im Inneren« nicht außer Acht lassen: Programme, die auf dem Windows-PC aktiv sind, sollten möglichst wenig Gelegenheit haben, »nach Hause zu telefonieren« und womöglich destruktive Bestandteile nachzuladen.

Öffentliche Netze nur mit aktivem Schutzschild

Wann immer sich ein Windows-PC mit einem neuen, bislang unbekannten Netzwerk verbindet, bemerkt Windows dies umgehend und fragt nach, wie vertrauenswürdig dieses Netzwerk ist.

- Handelt es sich um Ihr privates Heimnetzwerk oder ein sicheres Firmennetzwerk, können Sie die Frage mit *Ja* beantworten. In diesem Fall kann der PC die Ressourcen des Netzwerks nutzen und ist auch für andere Teilnehmer erreichbar (was nicht gleichbedeutend mit automatisch zugänglich ist).
- Befindet sich der Rechner in einem fremden Netzwerk und insbesondere in einem öffentlichen WLAN-Hotspot ohne jegliche Kontrolle der Benutzer, sollten Sie immer *Nein* wählen. Der PC kann dann trotzdem die Internetverbindung dieses Netzwerks nutzen. Aber er wird gegen Verbindungen von anderen Teilnehmern im lokalen Netzwerk abgeschottet, sodass von hier keine Gefahr droht.

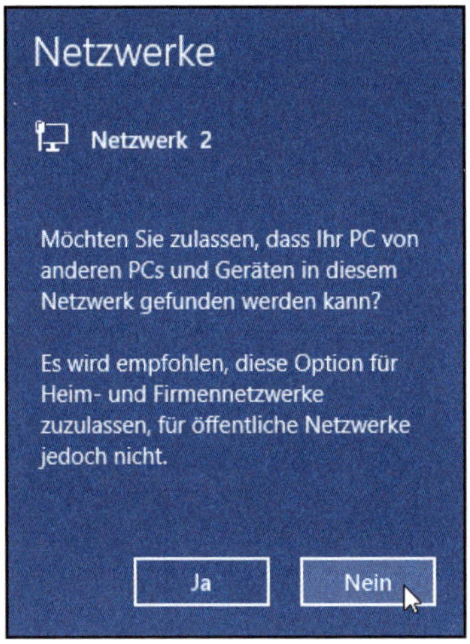

Abhängig von der hier getroffenen Entscheidung wählt Windows auch das Firewall-Profil aus (mehr darüber erfahren Sie in den folgenden Abschnitten).

Die Freigabeeinstellungen nachträglich ändern

Schnell vertippt man sich im Eifer des Gefechts mal und deaktiviert bei einer neuen Verbindung das Teilen. Dann kann man anschließend aber keinerlei Freigabefunktionen mehr verwenden.

Kein Problem, diese Einstellung lässt sich anpassen, die Möglichkeit dazu ist nur gut versteckt: Öffnen Sie mit dem Symbol im Infobereich die Netzwerkliste, und klicken Sie dort auf den Eintrag des Netzwerks. Im anschließenden Menü wählen Sie *Erweiterte Freigabeoptionen ändern*.

Im dadurch angezeigten Dialog können Sie alle Freigabeoptionen sowohl für private als auch öffentliche Netze für diese Verbindung nachträglich anpassen.

Die klassische Windows Defender Firewall für zuverlässigen Basisschutz

Angesichts der Gefahren im Internet ist eine Firewall eine unerlässliche Maßnahme. Sie filtert unerwünschte und potenziell gefährliche Pakete und Anfragen aus dem Datenstrom heraus und verhindert so, dass sie auf den PC gelangen. So werden die Zugänge des PCs vor unerwünschten Gästen geschützt, und auch bösartige Angriffe wie Portscans und Denial-of-Service-Attacken werden abgewehrt.

Windows bringt dafür einen Basisschutz in Form seiner klassischen Windows Defender Firewall mit.

Sichere Basiskonfiguration der Firewall

Die Windows-Firewall kann für jegliche Arten von Internetverbindung verwendet werden. Dabei spielt es keine Rolle, ob es sich um eine Einwählverbindung, einen DSL-Zugang über ein lokales Netzwerk oder auch um ein Drahtlosnetzwerk handelt. Die Firewall-Einstellungen können auf die jeweilige Rechner- und Zugangskonfiguration und das persönliche Sicherheitsbedürfnis abgestimmt werden.

Dazu unterscheidet die Firewall – wie auch das Netzwerk- und Freigabecenter – grundsätzlich zwei Arten von Netzwerken:

- Das sind zum einen **private Netzwerke** zu Hause oder an einem Arbeitsplatz, wo der PC mit anderen, prinzipiell vertrauenswürdigen PCs verbunden ist. Standardmäßig sind hier der Datenaustausch und das Teilen von Ressourcen möglich, und die Firewall-Einstellungen sind weniger restriktiv bzw. lassen problematische Aktivitäten ggf. nach einer Rückfrage zu.
- **Gast- oder öffentliche Netzwerke** wie z. B. offene WLAN-Hotspots oder Firmennetze, die von vielen Anwendern genutzt werden, behandelt Windows wesentlich restriktiver. Datenaustausch und Ressourcenfreigabe sind hier standardmäßig nicht möglich. Eine vom öffentlichen Netzwerk bereitgestellte Internetverbindung kann selbstverständlich genutzt werden, unterliegt aber einer strengen Kontrolle bezüglich der Art der übertragenen Daten.

1. Um die *Windows Defender Firewall* einzustellen, öffnen Sie zunächst das gleichnamige Modul der klassischen Systemsteuerung.

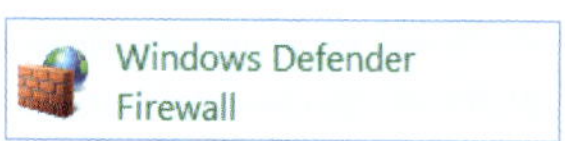

2. Im anschließenden Menü können Sie nun den aktuellen Status von Netzwerk und Firewall sowie die Grundkonfiguration der Firewall einsehen. Hier zeigt sich die Unterscheidung in private und öffentliche Netzwerke deutlich. Für jeden Bereich ist eine eigene Übersicht vorhanden, und Sie können dieselben – getrennten – Einstellungen für beide Arten von Netzwerken vornehmen.

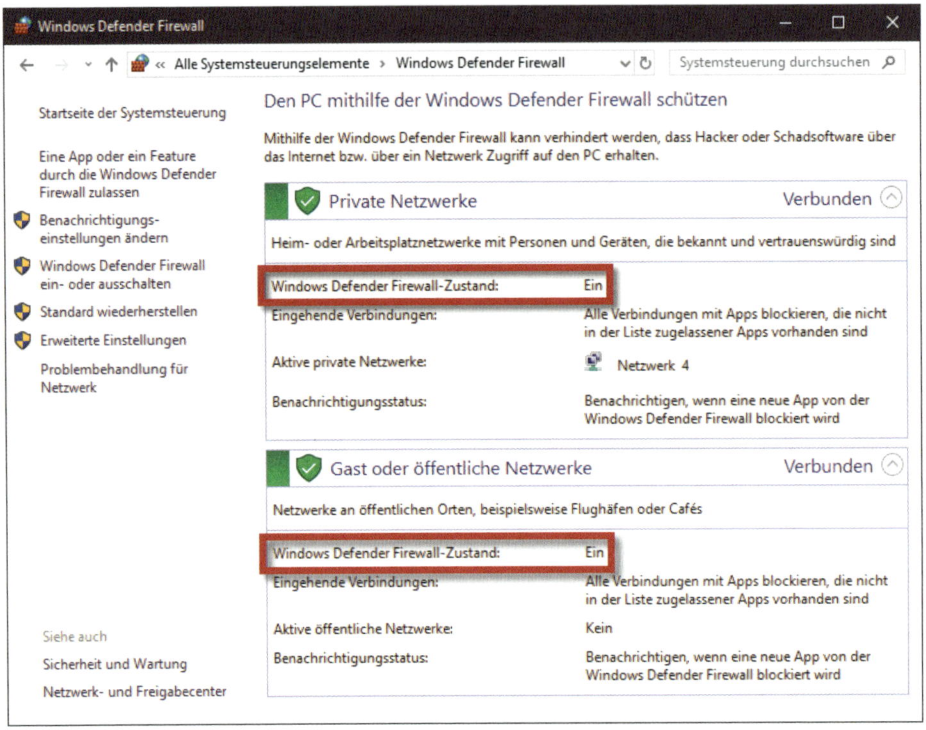

3. Um die Konfiguration der Firewall zu verändern, klicken Sie links auf *Windows Defender Firewall ein- oder ausschalten*. So öffnen Sie die eigentlichen Firewall-Einstellungen. Auch hier ist alles zweigeteilt, und alle Einstellungen können separat für geschlossene und öffentliche Netze vorgenommen werden:

   - Standardmäßig ist die Schutzfunktion mit *Windows Defender Firewall aktivieren* eingeschaltet und läuft mit Basisregeln, die die üblichen Internetanwendungen zulassen. Nicht angeforderte Datenpakete von anderen Rechnern werden dabei verworfen, wenn diese nicht ausdrücklich als Ausnahmen definiert sind. So sind Sie vor Portscans, Trojanern etc. schon recht gut geschützt.
   - Insbesondere für mobile PCs, die hin und wieder an öffentlichen Netzwerken wie z. B. WLANs betrieben werden, ist die Option *Alle eingehenden Verbindungen blockieren, einschließlich der in der Liste der zugelassenen Apps* gedacht. Sie ignoriert auch definierte Ausnahmeregeln und bietet so noch mehr Schutz.
   - Die Option *Benachrichtigen, wenn eine neue App von der Windows Defender Firewall blockiert wird* setzt Sie davon in Kenntnis, wenn die Firewall aktiv ins Geschehen eingreift. Das kann sinnvoll sein, da ansonsten Anwendungen mit Internetzugriff nicht funktionieren und Sie nicht erfahren, warum das so ist. Sollten die Meldungen der Firewall nervig sein, können Sie sie aber so unterdrücken.

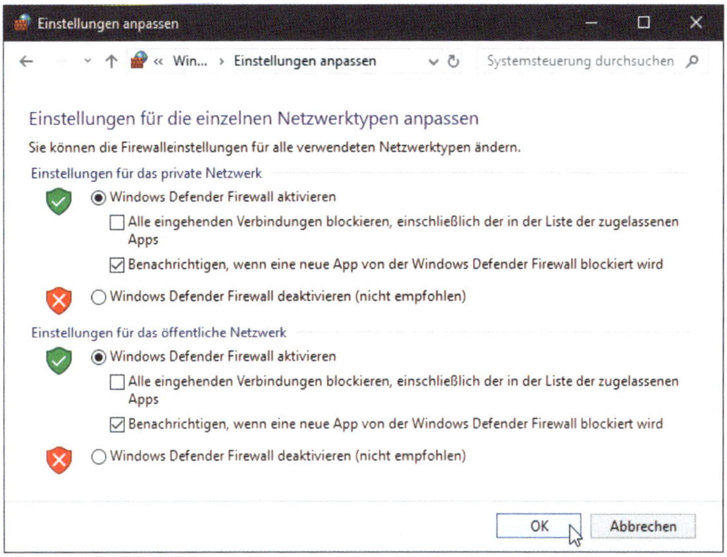

- Die Firewall mit *Windows Defender Firewall deaktivieren* auszuschalten, empfiehlt sich nur, wenn Sie stattdessen andere, mindestens ebenbürtige Schutzmaßnahmen ergreifen.

4. Wenn Sie die geänderte Einstellung mit *OK* übernehmen, wird die Firewall-Funktion entsprechend Ihrer Auswahl eingestellt. Dies ist ohne Neustart möglich, sodass Sie den Modus auch während des Betriebs jederzeit schnell wechseln können.

Schalten Sie Onlineprogrammen den Internetzugang frei

Die Firewall überwacht nicht nur den von außen ankommenden Datenverkehr, sondern achtet auch auf Programme, die vom PC aus Daten ins Internet übertragen wollen. Schließlich könnte es sich dabei ja um Trojaner oder andere schwarze Schafe handeln. Nimmt ein Programm Kontakt mit dem Internet auf, vergleicht die Firewall dieses mit ihrer internen Liste und wird aktiv, wenn das Programm dort nicht verzeichnet oder gar gesperrt ist.

Das kann freilich auch passieren, wenn Sie selbst eine Internetanwendung zum ersten Mal starten. Dann müssen Sie Windows beibringen, dieses Programm zu akzeptieren.

Nachricht beim Blockieren von Programmen

Damit das interaktive Freischalten von Anwendungen für den Internetzugriff gelingen kann, muss in den Einstellungen der Windows Defender Firewall die Option *Benachrichtigen, wenn eine neue App von der Windows Defender Firewall blockiert wird* eingeschaltet sein (siehe vorangegangenen Abschnitt).

1. Wenn ein Programm auf das Internet zugreifen möchte, das die Firewall bislang nicht in der internen Liste verzeichnet hat, blockiert sie dessen Zugriff zunächst. Sie erhalten dazu ein Hinweisfenster.
2. Haben Sie dieses Programm selbst aufgerufen und wollen es online benutzen, können Sie zunächst wählen, ob der Zugriff nur in geschlossenen privaten Netzwerken oder auch an öffentlichen Hotspots erlaubt sein soll.

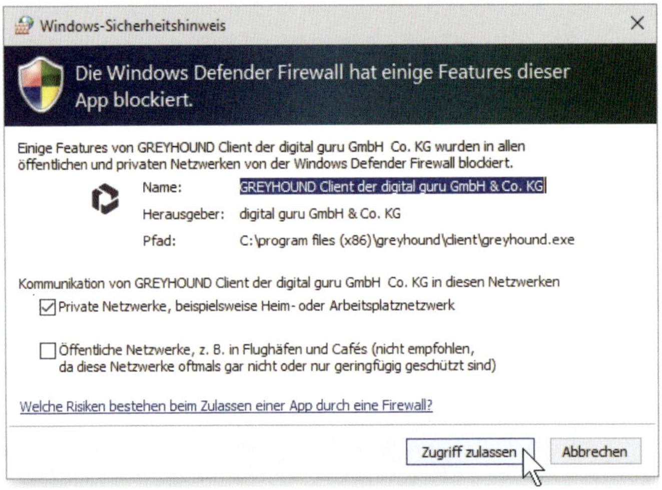

3. Klicken Sie dann unten auf *Zugriff zulassen*.
4. Wurde das Programm versehentlich gestartet oder handelt es sich um ein Programm, das gar keine Internetfunktionen haben sollte, oder haben Sie vielleicht gar kein Programm gestartet, klicken Sie unten rechts auf die Schaltfläche *Abbrechen*. Damit wird dieses Programm auf die rote Liste gesetzt.

Die Zugangserlaubnis für ein Internetprogramm zurückziehen

Wenn Sie einem Internetprogramm den Zugriff aufs Internet gestattet haben, fragt Windows nicht mehr nach, sondern startet das Programm immer sofort. Das liegt daran, dass die Firewall alle Programme, denen Sie den Zugriff einmal erlaubt haben, in einer Liste speichert, um wiederholte Nachfragen zu vermeiden. Sie können ein Programm aber wieder aus dieser Liste streichen.

1. Öffnen Sie die Firewall-Einstellungen, und klicken Sie dort links oben auf *Eine App oder ein Feature durch die Windows Defender Firewall zulassen*.
2. Klicken Sie im anschließenden Dialog zunächst oben auf die Schaltfläche *Einstellungen ändern*.

3. Suchen Sie in der Liste darunter einen Eintrag mit dem Namen des Programms. Wählen Sie diesen aus, und klicken Sie dann ganz unten rechts auf die Schaltfläche *Entfernen*.

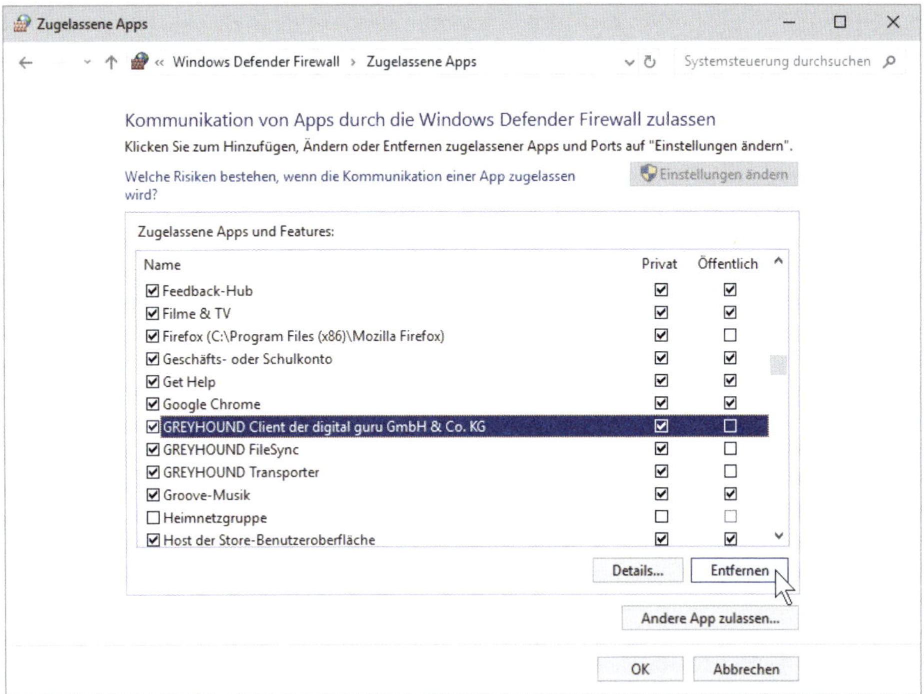

4. Bestätigen Sie die Sicherheitsrückfrage mit *Ja*, und übernehmen Sie die Änderung schließlich mit *OK*. Beim nächsten Start dieser Anwendung fragt die Windows Defender Firewall wieder nach, und Sie können das Programm nun z. B. für den Internetzugang sperren.

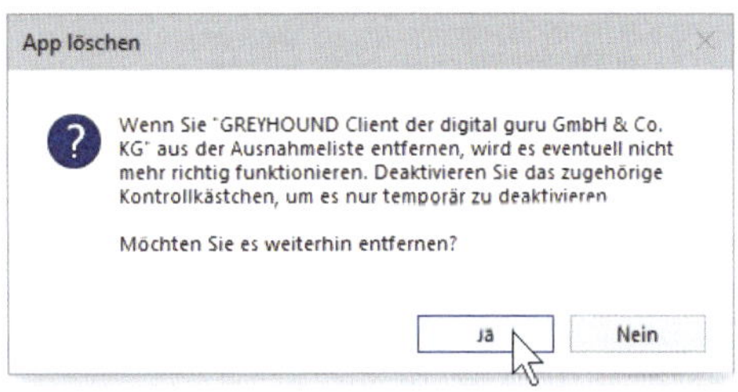

Internetanwendungen über Netzwerkports freischalten

Die Basiseinstellungen der Windows Defender Firewall sind komplett anwendungsorientiert. Freigaben können also immer nur für ein konkretes Programm ausgestellt werden. Sie können auch bestimmte Netzwerkports z. B. für VoIP-Internettelefonie, P2P-Tauschbörsen oder Instant Messaging freigeben, die dann von beliebigen Anwendungen genutzt werden können. Solche Einstellungen können aber nur in den erweiterten Einstellungen der Windows Defender Firewall vorgenommen werden (mehr dazu erfahren Sie im Folgenden).

Erweiterte Firewall-Einstellungen für flexiblen Schutz

Die Basisoptionen der Windows Defender Firewall lassen nur Grundeinstellungen sowie das Freigeben oder Sperren konkreter Anwendungen zu. Wer mehr will, muss sich mit den erweiterten Einstellungen beschäftigen.

Deren Optionen und Möglichkeiten sind vielfältig und erfordern etwas mehr Kenntnisse als bei der klassischen Variante. Vor allem aber sind die Konfigurationsmöglichkeiten wohl etwas zu umfangreich und komplex, um sie als Symbol innerhalb der Systemsteuerung zu präsentieren. Deshalb führt der entsprechende Link Sie in die Tiefen der Computerverwaltung.

1. In den Basiseinstellungen der Windows Defender Firewall finden Sie diesen Link unter der Bezeichnung *Erweiterte Einstellungen*.
2. Damit gelangen Sie direkt in die auf den ersten Blick vielleicht etwas verwirrenden erweiterten Firewall-Einstellungen.
3. Im mittleren Bereich sehen Sie in der Übersicht die aktuellen Statusinformationen zur erweiterten Windows Defender Firewall. Achten Sie dabei vor allem auf die Angaben zu dem Profil, bei dem *ist aktiv* vermerkt ist.

   Hier können Sie sehen, ob die Firewall derzeit aktiviert ist und wie sie mit eingehenden und ausgehenden Verbindungen standardmäßig umgeht.

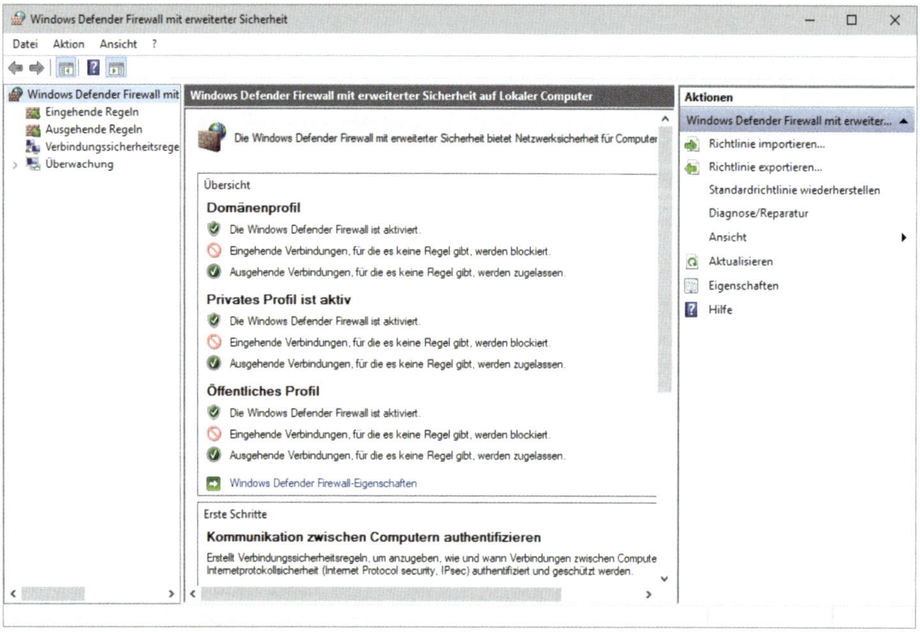

Welches Profil ist das richtige?

Die erweiterte Windows Defender Firewall kann mit Einstellungen für verschiedene Szenarien versehen werden. Wenn Ihr PC mit einem Firmennetzwerk verbunden ist, das von einem Domain-Controller koordiniert wird, sind die Einstellungen unter *Domänenprofil* entscheidend. Für den klassischen Heim-PC, der allein steht oder nur mit einem kleinen lokalen Netzwerk verbunden ist, gelten die Einstellungen unter *Privates Profil*. Wenn Sie mit Ihrem PC an einem öffentlichen Netz teilnehmen, z. B. per WLAN in einem Internetcafé, werden die Einstellungen bei *Öffentliches Profil* verwendet. Die Optionen selbst unterscheiden sich nicht. Sie können aber verschiedene Einstellungen wählen, wenn der PC sich z. B. im Firmennetzwerk anders verhalten soll als zu Hause.

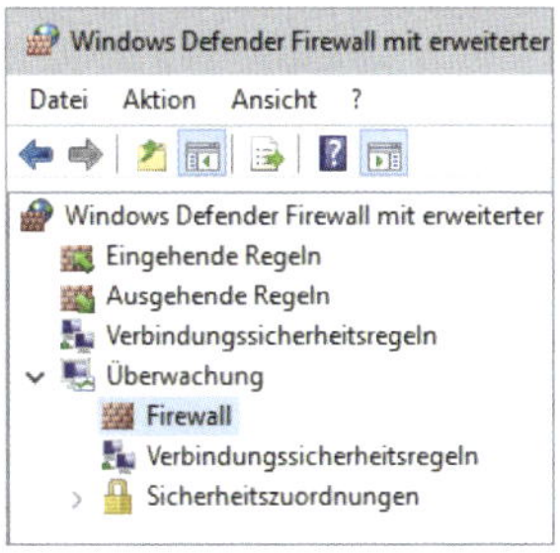

4. Weitere Informationen zur Firewall erhalten Sie über die Navigationsleiste ganz links. Dem Eintrag der Windows Defender Firewall ist ein Symbol vorangestellt. Genau wie in einer Ordnerleiste können Sie den Eintrag mit einem Klick darauf aufklappen und so weitere Unterbereiche zum Vorschein bringen, etwa die Listen mit den vordefinierten Ausnahmen für eingehende und ausgehende Datenverbindungen oder die Einstellungen zum Überwachen der Firewall.
5. Ganz rechts im Fenster sehen Sie die Leiste *Aktionen*. Diese ist kontextabhängig und verändert sich, wenn Sie links einen der Bereiche auswählen. Sie stellt jeweils die Funktionen zur Verfügung, die für die verschiedenen Bereiche relevant sind, wie z. B. das Anlegen neuer Ausnahmen. Außerdem finden Sie immer Funktionen zum Steuern der Ansicht sowie einen *Hilfe*-Link.

Die erweiterte Firewall konfigurieren

Die erweiterten Einstellungen der Windows Defender Firewall erlauben Ihnen wesentlich flexiblere und tiefer greifende Eingriffe in diese wichtigen Schutzmechanismen. Deshalb sollten Sie dabei auf eine sinnvolle Konfiguration achten, um die Netzwerkfunktionen Ihres PCs nicht zu beeinträchtigen.

1. Um die erweiterte Firewall einzustellen, wählen Sie links ganz oben den Eintrag *Windows Defender Firewall mit erweiterter Sicherheit* und klicken dann im mittleren Bereich im Abschnitt *Übersicht* ganz unten auf den Link *Windows Defender Firewall-Eigenschaften*.

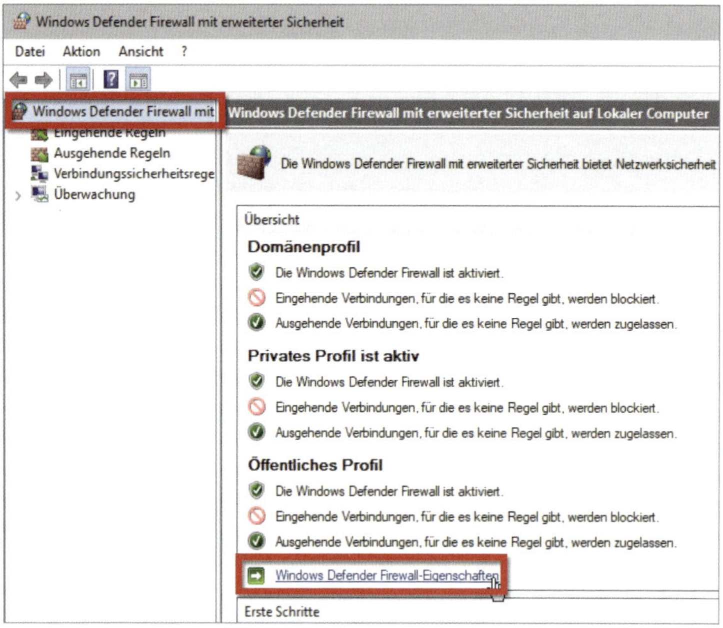

2. Damit öffnen Sie einen Einstellungsdialog, in dem Sie zunächst die richtige Registerkarte wählen sollten. Geht es um Einstellungen für ein öffentliches Netzwerk, sind Sie bei *Öffentliches Profil* richtig. Einstellungen für ein lokales, vertrauenswürdiges Netzwerk hingegen werden in *Privates Profil* konfiguriert. Inhaltlich sind beide Registerkarten identisch, deshalb ist an dieser Stelle etwas Umsicht erforderlich.
3. Um die Firewall zu aktivieren, setzen Sie das Auswahlfeld *Firewallstatus* auf *Ein*.

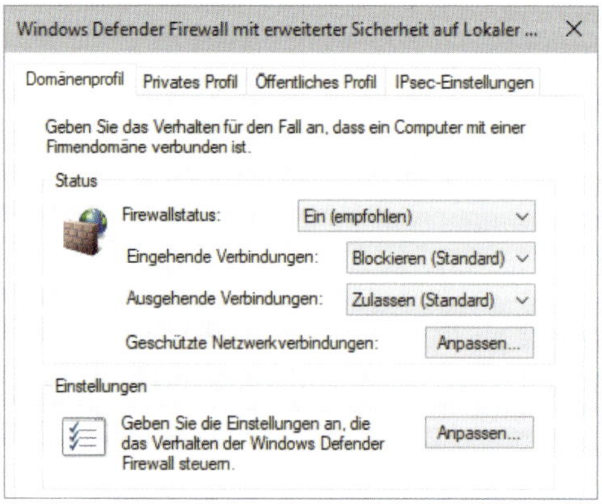

4. Danach sollten Sie unbedingt die Grundeinstellungen der Firewall überprüfen und ggf. anpassen:
   - *Eingehende Verbindungen* legt fest, wie die Firewall mit Verbindungen umgeht, die von außerhalb an den Rechner herangetragen werden. Mit *Blockieren (Standard)* verhindert das Programm alle Verbindungen, die nicht vom PC selbst angefordert wurden und für die keine Ausnahmeregelungen bestehen. Mit *Alle blockieren* unterbinden Sie jegliche Datenpakete von außerhalb. Diese Einstellung verhindert aber unter Umständen Internetdienste wie P2P-Dateitausch, Messaging oder Internettelefonie. Auf keinen Fall empfehlenswert ist hier die Einstellung *Zulassen*, da Ihr PC damit wie das sprichwörtliche Scheunentor offen steht.
   - Etwas anders sieht die optimale Einstellung bei *Ausgehende Verbindungen* aus. Hier ist *Zulassen (Standard)* die übliche Einstellung. Sie lässt alle Datenverbindungen zu, die vom PC selbst aus nach draußen abgehen. Nur wenn für bestimmte Programme, Protokolle oder Ports Einschränkungen festgelegt werden, unterbindet die Firewall diese Verbindungen. Mit *Blockieren* würden sämtliche abgehenden Verbindungen unterbunden, und Ihr PC wäre praktisch völlig von der Außenwelt isoliert. Das mag in manchen speziellen Situationen wünschenswert sein, in der Regel aber sicherlich nicht.
5. Klicken Sie anschließend noch im Bereich *Einstellungen* auf die Schaltfläche *Anpassen*.
6. Im nächsten Dialog können Sie das grundlegende Verhalten der Windows Defender Firewall mit einigen Optionen steuern.

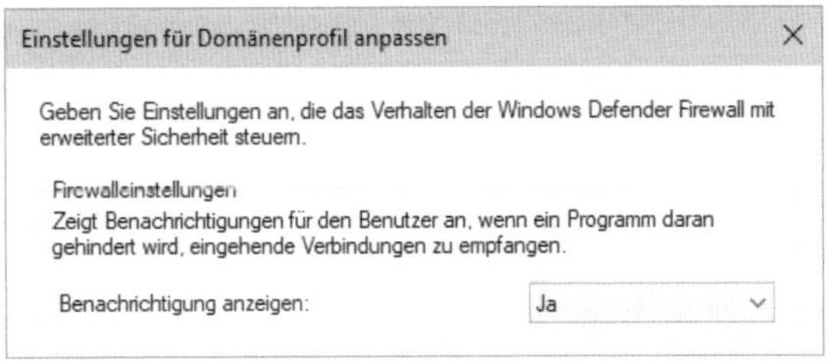

7. Sehr wichtig ist der Eintrag *Benachrichtigung anzeigen* oben im Bereich *Firewalleinstellungen*. Ist er aktiviert, wird der Benutzer informiert, wenn eine Anwendung auf seinem PC eine Verbindung herstellt, um Daten von außerhalb zu empfangen. Verfügt der Benutzer über Administratorrechte, kann er dann entscheiden, dies zuzulassen oder zu blockieren. Kommt es allerdings sehr häufig zu solchen Rückfragen, kann es hilfreich sein, diese Option zu deaktivieren. Dann gelten die in den Einstellungen festgelegten Standardregeln.
8. Klicken Sie dann zweimal auf *OK*, um die jeweiligen Dialoge zu schließen und die gewählten Einstellungen zu aktivieren.

Unerwünschte Updates und Datenschnüffeleien per Firewall unterbinden

Die erweiterte Firewall erlaubt detaillierte Vorgaben für ausgehende Daten. Dadurch lassen sich unerwünschte Anwendungen und Dienste auf dem PC effektiv unterbinden. Das folgende Beispiel zeigt, wie Sie sich das zunutze machen können, um beispielsweise das »Nach-Hause-Telefonieren« einer Anwendung zu verhindern.

1. Wählen Sie links in der Navigationsleiste die Unterrubrik *Ausgehende Regeln*.
2. Klicken Sie rechts bei *Aktionen* auf *Neue Regel*.
3. Wählen Sie im ersten Schritt des Assistenten die Option *Programm*, um eine Anwendung (bzw. deren Internetfunktionen) zu blockieren.
4. Im nächsten Schritt aktivieren Sie die Option *Dieser Programmpfad* und wählen dann mit *Durchsuchen* die Programmdatei der Anwendung aus.

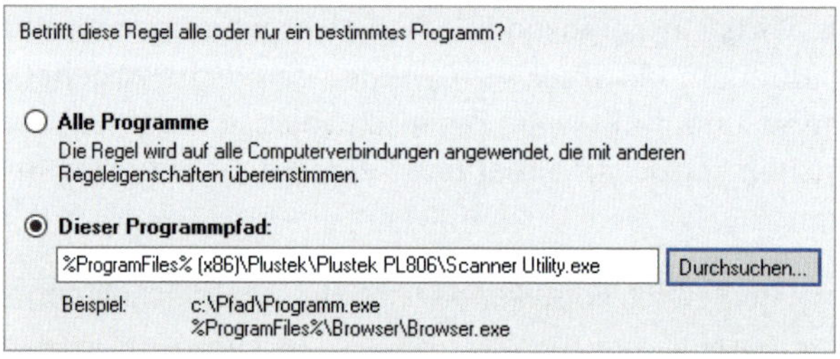

5. Geben Sie nun als Aktion *Verbindung blockieren* an, damit alle Verbindungen, die diese Anwendung ins Internet aufbauen möchte, von der Firewall blockiert werden.

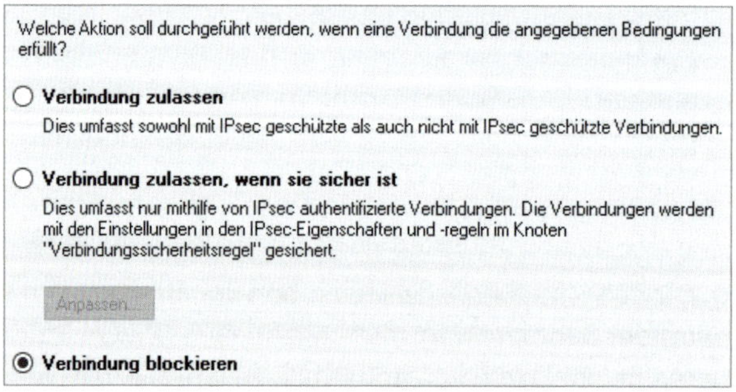

6. Wählen Sie schließlich die Profile aus, für die diese Regel gelten soll, und tragen Sie einen Namen sowie eine Beschreibung für die neue Regel ein.

4. Android-Geräte sicher nutzen

Android hat mittlerweile Windows als meistgenutztes Betriebssystem der Welt überholt. Das liegt an den zahlreichen Smartphones und Tablets, die für viele Menschen zum alltäglichen digitalen Begleiter geworden sind.

Das bedeutet aber auch, dass ein solches Gerät viele wichtige persönliche Daten enthält und über die enthaltenen Apps Zugang zu vielen Lebensbereichen des Besitzers ermöglicht. Das macht es für Hacker und andere Ganoven zum lohnenswerten Zielobjekt. Und auch die Beliebtheit von Android hat dazu beigetragen, dass es in den letzten Jahren verstärkt in den Fokus von Angreifern geraten ist.

4.1 Den Zugang zum Gerät kontrollieren

Ähnlich wie bei einem Windows-PC ist die Kontrolle, wer Zugang zum Smartphone oder Tablet haben soll, von wesentlicher Bedeutung. Einmal angemeldet, kann man in der Regel auf alle Daten und Apps zugreifen, ohne weitere Hürden überwinden zu müssen.

Von Haus aus muss man bei einem Android-Gerät nur unmittelbar nach einem Neustart das Passwort des verknüpften Google-Kontos angeben. Danach kann man den Bildschirm jederzeit durch einfaches Wischen entsperren. Unter Sicherheitsaspekten ist das völlig inakzeptabel. Wenn jemand das Gerät entwendet oder auch nur findet, hat er sofort Zugriff auf alle Daten, Apps und die damit verbundenen Konten. Wenn Ihr Smartphone durch einfaches Wischen zu entsperren ist, sollten Sie sofort aktiv werden.

Unterschiede bei den Android-Versionen

Die folgenden Anleitungen beziehen sich auf das Standard-Android, wie es auf Geräten von Google, aber auch anderen Herstellern zu finden ist. Allerdings sind verschiedene Android-Generationen im Umlauf, wobei sich die Bezeichnungen teilweise verändert haben.

Manche Firmen wie beispielsweise Samsung passen Android außerdem für die eigenen Geräte an, sodass Einstellungen teilweise noch mal anders benannt und angeordnet sind. Prinzipiell sind die Optionen aber auf allen Geräten zu finden. Ich bemühe mich, den Unterschieden Rechnung zu tragen.

1. Öffnen Sie die *Einstellungen*, wählen Sie dort im Bereich *Nutzer* den Punkt *Sicherheit & Standort* (auch nur *Sicherheit* oder direkt *Sperrbildschirm*), und tippen Sie hier auf den Menüpunkt *Displaysperre*. bzw. *Sperrbildschirmtyp*).

2. Im anschließenden Menü können Sie die Art der Bildschirmsperre wählen. *Keine* und *Wischen* bzw. *Streichen* können von jedem genutzt werden und bieten keinen Schutz. Um das Tablet mit einer Zahlenkombination entsperren zu können, wählen Sie *PIN*.

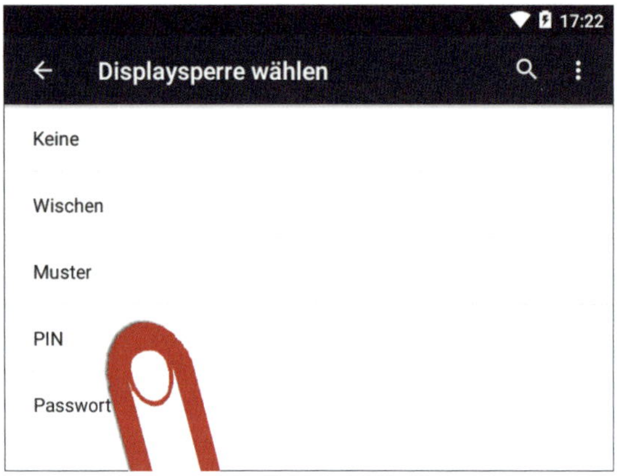

3. Geben Sie dann die gewünschte Zahlenkombination ein, tippen Sie auf *Weiter*, dann geben Sie noch mal die Kombination zur Bestätigung ein und tippen schließlich auf *OK*.

4. Anschließend können Sie noch entscheiden, ob und welche Art von Benachrichtigungen auf dem Sperrbildschirm angezeigt werden sollen. Dies ist ein potenzielles Sicherheitsrisiko, da beispielsweise bei vertraulichen E-Mails zumindest Absender und Betreff auch für Unbefugte sichtbar sind, ohne das Tablet entsperren zu müssen.

Mit der Option *Sensible Benachrichtigungsinhalte ausblenden* vermeiden Sie das, während allgemeine Informationen wie etwa Warnungen bei niedrigem Akkustand zugelassen werden.

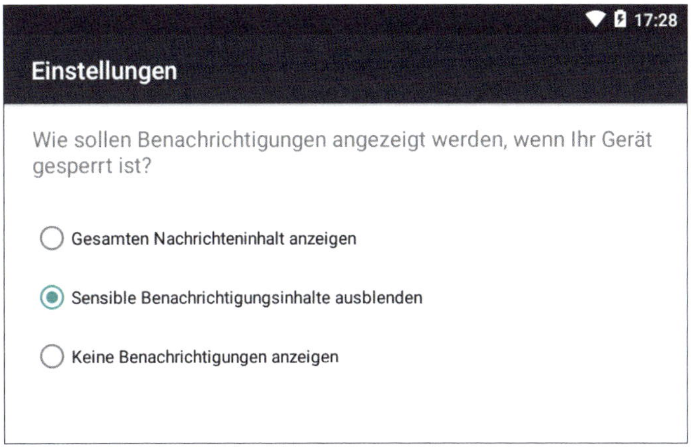

Wann immer Sie in Zukunft Ihr Gerät einschalten bzw. nach dem Stand-by entsperren möchten, wird dieser PIN-Code abgefragt. Tippen Sie ihn einfach auf der eingeblendeten Tastatur ein, und tippen Sie dann auf *OK*, um das Gerät zu entsperren.

Passwort statt PIN

Sie mögen lieber ein Kennwort statt Zahlen? Dann benutzen Sie die Sperrvariante *Passwort*. Sie funktioniert im Prinzip genauso wie eine PIN, nur dass Sie dabei eine vollständige virtuelle Tastatur angezeigt bekommen und entsprechend aus dem vollen Vorrat an Buchstaben, Ziffern und Zeichen schöpfen können.

Machen Sie es aber nicht zu kompliziert, denn Sie müssen dieses Passwort jedes Mal eintippen, wenn Sie das Tablet verwenden möchten.

Passwörter bei der Eingabe zuverlässig verbergen

Standardmäßig geben sich viele Android-Geräte beim Eingeben von Passwörtern recht großzügig und zeigen die getippten Zeichen zumindest kurz an. Das ist auch nicht verkehrt, denn bei der virtuellen Tastatur kann man immer mal eine Taste verfehlen. Andererseits ist das ein Sicherheitsrisiko, denn es kann Ihnen jederzeit jemand heimlich über die Schulter schauen und so Ihre Zugangsdaten ausspähen. Um das sicher zu vermeiden, können Sie das Anzeigen von Passwörtern abschalten.

1. Öffnen Sie die *Einstellungen* im Bereich *Sicherheit & Standort* (o. Ä.).
2. Lokalisieren Sie dort den Abschnitt *Datenschutz.*
3. Stellen Sie hier den Schalter der Option *Passwörter anzeigen* (o. Ä.) aus.

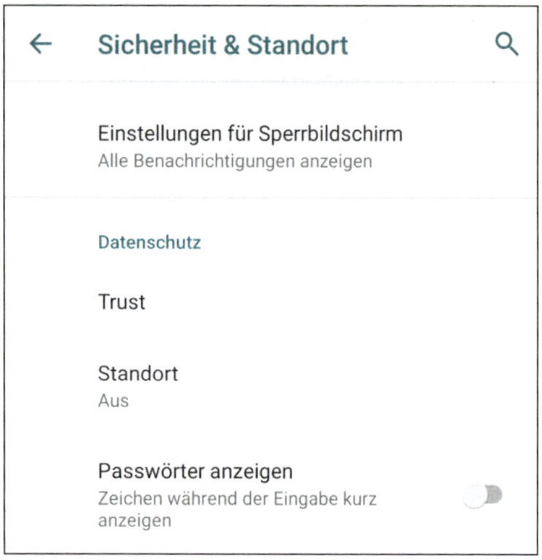

Anmelden per Wischmuster

Wenn Sie sich Zahlen schlecht merken können oder einfach eine komfortablere Alternative suchen, sollten Sie es mit der Entsperrvariante *Muster* probieren. Hier müssen Sie einfach nur eine bestimmte Wischgeste mit dem Finger über ein angezeigtes Muster durchführen.

Auch dabei gilt: Nur wer das richtige Muster kennt, kann das Gerät entsperren.

1. Öffnen Sie, wie im vorangegangenen Abschnitt beschrieben, das Bildschirmsperrmenü in den *Einstellungen*, und wählen Sie diesmal die Option *Muster*.
2. Auf dem Bildschirm sehen Sie nun eine Matrix aus dreimal drei Punkten. Ziehen Sie darauf mit einem Finger ein Muster, das mindestens vier der Punkte miteinander verbindet. Eine einfache gerade Linie reicht also nicht, da Sie so höchstens drei der Punkte erwischen. Sie können aber beliebig oft »abbiegen«. Je mehr Punkte Sie verbinden, desto sicherer wird das Muster. Allerdings dürfen Sie jeden Punkt der Matrix nur einmal verwenden!
3. Mit *Wiederholen* haben Sie beliebig viele Versuche. Sind Sie mit Ihrem Muster zufrieden, tippen Sie unten rechts auf *Weiter*.

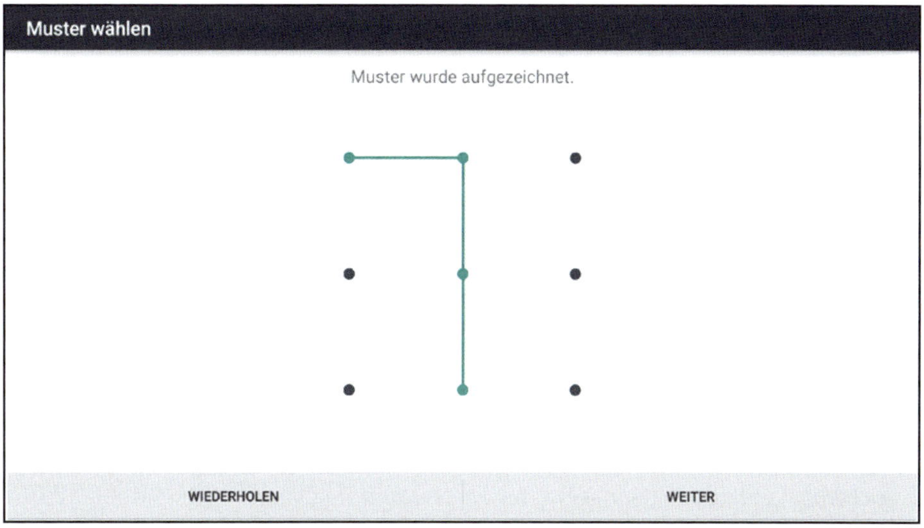

4. Nun brauchen Sie das Muster nur noch einmal zur Sicherheit zu wiederholen und dann unten rechts auf *Bestätigen* zu tippen.

Wenn Sie jetzt Ihr Tablet einschalten, zeigt es auf dem Bildschirm zunächst nur die Punkte-Matrix an. Sobald Sie hier das festgelegte Muster eingezeichnet haben, wird das Gerät automatisch entsperrt.

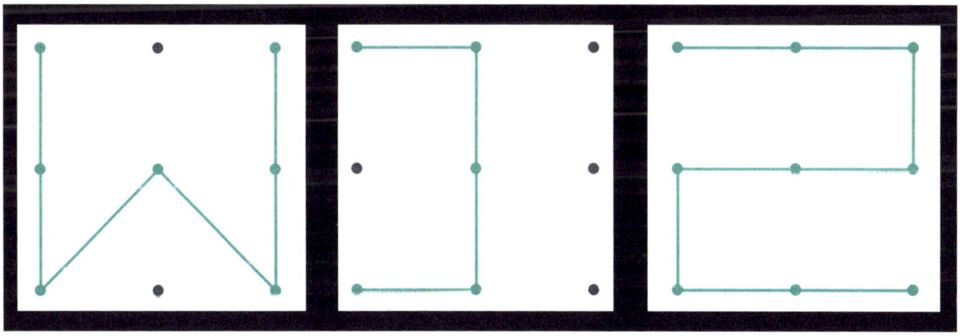

Ein individuelles Sperrmuster kann man sich leicht ausdenken, aber es ist schwer zu erraten.

Allerdings bietet ein Entsperrmuster noch keinen optimalen Schutz, denn wer Sie dabei beobachtet, wie Sie das Entsperrmuster zeichnen, kann es relativ leicht nachmalen. Zudem lässt sich die Spur des Entsperrmusters auf manchen Displays sogar anhand von Fingerspuren auf dem Tablet-Bildschirm nachvollziehen: Da Finger stets etwas fettig sind, hinterlässt immer dieselbe Bewegung auf Dauer Spuren auf dem Bildschirm, die man bei genauem Hinsehen mit bloßem Auge erkennen kann. Dagegen hilft nur regelmäßiges Reinigen mit einem fettlösenden Reinigungsmittel, beispielsweise mit Brillenputztüchern.

Per Fingerabdruck entsperren

Immer mehr Android-Geräte sind mit einem Fingerabdrucksensor versehen, der in die Home-Taste, die Rückseite des Gerätes oder den Bildschirm integriert sein kann. Bei manchen Modellen verbirgt er sich auch im seitlichen Ein-/Ausschalter. Das ist praktisch, denn so kann man mit einer Bewegung das Gerät einschalten und zugleich entsperren. Dazu müssen Sie lediglich dem Gerät Ihren Fingerabdruck beibringen und eine sichere alternative Entsperrmethode wählen. Diese wird gebraucht, wenn das Gerät neu gestartet oder länger nicht verwendet wurde. Außerdem ist sie der Plan B, falls die Sensorerkennung mal nicht klappen sollte, etwa wegen einer Verletzung oder schmutziger Finger. Damit das Gerät Ihren Fingerabdruck zuverlässig erkennt, müssen Sie es anlernen. Dazu legen Sie einen Finger so lange auf den Sensor, bis er vollständig gelernt wurde.

1. Bei Geräten mit Standard-Android finden Sie diese Entsperrmethode gemeinsam mit den anderen. Bei Samsung-Geräten wählen Sie in den *Einstellungen* die Rubrik *Gerätesicherheit* und tippen dann rechts auf *Fingerabdrücke*. Damit starten Sie einen Assistenten, der Sie durch die notwendigen Schritte führt.

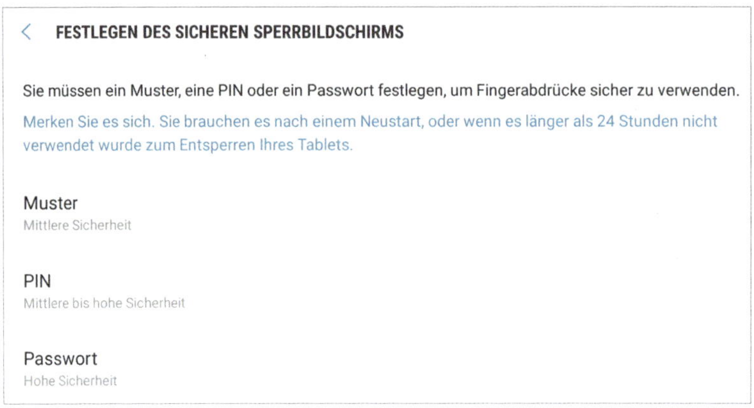

2. Wählen Sie dann zunächst eine sichere Entsperralternative. Dafür kommen *Muster*, *Passwort* oder *PIN* infrage. Diese können Sie wie beschrieben einrichten.

3. Legen Sie dann eine Fingerkuppe so auf die Sensorfläche, dass sie diese möglichst bedeckt. Heben Sie den Finger dann wieder an, und platzieren Sie ihn erneut auf dem Sensor. Verändern Sie die Fingerposition dabei jedes Mal leicht. Wiederholen Sie diesen Vorgang, bis der Assistent genügend Daten gesammelt hat.

4. In der zweiten Phase drehen Sie den Finger jeweils in beide Richtungen um bis zu 90° und legen ihn so immer wieder auf den Sensor. Dadurch wird die Erkennung zuverlässiger, auch wenn Sie mal etwas »schiefliegen«.
5. Ist der Assistent auch damit zufrieden, haben Sie genügend Daten gesammelt. Bestätigen Sie nun, dass Sie Ihren Fingerabdruck zum Entsperren einsetzen möchten.

Wenn Sie Ihr Gerät einschalten wollen, tippen Sie in Zukunft einfach mit dem angelernten Finger auf den Sensor. Dadurch wird das Gerät gleichzeitig aktiviert und entsperrt. Ob das zuverlässig funktioniert, können Sie einfach testen, indem Sie einen anderen – nicht angelernten Finger – dafür verwenden. Damit wird das Gerät zwar eingeschaltet, aber Sie landen nur auf dem Sperrbildschirm.

Mehr als ein Finger

Sie können auch mehrere Fingerabdrücke anlernen. So sind Sie nicht immer auf denselben Finger angewiesen. Und wenn Sie das Tablet beispielsweise mit Ihrem Partner gemeinsam nutzen, können beide ihre eigenen Abdrücke anlernen. Öffnen Sie dazu in den *Einstellungen* die Rubrik *Gerätesicherheit*, und tippen Sie dort rechts erneut auf *Fingerabdrücke*. Sie müssen nun einmal die alternative Entsperrmethode ausführen, um sich auszuweisen. Tippen Sie dann auf *Fingerabdruck hinzufügen*, und wiederholen Sie den beschriebenen Vorgang mit einem anderen Finger.

Automatisches Entsperren per Gesichtserkennung?

Eine biometrische Alternative zum Entsperren per Fingerabdruck ist die Gesichtserkennung mittels der eingebauten Frontkamera. Diese wird automatisch aktiv, wenn Sie das Gerät zur Hand nehmen. Da man es dabei in der Regel ohnehin so bewegt, dass man den Bildschirm gut erkennen kann, gerät das Gesicht automatisch in den Fokus der Kamera. Erkennt diese eine Übereinstimmung mit dem angelernten Muster, wird das Gerät entsperrt. Diese Variante ist sehr komfortabel, hat aber auch Nachteile und Unsicherheiten.

- Zum einen muss die Umgebung ausreichend hell sein, damit die Kamera das Gesicht erfassen kann. Bei Tageslicht ist das kein Problem, aber im Dunkeln reicht die Helligkeit des Bildschirms oft nicht aus. Zum anderen kann ein gelerntes Muster nicht wiedererkannt werden, wenn das Gesicht anders aussieht. Da reicht schon die Sonnenbrille an einem Sommertag, um die Gesichtserkennung versagen zu lassen.

- Schlimmer sind aber die Sicherheitslücken, die bei schlechter Gesichtserkennung auftreten. Viele Geräte verzichten auf eine Lebenderkennung und lassen sich beispielsweise mit einem Foto des Smartphone-Besitzers übertölpeln. Dabei kann man das ohne zusätzlichen Hardwareaufwand vermeiden, indem die Kamera in Echtzeit auf winzige Bewegungen und Veränderungen achtet, die bei einem lebenden Menschen immer stattfinden, wie es etwa die neueren Spitzenmodelle von Samsung machen.

Die breite Masse der Android-Geräte verzichtet aber auf solche Feinheiten und schneidet bei entsprechenden Sicherheitstests der Gesichtserkennung immer wieder schlecht ab. Wenn Ihr Smartphone keines der Topmodelle mit Lebenderkennung oder einem zusätzlichen Iris-Scanner ist, rate ich deshalb davon ab, die Gesichtserkennung zu verwenden. Hier hat Apple mit seiner Face-ID-Technologie noch immer die Nase vorn.

Smart Lock – Sperren nur, wenn nötig

Seit Version 5 bietet Android mit Smart Lock eine zusätzliche Komfortfunktion für den Sperrbildschirm. Die Idee dabei: Solange sich das Gerät beispielsweise zu Hause befindet, ist keine Sperrung notwendig. Nehmen Sie es aber irgendwohin mit, wird der Sperrbildschirm automatisch aktiviert. Wo sich das Gerät befindet, kann Smart Lock an den Standortdaten oder an der Nähe zu anderen Geräten erkennen.

1. Die Smart-Lock-Einstellungen finden Sie direkt bei den zuvor vorgestellten Optionen zum Verhalten des Sperrbildschirms. Sollten Sie bei Ihrem Tablet keinen entsprechenden Eintrag finden, liegt dies am Hersteller, denn einige lassen diese Funktion weg bzw. ersetzen sie durch eigene Methoden.
2. Um die Smart-Lock-Einstellungen zu öffnen, müssen Sie einmal die festgelegte Entsperrmethode durchführen, also beispielsweise einmal die PIN eintippen.
3. Dann gelangen Sie in die Optionen, in denen Sie die verschiedenen Smart-Lock-Methoden auswählen und konfigurieren können. Sie können eine der Methoden wählen oder auch verschiedene davon kombinieren.

Trageerkennung

Bei der Trageerkennung bleibt das Gerät so lange entsperrt, wie Sie es in der Hand halten oder bei sich tragen (beispielsweise in der Tasche). Die Geräte verfügen über einen empfindlichen Lagesensor, der noch so kleine Bewegungen wahrnimmt. Legen Sie das Tablet beispielsweise auf einem Tisch ab, bewegt es sich wirklich gar nicht mehr, und der Sensor löst die Sperrung aus. Es bleibt nun so lange gesperrt, bis Sie es entsperren.

Vertrauenswürdige Orte

Eine sehr sinnvolle Variante ist das ortsgebundene Deaktivieren der Sperrfunktion. Ihr Tablet kennt dank GPS und WLAN-Ortung ohnehin meist seinen Standort (wenn Sie dies nicht ausdrücklich deaktiviert haben). Diese Information kann es nutzen. Dazu definieren Sie bestimmte »sichere Orte«, an denen das Tablet nicht gesperrt zu werden braucht, beispielsweise Ihre Wohnung bzw. Ihr Haus. Sobald das Gerät über die Standortbestimmung feststellt, dass es an einem dieser Orte ist, schaltet es den Sperrbildschirm aus. Verlassen Sie den Ort, wird er wieder eingeschaltet.

1. Um diese Methode zu verwenden, tippen Sie den Eintrag *Vertrauenswürdige Orte* an.
2. Tippen Sie dann in der Liste auf *Vertrauenswürdigen Ort hinzufügen*.
3. Damit öffnen Sie eine Google-Maps-Ansicht mit einer Karte von Ihrem aktuellen Standort. Wollen Sie diesen verwenden, können Sie direkt unten auf *Diesen Standort auswählen* tippen.

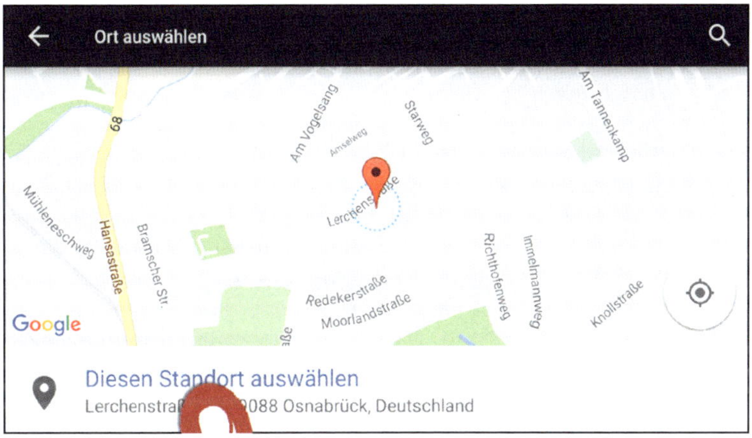

4. Sie können aber auch auf der Karte zu einem anderen Ort wischen oder oben rechts die Suche verwenden, um eine bestimmte Adresse zu finden und diese dann zu übernehmen.

Auf diese Weise können Sie mehrere Standorte festlegen, an denen dann automatisch der Sperrbildschirm deaktiviert wird. Das ist eine gute Methode – mit der einzigen Einschränkung, dass sie nicht personalisierbar ist. Wenn das Tablet sich an einem dieser Orte befindet, kann es ohne Entsperren von jeder Person benutzt werden.

Vertrauenswürdige Geräte

Einen ähnlichen Ansatz wie die Standortbestimmung verwendet die Variante *Vertrauenswürdige Geräte*. Allerdings kommt es dabei nicht darauf an, wo sich das Tablet befindet, sondern in wessen Nähe (was aber auch eine Art Standortbestimmung sein kann). Als Techniken für diese Lokalisierung können Bluetooth und NFC genutzt werden. Auch hier definieren Sie eines oder mehrere Geräte, die maßgeblich sein sollen. Ist eines dieser Geräte in der Nähe, wird die Sperrfunktion deaktiviert, wenn nicht, muss der Bildschirm entsperrt werden.

1. Um ein Gerät hinzuzufügen, wählen Sie *Vertrauenswürdige Geräte* in den Smart-Lock-Einstellungen. Das Gerät sollte sich für die weiteren Schritte in Reichweite befinden.

2. Tippen Sie dann auf *Vertrauenswürdiges Gerät hinzufügen*, und wählen Sie aus, ob dieses Gerät zur Kommunikation *Bluetooth* oder *NFC* nutzt. Bei Bluetooth-Geräten muss allerdings zuvor das Pairing durchgeführt werden.
3. Bei Bluetooth-Geräten wird Ihnen eine Liste der derzeit verbundenen Geräte angezeigt, aus der Sie auswählen können. Am besten nutzen Sie Partnergeräte, die ständig eingeschaltet und erreichbar sind. Bei NFC-Tags bewegen Sie einfach die Rückseite des Tablets zum NFC-Tag, damit dieses erkannt wird. Zu Verwaltungszwecken können Sie jedem Tag-Eintrag eine passende Bezeichnung zuordnen.

4.2 Ein Android-Gerät sicher mit anderen teilen

Neuere Android-Versionen bieten eine Benutzerverwaltung an, mit der sich mehrere Personen ein Gerät teilen können. So kann jeder seine eigenen Apps installieren sowie eigene Konten und Postfächer einrichten. Trotzdem kann man jederzeit schnell zwischen verschiedenen Benutzern wechseln.

Sicherheit der Android-Benutzerverwaltung

Die Benutzerverwaltung von Android ist nicht perfekt. Auf der Oberfläche werden die Bereiche der einzelnen Benutzer klar getrennt, und es lassen sich für einzelne Benutzer Restriktionen definieren. So kann auch jeder seine eigenen Apps, Postfächer und Zugänge nutzen, ohne dass andere direkt Zugriff darauf haben. Allerdings sind die Benutzerdaten auf der Ebene des Dateisystems nicht getrennt. Wenn Sie Fotos, Dokumente etc. auf dem Gerät speichern, haben die anderen Benutzer darauf unter Umständen Zugriff. Und spätestens wenn man das Gerät per USB an einen PC anschließt oder die SD-Karte in ein anderes Gerät steckt, sind alle Dateien ungeschützt.

Weitere Benutzer anlegen

Standardmäßig gibt es bei der Android-Benutzerverwaltung einen Benutzer und einen Gast. Sollen weitere Personen das Tablet mit eigenen Einstellungen und Apps nutzen, legen Sie für jeden ein eigenes Konto an.

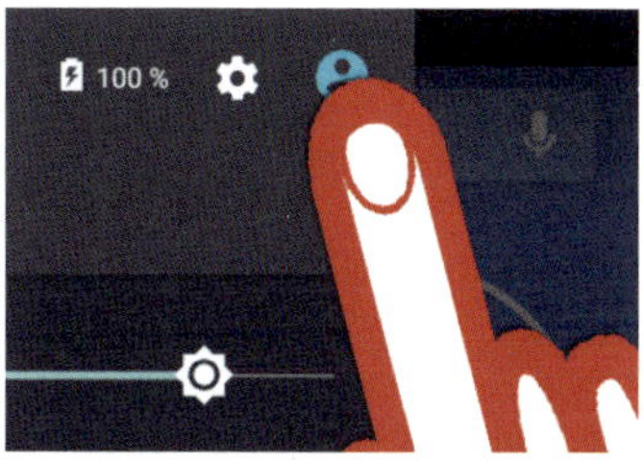

1. Wischen Sie den Benachrichtigungsbereich mit zwei Fingern vom oberen Bildschirmrand nach unten.
2. Tippen Sie dann auf das Benutzersymbol oben rechts (wobei Sie recht genau treffen sollten).

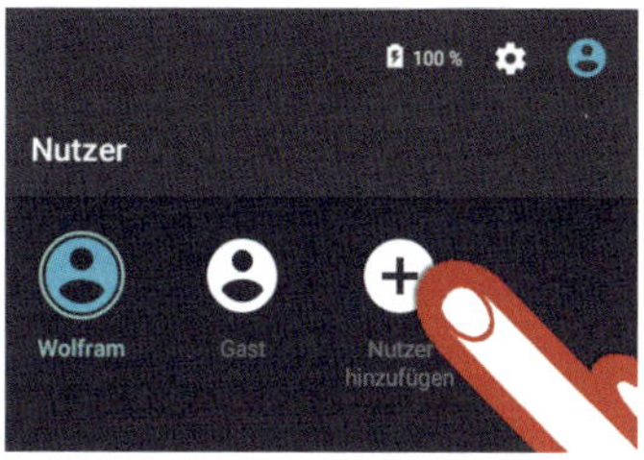

3. Dadurch werden die aktuell vorhandenen Benutzer angezeigt. Mit einem Tipp auf *Nutzer hinzufügen* legen Sie ein weiteres Konto an.
4. Bestätigen Sie dann den Hinweis zum Hinzufügen eines neuen Nutzers mit *OK*.
5. Das Gerät wechselt nun automatisch zum neuen Benutzerkonto. Hier wird der neue Benutzer begrüßt, kann sein Benutzerkonto personalisieren und mit einem (vorhandenen oder neuen) Google-Konto verknüpfen. Wichtig ist dabei das Angeben eines sinnvollen Vornamens, da dieser als Bezeichnung des Benutzerkontos verwendet wird.
6. Die weiteren Schritte entsprechen denen bei der Ersteinrichtung des Gerätes.

Zwischen Benutzerkonten wechseln

Zwischen den eingerichteten Benutzerkonten können Sie jederzeit hin und her wechseln:

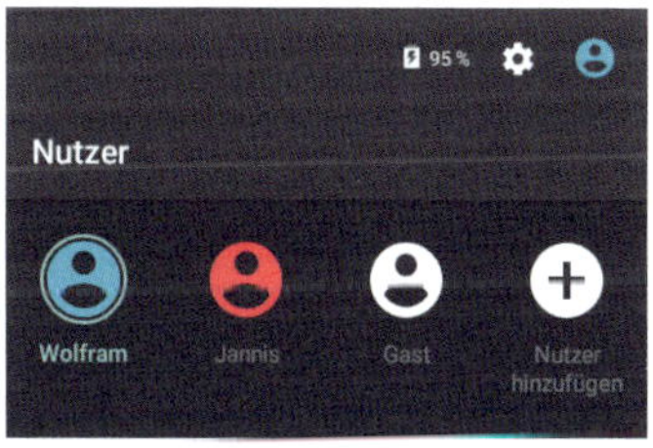

- Im normalen Betrieb können Sie sich, wie oben beschrieben, im Benachrichtigungsbereich eine Übersicht der Benutzer anzeigen lassen. Tippen Sie hier einfach auf den Benutzer, zu dessen Konto gewechselt werden soll.

- Auf dem Sperrbildschirm können Sie oben rechts auf das Symbol des aktuell gewählten Benutzers tippen. Dann werden alle vorhandenen Konten angezeigt, und Sie können das auswählen, zu dem Sie wechseln möchten.

4.3 Android aktuell halten – wenn möglich

Bei Android ist es wie bei jedem Betriebssystem wichtig, immer auf dem neuesten Stand zu sein. Allerdings ist es bei kaum einem anderen System so schwierig.

Das liegt an der großen Fragmentierung der Android-Versionen. Sie sorgt dafür, dass nur Geräte von Google selbst sowie Geräte mit Android One regelmäßig Updates erhalten, alle anderen aber nur selten oder gar nicht.

Das Problem der zögerlichen Updates

Android wird federführend von Google entwickelt. Gerätehersteller können Android als Betriebssystem für ihre Geräte verwenden. Allerdings müssen sie es dazu an die jeweilige Hardware anpassen und nehmen ggf. weitere Änderungen vor.

Wenn Google Android aktualisiert (was durchaus regelmäßig in kleineren und größeren Schritten erfolgt), müssen die Hersteller – wiederum basierend auf diesem aktuellen System – ihre eigene angepasste Version erstellen und den Kunden bereitstellen. Das ist aber jeweils zeit- und kostenintensiv. Selbst große Hersteller nehmen diesen Aufwand nur unregelmäßig und nur wenige Male auf sich, bevor sie die Unterstützung für abverkaufte Produkte einfach einstellen. Bei kleineren Herstellern und günstigen Modellen bleibt es teilweise auch einfach bei der Version, mit der die Geräte ausgeliefert wurden. Das bedeutet, dass selbst Sicherheitslücken nicht mehr gestopft werden.

Google versucht, dem entgegenzuwirken, indem mehr Android-Komponenten in Google Play ausgelagert wurden, wo sie jederzeit unabhängig vom eigentlichen Betriebssystem aktualisiert werden können. Außerdem wurde mit Android One eine besondere Variante ohne herstellerspezifische Anpassungen geschaffen, die sich besonders leicht aktualisieren lässt. Aber auch hier werden Updates in der Regel nur für drei Jahre ab dem Verkaufsstart garantiert.

Im Vergleich etwa zu Windows kann man bei Android noch weniger Einfluss auf Updates nehmen:

1. Das Gerät prüft selbst regelmäßig über das Internet, ob ein Update vorliegt. Alternativ können Sie in den *Einstellungen* unter *System/ Erweitert/Systemupdates* jederzeit manuell eine Prüfung veranlassen.
2. Wird das Gerät fündig, meldet es sich mit einem Hinweis und fragt, ob die Aktualisierung sofort oder zu einem späteren Zeitpunkt eingespielt werden soll. Für Letzteres wählen Sie *Software-Aktualisierung planen* (o. Ä.) und geben dann an, zu welchem Zeitpunkt das Update automatisch eingespielt werden soll.

3. Der ganze Vorgang dauert üblicherweise 15 bis 30 Minuten, in denen Sie das Gerät nicht verwenden können. Außerdem sollte der Akku dafür mindestens halb voll sein. Alles Weitere läuft automatisch ab, und anschließend können Sie das Gerät sofort wieder wie gewohnt nutzen.

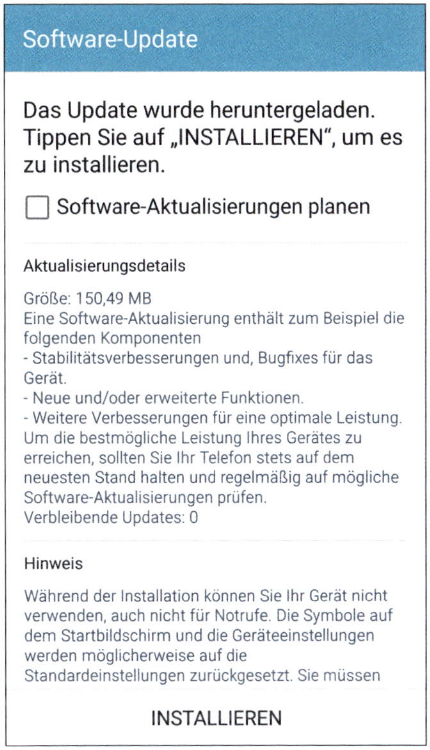

Keine Updates mehr? Alternativen prüfen

Gehört Ihr Smartphone zu den Geräten, für die es vom Hersteller keine Updates mehr geben wird? Dann sollten Sie prüfen, ob als Alternative LineageOS infrage kommt. Dabei handelt es sich trotz des anderen Namens ebenfalls um eine Android-Version, die aber von einer großen Entwicklergemeinde gepflegt wird und die Ihrem Gerät mit etwas Glück noch einige Jahre lang Updates bescheren kann.

LineageOS

LineageOS – früher auch als CyanogenMod bekannt – ist eine spezielle Android-Version, die als Open Source von einer großen Gruppe von unabhängigen Entwicklern gepflegt wird. Sie basiert jeweils auf den aktuellen Android-Quellen von Google und erstellt daraus eine besonders schlanke Variante, die direkt in Versionen für eine ganze Reihe von gängigen Android-Geräten umgewandelt wird. Welche Modelle das genau sind, hängt allerdings von den Entwicklern und leider auch von den Geräten selbst ab. Denn manche sind ab Werk so »verrammelt«, dass sie keine Installation eines alternativen Systems zulassen.

> Das Installieren von LineageOS ist nicht ganz einfach und läuft bei jedem Gerät etwas anders ab. Es gibt aber genaue Anleitungen, und meist benötigt man nicht mehr als ein handelsübliches USB-Kabel. Hat man das Gerät einmal auf LineageOS umgestellt, kann es im Weiteren wie gewohnt online aktualisiert werden. Auch Oberfläche und Bedienung entsprechen einem unverbauten Android, sodass man sich schnell zurechtfinden und die vertrauten Apps wieder nutzen kann.

1. Ob LineageOS für Ihr Gerät verfügbar ist, erfahren Sie unter wiki.lineageos.org/devices.
2. Wählen Sie hier den Hersteller, um direkt zur Liste mit dessen Geräten zu springen.

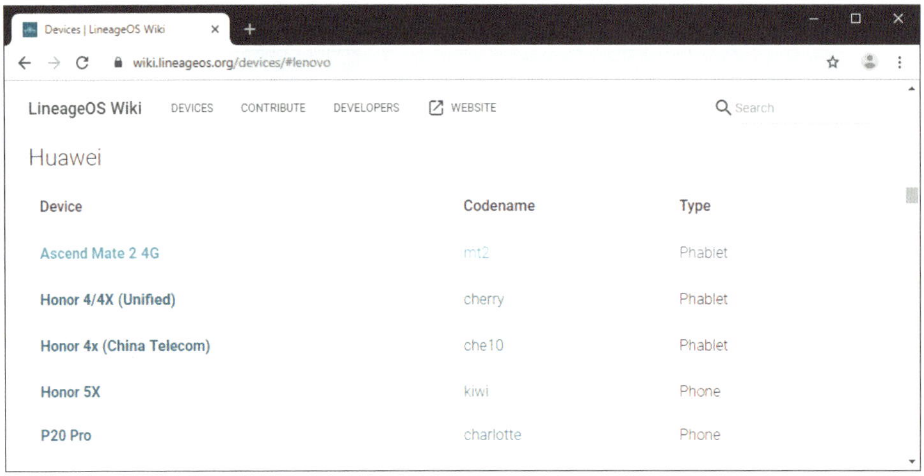

3. Für alle dort aufgeführten Modelle gibt es ein LineageOS-Image. Teilweise muss man sehr genau hinschauen, wenn es von einem beliebten Modell verschiedene Ausführungen gibt. Schauen Sie notfalls in den Einstellungen des Gerätes unter *Über das Telefon* bzw. *Telefoninfo* nach, um die genaue Modellvariante zu erfahren.

> **Bevor Sie zur Tat schreiten**
>
> Ich habe LineageOS selbst schon auf mehreren Geräten aufgespielt, damit diese in der Familie oder für Testzwecke genutzt werden können. Deshalb kann ich es auch voller Überzeugung empfehlen. Allerdings muss man sich vorher über Folgendes im Klaren sein: Eine eventuell noch vorhandene Garantie geht durch das Aufspielen verloren. Der Umstieg auf LineageOS entspricht einer Android-Neuinstallation, d. h., die auf dem Gerät gespeicherten Daten, Einstellungen, Apps etc. sind anschließend erst mal weg. Bei dem »Eingriff« kann auch etwas schiefgehen, insbesondere wenn man sich nicht exakt an die Anleitung hält oder im ungünstigsten Moment der Strom ausfällt. Es ist deshalb möglich, dass das Gerät bei diesem Vorgang irreparabel beschädigt wird. Wenn das alles Sie nicht abschreckt, sollten Sie es aber unbedingt ausprobieren.

4. Ist Ihr Gerät aufgeführt, klicken Sie auf den Eintrag, um zu den weiterführenden Informationen zu gelangen. Wichtig: Findet sich hier eine Warnung, dass dieses Image nicht mehr gepflegt wird (»no longer maintained«), dann gibt es auch mittlerweile bei LineageOS keine Updates mehr. Andernfalls finden Sie auf der Seite alle Informationen und Links, die Sie zum Aufspielen des Images benötigen.

Apps aktuell halten

Neben dem Android-Betriebssystem ist es mindestens genauso wichtig, dass die installierten Apps jederzeit aktuell sind. Hier sind Aktualisierungen allerdings einfacher, weil sich Google Play darum kümmert (es sei denn, die Apps wurden am Play Store vorbei aus anderen Quellen installiert, siehe Seite 168). Über einige Optionen können Sie diesen Vorgang so steuern, dass er jederzeit und ohne lästige Rückfragen im Hintergrund erfolgt.

1. Öffnen Sie den Play Store, und tippen Sie oben links auf das Menüsymbol.
2. Öffnen Sie mit einem Tipp auf *Einstellungen* die Optionen für die Play-Store-App.
3. Tippen Sie dort auf *Benachrichtigungen*, und entfernen Sie dann die Häkchen bei *Updates* und *Automatische Updates*. Damit reduzieren Sie die Benachrichtigungen über anstehende oder erfolgreich durchgeführte App-Updates. Sollte es bei einem solchen Vorgang Probleme geben, werden Sie aber weiterhin informiert.

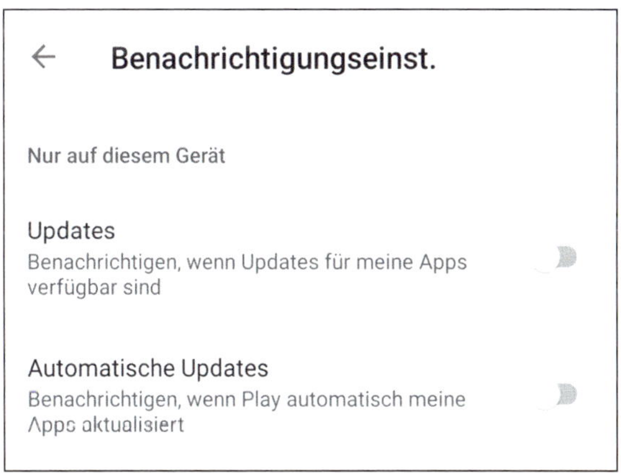

4. Tippen Sie dann auf *Automatische App-Updates*, und wählen Sie dort *Über ein Netzwerk*, wenn Sie über einen Mobilfunktarif mit reichlich Datenvolumen verfügen. So erhalten Sie App-Updates jeweils so schnell wie möglich.
5. Möchten Sie Mobilfunkkosten sparen, wählen Sie stattdessen die Option *Nur über WLAN*. Dann werden Ihre Apps nur aktualisiert, während das Gerät mit einem WLAN verbunden ist.

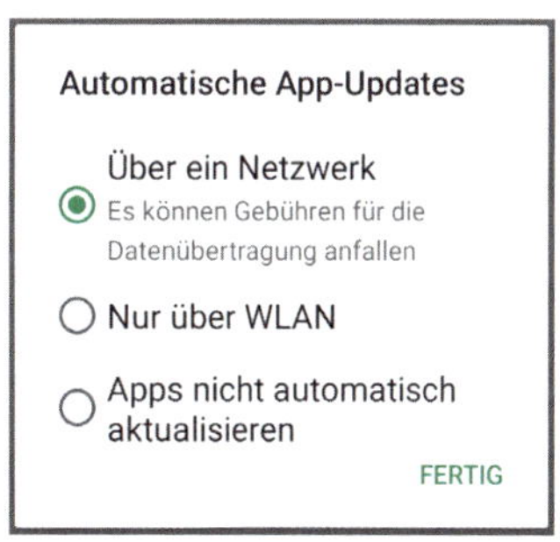

Mit diesen Einstellungen werden Updates für Ihre Apps bei Verfügbarkeit so schnell wie möglich automatisch heruntergeladen und eingespielt, ohne dass Sie etwas veranlassen oder Rückfragen bestätigen müssten. Ausnahmen sind Updates, durch die sich die Zugriffsrechte der App erweitern würden (siehe Seite 169). Aus Sicherheitsgründen ist dazu jeweils wieder das ausdrückliche Einverständnis des Anwenders erforderlich – etwas mühsam, aber absolut sinnvoll.

4.4 Apps sicher installieren und kontrollieren

Ein wichtiger Grundpfeiler des Schutzes bei Android ist der Google Play Store, aus dem man Apps beziehen kann. Man kann leider nicht sagen, dass Apps aus dem Play Store grundsätzlich sicher wären. Zwar müssen Apps formal bestimmte Kriterien erfüllen, um sich für den Play Store zu qualifizieren. Allerdings erlauben diese Kriterien genug Spielraum, um auch böswillige Funktionen unterzubringen. So sind in der Vergangenheit immer wieder Fälle bekannt geworden, in denen Apps Benutzer ausspioniert haben oder ähnlich wie Trojaner heimlich zusätzliche Aktionen ausführten. Der Vorteil des Play Store ist allerdings, dass Google bei Bekanntwerden solcher Vorfälle recht konsequent reagiert, die Apps umgehend entfernt und Filter einrichtet, die entsprechende Muster in neuen Apps erkennen. Der Play Store schützt also nicht perfekt, aber gewöhnliche Anwender, die nicht allzu experimentierfreudig sind und nur bekannte, gut bewertete Apps installieren, gehen kein großes Risiko ein.

Android-Apps – darauf sollten Sie achten

Bevor Sie eine App installieren, sollten Sie sich zunächst darüber informieren. Selbst Empfehlungen von guten Freunden würde ich dabei nicht unbedingt trauen, denn eventuell sind die ja selbst darauf reingefallen. Aussagekräftiger sind da schon die Informationen des Play Store und die Schwarmintelligenz der anderen Benutzer.

Bewertungen

Ob eine App wirklich etwas taugt, können Sie recht schnell den abgegebenen Bewertungen entnehmen. Allerdings müssen Sie hier zwischen zwei Bewertungstypen unterscheiden: Da gibt es einmal die, die generell nur ganz wenig schreiben (»super«, »doof«, »klappt nicht«). Das sind aber oft die, die bewerten, ohne die App gründlich getestet zu haben. Zum Glück gibt es genug Bewerter, die wissen, wovon sie reden. Diese erkennen Sie an ausformulierten Texten, in denen positive wie negative Aspekte genauer ausgeführt werden.

Wichtig ist aber auch, dass es eine relevante Anzahl von Bewertungen gibt. Das bedeutet, dass die App schon eine Weile verfügbar ist und dass genügend Anwender sie installiert haben, sodass Probleme vermutlich schon aufgefallen wären. Außerdem sollte das Verhältnis zwischen positiven und negativen Bewertungen beachtet werden. Einzelne negative Bewertungen gibt es praktisch immer aus verschiedensten Gründen. Ein erheblicher Anteil an Ein-Sterne-Bewertungen ist ein Grund, genauer hinzusehen:

1. Beispiel: ein kostenlos herunterladbares Live-Wallpaper zu einem Film. Oben sehen Sie bereits, dass die App keine volle Punktzahl vorweisen kann und gerade die 1-Sterne-Bewertungen nicht gerade wenig sind.

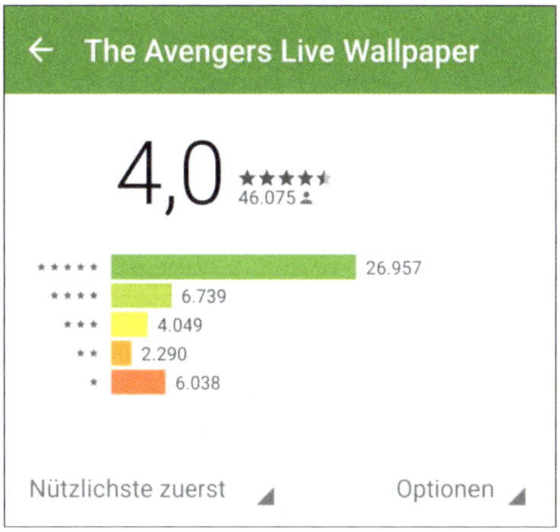

2. Darunter können Sie die Bewertungen nach Datum, Gerät etc. sortieren. Einige der weniger begeisterten Bewertungen weisen schon darauf hin, dass für ein Wallpaper viele Berechtigungen gefordert werden.
3. Wenn man herunterscrollt, wird klar, dass es sich hier um eine Abofalle handeln könnte (mehr darüber erfahren Sie im Abschnitt über In-App-Käufe weiter unten).

Zugriffsrechte

Viele Apps brauchen mindestens ein Zugriffsrecht. Eine Chat-App möchte auf Ihre Kontakte zugreifen, damit Sie nicht alle Namen und Telefonnummern erneut eintippen müssen. Eine App zum Bearbeiten von Fotos muss auf die Fotogalerie (und damit Dateien) zugreifen können. Eine App zum Einscannen von QR-Codes muss die Kamera benutzen dürfen etc.

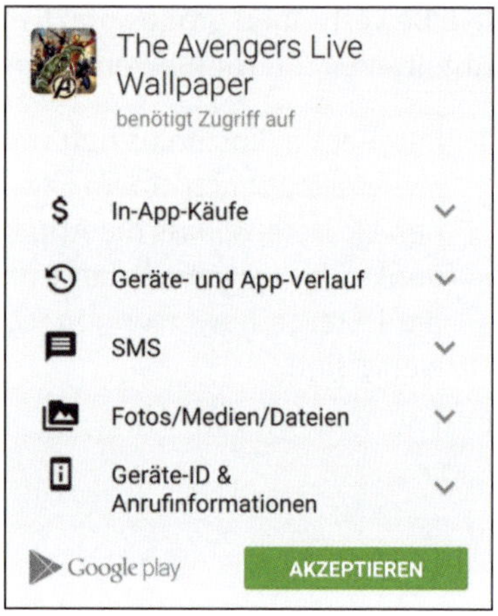

Wenn eine App sich allerdings gleich mehrere Zugriffsrechte einräumen lassen möchte, sollte man immer genau hinsehen. Wozu braucht ein Hintergrundbild Zugriff auf *Geräte-ID & Anrufinformationen*? Aber auch *In-App-Käufe* und *Netzwerkkommunikation* sind bedenklich, denn damit erlauben Sie den Zugriff auf den Play-Store-Rechnungsdienst – also Ihre Kreditkarte! Auch der Zugriff auf *SMS* und *Anrufinformationen* erschließt sich bei einem Live-Hintergrund nicht so recht. Tippen Sie eine Berechtigung an, um herauszufinden, was Sie der App damit erlauben. Vertrauenswürdige App-Entwickler erklären in der Beschreibung der App, warum bestimmte Berechtigungen benötigt werden.

Software aus anderen Quellen installieren

Der Play Store ist die wichtigste, aber nur eine von mehreren Quellen für Apps. Es gibt alternative App Stores wie etwa von Amazon oder F-Droid. Außerdem lassen sich Android-Anwendungen auch einfach als Datei in einem bestimmten Paketformat aus dem Netz herunterladen und auf dem Gerät installieren. Da das Veröffentlichen von Apps für Entwickler mit Kosten verbunden ist (selbst wenn die Apps kostenlos angeboten werden), stellen manche ihre Apps einfach als Download auf ihrer Website bereit. Allerdings sind alle diese Wege außerhalb des Google Play Store auf den meisten Android-Geräten aus Sicherheitsgründen standardmäßig blockiert. Wer das ändern will und sich der Probleme und Risiken bewusst ist, muss das Installieren von Apps »unbekannter Herkunft« ausdrücklich aktivieren:

1. Öffnen Sie die *Einstellungen* und darin im Bereich *Nutzer* die Seite *Sicherheit*. Bei neueren Android-Versionen ist diese Einstellung in *Apps & Benachrichtigungen/Spezieller App-Zugriff* gewandert.

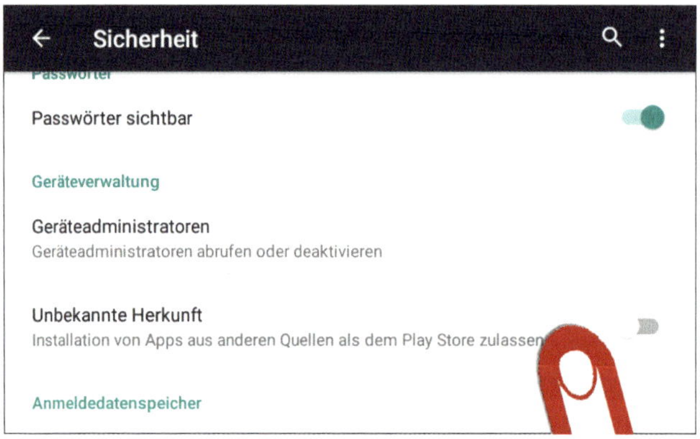

2. Hier finden Sie den Menüpunkt *Unbekannte Herkunft.* bzw. *Unbek. Apps installieren.* Tippen Sie darauf, um diese Einstellung zu aktivieren.
3. Bestätigen Sie ggf. die Warnung bezüglich Apps aus unbekannten Quellen mit *OK*.

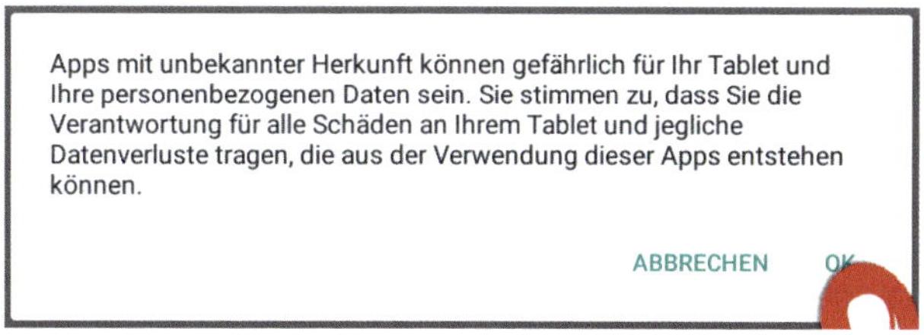

Berechtigungen für Apps prüfen und beschränken

Früher galt bei Android bis hin zu Version 5 die Devise »friss oder stirb«. Beim Installieren einer App bekam man präsentiert, welche Rechte diese eingeräumt haben wollte. Das konnte man abnicken oder die App eben nicht installieren.

Ab Android 6 kann man Apps einzelne Zugriffsrechte verweigern. Diese werden deshalb auch nicht mehr bei der Installation abgefragt, sondern jeweils beim erstmaligen Verwenden einer entsprechenden Funktion der App. So kann man einzelne Berechtigungen nach Belieben verweigern oder Zulassen. Die App wird trotzdem ihren Dienst tun. Es kann aber sein, dass einzelne Funktionen sich mit verweigerten Zugriffsrechten nicht nutzen lassen.

Die Berechtigungen einer App im Detail steuern

In den Eigenschaften einer App können Sie nicht nur genau sehen, welche Berechtigungen diese App hat. Sie können diese Zugriffsrechte auch nachträglich jederzeit verändern.

Wenn Sie also merken, dass eine App ihre Aufgabe mit einer verweigerten Berechtigung nicht erfüllen kann, korrigieren Sie Ihre frühere Entscheidung eben.

1. Um die Berechtigungen einer bestimmten App zu kontrollieren, öffnen Sie in den *Einstellungen* unter *Apps* (früher auch *Apps & Benachrichtigungen*) die Übersicht der installierten Apps.
2. Suchen Sie in dieser Liste den Eintrag der fraglichen App, und tippen Sie diesen einfach an.
3. Daraufhin werden Ihnen alle Details zu dieser App angezeigt, einschließlich der Möglichkeit, diese App zu deinstallieren. Weiter unten in der Liste finden Sie den Eintrag *Berechtigungen*, den Sie antippen können.

4. Die so geöffnete Liste umfasst alle App-Berechtigungen, die diese App potenziell haben möchte. Am Schaltersymbol rechts erkennen Sie jeweils, ob die Berechtigung auch erteilt wurde. Fehlt ein Zugriffsrecht, haben Sie dieses entweder verweigert, oder die App hat bislang noch nicht danach gefragt, weil die entsprechende Funktion noch nie genutzt wurde.
5. So oder so können Sie mit dem Schaltersymbol für jede Berechtigung festlegen, ob diese eingeräumt werden soll oder nicht.
6. Abschließend können Sie die Liste einfach mit dem Pfeil oben links verlassen.

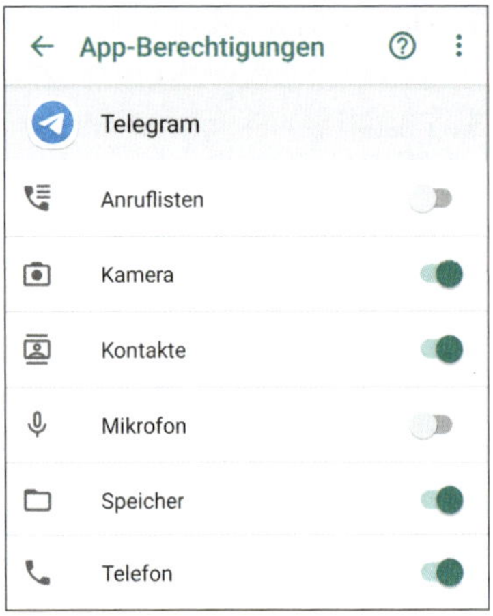

Welche Apps haben welche Berechtigungen?

Es ist nicht nur interessant, bei bestimmten Apps über deren Berechtigungen im Bilde zu sein. Manchmal möchten Sie vielleicht auch wissen, welche Apps beispielsweise auf Kontakte, Kamera oder Mikrofon zugreifen können. Dann können Sie den umgekehrten Weg gehen und sich eine Liste aller Apps anzeigen lassen, die ein bestimmtes Zugriffsrecht haben bzw. haben möchten.

1. Öffnen Sie in den *Einstellungen* im Bereich *Gerät* den Punkt *Apps*.
2. Tippen Sie oben rechts auf das Zahnradsymbol, und wählen Sie im Menü *App-Berechtigungen*. Wenn Ihr Android diese Möglichkeit nicht aufweist, nutzen Sie die Suchfunktion in den *Einstellungen* zur Suche nach *App-Berechtigungen*.

3. Wählen Sie im anschließenden Schritt zunächst die Art des Zugriffsrechts aus, das Sie kontrollieren möchten. In dieser Liste lässt sich auch recht schön erkennen, welche Rechte besonders »beliebt« sind.

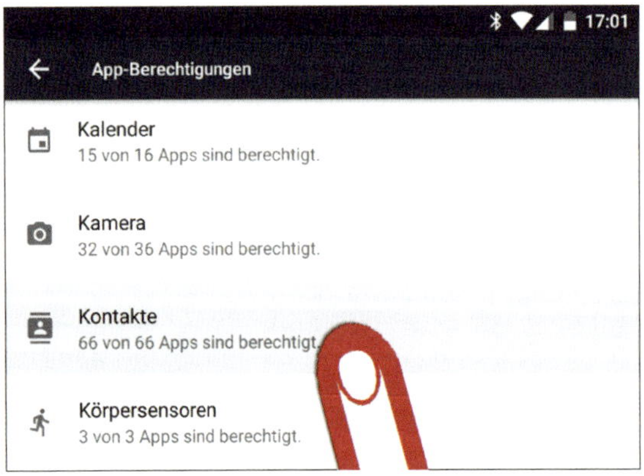

4. Für die gewählte Kategorie werden dann alle Apps aufgelistet, die dafür potenziell Zugriffsrechte haben möchten. Am Schalter rechts erkennen Sie, welche der Apps diese Erlaubnis derzeit haben. Gleichzeitig können Sie mit einem Tipp auf diesen Schalter einzelnen Apps dieses Zugriffsrecht verweigern oder genehmigen.

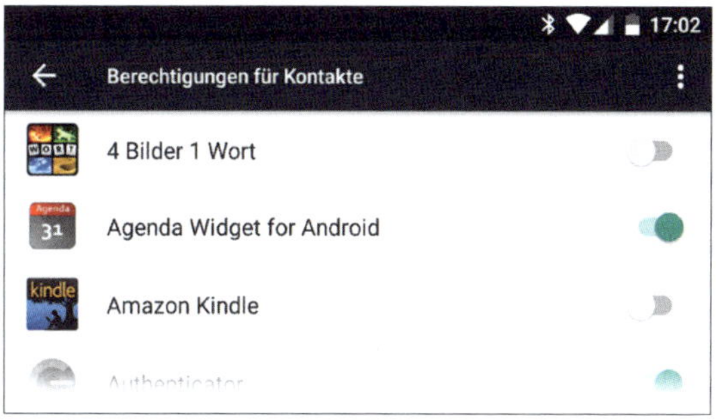

5. Sollte eine ältere App noch nicht an die Rechteverwaltung angepasst worden sind, wird ein Warnhinweis angezeigt, dass diese App anschließend eventuell nicht mehr funktionieren könnte. Das ist korrekt, aber ein Versuch kann in keinem Fall schaden. Sollte die App anschließend tatsächlich nicht mehr funktionieren, können Sie ihr das Zugriffsrecht notfalls wieder einräumen.

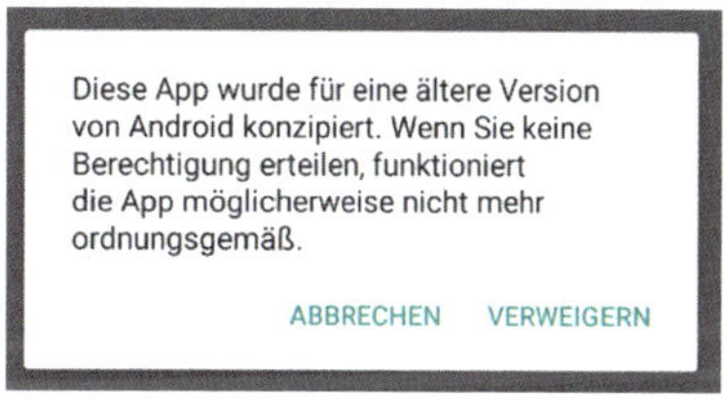

Apps als Geräteadministratoren

Neben den Berechtigungen sieht Android vor, dass Apps spezielle Rollen übernehmen dürfen, die ihnen Zugriff auf bestimmte Funktionen ermöglichen. Dies geht allerdings nur, wenn der Anwender dies zulässt oder sogar selbst durchführt. Besonders zu beachten sind dabei Apps zur Geräteverwaltung, da diese weitgehend Rechte zur eigenständigen Konfiguration des Gerätes eingeräumt bekommen. Einige Apps benötigen dies, um ihre Aufgabe erfüllen zu können. Aber auch für Apps mit bösen Absichten ist dieser Status ein begehrtes Ziel. Deshalb sollte man sich gut überlegen, ob eine App diesen Status wirklich braucht und ob man ihr ausreichend Vertrauen entgegenbringen kann. Welche Apps als Geräteadministratoren fungieren möchten und dürfen, können Sie jederzeit kontrollieren:

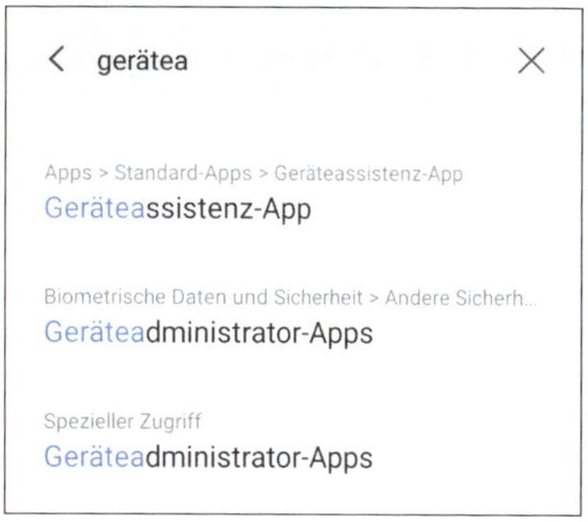

1. Öffnen Sie die *Einstellungen*, und nutzen Sie darin die Suchfunktion, um die richtige Einstellung zu finden. Je nach Android-Version und Hersteller gelangen Sie mit »Geräteverwaltung« oder »Geräteadmin« zum Ziel.

2. Wählen Sie in der Liste der Suchergebnisse einen Eintrag wie *Geräteadministrator*, *Geräteadministrator-App* oder *Apps zur Geräteverwaltung*.
3. In allen Fällen führt diese Einstellung Sie zu einer Liste der installierten Apps, die potenzielle Geräteadministrator-Apps sind. Das bedeutet, dass diese Apps Funktionen umfassen, für die sie als Geräteadministrator zugelassen sein müssen.
4. Ist ein Eintrag rechts mit einem Häkchen bzw. Schalter aktiviert, dann hat diese App die Berechtigung, Administratorfunktionen auszuführen. Fehlt das Häkchen, wurde die Berechtigung (noch) nicht erteilt.
5. Über das Häkchen bzw. den Schalter können Sie jederzeit den Status der einzelnen Apps ändern. Wenn Sie also nicht einsehen, warum eine der Apps für ihre Aufgaben den Geräteadministratorstatus benötigen soll, verweigern bzw. entziehen Sie diesen einfach. Im schlimmsten Fall wird die App sich darüber beschweren und bestimmte Funktionen dann nicht mehr ausführen können. Dann können Sie sich aber immer noch anders entscheiden.

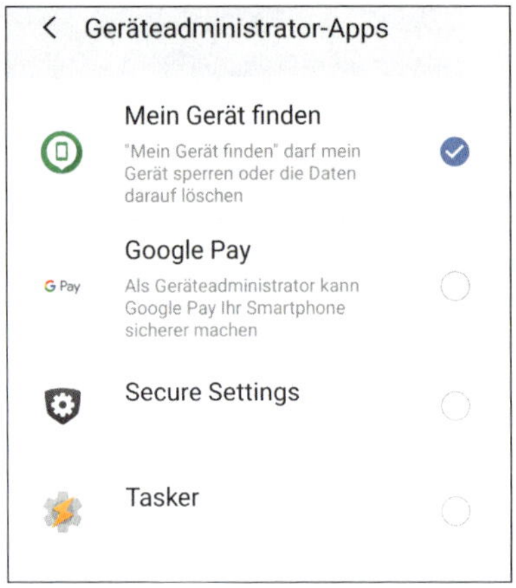

Ich würde einer App diesen Status nur zugestehen, wenn sie von einem vertrauenswürdigen Entwickler kommt und dieser beispielsweise in einer Anleitung genau erklärt, warum die App diesen Status benötigt. Seriöse Entwickler legen dazu offen, für welche Funktion genau der Geräteadministratorstatus benötigt wird und mit welchen Einschränkungen sich die App ggf. auch ohne diesen Status nutzen lässt. Nur dann kann man als Anwender eine informierte Entscheidung treffen.

Apps als Bedienhilfen

Ein weiterer Status, den Apps sich gern verschaffen, ist der als Bedienhilfe. Bedienhilfen sollen es eigentlich ermöglichen, Apps speziell für eingeschränkte Benutzer zu entwickeln und diesen beispielsweise alternative Steuer- und Eingabehilfen bereitzustellen. Sie werden aber auch für andere durchaus sinnvolle Zwecke genutzt. So benötigt die auf Seite 36 vorgestellte KeePass-App für Android diesen Status, um eine eigene virtuelle Tastatur zu realisieren, über die sie Anmeldedaten in Webbrowser und andere Apps einfügen kann.

Genau dieses Implementieren eigener virtueller Tastaturen ist aber auch eine Achillesferse bei Android. Denn wenn es einem Angreifer gelingt, eine eigene Tastatur im System zu verankern, die alle Eingaben zusätzlich an ihn übermittelt, kann er damit ganz bequem Passwörter, Kreditkartendaten etc. ausspähen. Aus diesem Grund sollten nur Apps als Bedienhilfen zugelassen werden, denen man vertraut und die für ihr Funktionieren unbedingt darauf angewiesen sind.

1. Suchen Sie in den *Einstellungen* den Bereich *Bedienungshilfen* bzw. *Eingabehilfen*.
2. Damit öffnen Sie ein Menü mit verschiedenen Einstellungen, von denen ein Eintrag auf heruntergeladene bzw. installierte *Dienste* verweist. Hinweis: Sollte dieser Eintrag fehlen, dann sind auf Ihrem Gerät bislang keine Dienste installiert, die als Bedienhilfe fungieren können.
3. Zeigt der Eintrag nur eine Anzahl der installierten Dienste, können Sie ihn antippen. Dann erhalten Sie eine Liste mit allen installierten Apps bzw. deren Diensten, die sich als Bedienhilfen im Android-System registrieren können. Bei einigen Android-Versionen sind die einzelnen Dienste aber schon direkt im Menü für Bedienhilfen aufgeführt.
4. Wenn Sie einen der Einträge antippen, erhalten Sie eine Erläuterung, warum und wofür diese App als Bedienhilfe registriert sein sollte. Achtung: Dieser Text stammt vom Entwickler der App selbst und sollte also mit gesunder Skepsis zur Kenntnis genommen werden.
5. Mit dem Schieberegler oben rechts können Sie festlegen, ob Sie diesen Dienst als Bedienhilfe in Ihrem System zulassen möchten oder nicht.

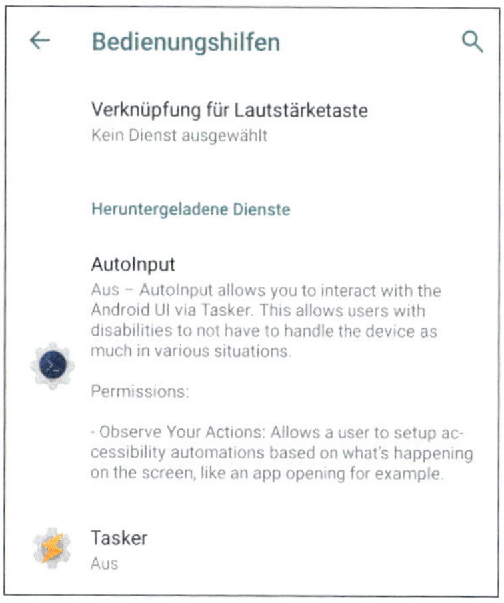

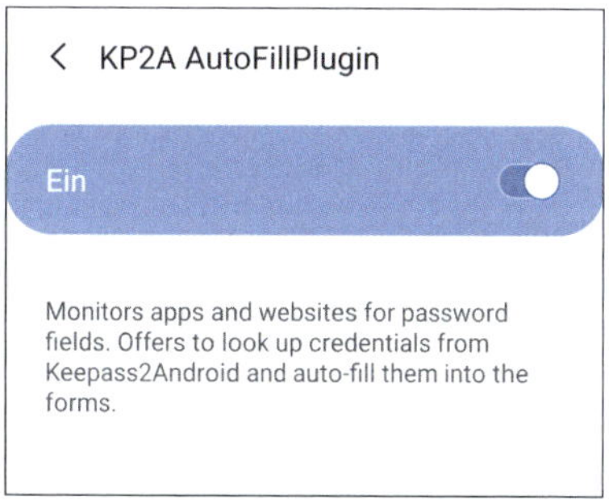

Genau wie Geräteadministrator-Apps sollte man den Bedienhilfestatus nicht leichtfertig einräumen. Er wird nur von wenigen Apps benötigt und nur dann, wenn Sie beispielsweise deren alternative Tastatur für einen bestimmten Zweck benötigen.

4.5 Virenschutz für Android-Geräte

Genau wie für Windows werden auch für Android diverse Virenscanner als kostenpflichtige Apps im Play Store angeboten. Ob man einen solchen unbedingt benötigt, hängt davon ab, wie experimentierfreudig man beim Installieren von Apps ist. Google Play selbst bietet eine Virenschutzfunktion. Sie prüft nicht nur Apps, die aus dem Play Store installiert werden sollen.

In regelmäßigen Abständen werden alle auf dem Gerät vorhandenen Apps – also auch solche aus anderen Quellen – von Play Protect überprüft. Findet Play Protect dabei Schadsoftware, wird die betreffende App automatisch deinstalliert, und Sie werden davon in

Kenntnis gesetzt. Play Protect prüft aber beispielsweise auch, ob Apps sich dauerhaft an Googles Richtlinien in Bezug auf Datenschutz und Transparenz halten. Werden dabei Verstöße festgestellt, erhalten Sie einen Hinweis und können die App auf Wunsch deinstallieren. Durch die Integration in den Play Store ist Play Protect auf praktisch allen Android-Geräten unabhängig vom Hersteller verfügbar. Sie sollten allerdings überprüfen, ob die Funktion auch aktiv ist:

1. Starten Sie die Play-Store-App, und öffnen Sie das Menü mit dem Symbol links oben.
2. Wählen Sie im Menü den Punkt *Play Protect*.
3. Auf der Übersichtsseite sollte Sie oben zunächst die Meldung *Alles in Ordnung* begrüßen. Darunter sehen Sie, welche Apps zuletzt überprüft wurden und wann der letzte Scan war.
4. Für die Einstellungen tippen Sie oben rechts auf das Zahnradsymbol.

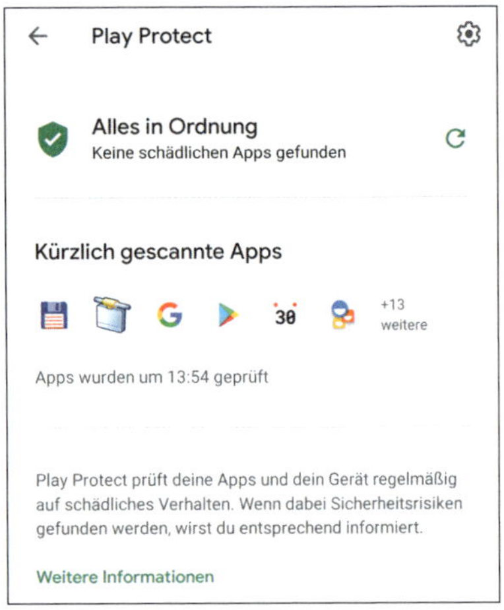

5. Auf der so geöffneten Seite finden sich nur zwei Einstellungen, von denen die obere die entscheidende ist:
   - **Gerät auf Sicherheitsbedrohungen prüfen:** Diese Option steuert, ob Play Protect regelmäßig die installierten Apps überprüft und Malware bzw. Verstöße gegen die Google-Richtlinien meldet. Diese Option sollte also immer eingeschaltet sein.
   - **Erkennung schädlicher Apps verbessern:** Wenn Sie Apps auch aus anderen Quellen als dem Play Store beziehen, ist diese Funktion interessant. Sie sendet solche für Google bislang unbekannten Apps zur Überprüfung ein. Die Apps werden dann analysiert und ggf. zukünftig von Play Protect berücksichtigt. Es kann nicht schaden, wenn auch diese Option eingeschaltet ist, es sei denn, Sie verwenden eigene Apps, die auf keinen Fall an Google übermittelt werden sollen.

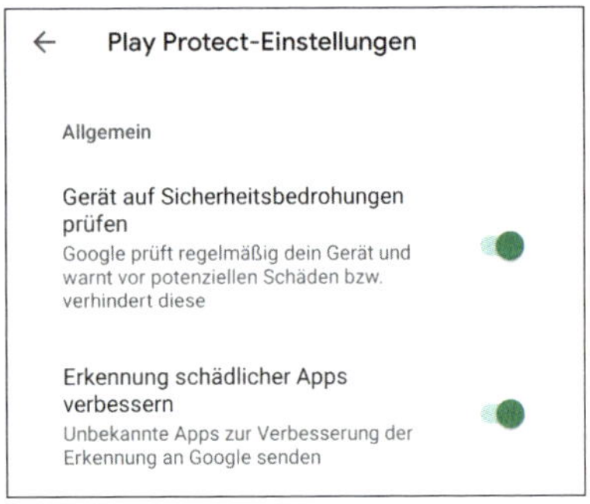

So reagiert Play Protect auf problematische Apps

Ist Play Protect aktiviert, analysiert es in regelmäßigen Abständen sämtliche auf dem Gerät installierten Apps. Auch wenn eine App aus einer anderen Quelle als dem Play Store installiert werden soll, schaut Play Protect genau hin. Wenn es dabei auf verdächtige Spuren stößt, wird es automatisch aktiv. Wie die Reaktion genau aussieht, hängt von der Art des Fundes ab. In jedem Fall aber wird der Anwender über den Fund informiert:

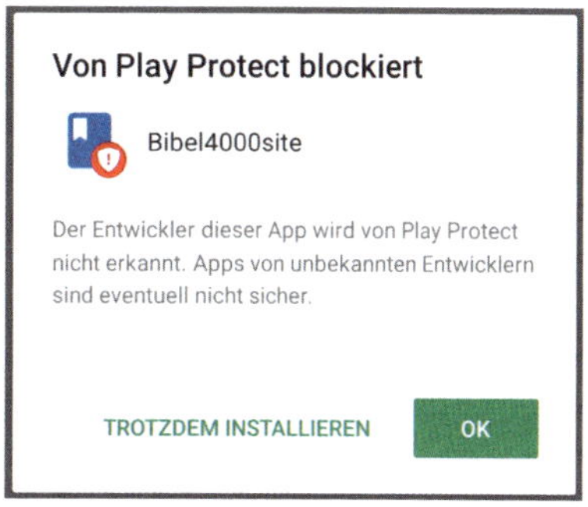

- Ist die gefundene App als gefährlicher Schädling eingestuft, wird Play Protect automatisch ohne Rückfrage aktiv. Die App wird umgehend deinstalliert, damit sie keinen (weiteren) Schaden anrichten kann. Der Nutzer wird darüber informiert.
- Verstößt eine gefundene App gegen Richtlinien von Google – etwa hinsichtlich des Datenschutzes oder formaler Kriterien –, wird der Anwender darauf lediglich aufmerksam gemacht und ihm angeboten, die App auf seinen Wunsch hin zu deinstallieren bzw. die Installation trotzdem fortzusetzen. Das können Sie dann tun oder lassen, wie Sie möchten.

Insbesondere bei Apps aus alternativen Quellen sind Warnungen vor der Installation nichts Ungewöhnliches. Das liegt oft allein schon daran, dass die Entwickler nicht bei Google registriert sind, weil das mit Kosten verbunden ist, die sich nicht lohnen, wenn eine App kostenlos oder nur für einen kleinen Benutzerkreis vorgesehen ist.

Alternativen zu Play Protect

Es gibt im Play Store zahlreiche Antiviren-Apps für Android auch von den bekannten Herstellern in diesem Bereich. Ob man dafür Geld ausgeben muss, ist Ansichtssache. In Vergleichstests schneiden diese Schutzprogramme zumindest teilweise besser ab als Play Protect, da sie oftmals schneller auf aktuelle Schädlinge reagieren. Wer regelmäßig Apps aus anderen Quellen installiert, sollte also zumindest darüber nachdenken, sich mit einem zusätzlichen Antivirenschutz abzusichern. Wer aber nur die »üblichen« Apps und Spiele über den Play Store bezieht, der ist mit Play Protect völlig ausreichend geschützt.

4.6 Daten auf Android-Geräten verschlüsseln

Wenn Sie den Zugang zu Ihrem Android-Gerät mit Passwort, PIN oder biometrischen Merkmalen abgesichert haben, sind auch die Daten auf dem Gerät zuverlässig geschützt, oder? Leider lautet die Antwort auf diese Frage: Nein! Wenn jemand Ihr Gerät entwendet oder findet, kann er auf die gespeicherten Daten zugreifen, selbst wenn er den Sperrbildschirm nicht überwinden kann. Denn das Gerät hat ja noch einen USB-Anschluss, der es beispielsweise mit einem PC verbindet. Im einfachsten Fall kann man dann schon auf den internen Speicher sowie eine eingesteckte SD-Karte zugreifen und die Dateien von dort auslesen.

Wer sichergehen möchte, dass die Dateien auf seinem Android-Gerät im Falle eines Verlusts auf keinen Fall in falsche Hände geraten können, muss diese Daten verschlüsseln. Android bringt dafür eine eingebaute Funktion mit. Sie verschlüsselt den internen Speicher sowie ggf. eine eingesteckte SD-Karte. Zugriffe sind nur möglich, solange das Gerät läuft und nicht der Sperrbildschirm angezeigt wird. So wird sichergestellt, dass die Daten nur gelesen werden können, wenn ein berechtigter Benutzer das Gerät zuvor entsperrt hat.

Einschränkungen durch die Geräteverschlüsselung

So schön und einfach das Verschlüsseln klingt, es bringt auch Nachteile mit sich. Eher weniger schlimm ist, dass der einmalige Verschlüsselungsprozess relativ zeitaufwendig ist. Für ältere Geräte und Einsteigermodelle ist schon wichtiger, dass das Ver- und Entschlüsseln Rechenzeit benötigt. Dadurch kann sich insbesondere der Gerätestart spürbar verlangsamen, aber auch der Umgang insgesamt kann bei schwächerer Hardware zäher werden. Hat man ein aktuelles Mittelklassemodell oder ein noch besseres Gerät, dürfte dieser Effekt aber kaum spürbar sein. Ganz wichtig ist aber noch Folgendes: Auf einigen Android-Geräten lässt sich die einmal aktivierte Verschlüsselung nicht wieder rückgängig machen. Es bleibt dann nur das Zurücksetzen auf Werkseinstellungen, wobei alle auf dem Gerät gespeicherten Daten verloren gehen, wenn man zuvor kein externes Backup gemacht hat.

Die Geräteverschlüsselung aktivieren

Einige Hersteller wie etwa Samsung liefern ihre Android-Geräte seit einiger Zeit bereits mit aktiver Verschlüsselung aus. Diese ist dann automatisch immer aktiv und lässt sich auch nicht abschalten. Dann fehlen die entsprechenden Einträge in den *Einstellungen*. In solchen Fällen können Sie allenfalls eine ggf. vorhandene SD-Karte bei Bedarf zusätzlich verschlüsseln. Bei Android-Geräten, die nicht ab Werk verschlüsseln, können Sie dies jederzeit nachträglich aktivieren. Beachten Sie vor dem Einrichten der Verschlüsselung Folgendes:

- Der einmalige Vorgang des Einrichtens der Verschlüsselung kann ein bis zwei Stunden dauern. Führen Sie ihn also durch, wenn Sie ausreichend Zeit haben.
- Es muss eine sichere Entsperrmethode eingerichtet sein (beispielsweise Passwort, PIN oder Muster). Sie werden während des Vorgangs aber ggf. aufgefordert, dies nachzuholen.
- Der Akku des Gerätes sollte zu Beginn des Vorgangs mindestens zu 80 % geladen sein.
- Zusätzlich muss sich das Gerät während des Vorgangs im Netzbetrieb befinden, also ein Ladekabel angeschlossen sein.

Die beiden letzteren Vorkehrungen sollen verhindern, dass der Verschlüsselungsvorgang durch einen leeren Akku oder einen Stromausfall unterbrochen werden kann, was fatale Folgen haben könnte.

1. Öffnen Sie die *Einstellungen* und dort den Bereich *Sicherheit* bzw. *Sicherheit & Standort*.
2. Lokalisieren Sie hier den Eintrag *Smartphone verschlüsseln* bzw. *Verschlüsselung*. Bei neueren Android-Versionen versteckt er sich im *Trust*-Untermenü.
3. Der Vorgang beginnt mit einem oder mehreren Hinweisen und Sicherheitsrückfragen. Hier steht beispielsweise auch, ob Ihr Gerät zu denen gehört, bei denen die Verschlüsselung nur durch Zurücksetzen auf Werkseinstellungen wieder abgeschaltet werden kann. Wollen Sie den Vorgang trotzdem fortsetzen, tippen Sie jeweils auf *Smartphone verschlüsseln*.
4. Dann beginnt der eigentliche Verschlüsselungsvorgang, der ein bis zwei Stunden in Anspruch nehmen kann. In dessen Verlauf kann es zu mehreren automatischen Neustarts des Gerätes kommen, was kein Grund zur Beunruhigung ist. Lassen Sie das Gerät einfach machen, bis es Vollzug meldet.

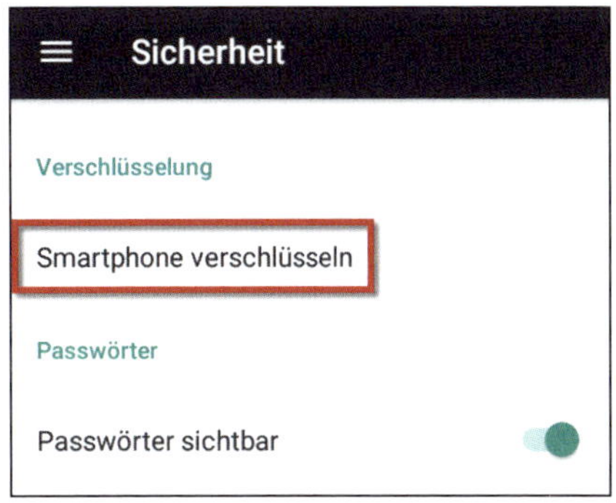

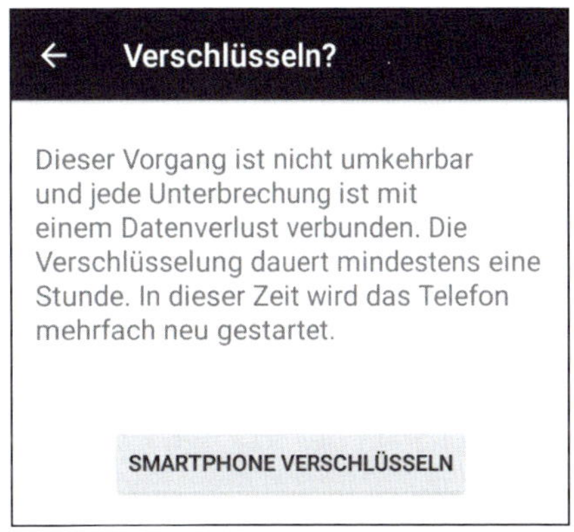

Die SD-Karte verschlüsseln

Die Geräteverschlüsselung bezieht sich standardmäßig nur auf den internen Speicher Ihres Gerätes. Wenn in Ihr Smartphone oder Tablet zusätzlich eine SD-Karte eingesteckt ist, können Sie auch diese verschlüsseln, um die Dateien darauf zu schützen. Sie finden dazu ggf. einen Menüpunkt *SD-Karte verschlüsseln* in den Sicherheitseinstellungen. Der Ablauf ist entsprechend der Verschlüsselung des internen Speichers. Das hat dann aber die Konsequenz, dass diese Karte an keinem anderen Gerät mehr ausgelesen werden kann. Deshalb würde ich eher darauf verzichten und auf der SD-Karte nur Medien etc. speichern, die nicht unbedingt vertraulich sind.

Einzelne Dateien oder Ordner verschlüsseln?

Da die Komplettverschlüsselung von Android recht aufwendig ist und eventuell Einschränkungen mit sich bringt, könnte man auf den Gedanken kommen, stattdessen nur besonders vertrauliche Daten zu verschlüsseln. Der Google Play Store ist voll mit Apps, die sich zum Verschlüsseln von Dateien anbieten.

Allerdings hat sich in Tests immer wieder gezeigt, dass nicht wenige dieser Apps modernes »Schlangenöl« sind und allenfalls einen oberflächlichen Schutz bieten. Teilweise werden die »verschlüsselten« Dateien tatsächlich einfach nur umbenannt oder verschoben, sodass sie mit wenig Aufwand wiederzufinden und zu lesen sind. Teilweise wird verschlüsselt, aber mit einem so simplen Verfahren, dass es in wenigen Sekunden geknackt werden kann. Und selbst wenn eine App tatsächlich zuverlässig verschlüsselt, ist das nicht immer eine gute Nachricht. Denn immer wieder gibt es auch Berichte von Nutzern, die nach einem Update der Verschlüsselungs-App plötzlich nicht mehr auf ihre Dateien zugreifen konnten.

Ich würde um solche Apps also lieber einen großen Bogen machen. Wenn Sie wirklich vertrauliche Daten auf Ihrem Gerät haben, nutzen Sie die Verschlüsselungsfunktion von Android. Diese ist auch nicht perfekt, aber zumindest gut erprobt und ausreichend sicher, um Gelegenheitshacker abzuwehren.

4.7 Geräte bei Verlust aufspüren oder sperren

Leider muss man immer mit dem Verlust eines Smartphones oder Tablets rechnen. Es kann gestohlen werden – direkt oder weil es sich in einem entwendeten Gepäckstück oder Auto befand. Vielleicht lässt man es auch selbst versehentlich irgendwo liegen, wo es ein »unehrlicher Finder« an sich nimmt. Selbst wenn man den Zugang zum Gerät gesperrt und die darauf befindlichen Daten verschlüsselt hat, bleibt ein Restrisiko, dass der neue Besitzer diese Hürden überwinden kann. Wenn man sich für solche Verlustfälle vorbereitet hat, kann man das Gerät eventuell aufspüren und notfalls die Daten noch löschen lassen, bevor sie in falsche Hände geraten.

Fernzugriff auf Android-Geräte

Wesentliche Voraussetzung ist, dass Sie das Gerät mit einem Google-Konto verknüpft haben, was in der Regel aber ohnehin der Fall sein dürfte. Außerdem dürfen die Standortdienste des Gerätes nicht komplett abgeschaltet werden. Das ist unter Datenschutzgesichtspunkten zwar bedauerlich, aber wer mit seinem Android-Gerät viel unterwegs ist, wird auf die GPS-Ortung meist ohnehin nicht verzichten wollen.

Sind diese beiden Punkte erfüllt, meldet jedes Android-Gerät regelmäßig seine Position an die Google-Server. Sollte GPS aktiviert sein, kann Google Ihnen relativ genau anzeigen, wo sich das Gerät gerade befindet. Aber selbst ohne GPS kann der Standort bei aktivem WLAN immerhin grob geortet werden. Zumindest kann man so beispielsweise erkennen, ob man es vielleicht bei Freunden vergessen hat oder ob es sich lohnt, zu Hause zu suchen.

1. Sollten Sie ein Android-Gerät verloren haben, können Sie jederzeit mit einem beliebigen internetfähigen Gerät (PC, Notebook, Smartphone etc.) folgende Webseite aufrufen: www.google.com/android/devicemanager.
2. Dort loggen Sie sich ggf. mit Ihrem Google-Konto und dem zugehörigen Passwort ein.

3. Anschließend wird Ihnen auf Google Maps angezeigt, wo sich Ihr Gerät derzeit befindet. Genauer gesagt, handelt es sich dabei um die letzte vom Gerät übermittelte Position.

   Außerdem haben Sie nun verschiedene Möglichkeiten:

   - Befinden Sie sich gerade in der Nähe der angezeigten Position, können Sie das Gerät *Klingeln lassen*, um es leichter zu finden.
   - Um sicherzustellen, dass niemand Unbefugtes Zugriff auf das Gerät und die verbundenen Daten hat, wählen Sie *Gerät sichern*. Es wird dann gesperrt und von den Google-Konten abgemeldet, mit denen es verknüpft ist. Gleichzeitig legen Sie ein neues Passwort zum Entsperren fest. Außerdem können Sie eine Telefonnummer oder eine Nachricht für einen – hoffentlich ehrlichen – Finder auf dem Bildschirm anzeigen lassen.
   - Vielleicht gibt der Standort Ihnen keine Hoffnung, das Gerät wiederzubekommen. Oder die darauf gespeicherten Daten, Fotos etc. sind so vertraulich und persönlich, dass Sie keinerlei Risiko eingehen möchten? Dann bleibt Ihnen die Möglichkeit, alle auf dem Gerät gespeicherten Daten löschen zu lassen. Das Gerät wird dabei aber zurückgesetzt, und alle Einstellungen werden entfernt. Es ist ab dann also auch nicht mehr auf die hier beschriebene Weise zu orten. Deshalb sollte dies die letzte Maßnahme sein.

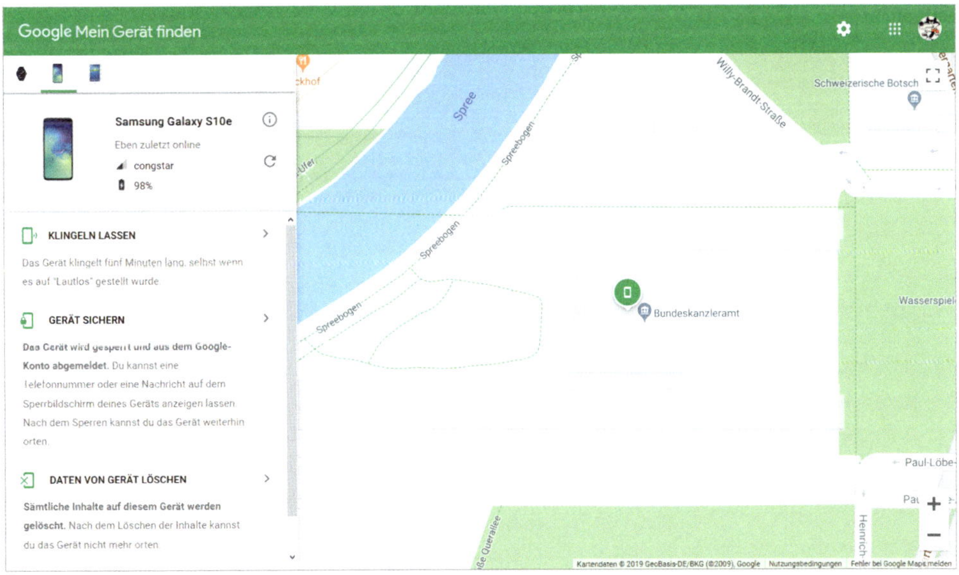

Das Sichern oder Löschen des Gerätes können Sie auch vornehmen, wenn das Mobilgerät derzeit nicht geortet werden kann. Sobald das Smartphone oder Tablet das nächste Mal online ist, übermittelt Google einen entsprechenden Befehl.

4.8 Root-Zugriff: mehr Schaden als Nutzen?

Zum Schluss möchte ich noch auf eine Empfehlung eingehen, die man im Zusammenhang mit Android-Geräten immer wieder hört: Man solle auf dem Gerät den Root-Zugriff aktivieren, um sein volles Potenzial nutzen zu können. Nur dann kann man beispielsweise

- ein komplettes Backup der installierten Apps inklusive individueller Einstellungen, Spielstände etc. durchführen,
- Apps installieren, mit denen sich der im Gerät verbaute Prozessor übertakten lässt, sodass es schneller läuft,
- alle vom Gerätehersteller vorinstallierten Apps deinstallieren, sodass mehr freier Speicher bereitsteht.

Das alles ist nicht gelogen, wenn es auch nicht immer für alle Geräte stimmt, ABER ... ich rate trotzdem grundsätzlich davon ab. Und ein (der wichtigste) Grund dafür ist Sicherheit.

Was bedeutet Root?

Wenn Sie Ihr Android-Gerät rooten, fügen Sie im Grunde keine neue Funktion hinzu, sondern Sie entfernen etwas. Nämlich die Sicherheitsbeschränkung, die normalen Anwendern den Zugriff auf kritische Systembereiche von Android verweigert. Der Begriff »Root« bedeutet auf Deutsch »Wurzel«. Wenn Sie Ihr Tablet rooten, haben Sie daher Zugriff auf die Systemdateien von Android – mit anderen Worten: die Wurzeln des gesamten Betriebssystems. Mit dem Root-Zugriff erhalten Sie Superuser-Rechte. Ein Superuser ist etwa vergleichbar mit einem Administrator-Account bei Windows. Er darf auf alle Einstellungen und Dateien zugreifen.

Das spricht gegen Root-Zugriff

Es gibt mehrere Risiken, die gegen das Rooten Ihres Android-Gerätes sprechen:

- Der Root-Vorgang ist kompliziert und bei jedem Gerät anders. Man benötigt nicht nur passende Software, sondern auch eine exakte Anleitung. Diese muss teilweise nicht nur zum konkreten Gerät, sondern auch zur aktuell installierten Firmware-Version passen.
- Sollte bei dem Root-Vorgang etwas schieflaufen oder eine der Anweisungen versehentlich nicht beachtet oder falsch ausgelegt werden, kann Ihr Gerät im schlimmsten Fall unbrauchbar werden. Man spricht dann davon, dass es »bricked« ist, denn »brick« ist der englische Begriff für Ziegelstein. Ihr Gerät ist dann also so nutzlos wie ein Stein und eignet sich höchstens noch als Briefbeschwerer.
- Durch den Root-Eingriff verlieren Sie die Gewährleistung bzw. Herstellergarantie. Wenn Sie das Gerät mit einem Defekt einschicken, wird der Kundendienst bemerken, dass es gerootet wurde, und Garantieleistungen verweigern.

- Aus Sicherheitsperspektive aber am schlimmsten: Apps, die Root-Rechte bekommen, dürfen tief in das System eingreifen und können daher großen Schaden anrichten. Immerhin bekommen Sie bei jeder App, die Root-Zugriff verlangt (also Superuser-Rechte), eine Warnung, die Sie zunächst bestätigen müssen, bevor das Programm tatsächlich auf die Systemdateien zugreifen darf. Dennoch sollten Sie sich darüber im Klaren sein, dass das Ausführen von Apps mit Root-Rechten großes Vertrauen in den Entwickler der App voraussetzt.
- Und ein weiterer problematischer Kollateralschaden des Root-Eingriffs: Zahlreiche sicherheitsrelevante Apps prüfen jeweils beim Start, ob sie auf einem Gerät mit Root-Zugriff ausgeführt werden. In dem Fall verweigern sie die Arbeit, da diese Umgebung nicht sicher ist und die Apps durch den Root-Zugriff missbraucht werden könnten. Das gilt beispielsweise für Verschlüsselungs-Apps, aber auch für viele Apps für Banking, Zwei-Faktor-Authentifizierung etc.

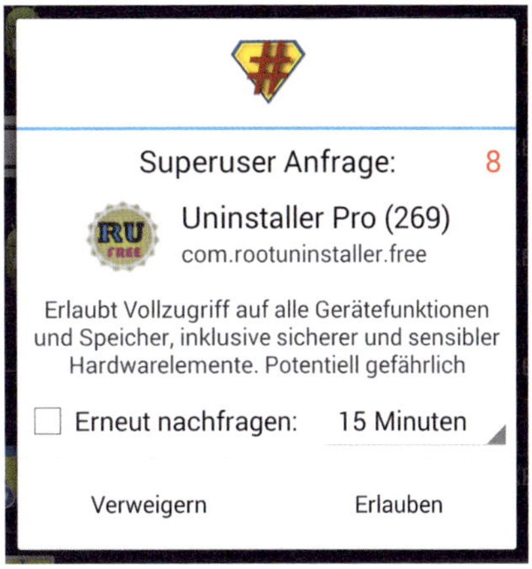

5. iPhone und iPad: iOS mit Sicherheit

iPhones und iPads mit dem Apple-Betriebssystem iOS gelten nach allgemeiner Meinung als »sicherer« als Android-Geräte. Inwieweit das zutrifft, darüber kann man trefflich streiten. Denn auch bei iOS und Apps aus dem App Store werden immer wieder Sicherheitslücken bekannt. Diese allerdings werden von Apple meist zeitnah und für die meisten (außer sehr alten) iOS-Geräten durch Updates repariert. Außerdem sind die Geräte mit dem Apfel-Logo im Vergleich zu Android deutlich weniger verbreitet, was sie für Hacker zu einem weniger attraktiven Ziel machen könnte.

Trotzdem sollten sich auch Apple-Nutzer nicht in falscher Sicherheit wiegen. Auch ihre Geräte sind grundsätzlich angreifbar. Deshalb sind Sicherheitsvorkehrungen auch hier dringend zu empfehlen.

5.1 Das Gerät sicher und komfortabel sperren

Auch bei iOS-Geräten ist die Kontrolle des Zugangs von essenzieller Bedeutung. Vor der Benutzung muss das Gerät jeweils einmal entsperrt werden. Aber wer diese Bildschirmsperre überwunden hat, kann dann meist auf alle Daten und Apps zugreifen. Zwar ist es komfortabel, das Gerät durch einfaches Drücken der Home-Taste zu entsperren. Nur kann das eben jeder machen, der Ihr iPhone oder iPad in die Finger bekommt.

Entscheiden Sie sich also unbedingt für eine sichere Alternative wie einen PIN-Code oder biometrische Merkmale wie Fingerabdruck oder Gesichtserkennung.

1. Um die Entsperrmethode zu konfigurieren, öffnen Sie in den *Einstellungen* den Bereich *Face ID & Code* bzw. bei Geräten ohne Gesichtserkennung *Touch ID & Code*.
2. Wenn der Bildschirm bislang einfach nur durch eine Taste bzw. Berührung entsperrt werden kann, tippen Sie auf *Code aktivieren*, um einen PIN-Code zum Entsperren festzulegen.

3. Tippen Sie nun den gewünschten Code zweimal ein. Mit *Codeoptionen* können Sie alternativ zu einem etwas weniger sicheren vierstelligen Code oder zu einem alphanumerischen Passwort wechseln, das auch Buchstaben und Sonderzeichen umfassen kann.

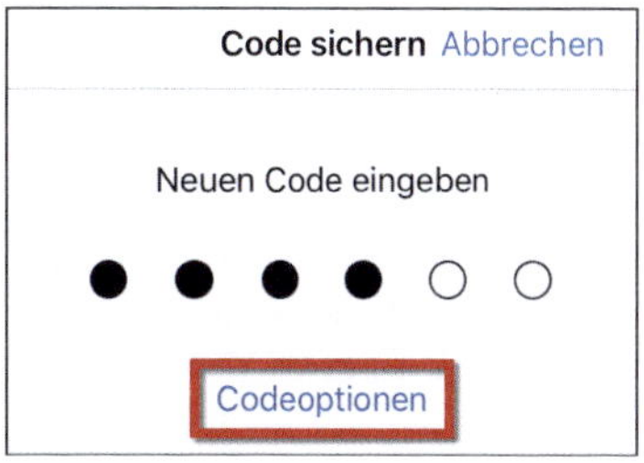

4. Abschließend müssen Sie die neue Zugangsmethode durch Ihre Apple-ID autorisieren. Geben Sie dazu das Passwort für Ihre Apple-ID ein. Haben Sie die Zwei-Faktor-Autorisierung für die Apple-ID (siehe Seite 191) aktiviert, muss ggf. auch dieser zweite Faktor bestätigt werden.

Per Biometrie entsperren

Als komfortablere Alternative zur Code-Eingabe bieten alle neueren iPhones und iPads die Verwendung biometrischer Merkmale zum Entsperren von Geräten an. Dabei gibt es zwei Verfahren:

- **Touch ID**: Bis 2017 setzte Apple auf Touch ID, wobei ein Fingerabdrucksensor in den Home-Button der Geräte integriert war. Bei Touch ID kann man das Gerät mit mehreren Benutzern teilen, indem man Abdrücke aller Personen anlernt. Das Verfahren gilt als etwas weniger sicher und hat Beschränkungen bei schmutzigen oder verletzten Fingern. Bei neueren Modellen wird es auch mangels Home-Button nicht mehr eingesetzt. Allerdings könnte es in Zukunft mit einem in den Bildschirm integrierten Sensor wiederbelebt werden, wie dies bereits bei Android-Geräten praktiziert wird.
- **Face ID**: Der Nachfolger von Touch ID setzt auf Gesichtserkennung auf Infrarotbasis. Dadurch »erlernt« das Gerät eine 3D-Abbildung des Gesichts, die es dank künstlicher Intelligenz auch unter erschwerten Bedingungen (Hut, Sonnenbrille, Make-up o. Ä.) oftmals wiedererkennt. Durch KI »lernt« die Gesichtserkennung laufend hinzu und kann sich so auch an Veränderungen anpassen. Face ID gilt als sicherer als Touch ID oder rein optische 2D-Verfahren zur Gesichtserkennung, hat aber auch seine Grenzen, beispielsweise bei Zwillingen oder Geschwistern. Außerdem kann Face ID prinzipbedingt immer nur von einer Person genutzt werden und eignet sich deshalb weniger für das Familien-iPad.

Die grundlegende Vorgehensweise ist bei beiden Verfahren die gleiche. Der Sensor muss einmalig angelernt werden, um ein digitales Vergleichsmuster der biometrischen Eigenschaft zu erstellen. Ich zeige es im Folgenden für Touch ID, die derzeit von der Mehrzahl der Apple-Geräte unterstützt wird.

1. Öffnen Sie in den *Einstellungen* den Bereich *Touch ID & Code*. (Bei Geräten mit Gesichtserkennung heißt er *Face ID & Code*.)
2. Haben Sie einen Entsperrcode festgelegt, müssen Sie diesen nun einmal eingeben, um sich als berechtigter Benutzer auszuweisen (damit niemand anders einem entsperrten Gerät seinen Fingerabdruck »beibringen« kann).

3. Tippen Sie nun im Menü auf den Eintrag *Fingerabdruck hinzufügen*.
4. Folgen Sie dann den Anweisungen des Assistenten, indem Sie einen beliebigen Finger mehrfach kurz mit der Fingerfläche auf die Home-Taste legen. Variieren Sie dabei die Position und Ausrichtung des Fingers jeweils etwas, damit der gesamte Abdruck aus verschiedenen Winkeln erfasst wird. Der symbolisch auf dem Bildschirm abgebildete Fingerabdruck wird dabei nach und nach vervollständigt. Wenn es nicht mehr vorangeht, verändern Sie die Position Ihres Fingers stärker.
5. Ist der Assistent mit den ermittelten Daten zufrieden, können Sie den Vorgang mit *Fortfahren* abschließen.

Auf die beschriebene Weise können Sie bis zu fünf Fingerabdrücke anlernen, die nicht notwendigerweise von einer Person stammen müssen.

Wie sicher ist Touch ID?

Touch ID gilt als recht zuverlässig, aber nicht unüberwindbar. Mitglieder des Chaos Computer Clubs haben bereits demonstriert, dass sich der Sensor ohne echten Finger austricksen lässt. Dazu scannten sie den Abdruck des Benutzers vom Touchscreen des Gerätes und bearbeiteten diesen nach. Das Bild wurde auf eine Leiterplatte geätzt und mit Graphit besprüht, um die elektrische Leitfähigkeit der Haut zu simulieren. Diese Leiterplatte wurde als Schablone für eine aus Holzleim gebildete Fingerattrappe verwendet. Damit konnte das Gerät – nach einigen Fehlversuchen – entsperrt werden. Es ist also möglich, aber man muss schon einigen Aufwand dafür betreiben.

Biometrie für weitere Autorisierungen verwenden

Biometrische Merkmale können nicht nur zum Entsperren des Gerätes genutzt werden. Man kann sie auch verwenden, um sich in anderen Bereichen auszuweisen, beispielsweise im App Store oder bei Apple Pay. Ob das gewünscht ist, hängt von verschiedenen Faktoren ab, beispielsweise auch davon, ob Fingerabdrücke mehrerer Personen angelernt wurden. Soll das iPad beispielsweise auch vom Nachwuchs per Fingerabdruck entsperrt werden können, sollte man das für Apple Pay und den App Store besser deaktivieren. Die Einstellungen dafür finden Sie ganz oben im Einstellungsmenü für *Touch ID & Code* bzw. *Face ID & Code*. Hier können Sie für die verschiedenen Bereiche jeweils mit dem Schalter rechts festlegen, ob die Autorisierung per Biometrie erlaubt sein soll. Wenn Sie das für einen der Bereiche deaktivieren, muss stattdessen jeweils die PIN bzw. das Passwort eingetippt werden.

Was wird bei gesperrtem Gerät preisgegeben?

Der Sperrbildschirm ist bei iOS-Geräten sehr interaktiv ausgelegt, damit man auf den ersten Blick beispielsweise neue Nachrichten erkennen und darauf reagieren kann, ohne immer erst entsperren zu müssen. Das kann dazu führen, dass andere Personen ohne Zugangsberechtigung das Gerät einfach in die Hand nehmen und dann persönliche Informationen einsehen und sogar bestimmte Aktionen wie etwa das Beantworten von Nachrichten oder die Smart-Home-Steuerung ausführen können.

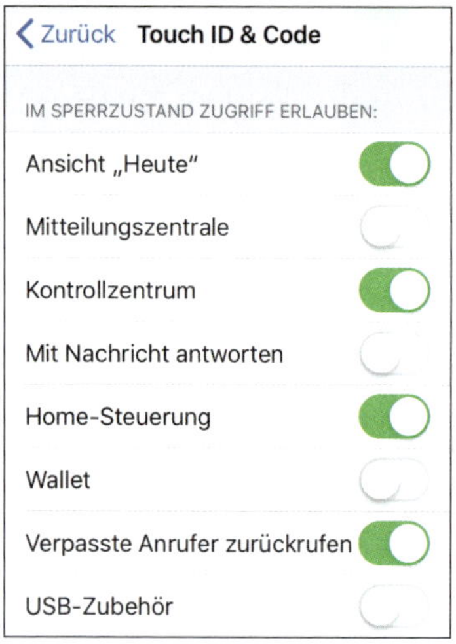

Um das zu vermeiden, sollten Sie festlegen, welche Informationen und Aktionen auf dem Sperrbildschirm ohne vorheriges Entsperren des Gerätes zugänglich sein sollen. Dazu finden Sie im Einstellungsmenü für *Touch ID & Code* bzw. *Face ID & Code* unten eine Reihe von Funktionen, die Sie jeweils mit dem Schalter rechts deaktivieren können. Ist der Schalter nicht mehr aktiv, sind Informationen und Aktionen aus dem entsprechenden Bereich nicht mehr vom Sperrbildschirm aus zugänglich.

USB-Anschluss gegen Unbefugte absichern

Eine wichtige Einstellung in der oben vorgestellten Liste ist ganz unten *USB-Zubehör*. Dieser Schalter sollte ausgeschaltet sein. Das sorgt dafür, dass ein gesperrtes Gerät über den USB-Anschluss nur geladen werden kann. Ist das Gerät gesperrt, werden Datenverbindungen per USB dann blockiert. Das verhindert, dass jemand unberechtigt Ihr iPhone in Besitz nimmt, es per USB mit einem PC verbindet und dann auf die darauf gespeicherten Bilder und Daten Zugriff erhält.

5.2 iOS aktuell halten

Einer der großen Vorteile von iOS gegenüber Android sind die wesentlich besser verfügbaren Updates. Da es nur einen Gerätehersteller gibt, der zugleich auch das Betriebssystem allein verantwortlich entwickelt, werden regelmäßig iOS-Updates veröffentlicht, die Sicherheitslücken schließen und neue Funktionen ergänzen. Diese Updates erscheinen nicht nur für die neuesten Geräte, sondern auch für die Modelle vergangener Jahre. Nur sehr alte Modelle fallen irgendwann aus dem Update-Zyklus und erhalten dann keine Aktualisierungen mehr.

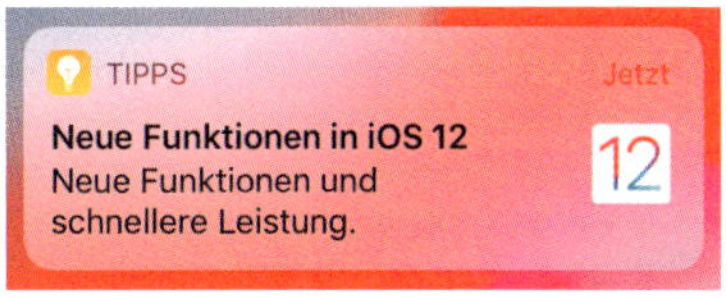

1. iOS-Geräte überprüfen regelmäßig automatisch, ob Updates vorliegen. Je nach Einstellung werden diese dann direkt installiert, oder der Anwender erhält zunächst nur einen Hinweis und kann selbst entscheiden, wann er die Aktualisierung vornehmen möchte.
2. Diesen Hinweis können Sie direkt antippen, um Näheres zu erfahren. Alternativ öffnen Sie jederzeit in den *Einstellungen* den Bereich *Allgemein/Softwareupdate*. Dann wird eine aktuelle Suche durchgeführt und das Ergebnis angezeigt.
3. Um ein vorliegendes Update nun direkt einzuspielen, tippen Sie darunter auf *Jetzt installieren*.
4. Bestätigen Sie das Ausführen des Updates mit der Anmelde-PIN bzw. der eingestellten Entsperrmethode.
5. iOS spielt nun die Aktualisierung ein und startet das Gerät anschließend ggf. neu.

Nach dem Neustart können Sie sich durch erneutes Überprüfen unter *Allgemein/Softwareupdate* davon überzeugen, dass die Aktualisierung erfolgreich eingespielt wurde und iOS auf dem neuesten Stand ist.

Neue Updates automatisch einspielen

Wer gern die Kontrolle behält und immer wissen will, ob und wann neue Updates installiert werden, der kann Aktualisierungen, wie oben beschrieben, stets manuell durchführen. Dabei besteht aber immer die Gefahr, dass man eine Update-Benachrichtigung verpasst oder aus anderen Gründen ein dringendes Update unnötig spät erhält. Zuverlässig ist es deshalb, Aktualisierungen bei Vorliegen automatisch einzuspielen. Auch dann muss man nicht befürchten, dass das Gerät unvermittelt unterwegs neu gestartet wird, wenn man eigentlich gerade darauf angewiesen ist. Auch dann bekommt man einen Hinweis, und die Installation erfolgt nachts und auch nur, wenn das Gerät am Ladeteil angeschlossen und mit einem WLAN verbunden ist.

1. Die Einstellung für das automatische Einspielen von Updates finden Sie ebenfalls unter *Allgemein/Softwareupdates*.

2. Tippen Sie hier auf den Eintrag *Automatische Updates.*
3. Im anschließenden Dialog aktivieren Sie den Schalter rechts.

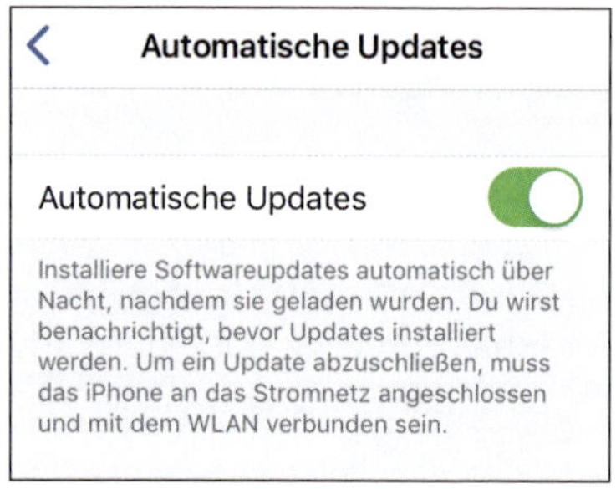

5.3 App-Berechtigungen kontrollieren

Jedes Programm, das Sie aus dem App Store installieren, kann auf verschiedene Ressourcen wie Kamera, Mikrofon, Fotos, Dateien oder Benachrichtigungen zugreifen. Dafür braucht es aber jeweils eine Berechtigung. Wann immer eine App zum ersten Mal auf eine dieser Ressourcen zugreifen möchte, wird deshalb in einem Dialog nachgefragt, ob Sie diese Berechtigung einräumen möchten. Sie müssen das nicht. Allerdings kann es passieren, dass diese Funktion der App (oder im Extremfall die gesamte App) dann nicht genutzt werden kann.

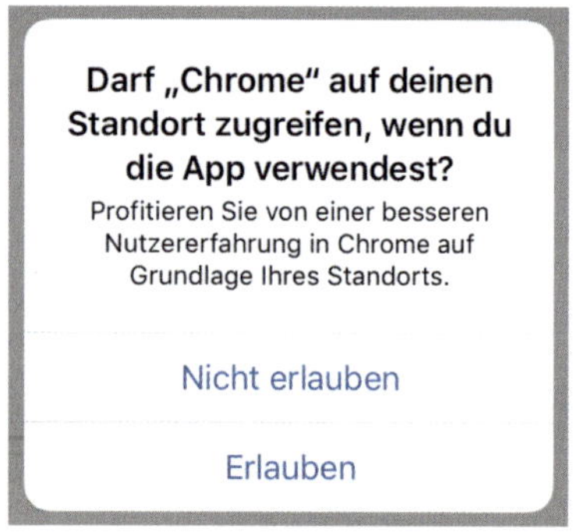

Sie können aber nachträglich überprüfen, welche App welche Berechtigungen erhalten hat, und diese ggf. auch anpassen.

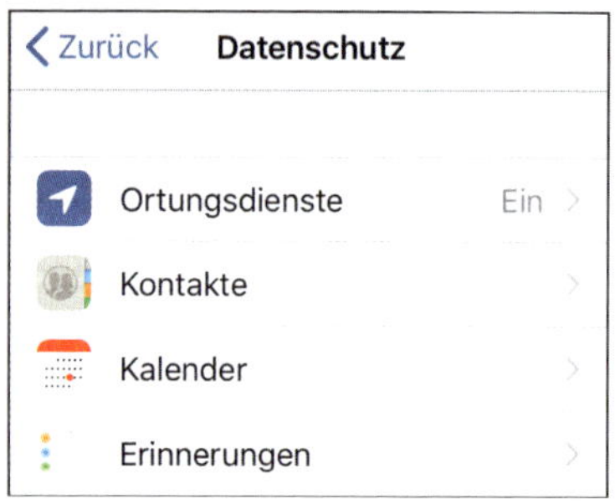

1. Öffnen Sie in den *Einstellungen* den Bereich *Datenschutz.*
2. Darin finden Sie eine Liste aller Ressourcen, bei denen der Zugriff von Apps durch Berechtigungen gesteuert wird. Tippen Sie einen der Einträge an.
3. Dann erhalten Sie eine Liste aller Apps, die auf diese Ressource Zugriff angefordert haben. In der Liste sehen Sie direkt, ob dieser Zugriff erlaubt wurde. Andernfalls steht hier *Nie.*
4. Um diese Berechtigung für eine App zu ändern, tippen Sie auf deren Eintrag.
5. Im anschließenden Dialog finden Sie die möglichen Einstellungen. Mit *Nie* entziehen Sie der App die Berechtigung grundsätzlich.

»Immer« vs. »Beim Verwenden der App«

Viele Berechtigungen verwenden ein Entweder-oder-Schema, auch wenn die genaue Bezeichnung etwas variiert. Es gibt aber auch feinere Abstufungen, etwa bei *Ortungsdienste*. Hier wird beim Zulassen unterschieden zwischen *Immer* und *Beim Verwenden der App*. Letzteres bedeutet, dass die App nur dann auf den eingebauten GPS-Sensor zugreifen darf, wenn sie aktiv durch den Anwender genutzt wird. *Immer* hingegen würde es der App erlauben, Standortdaten auch dann zu erfassen, wenn sie im Hintergrund läuft, und den Benutzer so dauerhaft zu überwachen.

Welche Berechtigung hat eine bestimmte App?

Es ist nicht nur interessant, welche Apps bestimmte Berechtigungen haben. Manchmal möchte man vielleicht von einer bestimmten App auch wissen, auf welche Ressourcen diese zugreifen kann. Dann kann man den umgekehrten Weg gehen und sich eine Liste aller Berechtigungen einer bestimmten App anzeigen lassen.

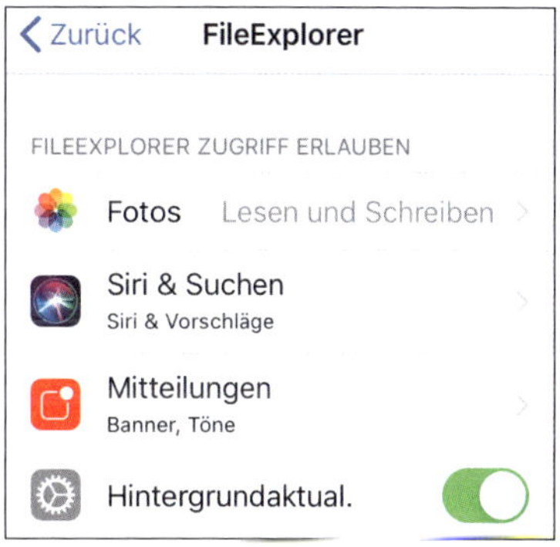

1. Öffnen Sie die *Einstellungen*, und gehen Sie in deren Hauptmenü ganz nach unten.
2. Am Ende der Liste finden Sie einen Eintrag für jede der installierten Apps, für die bislang eine angeforderte Berechtigung gewährt oder verweigert wurde. Tippen Sie auf einen der Einträge, um alle Berechtigungen für diese App einzusehen.
3. Sie bekommen dann eine Liste aller Berechtigungen dieser App (neben einigen anderen Einstellungen für diese App etwa zu Siri oder Mitteilungen).
4. Um an den vorhandenen Berechtigungen etwas zu ändern, tippen Sie auf den entsprechenden Eintrag.
5. In einem weiteren Dialog können Sie dann die Einstellungen für diese Berechtigung ändern.

5.4 Das Gerät im Verlustfall orten und sperren

Leider kann ein Mobilgerät auch mal verloren gehen. Hat man es irgendwo liegen lassen, ist eine Ortungsfunktion praktisch, mit der man es aufspüren kann. Wurde es entwendet, wird das zwar oft nicht helfen. Aber dann kann man es zumindest aus der Ferne sperren und die darauf gespeicherten Daten vor unbefugtem Zugriff bewahren. Voraussetzung ist, dass man die dafür benötigten Funktionen rechtzeitig aktiviert hat.

1. Damit Sie ein iPhone oder iPad im Verlustfall aufspüren können, tippen Sie in den *Einstellungen* ganz oben auf Ihren Namen, um die Optionen für Ihre Apple-ID zu öffnen.
2. Suchen Sie dort in der Optionsliste unten den Eintrag für dieses Gerät, und tippen Sie darauf.
3. In den *Einstellungen* für das gewählte Gerät tippen Sie ganz oben auf den Eintrag *Mein iPhone suchen*.
4. Stellen Sie sicher, dass im anschließenden Dialog die Option *Mein iPhone suchen* eingeschaltet ist.
5. Zusätzlich sollten Sie darunter die Option *Letzten Standort senden* aktivieren. Dann ermittelt und überträgt das Gerät seinen Standort, wenn die Akkuladung den kritischen Stand erreicht. So ist sichergestellt, dass Sie selbst bei abgeschaltetem Gerät einen Hinweis zum letzten bekannten Standort erhalten.

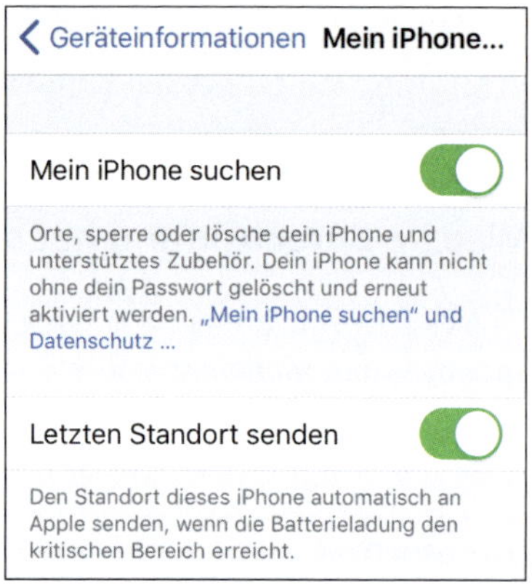

Haben Sie diese Vorkehrung getroffen, können Sie im Verlustfall jederzeit Ihr Gerät orten und ggf. weitere Maßnahmen ergreifen:

1. Öffnen Sie auf einem beliebigen Gerät per Webbrowser die iCloud (www.icloud.com).
2. Melden Sie sich mit Ihrer Apple-ID an.
3. Haben Sie die Zwei-Faktor-Anmeldung für die iCloud aktiviert und mit dem verlorenen Gerät verknüpft, macht das nichts. Klicken Sie in dem Fall unten auf *Mein iPhone suchen*.

4. Daraufhin wird der letzte bekannte Standort des Gerätes auf einer Karte angezeigt. Sollten Sie mehrere Geräte mit Ihrer iCloud verbunden haben, können Sie oben auswählen, welches genau angezeigt werden soll.

5. Im abgesetzten Kasten können Sie den Akkustand und das Alter des angezeigten Standorts ablesen. Dort finden Sie auch die möglichen Aktionen, die Sie nun aus der Ferne auslösen können:
   - *Ton wiedergeben*
     Damit lösen Sie einen Alarmton und einen Vibrationsalarm aus, um das Gerät in der näheren Umgebung leichter finden zu können.

- *Modus „Verloren"*
  Wird das Gerät in diesen Modus geschaltet, wird es gesperrt und kann nur mit dem festgelegten Code wieder freigeschaltet werden. Außerdem können Sie eine Nachricht eingeben, die auf dem Sperrbildschirm angezeigt wird. Zahlungen mit Apple Pay oder im Gerät hinterlegten Kreditkarten sind in diesem Modus nicht mehr möglich.
- *iPhone löschen*
  Wenn Sie befürchten, dass Gerät nicht mehr wiederzuerlangen, können Sie es löschen lassen. Dabei werden alle Ihre persönlichen Daten vom Gerät entfernt. Solange Sie das Gerät nicht aus Ihrer iCloud entfernen, verhindert eine Aktivierungssperre, dass jemand anders es verwenden kann.

5.5 Zwei-Faktor-Authentifizierung für die Apple-ID

Die Apple-ID ist das zentrale Benutzer-Konto im Apple-Universum. Sie verbindet mehr als ein Gerät miteinander und erlaubt den Zugriff auf die Apple-Cloud auch von anderen Geräten aus. Deshalb ist es besonders wichtig, diesen Zugang abzusichern. Ein langes und komplexes Passwort ist dabei Pflicht. Zusätzlich können Sie die Apple-ID mit einer Zwei-Faktor-Authentifizierung absichern. Das sollte im Idealfall ein anderes Gerät sein. Allerdings lässt Apple nur Hardware aus dem eigenen Haus als vertrauenswürdige Geräte zu. Im Verlustfall hat man aber gerade dieses Gerät eben nicht zur Hand.

Alternativ kann man deshalb eine Telefonnummer eines anderen Gerätes angeben, an das der Autorisierungscode per SMS oder Sprachnachricht übermittelt wird.

1. Tippen Sie in den *Einstellungen* Ihres iPhones oder iPads ganz oben auf Ihren Namen, um die Optionen für Ihre Apple-ID zu öffnen.
2. Tippen Sie dort auf den Menüpunkt *Passwort & Sicherheit*.
3. Hier sollten Sie zunächst prüfen, ob die Zwei-Faktor-Authentifizierung eingeschaltet ist, und dies ggf. nachholen.
4. Darunter ist eine vertrauenswürdige Telefonnummer angegeben. Wenn es sich dabei um die Nummer eben dieses Gerätes handelt, kann dies im Verlustfall problematisch werden.
5. Tippen Sie auf *Bearbeiten* und dann auf *Telefonnummer hinzufügen*, um ggf. eine weitere Nummer zu ergänzen. Das kann beispielsweise das Mobilgerät des Partners oder auch ein Festnetzanschluss sein (dann wird der Bestätigungscode mit einer Sprachnachricht vorgelesen).

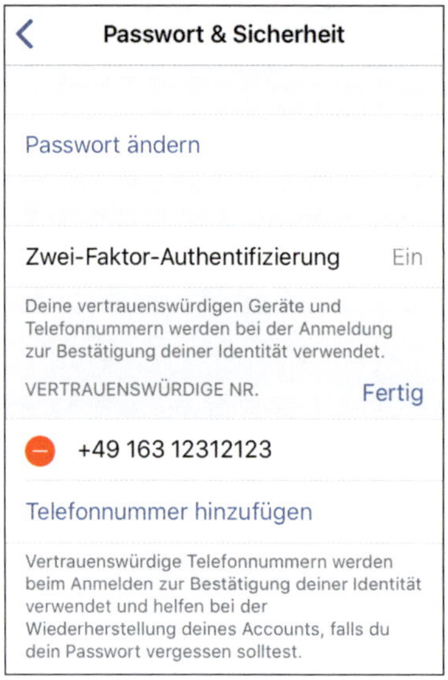

5.6 Sichere Backups für den Ernstfall

Standardmäßig sichert iOS regelmäßig die Benutzerdaten Ihres iPhones oder iPads automatisch in der iCloud. Von dort lassen sie sich nach Problemen oder auch bei Verlust eines Gerätes auf dem neuen Gerät wiederherstellen.

In der iCloud werden die Daten verschlüsselt gespeichert, sodass auch vertrauliche Informationen dort sicher sind. Insbesondere wenn Sie das Gerät nicht ohnehin regelmäßig mit iTunes synchronisieren, ist das iCloud-Backup eine praktische Vorsichtsmaßnahme für den Ernstfall.

1. Um sicherzustellen, dass dieses iCloud-Backup aktiv ist, tippen Sie in den *Einstellungen* des Gerätes oben auf Ihren Namen.
2. In den Optionen für die Apple-ID tippen Sie auf den Eintrag *iCloud*.
3. Lokalisieren Sie dann in der Liste der Apps, die iCloud verwenden, ganz unten den Eintrag *iCloud-Backup*.
4. Dieser sollte aktiviert sein. Andernfalls tippen Sie ihn an und schalten dann den Schalter ein.

Sind die iCloud-Backups aktiviert, werden sie regelmäßig automatisch durchgeführt, wenn das Mobilgerät am Ladekabel hängt, mit einem WLAN verbunden und ungenutzt (also der Bildschirm gesperrt) ist.

Verschlüsselte Komplett-Backups mit iTunes

Die automatischen iCloud-Backups haben einen Nachteil: Zumindest in der kostenlosen iCloud-Variante ist der Speicherplatz begrenzt. Hat man viele Bilder und Videos auf dem Gerät gespeichert, wird der Platz dafür nicht ausreichen. Scheut man die Kosten für ein iCloud-Upgrade, kann man stattdessen regelmäßig das Gerät mit einem PC verbinden und eine lokale Sicherung mit iTunes durchführen. Diese ist allerdings standardmäßig unverschlüsselt. Wer Zugang zum PC erlangt, kann also auch auf die in der Sicherung enthaltenen persönlichen Daten zugreifen. Um das zu verhindern, sollten Sie die Backups verschlüsselt anlegen.

1. Verbinden Sie das Gerät mit dem PC, und starten Sie auf diesem iTunes.
2. Wechseln Sie in iTunes zu dem Gerät, und wählen Sie im Navigationsbereich am linken Rand *Einstellungen/Übersicht*.

3. Auf der rechten Seite wird nun unter anderem der Bereich *Backups* angezeigt.
4. Wählen Sie hier die Option *Dieser Computer*.
5. Aktivieren Sie dann direkt darunter auch die Option *Lokales Backup verschlüsseln*.
6. Geben Sie nun (zweimal) das Passwort ein, mit dem das Backup geschützt werden soll. Merken Sie sich dieses gut, bzw. bewahren Sie es ggf. an einem sicheren Ort auf. Da man es nur selten benötigt, wird es gern vergessen und fehlt dann, wenn man es dringend braucht.

7. Anschließend führt iTunes unmittelbar eine Komplettsicherung des Gerätes durch. Dies wird in Zukunft automatisch wiederholt, wenn Sie dieses Gerät mit iTunes synchronisieren.

6. Drahtlos sicher: WLANs ohne Risiko

Drahtloser Zugang zum Internet ist allgegenwärtig. Fast jeder hat zu Hause ein eigenes WLAN, mit dem immer mehr Geräte sich kabellos mit dem Heimnetzwerk und dem Internet verbinden und untereinander kommunizieren können. Und auch wenn man unterwegs ist, nutzt man gern WiFi-Hotspots oder das WLAN eines Gastgebers, um einen schnellen Internetzugang zur Verfügung zu haben. Wenn etwas jederzeit schnell und unkompliziert verfügbar sein soll, ist aber immer auch besondere Vorsicht angeraten. Denn damit einher geht das Risiko, dass WLAN-Zugänge auf die eine oder andere Weise missbraucht oder für Angriffe auf die Teilnehmer genutzt werden.

WLAN-Hardware: FRITZ!Box & Co.

Zum Einrichten eines eigenen WLAN wird ein WLAN-Zugangspunkt benötigt. Die meisten Router bzw. Modems für den Internetzugang per DSL, Kabel, Glasfaser etc. haben einen solchen WLAN-Zugang bereits eingebaut. Es gibt eine große Auswahl an Herstellern und Modellen, und alle unterscheiden sich in der Bedienoberfläche mehr oder weniger. Ich werde mich im Folgenden an den im deutschsprachigen Raum weitverbreiteten FRITZ!Box-Modellen und deren Weboberfläche FRITZ!OS orientieren, da viele Provider ihren Kunden solche Modelle zur Verfügung stellen. Bei anderen Herstellern sieht die Weboberfläche anders aus, aber Sie finden die beschriebenen Funktionen auch dort unter denselben oder ähnlichen Bezeichnungen. Wenn ich im Folgenden von »Internetrouter« spreche, meine ich damit im weitesten Sinne das Gerät, das Ihnen den Zugang zum Internet per LAN und/oder WLAN ermöglicht.

6.1 Das eigene WLAN zuverlässig absichern

Internetrouter werden inzwischen meist ab Werk mit aktiviertem WLAN ausgeliefert. Zum einen ermöglicht das, die Ersteinrichtung und Konfiguration unkompliziert mit einem Mobilgerät vorzunehmen. Zum anderen wollen die meisten Benutzer ohnehin ein Drahtlosnetzwerk nutzen, sodass man ihnen das Einrichten dadurch ersparen kann. Das Drahtlosnetzwerk wird also meist schon direkt nach dem Anschließen und Einschalten Ihres Internetrouters gefunden und ist dann direkt nutzbar.

Internetrouter gegen Angriffe absichern

Der WLAN-Zugangspunkt bzw. Internetrouter mit WLAN-Funktion gehört zu den konfigurierbaren Netzwerkgeräten, deren Sicherheitseinstellungen insgesamt kontrolliert und ggf. verschärft werden sollten. Mehr dazu lesen Sie auf Seite 331.

Im Auslieferungszustand trägt das WLAN einen generischen Namen (SSID) wie etwa die Modellbezeichnung des Gerätes, also so etwas wie »FRITZ!Box 7590 RX« oder ähnlich. Meist finden Sie diese Bezeichnung auch auf einem Aufkleber direkt am Gerät. Dort können Sie auch den Netzwerkschlüssel ablesen, den Sie eingeben müssen, um sich beim WLAN anzumelden.

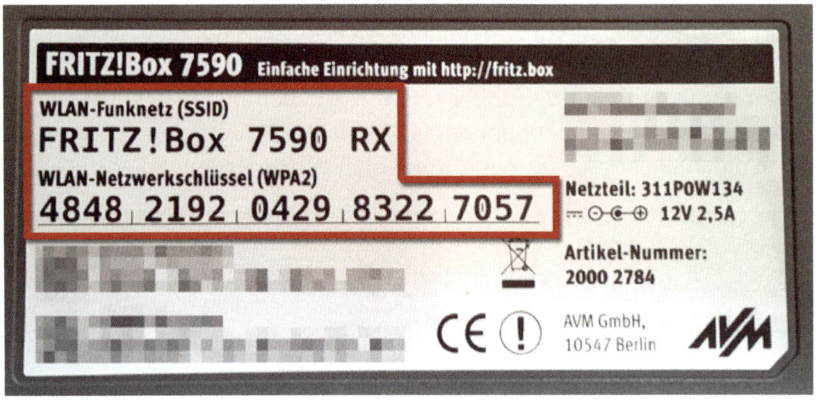

Die WLAN-Zugangsdaten für Ihren Internetrouter finden Sie meist auf der Unterseite des Gerätes.

Die ab Werk vorgegebenen Einstellungen könnte man im Prinzip beibehalten und das WLAN damit dauerhaft betreiben. Allerdings gibt es gute Gründe dafür, sowohl den Namen des Funknetzes als auch den Zugangsschlüssel individuell zu ändern:

- Der Name des Funknetzwerks ist sehr allgemein gehalten. Gerade in Mehrfamilienhäusern und dicht besiedelten Wohngebieten kann es schnell passieren, dass einer Ihrer Nachbarn dasselbe Gerät besitzt. Dann heißen die beiden gleich und sind nur schwer auseinanderzuhalten.
- Enthält der Name wie bei FRITZ!Boxen die Modellbezeichnung, kann ein Außenstehender daraus schließen, welchen Internetrouter sowie ggf. welche Art von Internetzugang Sie verwenden. Diese Information muss man nicht mit jedem teilen.
- Ein zugegebenermaßen eher theoretisches Argument: Der Name des Netzwerks ist Bestandteil des WPA2-Verschlüsselungsalgorithmus. Wenn Sie es beim vorgegebenen Standardnamen belassen, machen Sie es Hackern also etwas leichter, die Verschlüsselung zu knacken.
- Durch das Ändern des WLAN-Namens zeigen Sie Außenstehenden, dass Sie es können und nicht zu den technisch völlig unbedarften Zeitgenossen gehören. Und schließlich ist ein individueller Name für das eigene WLAN ja auch eine schöne Sache.
- Beim ab Werk vergebenen Schlüssel kann man nie völlig sicher sein, dass er tatsächlich einzigartig und völlig willkürlich ist. Eventuell verwendet der Hersteller zum Erzeugen ein bestimmtes Verfahren, das irgendwann in falsche Hände gerät (oder schon geraten ist). Oder das Verfahren ist nicht wirklich sicher, und man kann aus dem Netzwerknamen auf den Netzwerkschlüssel schließen.

- Der Netzwerkschlüssel steht nun mal am Gerät selbst dran, wo ihn jeder ablesen könnte, der Zugang zu Ihrem Haushalt hat. Kommen Sie deshalb aber bitte nicht auf die Idee, ihn unkenntlich zu machen oder den Aufkleber zu entfernen (siehe Hinweiskasten), sondern ändern Sie den Standard-Netzwerkschlüssel einfach in ein ganz individuelles Kennwort.

Werksvorgaben nicht vergessen

Auch wenn Sie die voreingestellten Namen und Schlüssel durch eigene Daten ersetzen, sollten Sie den Aufkleber am Gerät keinesfalls entfernen oder unlesbar machen. Wenn Sie das Gerät irgendwann einmal auf die Werkseinstellungen zurücksetzen sollten, werden diese ursprünglichen Namen und Schlüssel wiederverwendet. Dann wäre es ungünstig, wenn Sie beispielsweise den Netzwerkschlüssel nicht mehr ablesen könnten.

Eigener Name für das Drahtlosnetzwerk

Der Name eines WLAN wird abgekürzt als SSID bezeichnet, was für **S**ervice **S**et **Id**entifier steht, auf gut Deutsch in etwa »Netzwerkname«. Dieser Name kann inhaltlich beliebig sein. Formal sollten Sie aber in jedem Fall folgende Einschränkungen beachten:

- Eine SSID darf maximal 32 Zeichen umfassen.
- Es wird zwischen Groß- und Kleinschreibung von Zeichen unterschieden (»abc« ist ein anderer Name als »ABC«).
- Standardbuchstaben und Ziffern können Sie beliebig verwenden, deutschsprachige Umlaute (ä, ü, ö etc.) sowie ß hingegen sollten Sie vermeiden.
- Gängige Sonderzeichen wie -, ?, $ sind nicht ausdrücklich verboten. Allerdings ist nicht gewährleistet, dass alle WLAN-Geräte korrekt damit umgehen können. Deshalb wird von ihrer Verwendung eher abgeraten.

Die Namensänderung durchführen

Wichtiger Hinweis vorab: Wenn Sie eine Namensänderung Ihres WLAN durchführen, können sich die bislang am Netzwerk angemeldeten Geräte nicht mehr damit verbinden (selbst wenn Sie den Netzwerkschlüssel beibehalten). Sie müssen also **alle** WLAN-Geräte anschließend einmal neu beim umbenannten Drahtlosnetzwerk anmelden. Planen Sie das mit ein, bevor Sie sich an die Umbenennung machen.

1. Um einen eigenen Namen für Ihr WLAN festzulegen, öffnen Sie in der Weboberfläche Ihrer FRITZ!Box das Menü *WLAN/Funknetz*.
2. Auf der rechten Seite finden Sie hier im Abschnitt *Funknetz* das Feld *Name des WLAN-Funknetzes (SSID)*.

3. Im Eingabefeld ist der bisherige Name des Funknetzes eingetragen. Ersetzen Sie diesen durch den von Ihnen gewünschten Namen.
4. Bei neueren Modellen finden Sie zwei Namen vor, einen für das 2,4-GHz-Frequenzband und einen für das 5-GHz-Frequenzband. Sie können für beide Bänder denselben Namen wählen.

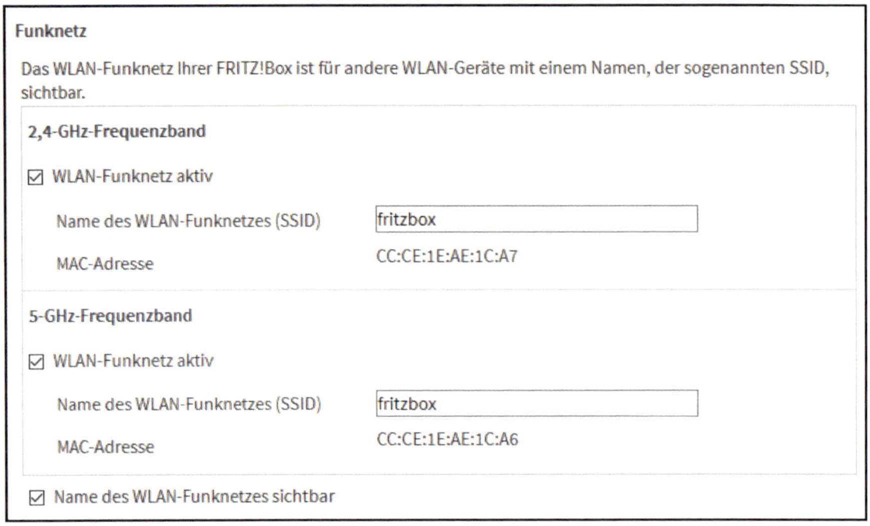

5. Klicken Sie unten auf *Übernehmen*, um die Namensänderung durchzuführen.
6. Das WLAN der FRITZ!Box wird nun abgeschaltet und anschließend mit dem neuen Namen wieder aktiviert. Das kann einige Sekunden dauern.
7. Melden Sie anschließend die ggf. vorhandenen WLAN-Geräte am nun umbenannten Drahtlosnetzwerk neu an.

Den Namen des WLAN verbergen?

In den WLAN-Einstellungen Ihrer FRITZ!Box finden Sie die Option, die SSID Ihres Drahtlosnetzwerks zu verbergen. Es wird dann in Übersichtslisten nicht angezeigt, sondern beim Anmelden muss der WLAN-Name ausdrücklich angegeben werden, um die Verbindung zu ermöglichen. Dies mag als zusätzlicher Schutz erscheinen, nach dem Motto: »Ein WLAN, das man nicht findet, kann man auch nicht hacken.«

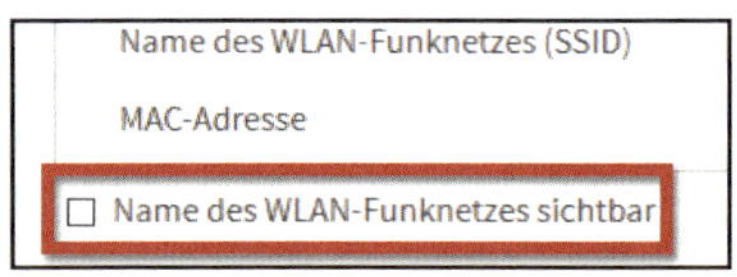

Tatsächlich bietet diese Variante aber keinen Schutz, sondern sorgt nur für unnötige Umstände. Denn das WLAN verzichtet nicht wirklich auf das Aussenden seiner Kennung (dann wäre es nicht erreichbar). Stattdessen sendet es seine Kennung mit einer Markierung, dass diese Kennung nicht angezeigt werden soll. Die meisten WLAN-Klienten halten sich an diese Vorgabe und lassen die so markierten SSIDs aus ihren Übersichtslisten heraus. Aber es ist technisch kein großes Problem, diese Vorgabe zu ignorieren und auch alle »versteckten« WLANs ausfindig zu machen und zu kontaktieren.

Kurz: Den technisch unbedarften Nachbarn können Sie damit vielleicht hinters Licht führen. Einen echten Schutz gegen gewiefte Angreifer bietet es hingegen nicht. Dafür macht es das Anmelden am WLAN unnötig umständlich.

Kennwort und Verschlüsselung optimal wählen

Neben dem Netzwerknamen ist der Netzwerkschlüssel der zweite entscheidende Anteil am Zugang zum WLAN-Netzwerk. Nicht nur der Schlüssel sollte besonders sicher sein, sondern auch das Verschlüsselungsverfahren.

Alle Geräte neu anmelden

Bitte beachten Sie schon bei der Planung, dass Sie nach einer Änderung des Netzwerkschlüssels alle Geräte neu am WLAN anmelden müssen, da sie mit dem alten Schlüssel dann keinen Zugang mehr erhalten.

1. Die Einstellungen für die Verschlüsselung des WLAN finden Sie in der Weboberfläche im Menü *WLAN/Sicherheit* in der Rubrik *Verschlüsselung*.
2. Hier können Sie ganz oben zunächst festlegen, ob überhaupt mit einer Verschlüsselung gearbeitet wird oder nicht. Ein unverschlüsseltes Netz wäre vollständig offen und könnte von jedermann in Reichweite genutzt werden, ohne einen Netzwerkschlüssel anzugeben. Es wird in den Übersichtslisten der meisten Mobilgeräte auch mit der Anmerkung »offen« oder »ungesichert« ausgezeichnet und würde deshalb ungebetene Gäste so sicher anziehen wie Motten das Licht.
3. Haben Sie die Verschlüsselung aktiviert, können Sie darunter bei *WPA-Verschlüsselung* den *WPA-Modus* wählen. Die verschiedenen Internetrouter bieten verschiedene Standards an. Beachten Sie bitte die folgenden Hinweise zur Wahl der bestmöglichen Verschlüsselungsmethode.

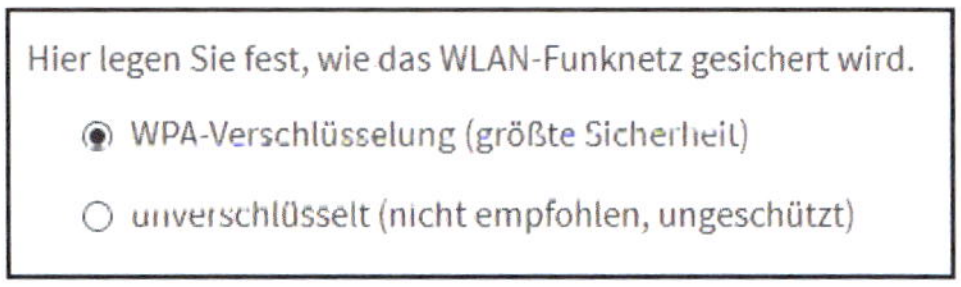

4. Direkt darunter können Sie Ihren *WLAN-Netzwerkschlüssel* eingeben, also das Kennwort, mit dem der Zugang zu Ihrem WLAN geschützt sein soll. Beachten Sie dabei die Anzeige für die Qualität unterhalb des Feldes. Sie reagiert dynamisch und wird nach jedem Zeichen aktualisiert.

5. Wählen Sie ein Kennwort, das mindestens die Bewertung *mittel* erzielt. Das erreichen Sie, indem Sie nicht aufeinanderfolgende Buchstaben und Ziffern kombinieren. Noch besser wäre die Bewertung *gut* oder gar *stark*. Dazu müssen Sie die Buchstaben und Ziffern mit Sonderzeichen (?, &, % etc.) ergänzen. Verwenden Sie dafür aber möglichst nur gängige Sonderzeichen wie -, #, +, ?, =, %, &. Andernfalls steigt die Gefahr, dass einzelne WLAN-Klienten ein Sonderzeichen nicht korrekt umsetzen und sich deshalb nicht beim Netzwerk anmelden können.

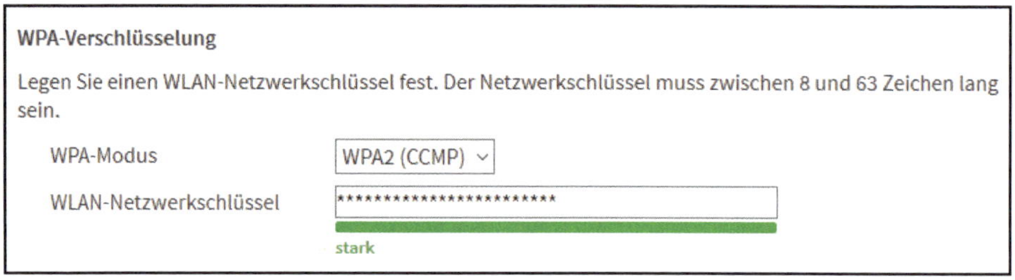

Die richtige Länge beim WLAN-Schlüssel

Beim Zugangsschlüssel fürs WLAN sollten Sie keine Kompromisse eingehen. Immerhin entscheidet dieser Schlüssel darüber, wer Zugang zu Ihrem Netzwerk bekommt. Und da man diesen Schlüssel nur einmal pro Gerät eingeben muss, spricht nichts gegen ein komplexes und langes Passwort. Hinzu kommt, dass selbst beim derzeitigen De-facto-Standard WPA2 (mehr dazu erfahren Sie im folgenden Abschnitt) inzwischen Sicherheitslücken bekannt geworden sind, die einen Brute-Force-Angriff per Passwortknacker erleichtern. Schützen kann man sich dagegen aber, indem man ein mindestens 20 Stellen langes Passwort verwendet.

6. Nach der Änderung wird das WLAN deaktiviert und anschließend mit der neuen Verschlüsselung wieder eingeschaltet. Wichtig: Beachten Sie bitte, dass Sie alle bis dahin verbundenen Drahtlosgeräte anschließend mit dem geänderten Netzwerkschlüssel neu anmelden müssen.

Das richtige Verschlüsselungsverfahren

Es gibt auch bei WLAN verschiedene Verschlüsselungsverfahren, die unterschiedlichen Schutz bieten. Hier ein Überblick über die Standards, die Ihnen derzeit begegnen können.

- WEP
  Ältere Geräte bieten womöglich noch das sehr alte **W**ired-**E**quivalent-**P**rivacy-Verfahren an. Es stammt aus der WLAN-Kinderzeit und gilt schon lange nicht mehr als sicher. Es reicht, den Datenstrom eines WLAN eine Zeit lang aufzuzeichnen, um daraus den verwendeten Netzwerkschlüssel zu ermitteln. Moderne WLAN-Geräte unterstützen WEP deshalb meist nicht mehr. Verwenden Sie dieses Verfahren also keinesfalls.

- WPA (TKIP)
  Als kurzfristige Reaktion auf die Schwächen von WEP wurde **W**i-Fi **P**rotected **A**ccess als der Nachfolger entwickelt. Die Abkürzung in Klammern steht für **T**emporal **K**ey **I**ntegrity **P**rotocol und bezeichnet das verwendete Sicherheitsprotokoll. WPA ist deutlich sicherer als WEP, gilt mittlerweile aber auch als angreifbar. Außerdem beschränkt TKIP die Verbindungsgeschwindigkeit auf 54 Mbit/s.
- WPA2 (CCMP)
  Dauerhafter sicherer Nachfolger von WEP ist WPA mit dem Sicherheitsprotokoll **C**ounter Mode with **C**ipher Block Chaining **M**essage Authentication Code **P**rotocol. Es gilt bis heute als sicher, sofern ein ausreichend langer Netzwerkschlüssel (mindestens 20 Zeichen lang mit Groß- und Kleinbuchstaben sowie Sonderzeichen und Zahlen) verwendet wird. Außerdem erlaubt es deutlich höhere Verbindungsgeschwindigkeiten.
- WPA + WPA2
  Bei dieser Variante wird standardmäßig das neuere WPA2 genutzt. Sollte sich allerdings ein Gerät anmelden, das nur WPA beherrscht, wird für die Verbindung mit diesem Gerät (und nur diesem) das einfachere WPA verwendet. Alle anderen Verbindungen funken weiter mit dem stärkeren WPA2.
- WPA3
  Als Reaktion auf die bei WPA2 entdeckten Sicherheitslücken wurde 2018 der neue Sicherheitsstandard WPA3 beschlossen und hält allmählich Einzug in neue Hardware. Er beinhaltet zahlreiche Verbesserungen und Abwärtskompatibilität für WPA2-Geräte. Je mehr und je ältere Mobilgeräte Sie im Einsatz haben, desto größer ist allerdings die Wahrscheinlichkeit, dass es mit einzelnen davon Probleme gibt. Auch bei WPA3 sind bereits erste Sicherheitslücken bekannt geworden, die sich praktisch aber nur mit sehr großem Aufwand ausnutzen lassen. Auch hier gilt: je länger der Sicherheitsschlüssel, desto besser.

Fazit: WPA2 sollte beim gewählten Verschlüsselungsverfahren auf alle Fälle dabei sein, WEP auf gar keinen Fall. Gegen die Kombination von WPA + WPA2 spricht eigentlich nur, dass man dabei nicht mitbekommt, welche WLAN-Geräte nicht mehr auf dem aktuellen Sicherheitsstandard funken und deshalb in absehbarer Zeit ersetzt werden sollten. Wenn Ihre WLAN-Basisstation bereits WPA3 beherrscht und Sie nur wenige, recht neue Mobilgeräte einsetzen, sollten Sie ausprobieren, auf den neuesten Sicherheitsstandard umzusteigen.

Geschützte WLAN-Anmeldungen mit PMF

Bei neueren Geräten (beispielsweise bei FRITZ!OS ab Version 7) finden Sie bei den WLAN-Sicherheitseinstellungen eine Option wie *Unterstützung für geschützte Anmeldungen von WLAN-Geräten (PMF) aktivieren*, mit der Sie **P**rotected **M**anagement **F**rames ein- oder ausschalten können. Dabei handelt es sich um einen neuen Standard, der Datenpakete beim Herstellen der Verbindung zwischen Mobilgerät und WLAN-Router verschlüsselt und so verschiedene Angriffsszenarien ausschließt.

Der Haken an der Sache: Manche älteren WLAN-Geräte kommen mit dem neuen, für sie unbekannten Standard nicht zurecht und können sich nicht mehr anmelden. Für solche Fälle bleibt die Funktion mit dieser Option abschaltbar. Andernfalls empfiehlt es sich, diese Option für ein Mehr an Sicherheit einzuschalten.

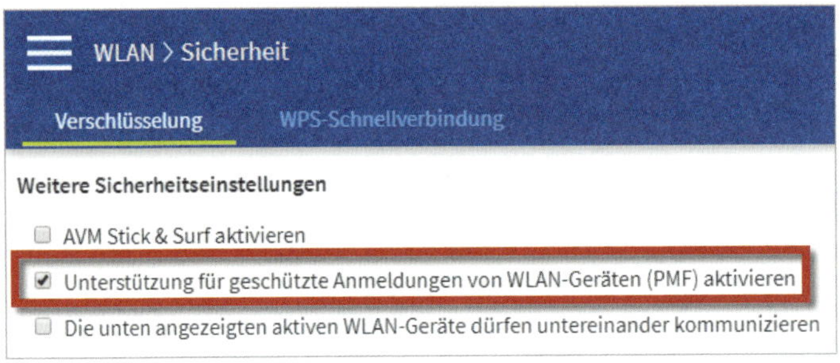

Protected Management Frame verschlüsselt schon den Anmeldevorgang zwischen Basis und WLAN-Gerät.

Zugangssteuerung per MAC-Adresse

Jedes Gerät, das mit einem Netzwerkadapter ausgerüstet ist, hat eine eindeutige **M**edia-**A**ccess-**C**ontrol-Adresse. Das gilt sowohl für kabelgebundene Ethernet-Anschlüsse als auch für drahtlose WLAN-Adapter. Bei der Netzwerkkommunikation spielt diese Adresse eine wichtige Rolle.

Jedes Netzwerkgerät auf der Welt hat also eine eindeutige, ihm in der Hardware zugeordnete Zeichenfolge, über die es identifiziert und adressiert werden kann.

Beispiel für eine MAC-Adresse:	`7D:89:F5:68:31:D7`
alternative Schreibweisen:	`7D-89-F5-68-31-D7`
	`7D89.F568.31D7`
	`7D89F56831D7`

Diese MAC-Adresse kann man – theoretisch – auch zur Zugangssteuerung verwenden. Geräte mit bestimmten MAC-Adressen dürfen sich im WLAN anmelden, andere nicht. Tatsächlich bieten praktisch alle Internetrouter einen solchen Mechanismus. Aber: Einen wirklichen Schutz bietet dieser nicht. Denn MAC-Adressen sind zwar einzigartig, aber nicht fälschungssicher. Es ist möglich und nicht mal besonders aufwendig, die MAC-Adresse insbesondere eines Drahtlos-Netzwerkgeräts abzugreifen und dann ein anderes Gerät unter Vorspiegelung dieser Adresse beim WLAN anzumelden.

Hacking-Workshop: unter falscher MAC-Flagge segeln

Man mag es eigentlich nicht »Hacking« nennen, denn das »Fälschen« einer MAC-Adresse ist meist mit Windows-Bordmitteln in wenigen Schritten möglich.

Die folgende Anleitung soll deshalb vor allem veranschaulichen, wie wenig Schutz MAC-Adressen bieten:

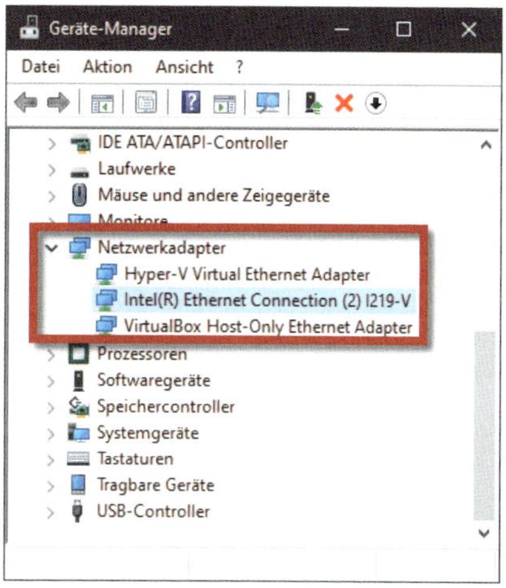

1. Öffnen Sie in der klassischen Systemsteuerung von Windows den Geräte-Manager.
2. Klappen Sie hier in der Liste der Geräte die Kategorie *Netzwerkadapter* auf. Darin finden Sie jeweils einen Eintrag für den LAN-Adapter (Ethernet) und/oder WLAN-Adapter des PCs. Eventuell sind hier auch weitere virtuelle Netzwerkadapter zu finden, denen aber die im folgenden Schritt beschriebenen erweiterten Eigenschaften fehlen.
3. Doppelklicken Sie auf den Eintrag, und wechseln Sie in den so geöffneten Eigenschaften in die Rubrik *Erweitert*.

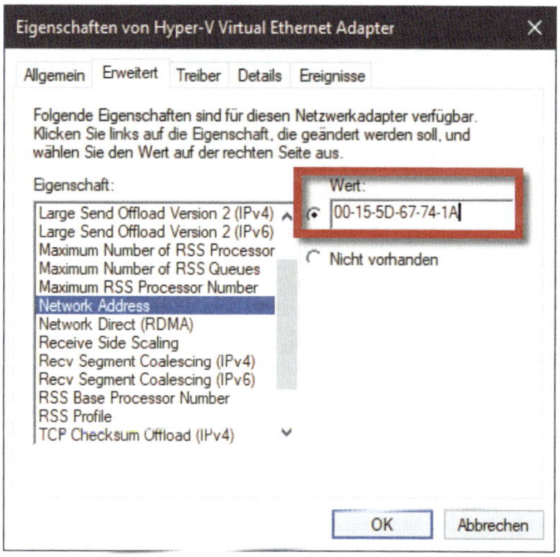

4. Suchen Sie in der Liste der Eigenschaften einen Eintrag mit einer Bezeichnung wie *MAC-Adresse*, *Lokal verwaltete Adresse*, *Netzwerkadresse* oder *Physikalische Adresse* bzw. jeweils nach den englischsprachigen Versionen dieser Bezeichnungen. Die genaue Bezeichnung bestimmt der Hersteller der verbauten Netzwerkhardware. Sollte ein passender Eintrag fehlen, hat der Hersteller diese Möglichkeit ausdrücklich nicht vorgesehen (was eigentlich gut ist).
5. Wenn Sie einen passenden Eintrag finden und auswählen, können Sie nun oben rechts den Wert dieser Eigenschaft verändern. Wichtig: Notieren Sie sich ggf. zuvor die reale MAC-Adresse Ihres Netzwerkadapters.

Korrekte MAC-Adressen generieren

Anstelle der echten MAC-Adresse sollte man nicht irgendwas eingeben, sondern schon eine andere, zumindest formal korrekte MAC-Adresse. Im einfachsten Fall ändern Sie nur eine Stelle der Adresse, um das Verfahren zu testen. Alternativ können Sie sich unter www.miniwebtool.com/mac-address-generator beliebig zufällige, formal korrekte MAC-Adressen generieren lassen.

6. Übernehmen Sie die veränderte MAC-Adresse mit *OK*, und starten Sie den PC neu.
7. Nach dem Neustart können Sie mit dem Befehl `ipconfig` in einer Eingabeaufforderung überprüfen, ob Ihr PC nun die geänderte MAC-Adresse verwendet.

Wie kann man sich dagegen schützen?

Gegen das Fälschen von MAC-Adressen ist kein Kraut gewachsen. Schützen kann man sich dagegen deshalb nur, indem man sich niemals auf einen Schutz verlässt, der auf MAC-Adressen basiert.

MAC-Sperren als zusätzlicher Schutz

Kommen Sie also bitte auf keinen Fall auf die Idee, auf eine Netzwerkverschlüsselung zu verzichten und stattdessen den Zugang ausschließlich über die MAC-Adresse zu begrenzen. Allerdings kann die MAC-Adresse ein zusätzlicher Mechanismus sein, den Zugang zum WLAN zu kontrollieren. Denn einfache Nutzer ohne fundiertere Kenntnisse können Sie so aus Ihrem WLAN fernhalten oder auch nachträglich wieder ausschließen, selbst wenn diese den Netzwerkschlüssel kennen und bereits einmal angemeldet gewesen sein sollten.

1. Die Einstellungen für die MAC-basierte Zugangskontrolle finden Sie unter *WLAN/ Sicherheit* rechts in der Rubrik *Verschlüsselung*.
2. Suchen Sie hier den Abschnitt *WLAN-Zugang beschränken*. Hier sind alle Geräte aufgeführt, die jetzt gerade an Ihrem WLAN angemeldet sind oder es in der Vergangenheit irgendwann waren.

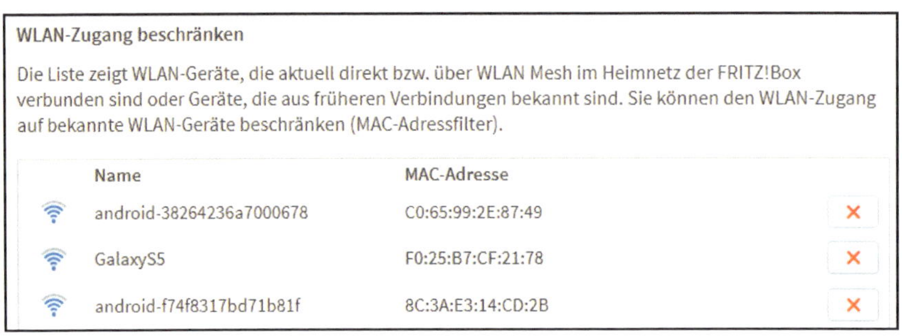

3. Wollen Sie den Zugang auf bestimmte Geräte beschränken, löschen Sie nun alle unerwünschten Geräte mithilfe des roten Löschsymbols ganz rechts aus der Liste. Sind nur Geräte in der Liste enthalten, die auch zum Zugang berechtigt sein sollen, ist alles vorbereitet.
4. Schalten Sie dann unterhalb der Liste die Option *WLAN-Zugang auf die bekannten WLAN-Geräte beschränken* ein.

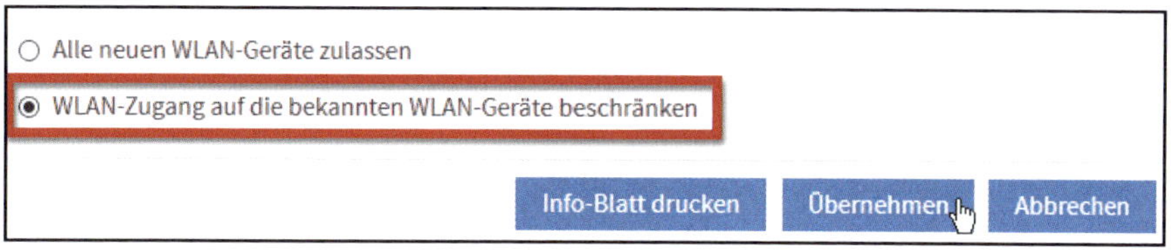

5. Wichtig: Klicken Sie abschließend ganz unten auf *Übernehmen*, um diese Änderung der Einstellungen zu bestätigen.

MAC-Adressen zur Sperrliste hinzufügen

Ab sofort können Sie nur noch die Geräte mit Ihrem WLAN verbinden, die in der Liste stehen. Alle anderen werden abgelehnt.

Beachten müssen Sie, dass sich das Anmelden neuer – zulässiger Geräte – dadurch verändert. Das Gerät kann sich zwar mit der Netzwerkkennung anmelden, wird dann aber abgelehnt, weil seine MAC-Adresse nicht in der Liste der zulässigen Geräte steht.

Um das Gerät der Liste hinzuzufügen, müssen Sie seine MAC-Adresse kennen. Diese steht teilweise auf dem Typenschild außen am Gehäuse oder lässt sich beispielsweise bei Smartphones und Tablets in den Einstellungen des Gerätes ablesen (Geräteinformationen).

1. Mit der passenden MAC-Adresse ausgerüstet, öffnen Sie wiederum das Konfigurationsmenü *WLAN/Sicherheit* Ihrer FRITZ!Box.
2. In der Rubrik *Verschlüsselung* suchen Sie erneut den Abschnitt *WLAN-Zugang beschränken* auf und klicken diesmal unterhalb der Geräteliste auf die Schaltfläche *WLAN-Gerät hinzufügen*.

3. Im anschließenden Dialog tippen Sie die MAC-Adresse des hinzuzufügenden Gerätes ein. Um Groß- und Kleinschreibung brauchen Sie sich dabei nicht zu kümmern.

4. Klicken Sie dann auf *OK*, um die Adresse in die Liste aufzunehmen. Den Verschlüsselungsdialog können Sie dann einfach ohne *Übernehmen* verlassen, wenn Sie sonst keine Einstellungen verändert haben.

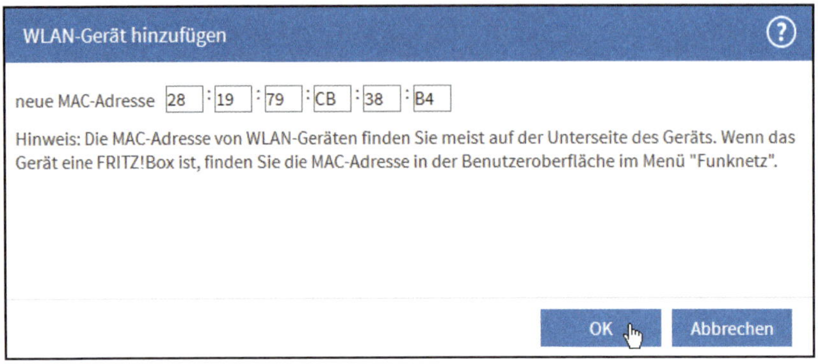

Geräte ohne MAC-Adresse hinzufügen

Wenn Sie die MAC-Adresse einer Netzwerkkomponente nicht herausbekommen können, gibt es einen einfachen »Trick«, wie Sie das Gerät trotzdem in die Liste bekommen: Schalten Sie die Option für die Beschränkung des WLAN-Zugangs einfach kurzzeitig wieder auf *Alle neuen WLAN-Geräte zulassen*. Dann melden Sie das neue Gerät am WLAN an und warten, bis es in der Liste aufgeführt wird (ggf. mit *Aktualisieren* nachhelfen). Nun schalten Sie wieder auf *WLAN-Zugang auf die bekannten WLAN-Geräte beschränken* zurück und kontrollieren, ob sich in der kurzen Zeit auch kein weiteres Gerät angemeldet hat und nun zusätzlich auf der Liste steht.

Sicherheitslücke: WLAN-Geräte per WPS anmelden

Wi-Fi **P**rotected **S**etup (WPS) ist eine Methode, ein Mobilgerät sicher mit einem WLAN zu verbinden, ohne sich mit Dingen wie SSID oder einem länglichen Netzwerkschlüssel herumschlagen zu müssen. Stattdessen startet man den Anmeldevorgang auf dem Mobilgerät und bestätigt ihn dann innerhalb eines kurzen Zeitraums mit einem Tastendruck oder Mausklick am WLAN-Zugangspunkt bzw. Internetrouter. Dadurch wird der Zugriff autorisiert, und das Mobilgerät erhält Zugang zum Drahtlosnetzwerk.

Neben dem Drücken einer Taste bzw. Anklicken einer Schaltfläche zur Bestätigung gibt es noch eine PIN-Variante: Dabei gibt entweder der Router oder das WLAN-Gerät eine Ziffernkombination vor, die man am jeweils anderen Gerät eintippen muss. Diese Methode hat gegenüber der Tastenmethode eigentlich keinen Vorteil, sondern ist umständlicher und potenziell sogar weniger sicher. Seit einiger Zeit ist bei dieser WPS-Variante eine Sicherheitslücke bekannt, durch die es bei einigen Geräten möglich ist, einen Teil der PIN zu ermitteln und den Rest mittels Ausprobieren zu erraten.

Komfort mit Risiko

Die WPS-Methode mit Tastendruck ist gut abgesichert, da sie die Interaktion eines Benutzers zu einer bestimmten Zeit erfordert. Nun könnte es ja ein Angreifer schaffen, den Anwender zu beobachten und genau zu dem Zeitpunkt, wenn dieser bei seinem WLAN-Gerät WPS startet, eben auch ein eigenes Mobilgerät in den WPS-Modus zu versetzen. Was würde dann passieren? Ganz einfach: Internetrouter mit WPS sind gegen solche Angriffe gewappnet. Wenn sie beim Aktivieren dieser Funktion erkennen, dass sich gerade mehr als ein Gerät in Reichweite im WPS-Modus befindet, werden alle diese Geräte abgewiesen, und die WPS-Funktion wird sofort deaktiviert.

Ist WPS mit Bestätigung per Taste am Gehäuse also absolut sicher? Nun ja, eine Möglichkeit gibt es tatsächlich, wie jemand WPS gegen Sie verwenden könnte: Wer Zugang zu Ihrem Haushalt und damit zu Ihrer FRITZ!Box hat – ein Besucher, ein Handwerker oder ein »heimlicher Besucher« –, könnte »im Vorbeigehen« die WPS-Taste an Ihrer FRITZ!Box drücken. Wenn er oder sie dann innerhalb von zwei Minuten WPS am Smartphone startet, gelingt der Zugang zu Ihrem WLAN und damit Ihrem Heimnetzwerk ganz einfach. Wenn Sie das für möglich halten und ausschließen möchten, gibt es zwei Möglichkeiten:

- **Deaktivieren Sie WPS**
  Sie können die WPS-Funktion Ihres WLAN-Zugangs deaktivieren. Dann kann WPS weder per Taste noch per Weboberfläche ausgelöst werden. Wenn Sie WPS ohnehin nicht nutzen wollen, ist das die beste Methode. Und wenn Sie WPS gelegentlich verwenden wollen, müssten Sie es vorher jeweils aktivieren und anschließend wieder deaktivieren. Die Funktion dafür finden Sie bei einer FRITZ!Box unter *WLAN/Sicherheit* in der Rubrik *WPS-Schnellverbindung*. Schalten Sie hier ganz oben die Option *WPS aktiv* aus.

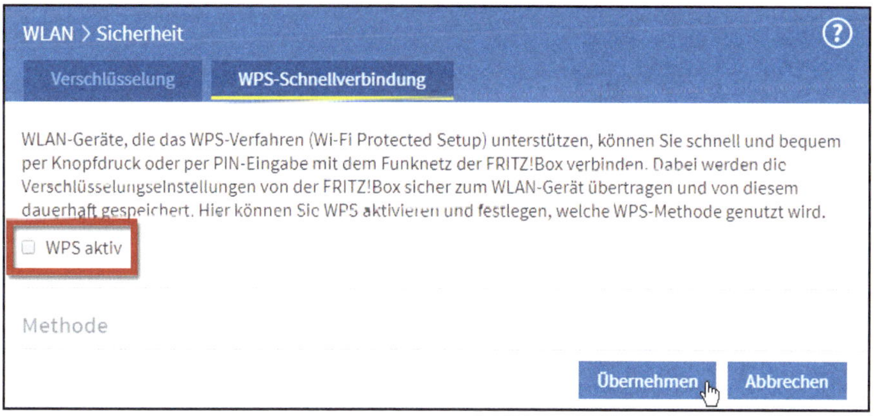

- **Deaktivieren Sie die WPS-Taste**
  Wollen Sie WPS nutzen, aber den potenziellen Missbrauch der Taste am Gehäuse verhindern, können Sie die Taste sperren. Leider gilt dies dann nicht immer nur für die WPS-Taste, sondern beispielsweise bei FRITZ!Boxen auch für alle Tasten. Öffnen Sie

dazu das Menü *System/Tasten und LEDs* und dann auf der rechten Seite die Rubrik *Tastensperre*. Schalten Sie hier die Option *Tastensperre aktiv* ein. Die WPS-Taste hat dann keine Funktion mehr. Sie können WPS aber weiterhin per Weboberfläche, App etc. verwenden.

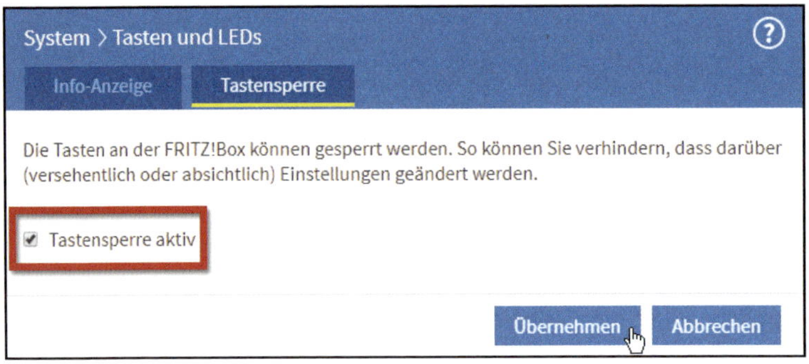

6.2 Besuchern ein Gäste-WLAN gefahrlos bereitstellen

Ein WLAN gehört heute praktisch schon zum guten Ton. Und auch wenn man Besuch hat, hört man schnell mal die Frage: »Du, kann ich vielleicht mal dein WLAN benutzen?« Diese Bitte schlägt man nicht gern ab. Allerdings bedeutet der Zugang zum eigenen WLAN immer auch, dass der Besucher Zugriff auf das eigene Heimnetzwerk und die darin freigegebenen Daten und Dienste hat. Eigentlich sollte man das also nur tun, wenn man absolut sicher ist, dass man alle sensiblen Stellen durch zusätzliche Kennwörter zuverlässig abgedichtet hat. Außerdem muss man sicherstellen, dass Besucher mit der eigenen Internetverbindung kein Schindluder treiben, durch das man später selbst Ärger bekommen kann – Stichwort Filesharing und/oder Urheberrechtsverletzungen.

Um sich vor solchen Gefahren zu schützen, empfiehlt sich das Einrichten eines Gäste-WLAN, das gleich mehrere Vorteile bietet:

- Sie können Ihren Gästen ganz unkompliziert Zugangsdaten für ein WLAN mit Internetanschluss bereitstellen.
- Dieses WLAN ist von Ihrem eigenen WLAN und damit von Ihrem Heimnetzwerk vollständig getrennt, sodass es keine Zugriffsmöglichkeiten auf Ihre persönlichen Dateien, Dienste und Daten geben kann.
- Das Gäste-WLAN kann im Funktionsumfang auf grundlegende Anwendungen wie Websurfen oder E-Mail beschränkt werden. Dadurch sind problematische Transfers wie etwa Filesharing unmöglich.
- Die Nutzung des Gastzugangs kann durch Filterregeln und Zeitvorgaben flexibel begrenzt oder das Gäste-WLAN überhaupt nur bei Anwesenheit von Gästen eingeschaltet werden.

Die Grenzen des Gäste-WLAN

Die Stärken des Gäste-WLAN können sich in Ausnahmefällen auch mal zum Nachteil entwickeln. So sorgt die strikte Trennung zwischen Heimnetzwerk und Gästen dafür, dass die Besucher eben nicht auf die heimische Musiksammlung des Gastgebers zugreifen oder im Gästezimmer den Smart-Home-Thermostat per Handy bedienen können. Und auch junge Gäste machen manchmal ein langes Gesicht, wenn sie mit dem Smartphone eine Runde ihres Lieblingsspiels zocken wollen. Die Begrenzung auf Mail und Surfen sorgt oft dafür, dass die beliebten Multiplayer-Apps im Gäste-WLAN nicht funktionieren.

Privates Gäste-WLAN einrichten

Ein Gäste-WLAN ist also im Prinzip ein zweites WLAN mit eigener Netzwerkkennung und Schlüssel, das vom privaten Drahtlosnetzwerk vollständig getrennt ist. Das kann man realisieren, indem man sich eine zusätzliche WLAN-Basisstation zulegt, die man per Netzwerkkabel mit dem Internetrouter verbindet und dann wie beschrieben ein WLAN darauf einrichtet. Immer mehr Internetrouter wie etwa FRITZ!Boxen können aber neben dem eigentlichen Drahtlosnetzwerk ein weiteres Gäste-WLAN betreiben, sodass Sie zusätzliche Investitionen und Aufwand sparen können. Man muss diese Funktion nur über die Weboberfläche aktivieren.

1. Öffnen Sie in der Weboberfläche der FRITZ!Box das Menü *WLAN/Gastzugang*.
2. Klicken Sie hier zunächst auf die Option *Gastzugang aktiv*. Dadurch werden die weiteren Einstellungen nutzbar.
3. Direkt darunter können Sie dann entscheiden, ob es ein *privater WLAN-Gastzugang* mit Anmeldung oder ein *öffentlicher WLAN-Hotspot* ohne Anmeldung werden soll. Diese Anleitung bezieht sich auf den besonders gesicherten privaten Gastzugang.

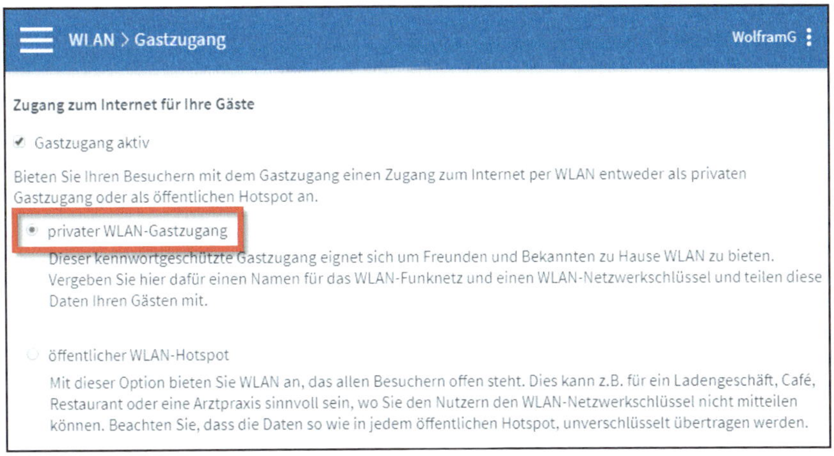

4. Wählen Sie einen Namen für das Gastnetz. Standardmäßig erhält es den Namen Ihres regulären WLAN mit der Ergänzung *Gastzugang*. Sie können aber eine beliebige Bezeichnung eingeben.

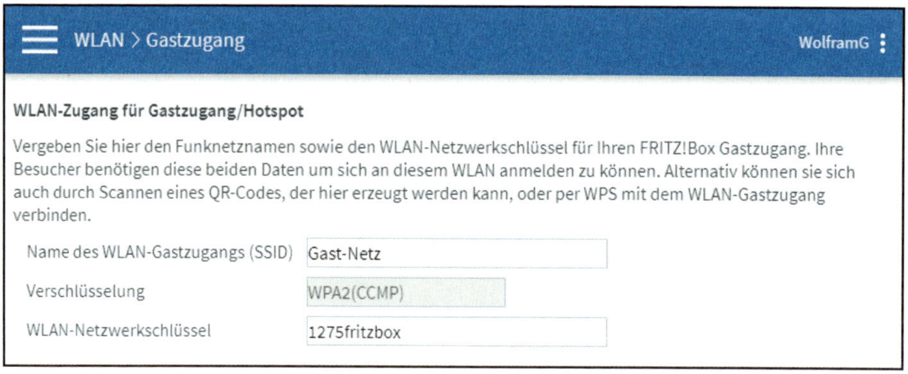

5. Geben Sie dann bei *WLAN-Netzwerkschlüssel* ein Kennwort mit 8–63 Zeichen ein. Idealerweise mischen Sie dabei Zeichen, Ziffern und Sonderzeichen. Das Kennwort sollte noch einigermaßen les- und buchstabierbar sein. Wenn Sie aber wie im folgenden Abschnitt einen QR-Code für die Anmeldung verwenden, darf das Kennwort im Prinzip beliebig kompliziert sein.
6. Ist bei *Weitere Einstellungen* der Push-Service aktiviert, können Sie sich per Mail über An- und Abmeldungen informieren lassen. Das kann sinnvoll sein, wenn das Gäste-WLAN nur sehr selten genutzt wird. Dann werden Sie sofort aufmerksam, wenn es mal missbräuchlich verwendet werden sollte.
7. Zusätzlich können Sie den Besuchern nach jeder Anmeldung im Webbrowser eine Vorschaltseite anzeigen lassen, die die Bedingungen der Gastnutzung festlegt, und sich diese auch bestätigen lassen. Ob eine solche Belehrung im Ernstfall aber irgendeine rechtliche Relevanz hätte, ist meines Wissens bislang nicht höchstrichterlich entschieden und zumindest zweifelhaft.
8. Bei der FRITZ!Box können Sie die Funktion des Gäste-WLAN schon beim Aktivieren zeitlich beschränken. So braucht man es nach der Party nicht extra wieder auszuschalten und kann es auch nicht vergessen. Die Option *erst deaktivieren, wenn alle Gäste abgemeldet sind* wartet (nach Ablauf der Frist) ggf. mit dem Abschalten, bis sich das letzte WLAN-Gerät aus dem Netz verabschiedet hat.
9. Die Option *WLAN-Geräte dürfen untereinander kommunizieren* kann für ein Gastnetz in der Regel deaktiviert bleiben. In Ausnahmefällen kann es allerdings sinnvoll sein, dass Gastgeräte Daten untereinander austauschen können.
10. Die Option *Internetanwendungen beschränken* begrenzt die Möglichkeiten der Besucher. Ist sie eingeschaltet, werden nur Ports für die Internet-Standardanwendungen Websurfen und E-Mail freigeschaltet. Anwendungen und Apps, die auf eigene Protokolle und Ports angewiesen sind, können im Gäste-WLAN dann nicht verwendet werden. Das betrifft etwa Anwendungen wie Filesharing oder Onlinespiele.

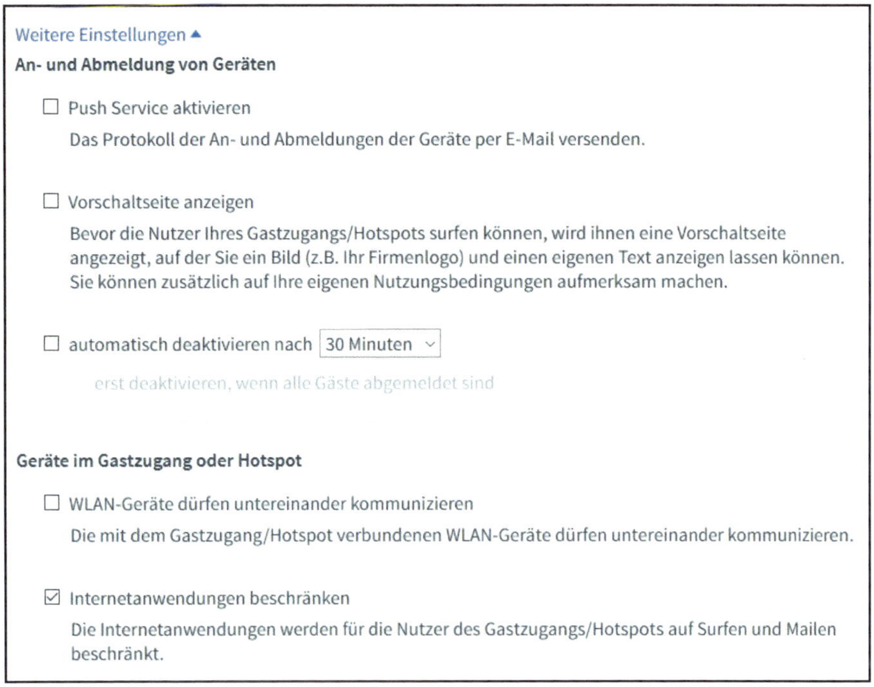

11. Haben Sie das Gäste-WLAN nach Ihren Wünschen konfiguriert, klicken Sie unten auf *Übernehmen*, um es zu aktivieren.

WLAN-Schlüssel fürs Gäste-WLAN regelmäßig ändern

Wie alle Passwörter sollte man auch die Schlüssel für das Gäste-WLAN regelmäßig ändern. Immerhin kann sich jeder Gast, dem Sie das einmal erlauben, jederzeit wieder mit Ihrem Gastnetzwerk verbinden. Ein neuer Schlüssel aber unterbindet dies. Lästig ist das allenfalls für wiederkehrende Besucher, denen man es aber beispielsweise mit einem QR-Code leichter machen kann.

QR-Code für schnelles, unkompliziertes Anmelden ausdrucken

Damit Ihre Gäste das für sie vorbereitete WLAN auch nutzen können, benötigen sie die Zugangsdaten, also den Namen und den WLAN-Netzwerkschlüssel. Diesen kann man bei Bedarf einfach mitteilen oder ausdrucken und den Zettel an geeigneter Stelle aushängen oder zurechtlegen. Allerdings ist das Eintippen eines komplexen Passworts immer etwas umständlich und fehleranfällig. Besser ist deshalb ein QR-Code, wenn Ihr Internetrouter Ihnen diese Möglichkeit zur Verfügung stellt.

In den Gäste-WLAN-Einstellungen der FRITZ!Box finden Sie ganz unten einen solchen QR-Code, den Sie ausdrucken und für Ihre Gäste bereitlegen können. Die können diesen mit ihren Smartphones oder Tablets mit einer beliebigen QR-Scanner-App einlesen. Das Mobilgerät erkennt darin automatisch WLAN-Zugangsdaten und richtet einen entsprechenden Zugang im Gerät ein. Anschließend verbindet sich das Gerät automatisch mit dem WLAN. Damit das Ganze zuverlässig klappt, halten Sie sich an folgenden Ablauf:

Ein QR-Code macht das Anmelden für Gäste mit Smartphones zum Kinderspiel.

Wichtig: QR-Code nach Änderungen neu erstellen

Sollten Sie den Namen des Gäste-WLAN, die Verschlüsselungsmethode oder das Kennwort später ändern, müssen Sie den QR-Code neu ausdrucken, da der alte dann nicht mehr funktioniert. Änderungen an den sonstigen Eigenschaften, etwa die Beschränkung auf Surfen und Mail oder die Kommunikation der Geräte untereinander, können Sie hingegen jederzeit ändern, ohne den QR-Code erneuern zu müssen.

Den Gästezugang mit Filterregeln flexibel steuern

In den Einstellungen für den Gastzugang finden Sie meist schon einige grundlegende Möglichkeiten, den Zugriff auf das Gäste-WLAN und die damit möglichen Funktionen zu steuern. Wenn Ihr Internetrouter aber wie beispielsweise eine FRITZ!Box das Definieren von Profilen bzw. Filterregeln ermöglicht, können Sie noch viel genauer steuern, was Ihre Gäste tun dürfen. Alle Benutzer des Gastzugangs bekommen automatisch ein Zugangsprofil namens »Gast« zugewiesen. Dieses Zugangsprofil können Sie in den Filtereinstellungen bearbeiten. Es ermöglicht Ihnen:

- den Zeitraum für die Nutzung des Internetzugangs sehr flexibel einzuschränken,
- Filter für Internetseiten zu verwenden,
- detailliert festzulegen, welche Netzwerkanwendungen genutzt werden dürfen.

1. Öffnen Sie in der Weboberfläche Ihrer FRITZ!Box das Menü *Internet/Filter*.
2. Wechseln Sie rechts in die Rubrik *Zugangsprofile*.

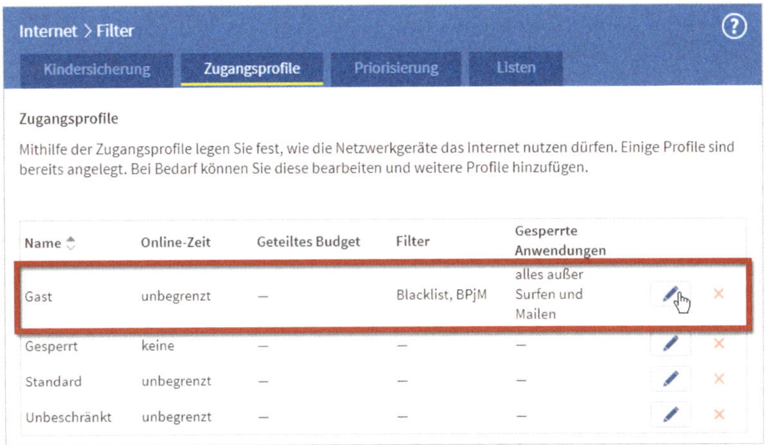

3. Suchen Sie in der Liste der Zugangsprofile den Eintrag *Gast*, und klicken Sie in dessen Zeile rechts auf das *Bearbeiten*-Symbol.
4. Im folgenden Dialog können Sie im obersten Abschnitt eine Zeitbeschränkung festlegen. Das Gäste-WLAN wird dann automatisch nur in den hier definierten Zeiten aktiviert.
5. Im Bereich *Filter für Internetseiten* können Sie verschiedene inhaltsbasierte Filter für Webseiten auswählen. Wenn der Gästezugang auch von Kindern genutzt werden soll, kann man so sicherstellen, dass diese keine ungeeigneten Inhalte zu sehen bekommen.
6. Besonders wichtig ist aber der unterste Bereich *Gesperrte Netzwerkanwendungen*. Hier können Sie festlegen, welche Netzwerkanwendungen im Gäste-WLAN erlaubt sind.

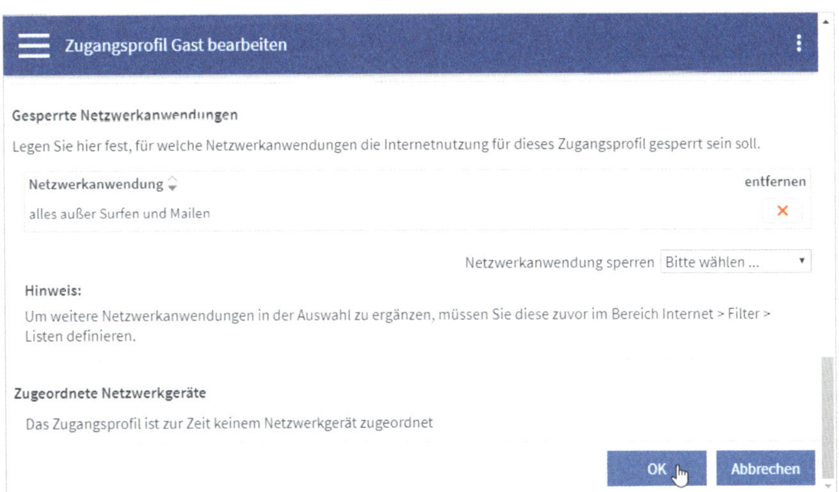

6.3 Fremde Netzwerke ohne Risiken nutzen

Solange Sie sich im eigenen WLAN bewegen, ist das Risiko überschau- und vor allem kontrollierbar. Denn Sie selbst können steuern, wie gut das Netzwerk abgesichert ist und wer Zugang dazu bekommen soll. Ganz anders sieht das aus, wenn Sie unterwegs auf fremde WLANs angewiesen sind – egal, ob das Gäste-WLANs oder kommerzielle Hotspots sind. Hier haben Sie keine Kontrolle und können auch nie wissen, wer sich außer Ihnen gerade noch in diesem Netzwerk tummelt und welche Absichten er verfolgt.

(Kein) Sonderfall Gäste-LAN

Auf den folgenden Seiten geht es um Gefahren und die sichere Nutzung von fremden WLAN-Hotspots. In der Praxis wird man tragbare Geräte heutzutage auf diese Weise verbinden. Es gibt aber beispielsweise in Hotels oder Internetcafés auch LAN-Anschlüsse, an die man beispielsweise Notebooks anschließen kann. Für solche Gäste-LANs gelten dieselben Regeln wie für öffentliche WLANs, da der Datenverkehr in LANs grundsätzlich unverschlüsselt läuft. Achten Sie also auch hier darauf, vertrauliche Daten nur über verschlüsselte Verbindungen zu übermitteln, und verwenden Sie – wenn möglich – VPN-Verbindungen.

Gefahrenquelle öffentliche Hotspots

Öffentliche Hotspots sind WLANs, bei denen für die Anmeldung kein Schlüssel eingegeben werden muss. In der WLAN-Übersicht werden sie dementsprechend ohne Schlosssymbol angezeigt. Lassen Sie sich dabei nicht täuschen, wenn nach der Anmeldung eine Webseite angezeigt wird, auf der man sich anmelden oder auch für die Nutzung bezahlen muss. Entscheidend ist, dass die initiale Verbindung zum WLAN hergestellt werden kann, ohne dass der WLAN-Schlüssel eingegeben werden muss.

In diesem Fall erfolgt die Datenübertragung im WLAN unverschlüsselt. Dadurch kann jeder Teilnehmer des Netzwerks den Datenverkehr von jedem anderen mitschneiden und belauschen. Alles, was in diesem Fall ohne weitere Schutzmaßnahmen im Klartext übertragen wird, also auch Webadressen, Benutzernamen, Passwörter, Kreditkartendaten etc., kann auf diese Weise mitgelesen werden.

Hacking-Workshop: ungeschützte Log-ins belauschen

Ein beliebtes Werkzeug – nicht nur bei Hackern, sondern auch bei Netzwerkadministratoren – ist das Netzwerkanalyseprogramm Wireshark. Es erlaubt es, den Datenverkehr in einem Netzwerk mitzuschneiden und auszuwerten. Um es selbst auszuprobieren, können Sie die aktuelle Version unter www.wireshark.org herunterladen. Die Installation umfasst eine ganze Reihe von Dialogen, die Sie aber alle abnicken können.

Für das folgende Experiment benötigen Sie eine Webseite mit einem Anmeldeformular, die ungeschützte HTTP-Verbindungen verwendet, also http://... anstelle von https://... Sie müssen dort kein Benutzerkonto haben, nur eine entsprechende Seite finden. Ich verwende im Folgenden http://testing-ground.scraping.pro/login, es gibt aber auch viele andere.

Die Idee ist, mit Wireshark den Datenverkehr aufzuzeichnen, während wir uns bei einer unverschlüsselten Webseite anmelden. Anschließend schauen wir dann, ob wir die dabei verwendeten Anmeldedaten in der Aufzeichnung wiederfinden.

1. Starten Sie Wireshark, und beginnen Sie eine Aufzeichnung, indem Sie auf das Wireshark-Symbol ganz links in der Symbolleiste klicken (oder im Menü *Aufzeichnen/Starten* wählen).

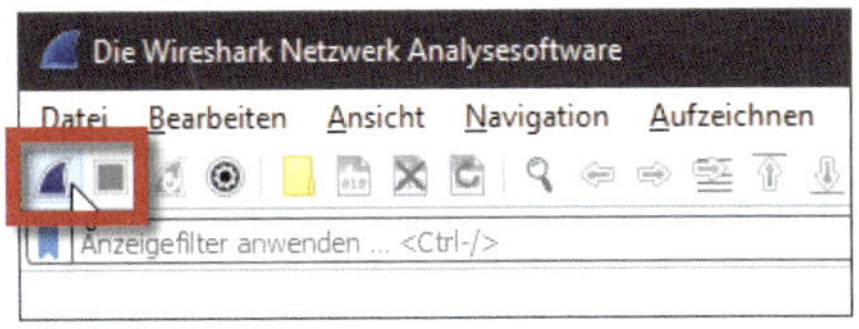

2. Öffnen Sie nun im Webbrowser die Seite mit der unverschlüsselten HTTP-Anmeldung.
3. Geben Sie beliebige Anmeldedaten ein, und senden Sie die Anmeldung ab. Es ist unwesentlich, ob die Anmeldung gelingt. Merken oder notieren Sie sich die Adresse der Webseite sowie den verwendeten Benutzernamen und das Passwort.

4. Schließen Sie den Webbrowser anschließend, und kehren Sie zu Wireshark zurück.
5. Stoppen Sie die Aufzeichnung mit dem zweiten Symbol von links oder *Aufzeichnen/Stoppen*. Andernfalls würde Wireshark einfach immer weiter Daten erfassen.

Wenn Sie nun die Daten in Wireshark betrachten, sind das vermutlich schon eine ganze Menge. Denn das Programm zeichnet eben alle Netzwerkaktivitäten auf. Solange die Aufzeichnung läuft, werden dazu sämtliche Datenpakete erfasst. Und davon erzeugt nicht nur der Webbrowser reichlich. Schon während Sie eine Webadresse eintippen, übermittelt beispielsweise die Autovervollständigen-Funktion mit jedem Zeichen diverse Datenpakete an Ihre Suchmaschine etc.

Dazu kommen noch andere Anwendungen im Hintergrund sowie diverse Dienste und Funktionen wie beispielsweise Windows-Update-Telemetriedienste etc. Die eigentliche Kunst bei Wireshark ist es deshalb, aus der Unmenge an Daten diejenigen herauszufiltern, die von Interesse sind. Dafür stellt das Programm eine mächtige Filterfunktion bereit.

1. Platzieren Sie die Einfügemarke im Eingabefeld unterhalb der Symbolleiste.

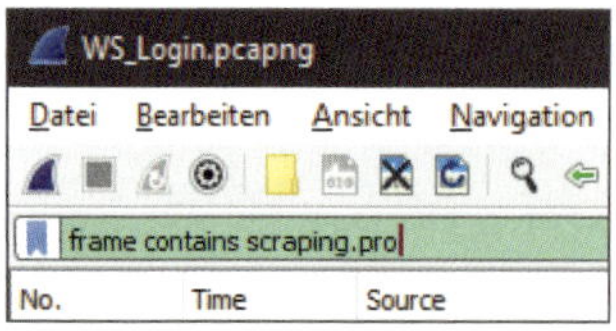

2. Tippen Sie hier *frame contains <Domain der verwendeten Webseite>* ein, also in meinem Beispiel `frame contains scraping.pro`. Wireshark schränkt die angezeigten Daten dann auf die Pakete ein, die mit dieser Webadresse ausgetauscht wurden, was wesentlich übersichtlicher sein sollte.
3. Sollte die Liste immer noch mehr als einen Eintrag umfassen, probieren Sie davon den ersten längeren (*Length*) Eintrag, oder suchen Sie in der Spalte *Info* nach Angaben wie »POST« oder »Login«.
4. Haben Sie einen passenden Eintrag gefunden, klicken Sie ihn mit der rechten Maustaste an und wählen im Kontextmenü *Folgen/TCP-Stream*.

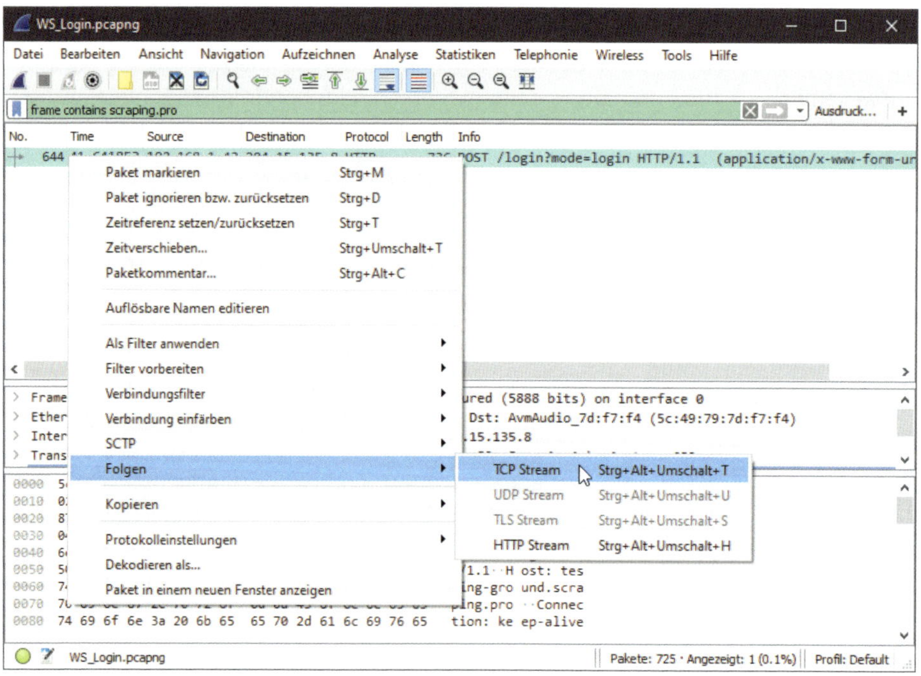

5. Im so geöffneten Fenster sehen Sie den Inhalt der Datenpakete im Klartext. Schauen Sie hier nach, ob Sie den zuvor verwendeten Benutzernamen und das Passwort darin wiederfinden.

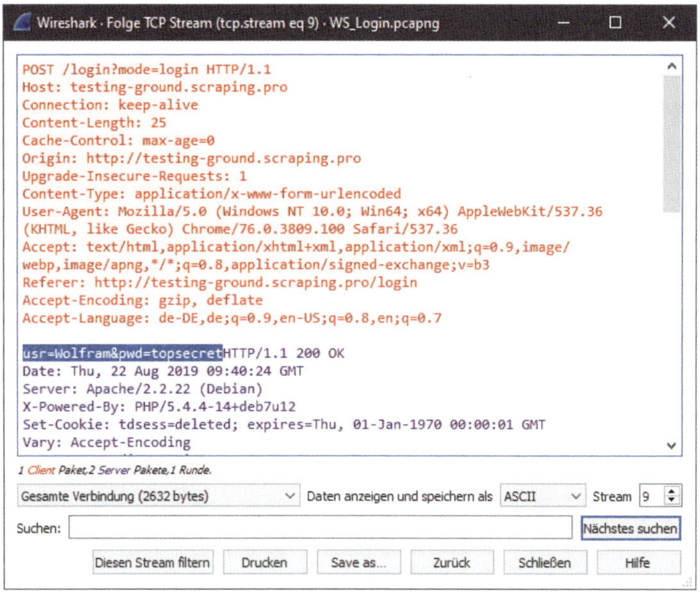

Die aufgezeichneten Daten gezielt nach dem Passwort durchsuchen

Falls Sie Probleme haben, in der Menge der Datenpakete das richtige zu finden, bietet Wireshark auch eine »Volltextsuche« an. Verwenden Sie dazu *Bearbeiten/Paket finden*. In der so eingeblendeten Leiste wählen Sie bei *Anzeigefilter* eine *Zeichenkette* und geben im Feld rechts daneben das verwendete Passwort ein. Schalten Sie nun noch ganz links von *Paketliste* auf *Paketdetails*, und klicken Sie dann rechts auf *Finden*. Die Anzeige von Wireshark sollte nun ein Paket hervorheben, das Sie wie beschrieben über das Kontextmenü öffnen können.

Wird Wireshark auch auf diese Weise nicht fündig, können Sie davon ausgehen, dass Ihr Passwort nicht unverschlüsselt übertragen wurde.

In diesem Workshop haben wir ein wenig getrickst, denn wir haben mit Wireshark den Datenverkehr des eigenen PCs belauscht. Das ist zu Demonstrationszwecken praktischer, denn Wireshark für Windows kann nur sehr eingeschränkt das Netzwerk anderer Geräte im selben Netzwerk belauschen. Allerdings gibt es Wireshark auch für Linux-basierte Betriebssysteme, wo solche Einschränkungen nicht bestehen. Ein Angreifer könnte beispielsweise einen Raspberry Pi – einen Minicomputer für ca. 50 Euro, der sich auch mit einer Powerbank mobil betreiben lässt – so präparieren, dass er sich mit einem öffentlichen Netzwerk verbindet und sämtliche dort übertragenen Daten aufzeichnet. Diese Aufzeichnung kann der Hacker sich direkt zuschicken lassen oder später in Ruhe auswerten und darin nach ungeschützten Anmeldungen suchen, zu denen er dann jeweils Webadresse, Benutzername und Passwort erfährt.

Wie kann man sich schützen?

Verwenden Sie niemals ungeschützte Verbindungen in öffentlichen WLAN-Hotspots. Das gilt nicht nur fürs Websurfen, sondern auch für andere Onlinedienste und -anwendungen, die möglicherweise Ihre Daten unverschlüsselt übertragen (E-Mail, Chats, Synchronisierungssoftware etc.). Am besten nutzen Sie öffentliche WLANs nur als Internetzugangspunkte, von denen aus Sie, wie auf Seite 220 beschrieben, eine sichere VPN-Verbindung aufbauen. Dann brauchen Sie sich keine Sorgen mehr zu machen, dass jemand Ihre Datenübertragungen belauschen könnte.

Gefahrenquelle Hotspot-Portalseiten

Ein weiteres Risiko bei öffentlichen WLAN-Hotspots sind die Anmeldeseiten, die beim Verbinden mit einem solchen Netzwerk üblicherweise automatisch angezeigt werden. Diese Seiten enthalten Nutzungshinweise, und man kann sich dort einloggen, registrieren oder ein Nutzungskontingent für den Hotspot erwerben. Neben zahllosen kleinen Einzelanbietern gibt es auch landesweite oder sogar internationale Anbieter von Hotspots mit einheitlichen SSIDs und Portalseiten. Das Problem dabei ist, dass sich solche Hotspots recht einfach »fälschen« lassen:

- Den Namen eines Netzwerks kann der Betreiber beim Einrichten frei wählen. Die Bahn etwa nennt ihre Hotspots in ICE-Zügen »WIFIonICE«. Niemand kann Sie (oder einen Hacker) daran hindern, ein eigenes WLAN mit der SSID »WIFIonICE« aufzumachen.
- Auch die Portalseiten bestehen einfach nur aus den üblichen Webseiten-Elementen. Da man sie öffnen und betrachten kann, lassen sie sich auch täuschend echt nachbauen.

Ein Hacker könnte also auf einem Mobilgerät mit WLAN einen eigenen Hotspot einrichten, der genauso wie die ICE-Hotspots heißt und eine täuschend echt nachgemachte Portalseite der Bahn anzeigt. Damit setzt er sich in einen ICE und wartet einfach ab. Wenn andere Fahrgäste in seiner Umgebung den ICE-Hotspot nutzen wollen, werden sie mit einiger Wahrscheinlichkeit stattdessen in seinem WLAN landen, weil dessen Signal stärker ist. Schaut man bei der Portalseite dann nicht genauer hin, sondern nickt nur wie gewohnt die Nutzungsbedingungen ab, ist man in die Falle getappt. Denn der Hacker leitet die Internetzugriffe weiter, um nicht aufzufallen. Der Hotspot funktioniert also wie erwartet. Gleichzeitig kann er aber alle Daten aufzeichnen, die ohne zusätzliche Verschlüsselung übermittelt werden.

Und das ist nur der Anfang. Da das WLAN unter der Kontrolle des Angreifers steht, kann er beispielsweise einen eigenen Nameserver ins Spiel bringen. Wenn man dann die Webseite einer Onlinebank oder beispielsweise PayPal öffnet, wird man in Wirklichkeit wiederum auf eine geschickt gefälschte Seite umgelenkt, die die Zugangsdaten abfischt. Wenn der Angreifer geschickt ist, kann er die Nutzer auch dazu bringen, eines seiner eigenen Zertifikate in ihrem Browser zu installieren. Das würde ihm sogar Angriffe auf verschlüsselte Verbindungen ermöglichen.

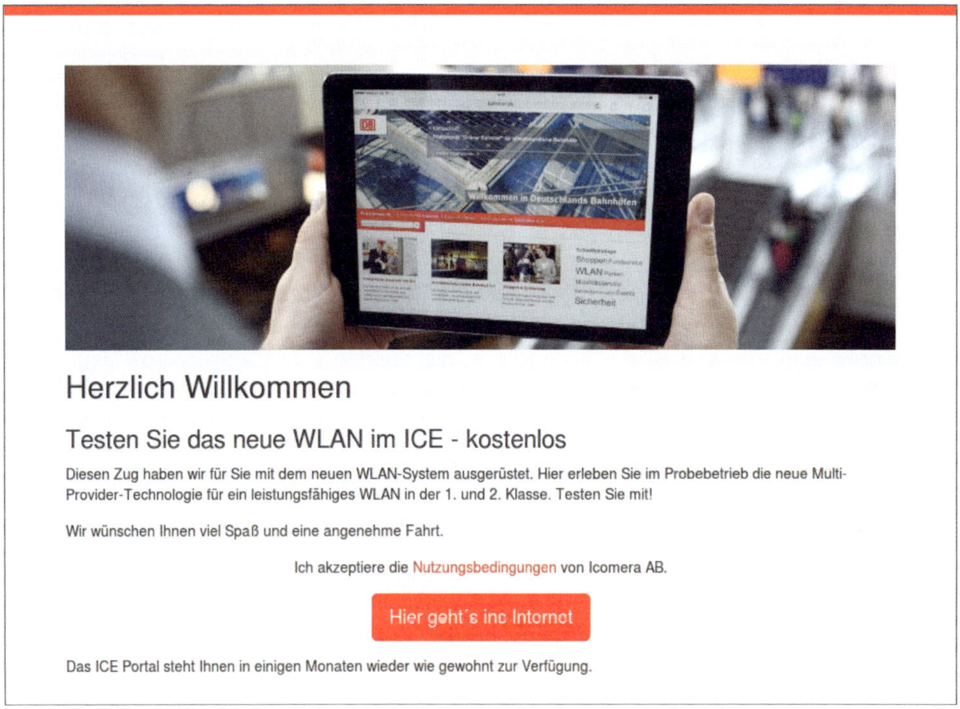

Wer Portalseiten gedankenlos abnickt, ohne näher hinzusehen, kann leicht in eine böse Falle tappen.

Portalseiten prüfen

Wann immer beim Anmelden bei einem WLAN eine Portalseite angezeigt wird, sollten Sie davon ausgehen, dass es sich dabei um eine Fälschung handeln könnte. Prüfen Sie deshalb, ob:

- in der Adresszeile des Webbrowsers die richtige Adresse angezeigt wird. Man kann zwar nicht immer wissen, welches »die richtige« ist, aber bei sehr ungewöhnlichen Adressen beispielsweise mit einer IP-Nummer anstelle einer Webadresse sollte man sehr misstrauisch sein.
- ob die Webseite mit Verschlüsselung arbeitet. Zwar wird das eindeutige https://... von den meisten Browsern ausgeblendet, aber dafür verraten eindeutige Symbole wie etwa ein Vorhängeschloss den Status.

- Auch wenn eine Verbindung als verschlüsselt angezeigt wird, sollten Sie auf Nummer sicher gehen und sich den Dialog mit näheren Informationen zur Webseite, der verwendeten Verschlüsselung und dem zugrunde liegenden Sicherheitszertifikat anzeigen lassen.

Das Schlosssymbol links signalisiert eine verschlüsselte Verbindung – die Verbindung rechts hingegen ist unverschlüsselt.

Ausführlichere Informationen zu HTTPS, verschlüsselten Webseiten und Zertifikaten finden Sie auf Seite 281.

Mit VPN überall sicher online gehen

Auch wenn man beim Benutzen öffentlicher Netzwerke sehr sorgfältig ist und die beschriebenen Vorsichtsmaßnahmen walten lässt, bleibt stets ein Restrisiko. Es gibt aber eine Möglichkeit, dieses Risiko vollständig zu vermeiden. Das Zauberwort dazu lautet **V**irtual **P**rivate **N**etwork (virtuelles privates Netzwerk – VPN). Die Idee dabei: Das Mobilgerät verbindet sich in fremden Netzwerken nicht direkt mit dem Internet, sondern baut eine durch Verschlüsselung und Authentifizierung geschützte Verbindung zu einem speziellen VPN-Server auf. Diese Verbindung fungiert als Tunnel, der die übertragenen Daten selbst in einer »feindlichen« Umgebung vor Abhörmaßnahmen und Manipulation schützt.

So funktioniert VPN

VPN ist ein Protokoll, das verschlüsselte Verbindungen zwischen einem Klienten (dem Mobilgerät) und einem Server ermöglicht. Der VPN-Server kann bei Ihnen zu Hause, in der Firma oder bei einem speziellen VPN-Dienstleister stehen. In jedem Fall befindet er sich in einem sicheren, vertrauenswürdigen Netzwerk. VPN bringt das Mobilgerät über eine sichere Verbindung praktisch in das heimische Netzwerk. Dadurch ist der sichere Zugriff auf die Ressourcen dieses Netzwerks möglich. Zugleich wird der gesamte Datenaustausch des Mobilgerätes mit dem Internet ebenfalls über den VPN-Server geleitet. Wenn Sie unterwegs Webseiten oder E-Mails abrufen, sich irgendwo anmelden etc., ist das also genauso sicher, als wenn Sie es direkt von zu Hause aus machen würden. Da sämtliche Daten zwischen Mobilgerät und VPN-Server über eine verschlüsselte Verbindung übertragen werden, können Sie diese Verbindung von unterwegs bedenkenlos nutzen. Selbst wenn der verwendete Hotspot unter der Kontrolle eines Hackers steht, könnte der mit den erfassten Daten nichts anfangen.

Das klingt erst mal gut, aber auch aufwendig. Tatsächlich ist eine solche VPN-Lösung aber oftmals recht einfach einzurichten. Mobilgeräte benötigen dazu lediglich VPN-Software, die aber teilweise schon ab Werk vorhanden ist oder sich einfach per App nachrüsten lässt. Auch einen VPN-Server haben Sie vielleicht schon, ohne es zu wissen. Andernfalls kann man diesen als Dienstleistung für wenige Euro pro Monat mieten.

VPN-Varianten

Es gibt mehrere verschiedene VPN-Protokolle, wobei Sie sich jeweils für eines entscheiden müssen. Dabei gibt der Server vor, welche Verfahren er unterstützt. Aufseiten der Mobilgeräte lässt sich meist für jedes der Verfahren passende Software installieren, sofern das gewählte Protokoll nicht direkt ab Werk vom Betriebssystem unterstützt wird.

Hier die wichtigsten VPN-Varianten im Überblick:

- **PPTP**
  Das **P**oint-to-**P**oint **T**unneling **P**rotocol wird noch immer von einigen Geräten als Verfahren angeboten. Allerdings gilt es als nicht mehr sicher und sollte deshalb nur verwendet werden, wenn es keine Alternativen gibt.
- **L2TP/IPSec**
  Das **L**ayer **2** **T**unneling **P**rotocol ist der Nachfolger von PPTP. Er verzichtet aber auf Mechanismen zur Verschlüsselung und Authentifizierung. Deshalb wird das Verfahren in der Praxis mit der Security Architecture für IP (IPSec) kombiniert, die für eben diese Sicherheitsmechanismen sorgt. In dieser auch als »L2TP over IPSec« bezeichneten Variante kann es als sicheres VPN genutzt werden und wird von vielen Geräten angeboten.
- **OpenVPN**
  Die OpenVPN-Software ist für viele Plattformen erhältlich und wurde als Open-Source-Alternative zu proprietären Protokollen wie PPTP und IPSec entwickelt. Zur Verschlüsselung und Authentifizierung werden etablierte Verfahren wie SSL oder TLS eingesetzt. Als Open-Source-Lösung ist OpenVPN in Geräten selten ab Werk integriert, kann aber als Servermodul oder App – üblicherweise kostenlos – nachgerüstet werden.
- **WireGuard**
  Als neuer Stern am VPN-Himmel gilt das ebenfalls als Open Source entwickelte WireGuard. Die schlanke Neuentwicklung zeichnet sich durch hohe Geschwindigkeit und Sicherheit aus. Gleichzeitig ist sie einfach nutzbar (die Zugangsdaten lassen sich über einen QR-Code übermitteln) und sehr robust. So übersteht WireGuard den Wechsel von Mobilfunk zu WLAN, ohne dass man die Verbindung neu aufbauen müsste. Der Nachteil: Das Verfahren ist sehr jung und befindet sich offiziell noch in der Testphase. Für den produktiven Einsatz wird es deshalb von den Entwicklern selbst noch nicht empfohlen. Dennoch gibt es bereits WireGuard-Software für alle gängigen Betriebssysteme sowie kommerzielle Anbieter von WireGuard-VPN-Servern.

Ein VPN-Server im heimischen Internetrouter

Etwas bessere Internetrouter haben oftmals bereits eine VPN-Server-Funktion integriert. Auch bei Netzwerkspeichergeräten (NAS) lässt sich bei Herstellern wie Synology ein VPN-Server-Modul installieren. Wenn Sie über ein solches Gerät verfügen, können Sie mit wenigen Handgriffen einen VPN-Server aktivieren, mit dem Sie sich jederzeit von unterwegs zu Ihrem heimischen Netzwerk verbinden und darüber sicher surfen können. Im Folgenden beschreibe ich die Vorgehensweise am Beispiel der verbreiteten FRITZ!Box. Bei anderen Herstellern weichen die Schritte zum Einrichten ggf. etwas ab, aber das Grundprinzip ist dasselbe. Konsultieren Sie dazu ggf. die Onlinehilfe zu Ihrem Gerät. Unterschiede wird es meist auch bei den unterstützten VPN-Verfahren geben (siehe vorangegangener Abschnitt).

Voraussetzungen für einen eigenen VPN-Server

Um einen eigenen VPN-Server am heimischen Internetanschluss betreiben zu können, muss Ihr Internetzugang aus dem Internet erreichbar sein. Dies geht entweder mittels einer festen IP-Adresse, die Ihr Internetprovider Ihnen zur Verfügung stellt. Oder Sie verwenden einen Dienst für dynamische Internetadressen. Diesen können Sie in der Regel direkt in Ihrem Internetrouter konfigurieren. Wenn der Internetrouter zugleich als VPN-Server fungiert, sind keine weiteren Schritte nötig. Wenn der VPN-Server aber auf einem anderen Gerät wie beispielsweise einem NAS läuft, müssen die benötigten Netzwerkports in der Firewall des Internetrouters freigegeben und auf das betreffende Netzwerkgerät umgeleitet werden.

Eine FRITZ!Box hat einen VPN-Server integriert, der allerdings standardmäßig deaktiviert ist. Wenn Sie VPN verwenden möchten, müssen Sie diesen einmalig aktivieren und die Einstellungen ermitteln, mit denen Sie mobile Endgeräte konfigurieren müssen, damit sie die Verbindung zum VPN herstellen können.

1. Um die VPN-Funktion der FRITZ!Box zu steuern, öffnen Sie in der Weboberfläche das Menü *Internet/Freigaben* und darin auf der rechten Seite die Rubrik *VPN*.
2. Hier sollte die Liste der VPNs leer sein, sofern Sie selbst noch keines angelegt haben. Klicken Sie auf *VPN-Verbindung hinzufügen*.

3. Wählen Sie dann aus, welche Art von VPN-Verbindung Sie einrichten möchten. Für das oben beschriebene Szenario, bei dem Sie sich von unterwegs mit Ihrem eigenen

Heimnetzwerk verbinden möchten, müssen Sie immer die oberste Option *Fernzugang für einen Benutzer einrichten* wählen.

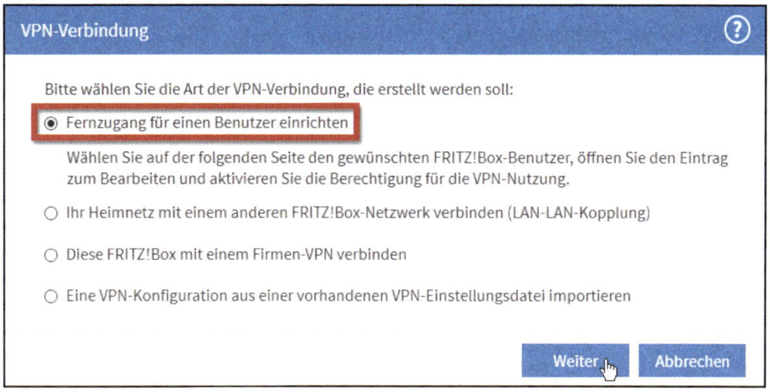

4. Im nächsten Schritt wählen Sie den Benutzer aus, dessen Profil für den VPN-Zugang verwendet werden soll. Idealerweise haben Sie dafür bereits ein Benutzerprofil angelegt. Dann können Sie es hier mit einem Klick auf die *Bearbeiten*-Schaltfläche öffnen. Sie können aber auch mit *Benutzer hinzufügen* ein ganz neues Konto erstellen.
5. Entscheidend in Bezug auf VPN ist, dass im gewählten oder neu angelegten Benutzerprofil die Optionen *Zugang auch aus dem Internet erlaubt* und *VPN* eingeschaltet sind. Die weiteren Einstellungen hängen davon ab, welche Aktivitäten Sie dem Benutzer aus der Ferne zugestehen möchten.

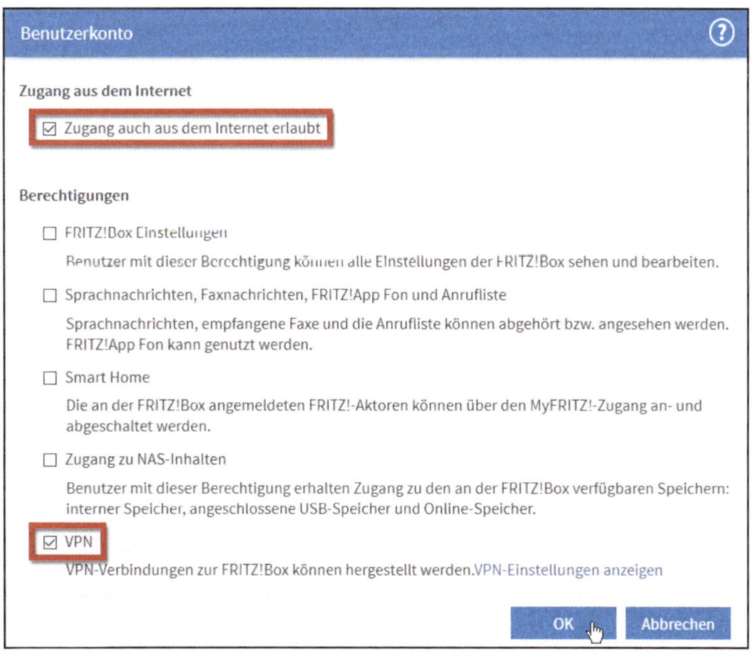

6. Klicken Sie abschließend auf *OK*.
7. Sie landen dann zwar wieder in der Benutzerübersicht, aber wenn Sie jetzt erneut die *VPN*-Einstellungen unter *Internet/Freigaben* abrufen, finden Sie hier nun eine VPN-Verbindung mit dem Namen des gewählten Benutzers vor.

Einen VPN-Server mieten

Vielleicht haben Sie kein Gerät im heimischen Netzwerk, das als VPN-Server dienen könnte. Oder Sie trauen sich das sichere und zuverlässige Konfigurieren nicht zu? Dann gibt es eine praktische Alternative in der Form von kommerziellen VPN-Anbietern. Die betreiben professionelle und leistungsfähige VPN-Server. Für Kosten ab wenigen Euro pro Monat bekommt man individuelle Zugangsdaten, mit denen man seine Mobilgeräte mit diesem VPN-Server verbinden kann. Dazu gibt es dann in der Regel auch klare Schritt-für-Schritt-Konfigurationsanleitungen für gängige Betriebssysteme.

Solche VPN-Server werden von vielen Kunden gleichzeitig genutzt, aber die verschiedenen Verbindungen sind voneinander getrennt. Sie brauchen also nicht zu befürchten, dass andere Kunden Sie ausspionieren können. Ansonsten muss man sich aber in Bezug auf Datensicherheit, Anonymität und Verschlüsselung auf die Angaben der Anbieter verlassen. Ein anderer Nachteil gegenüber einem eigenen VPN-Server ist, dass man eben »nur« Zugriff aufs Internet hat, nicht aber auf die Ressourcen des eigenen Heimnetzwerks. Für wichtige Daten kann man allerdings Cloud-Dienste nutzen, die mit den heimischen Datenbeständen synchronisiert werden.

Eine aktuelle Übersicht von VPN-Anbietern finden Sie beispielsweise unter www.vpnanbieter.net. Hier finden Sie auch schnell heraus, welche Anbieter großzügige Testzeiträume haben, um zu erproben, wie gut und zuverlässig der VPN-Dienst in der alltäglichen Praxis funktioniert.

VPN-Zugänge auf Mobilgeräten einrichten

Damit Ihre Mobilgeräte sich mit dem VPN-Server verbinden können, benötigen Sie die passenden Zugangsdaten. Diese erhalten Sie vom Betreiber des VPN-Servers. Haben Sie einen eigenen VPN-Server eingerichtet, können Sie die Daten in dessen Einstellungen ablesen.

Eine FRITZ!Box etwa bietet Ihnen beim Einrichten an, die dazu passenden Einstellungen für Mobilgeräte anzuzeigen und auszudrucken oder zu speichern.

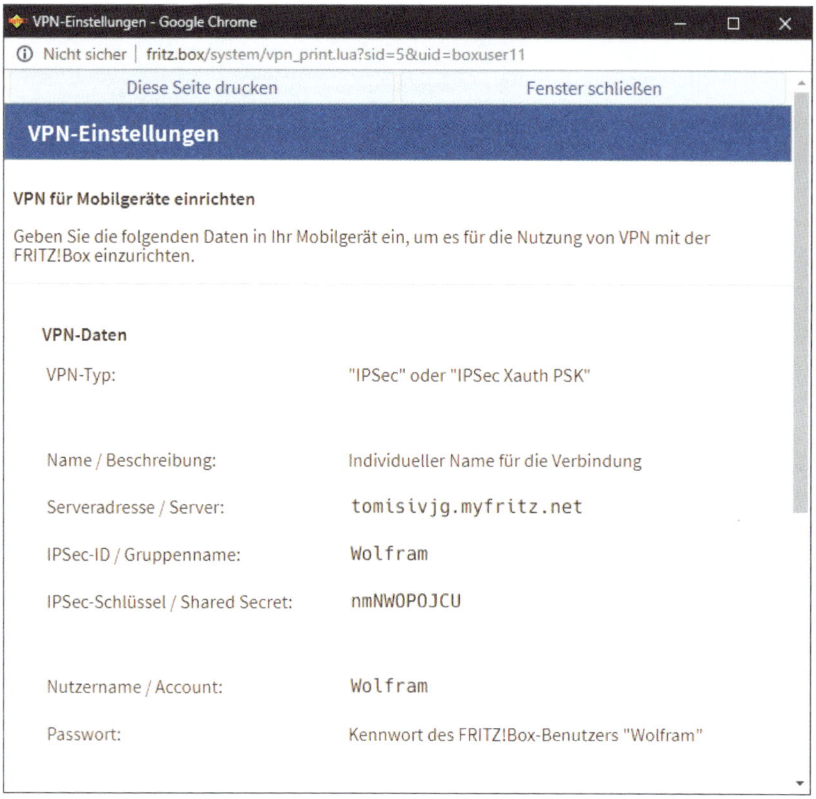

VPN-Verbindungen für Windows

Windows 10 kann VPN-Verbindungen »ab Werk« herstellen. Allerdings bietet es nur die von Microsoft unterstützten VPN-Typen wie PPTP oder L2TP/IPSec an.

Für OpenVPN oder Wireshark benötigen Sie zusätzliche, in der Regel kostenlose Software (siehe folgenden Abschnitt).

1. Um eine VPN-Verbindung in Windows einzurichten, öffnen Sie in den *Einstellungen* die Rubrik *Netzwerk und Internet/VPN*.
2. Klicken Sie hier auf der rechten Seite auf *VPN-Verbindung hinzufügen*.
3. Wählen Sie im anschließenden Dialog zunächst oben bei *VPN-Anbieter* die Option *Windows (integriert)*. Standardmäßig ist das die einzige Option. Wenn Sie aber zusätzliche VPN-Software installieren, die diese Windows-Schnittstelle unterstützt, wird sie hier ggf. angezeigt.
4. Den *Verbindungsnamen* können Sie frei wählen.

5. Bei *Servername oder IP-Adresse* geben Sie die Adresse an, unter der der VPN-Server bzw. Ihr Heimnetzwerk (wenn er sich dort befindet) aus dem Internet erreichbar ist. Das ist entweder eine feste Adresse für Ihren Internetanschluss oder eine dynamische IP-Adresse.
6. Bei *VPN-Typ* wählen Sie das vom VPN-Server verwendete Verfahren.
7. Dementsprechend füllen Sie darunter die Felder zu den Anmeldeinformationen aus. Die Option *Anmeldeinformationen speichern* sorgt dafür, dass Sie Benutzername und Passwort nicht bei jedem Aktivieren der Verbindung erneut eintippen müssen.
8. Klicken Sie abschließend unten auf *Speichern*.

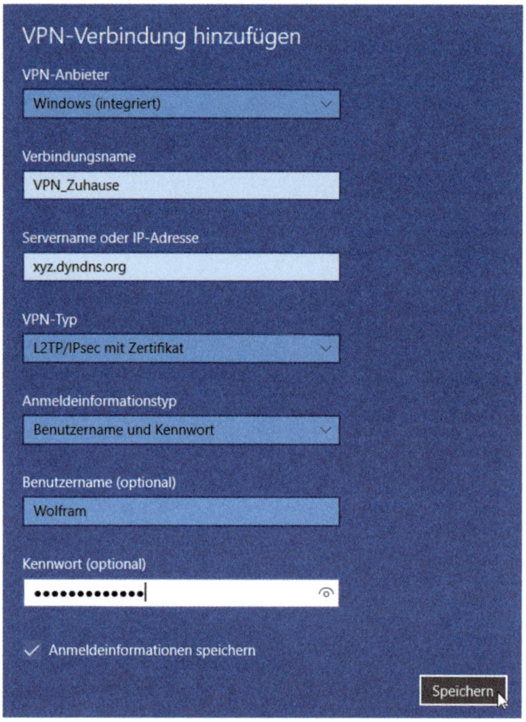

Eine einmal eingerichtete VPN-Verbindung können Sie bei Bedarf jederzeit schnell aktivieren. Klicken Sie dazu im Infobereich der Taskleiste auf das Netzwerksymbol, um die Übersicht der verfügbaren Netzwerke zu öffnen. In dieser Liste finden Sie im unteren Bereich gespeicherte VPN-Verbindungen. Klicken Sie den gewünschten Eintrag an und dann dort auf *Verbinden*.

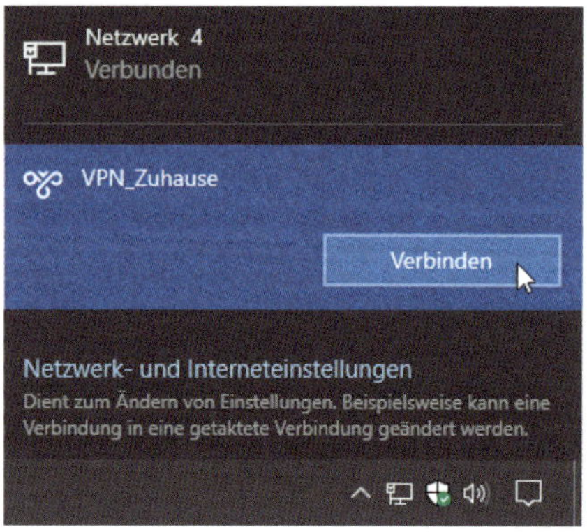

Windows-Software für andere VPN-Varianten

OpenVPN und Wireshark werden von Windows nicht »ab Werk« unterstützt. Hier ist deshalb das Installieren zusätzlicher Software unumgänglich (openvpn.net/community-downloads bzw. www.wireshark.org/download.html). Aber auch in anderen Fällen kann es erforderlich sein, zusätzliche VPN-Software zu verwenden. So harmoniert die Windows-eigene VPN-Funktion beispielsweise nicht mit dem VPN-Server der FRITZ!Box. Wenn Sie einen VPN-Server auf Ihrer FRITZ!Box eingerichtet haben, benötigen Sie deshalb ein spezielles VPN-Programm namens FRITZ!Fernzugang, das AVM unter avm.de/service/vpn/uebersicht bereitstellt. Laden Sie hier sowohl das Programm *FRITZ!Fernzugang für*

Windows 10 (64Bit) als auch *FRITZ!Box-Fernzugang einrichten* herunter. Sollten Sie noch 32-Bit-Windows verwenden, nehmen Sie stattdessen *FRITZ!Fernzugang für Windows 8/7/Vista/XP*. Installieren Sie beide Programme, und starten Sie Windows einmal neu. Führen Sie dann zunächst das Programm *FRITZ!Box-Fernzugang einrichten* aus.

1. Klicken Sie auf *Neu*, um eine neue Konfiguration anzulegen.
2. Wählen Sie dann die Option *Fernzugang für einen Benutzer einrichten*.
3. Im nächsten Schritt nehmen Sie die Option *PC mit FRITZ!Fernzugang*.
4. Nun geben Sie die E-Mail-Adresse des Benutzers (oder eine beliebige E-Mail-Adresse) an. Diese wird nur für Organisatorisches verwendet und nicht tatsächlich zum Versenden einer E-Mail.
5. Als Nächstes tippen Sie die öffentliche IP-Adresse Ihrer FRITZ!Box ein, also am besten den Domain-Namen, den Sie von MY!FRITZ oder von Ihrem DynDNS-Anbieter erhalten haben.
6. Haben Sie eine abweichende Konfiguration für das IP-Netzwerk Ihrer FRITZ!Box vorgenommen, wählen Sie im nächsten Schritt die Option *Anderes IP-Netzwerk verwenden* und tragen die passenden Daten hier ein. Entscheidend ist, was in der FRITZ!Box-Oberfläche unter *Heimnetz/Netzwerk* in der Rubrik *Netzwerkeinstellungen* steht, wenn Sie dort auf *IPv4-Adressen* klicken.
7. Das Feld *IP-Adresse des Benutzers im Netz der FRITZ!Box* gibt an, welche lokale IP-Adresse das entfernte Gerät erhält, wenn es sich per VPN mit dem Heimnetzwerk verbindet. Achten Sie darauf, dass es sich dabei um eine Adresse aus dem Bereich handelt, den die FRITZ!Box nicht per DHCP dynamisch vergibt.

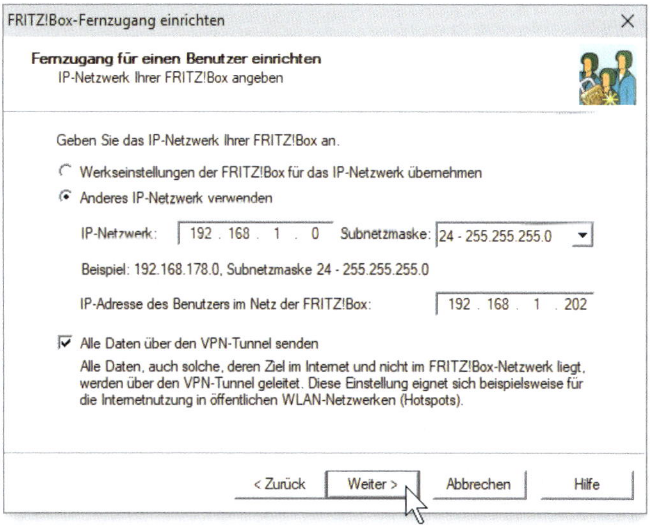

8. Mit der Option *Alle Daten über den VPN-Tunnel senden* sorgen Sie dafür, dass auch Datenpakete für das Internet vom entfernten Gerät zunächst ins Heimnetzwerk gesendet

und von dort ins Internet weitergeleitet werden. Das ist eine ggf. etwas langsamere, aber dafür insbesondere an öffentlichen Hotspots sichere Variante.

9. Das Programm erstellt nun Konfigurationsdateien für den VPN-Zugang. Diese können Sie entweder direkt exportieren oder sich das Verzeichnis anzeigen lassen, in dem sie gespeichert sind.

Direkt im Verzeichnis finden Sie eine CFG-Datei mit dem Domain-Namen Ihrer FRITZ!Box. Diese importieren Sie über die Weboberfläche der FRITZ!Box in eine VPN-Verbindung (siehe Seite 221). In einem Unterverzeichnis mit der angegebenen E-Mail-Adresse des Benutzers finden Sie eine weitere CFG-Datei. Diese benötigt das Programm FRITZ!Fernzugang.

Sie können das Programm zum Einrichten des FRITZ!Box-Fernzugangs nun schließen und stattdessen *FRITZ!Fernzugang* starten. Dieses fragt beim ersten Start automatisch nach einer Konfigurationsdatei. Ansonsten wählen Sie im Menü *Datei/Import*. Navigieren Sie dann zu dem Ordner, in dem die Konfigurationsdatei für den Benutzer abgelegt ist (standardmäßig *C:\Users\<Ihr Windows-Benutzername>\AppData\Roaming\AVM\FRITZ!Fernzugang\<Domain-Name der FRITZ!Box>\<E-Mail-Adresse des VPN-Benutzers>*). Die letzten beiden Pfadteile beziehen sich auf die Angaben, die Sie beim Erstellen der Konfiguration selbst gemacht haben.

Anschließend finden Sie die neu eingerichtete VPN-Verbindung im Programm vor und können sie dort mit *Aufbau* jederzeit starten und später auch wieder trennen. Unter *Einstellungen* lässt sich das Programm weitestgehend automatisieren, sodass es bei Bedarf immer mit Windows gestartet wird und/oder beim Start automatisch eine bestimmte VPN-Verbindung aufbaut.

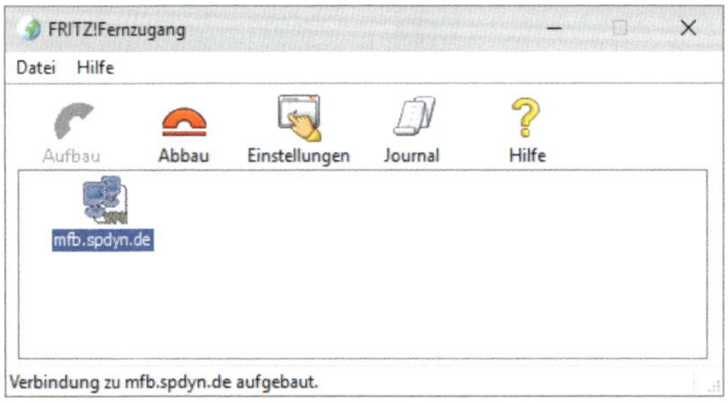

VPN-Verbindungen für Android-Geräte

Android-Geräte beherrschen von Haus aus das Einrichten von VPN-Verbindungen per PPTP, L2TP und IPSec. Das Einrichten einer solchen Verbindung beschreibe ich im Folgenden. Für das Nutzen von OpenVPN oder Wireguard finden Sie im Play Store passende Apps. Verwenden Sie dazu möglichst die »offiziellen« Apps der jeweiligen Entwickler. Das Einrichten erfolgt in ähnlicher Weise bzw. bei Wireguard ggf. einfach durch Abscannen eines QR-Codes.

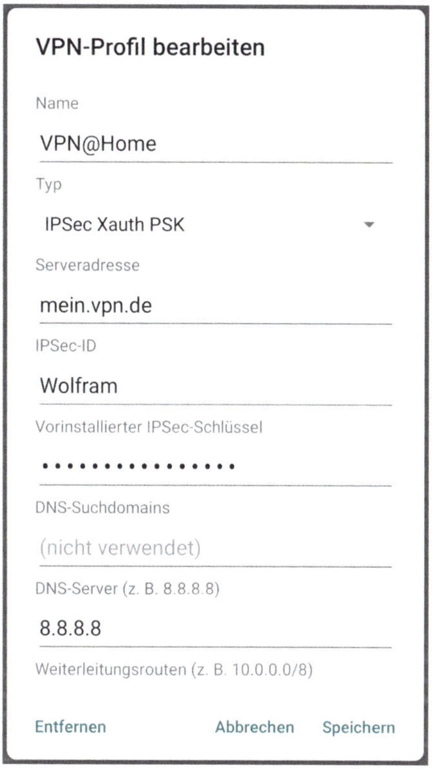

1. Öffnen Sie in den Android-Einstellungen die Rubrik *Netzwerk & Internet/Erweitert/VPN* bzw. *Verbindungen/Weitere Verbindungseinstellungen/VPN*. Nutzen Sie im Zweifelsfall die Suchfunktion der Einstellungen, und suchen Sie nach »VPN«.
2. Fügen Sie mit dem +-Symbol bzw. über die Menü-Schaltfläche oben rechts eine neue Verbindung hinzu.
3. Legen Sie oben zunächst einen *Namen* für diese Verbindung fest. Dieser dient nur Ihrer eigenen Orientierung, falls Sie mehrere VPN-Verbindungen nutzen möchten.
4. Darunter wählen Sie den *Typ* des VPN-Verfahrens aus. Dieser wird vom VPN-Server bzw. dessen Betreiber vorgegeben.
5. Als Nächstes wird bei *Serveradresse* die Internetadresse angegeben, unter der der VPN-Server aus dem Internet erreichbar ist. Das muss also eine öffentliche bzw. eine dynamische IP-Adresse sein.
6. Die weiteren Eingaben hängen im Detail vom gewählten VPN-Typ ab. Benutzername und Passwort müssen bei allen Verfahren eingetippt werden. Darüber hinaus sind ggf. weitere Angaben wie Schlüssel oder Zertifikate erforderlich. Richten Sie sich dabei nach den Angaben oder Anleitungen, die der VPN-Server Ihnen bereitstellt.
7. Klicken Sie abschließend unten auf *Speichern*.

Durchgehend aktives VPN

Bei den meisten VPN-Typen können Sie ganz unten in den Verbindungseinstellungen oder auch jeweils beim Aufbau der Verbindung die Option *Durchgehend aktives VPN* wählen. Sie sorgt dafür, dass grundsätzlich nur Daten übertragen werden, solange diese VPN-Verbindung aktiv ist.

Wird die Verbindung beispielsweise beim Wechseln von einem WLAN ins andere oder von WLAN zu Mobilfunk unterbrochen, blockiert Android alle Datenübertragungen und versucht, die VPN-Verbindung automatisch wiederherzustellen. So können Sie sicherstellen, dass Ihre Daten wirklich jederzeit über eine sichere VPN-Verbindung transportiert werden.

Zurück in der Liste der VPN-Verbindungen, finden Sie nun einen Eintrag für die neue Verbindung vor, über den Sie die Verbindung jederzeit herstellen können:

1. Öffnen Sie wie beschrieben die *VPN*-Einstellungen, und tippen Sie dort auf die gewünschte Verbindung.
2. Im angezeigten Dialog müssen Sie nun ggf. noch die Anmeldedaten ergänzen, sofern Sie diese nicht direkt im VPN-Profil gespeichert haben. In diesem Fall sind die Felder bereits ausgefüllt.
3. Tippen Sie auf *Verbinden*, um die Verbindung herzustellen.

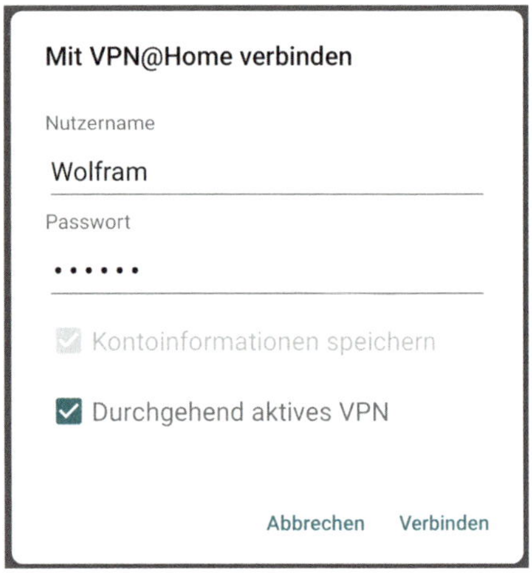

4. Solange die Verbindung aktiv ist, wird oben in der Statusleiste ein Schlüsselsymbol angezeigt.

5. Wenn Sie die Statusleiste durch Herunterziehen öffnen, können Sie dort den *VPN*-Eintrag antippen und dadurch jederzeit wieder direkt zu den *VPN*-Einstellungen zurückkehren und die *Verbindung trennen*.

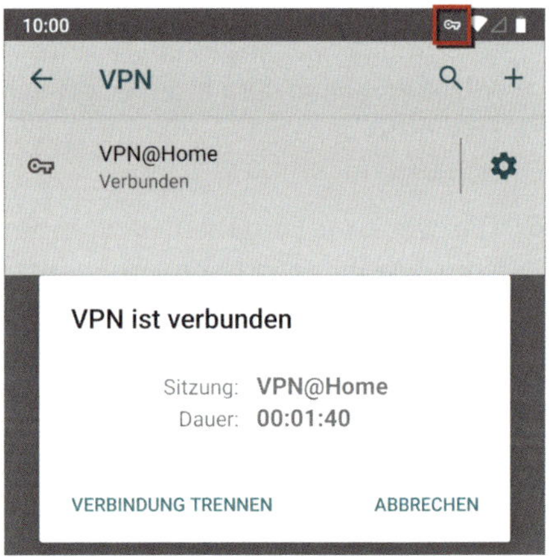

VPN-Verbindungen für iOS-Geräte

Auch das iOS-Betriebssystem hat eine »ab Werk« eingebaute Funktion für VPN-Verbindungen. Ähnlich wie bei Android beherrscht diese aber nur einige VPN-Varianten. Für OpenVPN und Wireguard etwa müssen Sie zusätzliche Apps installieren, die Sie im App Store kostenlos finden. Am besten greifen Sie dabei auf die Apps zurück, die die jeweiligen Entwickler der Standards anbieten oder empfehlen.

Da es sich um Open-Source-Projekte handelt, kann im Prinzip jeder eigene Apps dafür entwickeln, was ein gewisses Missbrauchspotenzial eröffnet.

1. Um eine VPN-Verbindung in iOS einzurichten, öffnen Sie in den *Einstellungen* Ihres iPhones bzw. iPads die Rubrik *Allgemein*.

2. Suchen Sie dort in der Liste auf der rechten Seite den Eintrag *VPN*, und tippen Sie diesen an.

3. Sofern Sie noch nie eine VPN-Verbindung angelegt haben, ist die Liste leer. Sie finden aber in jedem Fall *VPN hinzufügen*.
4. Legen Sie oben zunächst den *Typ* dieser Verbindung fest. Dieser wird vom VPN-Server bzw. dessen Betreiber vorgegeben.
5. Darunter geben Sie eine *Beschreibung* für diese Verbindung an. Diese dient nur Ihrer eigenen Orientierung, falls Sie mehrere VPN-Verbindungen nutzen möchten.
6. Als Nächstes wird bei *Server* die Internetadresse angegeben, unter der der VPN-Server aus dem Internet erreichbar ist. Das muss also eine öffentliche bzw. eine dynamische IP-Adresse sein.

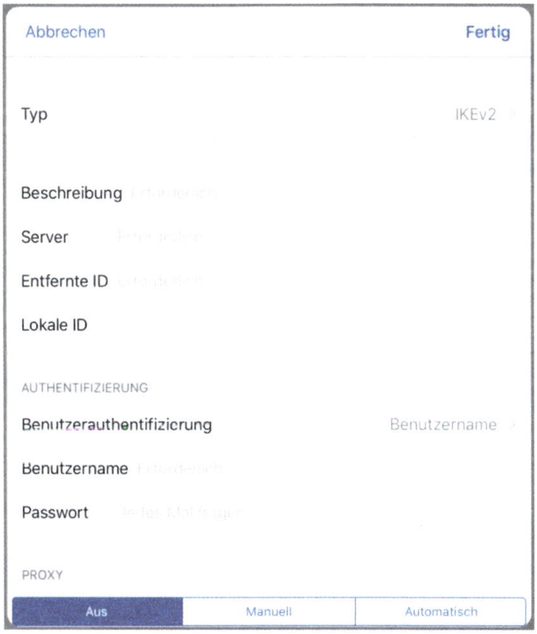

7. Die weiteren Eingaben hängen im Detail vom gewählten VPN-Typ ab. Benutzername und Passwort müssen bei allen Verfahren eingetippt werden. Darüber hinaus sind ggf. weitere Angaben wie Schlüssel oder Zertifikate erforderlich. Richten Sie sich dabei nach den Angaben oder Anleitungen, die der VPN-Server Ihnen bereitstellt.
8. Klicken Sie abschließend oben rechts auf *Fertig*.

Zurück in der Liste der VPN-Verbindungen, finden Sie nun einen Eintrag für die neu erstellte Verbindung vor. Hier können Sie die Verbindung auch jederzeit auswählen und aktivieren. Wann immer eine solche Verbindung erfolgreich aufgebaut wurde, sehen Sie oben in der Infoleiste ein *VPN*-Symbol. So haben Sie stets im Blick, ob Sie gerade über eine sichere Verbindung unterwegs sind und bedenkenlos vertrauliche Daten übermitteln können.

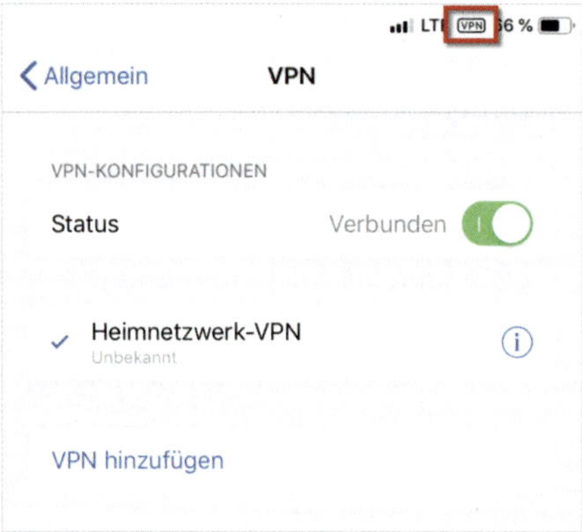

7. Malware: Viren & Co. vermeiden & bekämpfen

Viren und Trojaner – insbesondere auch in der jüngsten Variante der Erpressungstrojaner – sind und bleiben eine beständige Gefahr für jeden Computer, der direkt (Netzwerk) oder indirekt (etwa über USB-Medien) mit anderen Daten austauscht – und welcher Rechner tut das nicht? Deshalb ist es unerlässlich, sich gegen digitale Infektionen zu schützen. Dieser Schutz basiert auf zwei Säulen: einem effektiven Virenschutz mittels entsprechender Software sowie – mindestens ebenso wichtig – einigen elementaren Verhaltensregeln, gepaart mit gesundem Menschenverstand.

7.1 Verhaltensregeln: Schädlinge vermeiden

Auch beim Schutz vor digitalen Schädlingen ist der menschliche Faktor nicht zu unterschätzen: Was nützt ein sicher konfiguriertes System, wenn Anwender Sicherheitswarnungen ignorieren und dubiose Dateien unbedacht öffnen? Und auch mit einem Antivirenprogramm als Rückversicherung sollte man niemals alle Vorsicht über Bord werfen. Praktisch täglich entstehen neue Varianten von Schädlingen. Trojaner-Baukästen ermöglichen es den Urhebern, sich mit wenigen Mausklicks ihren ganz persönlichen Trojaner zusammenzuklicken, der dann eine – etwas – andere Signatur hat und nicht von jedem Scanner sofort erkannt wird. Deshalb müssen die eigene Umsicht und Skepsis stets als weitere Abwehrlinie gegen Infektionen dienen.

Überraschende Rückfragen der Windows-Benutzerkontensteuerung

Für das Einnisten ins System benötigen Schädlinge in der Regel Administratorrechte. Hier kommt die Benutzerkontensteuerung (UAC) von Windows ins Spiel. Richtig eingesetzt, kann sie ein wertvoller Schutz sein. Allerdings muss man die Rückfragedialoge zu diesem Zweck ernst nehmen und zumindest kurz nachdenken, anstatt einfach nur gewohnheitsmäßig zu genehmigen. An sich sollte man ohnehin jedes Mal darüber nachdenken. Aber insbesondere wenn auf einmal scheinbar anlasslos Administratorrechte angefordert werden, sollten die Alarmglocken schrillen.

Fremde Speichermedien prüfen

Früher gehörten Disketten und CDs zu den häufigsten Einfallswegen für digitale Schädlinge. Diese Medien sind aus der Mode gekommen und mit ihnen auch die typischen Viren, die sich darüber verbreitet haben. Trotzdem ist beim Austausch von Daten via DVD oder USB-Medien immer noch Vorsicht angesagt. Nach wie vor gilt, dass man solche Datenträger umgehend mit dem Virenscanner prüfen sollte, bevor man Dateien von dort öffnet oder kopiert. Ein Risiko besteht auch, wenn man Datenträger im Laufwerk stecken lässt, wenn man den PC ausschaltet. Beim nächsten Start könnte der PC davon booten und dann anstelle des installierten Betriebssystems eigene Software starten. Dies lässt sich aber verhindern, indem man im BIOS/UEFI festlegt, dass grundsätzlich nur von der internen Festplatte gestartet werden soll.

USB – universelle Sicherheitsbedrohung

Von USB-Anschlüssen geht aber noch eine andere Gefahr aus, denn dort kann man nun mal alles Mögliche anschließen. Im Arsenal fortgeschrittener Hacker befinden sich USB-Sticks, die nur äußerlich wie solche aussehen. Technisch aber verhalten sie sich wie Tastaturen. Durch das Anstecken bekommen sie Strom und werden automatisch aktiv. Sie beginnen nun, gesteuert durch ein internes Programm, Tastencodes zu tippen, mit denen sie beispielsweise eine Eingabeaufforderung oder PowerShell öffnen und darin Befehle eingeben. Das reicht, um den Virenschutz des Rechners zu deaktivieren, ein Trojanerprogramm aus dem Internet herunterzuladen und zu installieren.

Schützen kann man sich vor solchen Angriffen kaum, sofern man seine USB-Anschlüsse nicht komplett deaktivieren will. Folgende Verhaltensregeln minimieren die Gefahr aber:

- Stecken Sie niemals unbekannte, gefundene oder unaufgefordert erhaltene USB-Sticks in Ihren Rechner.
- Das Gleiche gilt für alle Arten von USB-Geräten, auch wenn es sich dabei um unscheinbare Gimmicks wie Taschenlampen oder Ventilatoren handelt.
- Verwenden Sie keine öffentlichen USB-Ladeanschlüsse. Man kann nie wissen, ob am anderen Ende wirklich nur ein Netzteil sitzt oder nicht doch ein Mini-PC, der auf das Gerät zugreifen kann. Führen Sie besser stets ein eigenes Ladegerät oder eine Powerbank mit sich.

Vorsicht bei E-Mail-Anhängen

Öffnen Sie niemals unaufgefordert zugesandte E-Mail-Anhänge! Dies gilt insbesondere für Office-Dokumente wie Word-Texte und Excel-Tabellen. Deren aktive Inhalte machen es besonders leicht, einen PC zu manipulieren. Aber auch bei Formaten wie PDF werden immer wieder Sicherheitslücken bekannt. Lassen Sie sich auch von dramatischen Formulierungen wie »Letzte Mahnung« nicht verunsichern. Solche Dokumente bedürfen nach wie vor der Schriftform. Auch über Lotteriegewinne oder Erbschaften wird man in der Regel nicht per E-Mail informiert.

Lassen Sie grundsätzlich die Finger von Dateianhängen, deren Bedeutung Sie nicht kennen! Es gibt eine Vielzahl von Dateiendungen, hinter denen sich letztlich ausführbare Inhalte verbergen können. Wenn Sie nicht sicher sind, worum es sich handelt, sollten Sie es vor dem Öffnen in Erfahrung bringen. Oder einfach ganz darauf verzichten. Lassen Sie sich dabei auch nicht von ZIP-Archiven täuschen. Diese werden gern als Vehikel eingesetzt, dessen Inhalt von Scannern nicht überprüft werden kann (insbesondere wenn er mit einen Kennwort geschützt ist).

Die Chef-Masche erkennen

Vergessen Sie auch niemals, dass E-Mails an sich nicht fälschungssicher sind. Bei der beliebten »Chef-Masche« informieren Angreifer sich zunächst aus öffentlichen Quellen über die Strukturen eines Unternehmens. Dann kontaktieren Sie mittels gefälschter Mails beispielsweise einen Mitarbeiter der Buchhaltung und geben sich als Mitglied der Managementebene aus. Die individualisierte Nachricht schmeichelt dem Empfänger (»Sie wurden mir als sehr vertrauenswürdig empfohlen«) und bittet dann um Mithilfe bei einer wichtigen Transaktion, die aber vorläufig noch streng geheim gehalten werden muss, beispielsweise einer Firmenübernahme. Dazu müsse der Mitarbeiter umgehend eine Überweisung veranlassen. Bei einer anderen Variante bekommt man eine Mail von einem namentlich bekannten Mitarbeiter der IT-Abteilung mit der Bitte, zu Wartungszwecken eine bestimmte Software zu installieren.

Wann immer E-Mails mit ungewöhnlichen, überraschenden Anfragen oder unerwarteten Dateien oder Download-Links kommen, sollten Sie also skeptisch sein und im Zweifelsfall lieber mit einem kurzen Anruf klären, ob damit alles seine Richtigkeit hat.

Datei-Downloads

Downloads aus dem Netz sind ein häufiger Einfallsweg für Viren und Trojaner. Deshalb ist hier etwas Disziplin besonders wichtig:

- Laden Sie nur Dateien herunter, die Sie wirklich benötigen.
- Laden Sie beispielsweise Software am besten direkt von der Website der entwickelnden Firma herunter.
- Andernfalls greifen Sie auf etablierte Softwareverzeichnisse zurück, deren Angebot redaktionell betreut und auf Viren überprüft wird.
- Insbesondere Anbieter von Open-Source-Software geben häufig eine Checksumme bekannt, mit der man die heruntergeladenen Dateien auf Authentizität überprüfen kann (mehr darüber erfahren Sie im folgenden Abschnitt).
- Machen Sie es sich zur Gewohnheit, alle heruntergeladenen Dateien unmittelbar im Anschluss manuell mit Ihrem Virenscanner zu überprüfen.
- Laden Sie heruntergeladene Dateien im Zweifelsfall bei VirusTotal.com hoch, bevor Sie sie erstmals öffnen bzw. ausführen (siehe Seite 260).

Datei-Downloads mit Checksummen überprüfen

Nicht nur, aber insbesondere bei Software rund um Sicherheit und Verschlüsselung ist es sehr wichtig, dass man tatsächlich genau das bekommt, was man erwartet. Beispielsweise bei Open-Source-Anwendungen liegt der Quellcode offen. Ein Angreifer könnte diesen Code nehmen und heimlich beispielsweise um eine eigene Trojaner-Komponente ergänzen. Wenn er diesen eigenen Code kompiliert, erhält er eine Anwendung, die sich äußerlich genau wie das Original verhält, aber eben mit der heimlichen Zusatzfunktion.

Um sich davor zu schützen, geben Open-Source-Entwickler oftmals eine Checksumme zu ihren Downloads bekannt. Die wird nach einem bestimmten Algorithmus aus der Binärdatei berechnet. Eine solche Checksumme ist nicht eindeutig, da theoretisch zwei unterschiedliche Binärdateien dieselbe Checksumme haben können. Aber die Wahrscheinlichkeit ist sehr gering, und es ist praktisch ausgeschlossen, dass eine manipulierte Variante einer Binärdatei dieselbe Checksumme wie das Original hat.

Hashes and Signatures

KeePass 2.42.1	
KeePass-2.42.1.zip:	
MD5:	6BF0F05A 8188FC2A 35E643AF 4B8A87F0
SHA-1:	01CB0CAE B030CBEC B7DD0012 FFA68566 1E29966D
SHA-256:	67B61A41 0CF0568C F0182A31 E6F940BB 6D00F0C6 FFF44D6D CC514D61 558B86A8
Size:	3202909 B
Sig.:	[OpenPGP ASC]
KeePass-2.42.1-Setup.exe:	
MD5:	4540BD71 706A429E E1856CCD 1CFE4D88
SHA-1:	F3E0B1A5 1ADAAE13 0FD2C6BA 64EE82C4 322D2950
SHA-256:	D3BBB617 98DFD230 616D9FF1 9EC227EE 30515798 5D769B9B 7C4AA7DA 59F8800D
Size:	3309104 B
Sig.:	[OpenPGP ASC]
KeePass-2.42.1.msi:	
MD5:	F81E3519 84B28535 FE325D0E 59E71EEF
SHA-1:	F14DE7D5 982443B5 8F07190C 91721A25 BD9DE57F
SHA-256:	3DAD1D63 BE6D57A8 AE721C31 31A2A2BC F53FA87F 220B96B3 384DC789 E0523FA7
Size:	3764736 B
Sig.:	[OpenPGP ASC]
KeePass-2.42.1-Source.zip:	
MD5:	09E30342 24D7C82C 1822AB3B 015F1495
SHA-1:	B40E5469 A1D9E086 F084442C F350E9D3 3233CFEA
SHA-256:	415654E6 2E1E03F1 BC3D0AE7 E5D447C9 DDBCC23C B0394524 24DC5DEF 141976C1
Size:	5163432 B
Sig.:	[OpenPGP ASC]

Der Passwort-Manager KeePass gibt zu allen Versionen und Varianten Checksummen auf seiner Website bekannt.

Man kann deshalb nach dem Download einer Datei mit einem Prüfprogramm dessen Checksumme berechnen und mit der Vorgabe des Entwicklers vergleichen. Sind beide identisch, kann man sicher sein, eine Originalfassung der Software ohne Manipulationen erhalten zu haben. Es gibt verschiedene Checksummenverfahren (MD5, SHA1, SHA256, CRC32 etc.). Es gibt auch für alle Plattformen entsprechende Software, mit der man diese Checksummen ermitteln kann. Meine Empfehlung ist eine Web-App, die Sie jederzeit unter www.toolsley.com/hash.html im Browser öffnen können.

Wählen Sie die heruntergeladene Datei aus, oder ziehen Sie sie direkt per Drag-and-drop aus der Download-Leiste des Browsers auf die Web-App. Dann ermittelt die App Checksummen für die vier gängigsten Hash-Verfahren.

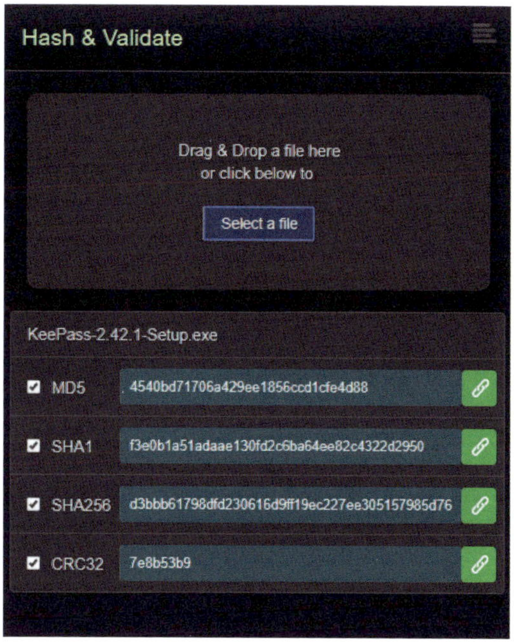

Drive-By-Infektionen

Manche halten es für ein hartnäckiges Gerücht, dass man sich nur durch das Aufrufen einer Webseite mit einem Virus infizieren kann. Tatsächlich ist es aber durchaus möglich. »Schuld« daran sind aktive Inhalte von Webseiten wie JavaScript, Adobe Flash, PHP etc. Diese sind im Web allgegenwärtig, um dynamische, attraktive Webseiten zu gestalten. Aber sie lassen sich insbesondere in Verbindung mit Sicherheitslücken oder dem Täuschen uninformierter Anwender auch missbrauchen. Ein beliebter Trick ist es etwa, in einer Webseite plötzlich einen Dialog einzublenden, der einer Warnung des Windows-Betriebssystems auf den ersten Blick täuschend ähnlich sieht. Darin steht, dass auf dem PC eine Sicherheitslücke entdeckt wurde und man umgehend eine bestimmte Webseite besuchen oder eine Software herunterladen soll, um das zu reparieren.

- Verwenden Sie immer nur die jeweils aktuellen Versionen des Webbrowsers sowie ggf. vorhandene Erweiterungen. Dadurch werden eventuelle Sicherheitslücken möglichst schnell geschlossen.
- Halten Sie aus demselben Grund auch das Betriebssystem sowie alle installierten Programme stets aktuell.
- Verwenden Sie stets die aktuellste Version des Virenscanners, und aktualisieren Sie dessen Schädlingssignaturen so häufig wie möglich.
- Lassen Sie den Hintergrundscanner immer laufen, und überprüfen Sie zusätzlich regelmäßig die Festplatte auf Schafsoftware.

- Die Verwendung von Skriptsprachen wie beispielsweise JavaScript lässt sich bei den meisten Webbrowsern deaktivieren. Das ist allerdings eine recht drastische Maßnahme, da viele Webseiten dann nicht mehr (wie gewohnt) funktionieren würden. Auf Seite 292 stelle ich Ihnen Alternativen vor, wie Skripte in Webseiten gezielt kontrolliert werden können.

Risiko Browser-Erweiterungen

Ein weiteres Einfallstor für Schädlinge sind die beliebten Browser-Erweiterungen. Diese können im Prinzip auch alles Mögliche andere machen, als sie vorgeben. Deshalb sollte man beim Installieren von Browser-Erweiterungen genauso vorsichtig wie beim Installieren von Anwendungen oder Apps sein. Ausführlicher wird dieses Thema auf Seite 295 behandelt.

7.2 Infektionen mit Antivirensoftware verhindern

Das A und O einer sicheren Abwehrstrategie ist und bleibt eine Antivirensoftware. Eine der einfachsten und kostengünstigsten Lösungen ist der von Microsoft bei Windows mitgelieferte Defender. Er bietet einen soliden Basisschutz vor gängigen Gefahren, läuft unauffällig im Hintergrund und wird von Windows zuverlässig mit Updates versehen. Allerdings ist die Update-Frequenz nicht ganz so hoch wie bei einigen kostenpflichtigen Alternativen, was die Schutzwirkung gegen ganz frische Schädlinge schmälern kann. Auch in Bezug auf Suchheuristiken zum Erkennen neuer Varianten schneidet der Windows Defender in Vergleichstests regelmäßig schwächer ab. Trotzdem bietet er soliden Schutz und stellt für Benutzer, die sich der Risiken von Mailanhängen und obskuren Download-Links bewusst sind, durchaus eine sinnvolle Option dar. Wer nicht ständig Software aus allen möglichen mehr oder weniger finsteren Ecken des Web ausprobiert, ist damit gut bedient.

Auch die kostenpflichtigen Mitbewerber bieten nicht automatisch ein Rundum-sorglos-Paket. Aber mit Signaturaktualisierungen teilweise mehrmals täglich und raffinierten Suchheuristiken sind sie häufig etwas mehr am Puls der Zeit und stellen vor allem auch für weniger erfahrene Benutzer einen zuverlässigen Begleiter durch die Untiefen des Internets dar.

Funktioniert mein Virenschutz?

Wenn Sie noch nie einen Virus auf Ihrem PC gefunden haben, wie können Sie dann sicher sein, dass Ihr Virenschutzprogramm richtig funktioniert? Einen echten Virus zu verwenden, wäre wohl etwas zu riskant. Außerdem hat man den ja meist nicht unbedingt zur Hand. Es gibt aber einen einfachen Test, den jeder an seinem Computer schnell nachvollziehen kann. Unter Windows geht es beispielsweise so:

1. Klicken Sie mit der rechten Maustaste in einen Ihrer Ordner oder an eine freie Stelle des Desktops.
2. Wählen Sie im Kontextmenü die Funktion *Neu/Testdokument*. Übernehmen Sie den vorgeschlagenen Namen, oder verwenden Sie einen eigenen.
3. Öffnen Sie die Datei mit einem Doppelklick im Editor. Verwenden Sie zum Bearbeiten nur einen einfachen Texteditor, nicht Word oder Ähnliches.
4. Fügen Sie in die Datei den folgenden Code in einer Zeile ohne Leerzeichen ein:

   `X5O!P%@AP[4\PZX54(P^)7CC)7}$EICAR-STANDARD-ANTIVIRUS-TEST-FILE!$H+H*`

   Verwenden Sie dabei nur Großbuchstaben, und das dritte Zeichen ist der Buchstabe O und nicht die Ziffer 0!. Bei dieser Zeichenkette handelt es sich um den EICAR-Virus. Das ist kein echter Schädling, sondern eine spezielle Virensignatur, die jedes Antivirenprogramm kennen und entdecken sollte. Selbstverständlich ist der EICAR-Virus keine echte Gefahr, weil er sich weder selbst repliziert noch irgendeinen Schaden anrichtet.

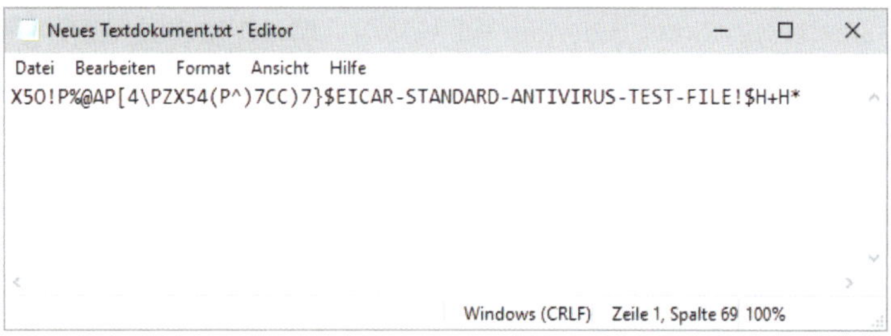

5. Speichern Sie nun diese Datei mit dem neuen Inhalt.
6. Warten Sie ab, ob Sie daraufhin eine Reaktion Ihres Antivirenprogramms erhalten.

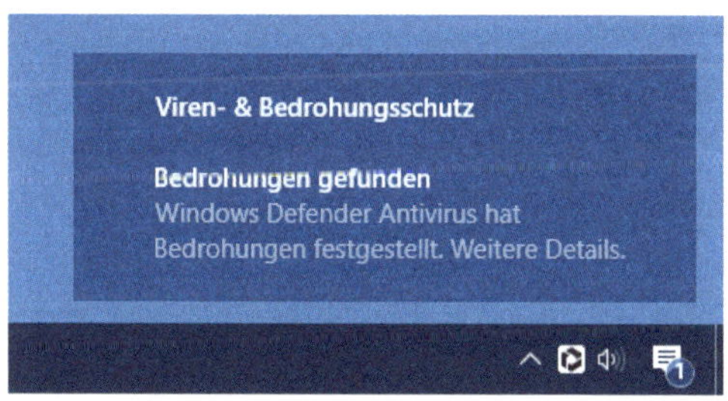

Weil es sich dabei um einen »offiziellen« Testvirus handelt, sollte jedes Antivirenprogramm ihn erkennen und darauf reagieren. Wie diese Reaktion genau aussieht, hängt vom jeweiligen Programm und dessen Einstellungen ab. Wenn Sie keine direkte Reaktion erkennen können, sollten Sie einen Blick ins Protokoll des Antivirenprogramms werfen. Möglicherweise hat es die Datei stillschweigend in Quarantäne verschoben und gelöscht. Sollte die Datei hingegen anstandslos gespeichert werden, sollten Sie überprüfen, warum Ihr Antivirenprogramm diese »Bedrohung« nicht erkannt und darauf reagiert hat. Anscheinend besteht hier Nachbesserungsbedarf.

Den PC mit Windows Defender schützen

Mit dem Windows Defender bringt Windows einen Basisschutz gegen Viren und sonstige Malware mit. Er wird bei der Windows-Installation grundsätzlich erst mal installiert und aktiviert. Nur wenn ein alternatives Sicherheitsprogramm vorhanden ist, das alle Funktionen des Defender übernimmt, deaktiviert Windows ihn automatisch. Nach der Installation erfolgen zunächst eine Aktualisierung und eine schnelle Überprüfung des Systems. Später sorgt dann Windows Update dafür, dass die Virensignaturen stets aktuell bleiben. Das alles läuft vollautomatisch ab, sodass Sie sich nicht darum kümmern müssen.

Einmal aktiviert, beruht der Schutz des PCs auf zwei Säulen:

- Das System wird regelmäßig mit einem Scan überprüft. Die Zeitplanung dafür lässt sich individuell anpassen.
- Der Echtzeitschutz überwacht laufend Dateiaktionen und ausgeführte Programme und sucht dabei nach Spuren von Viren.

In der Regel werden Sie den Windows Defender nur selten manuell aufrufen müssen. Wollen Sie die Einstellungen ändern oder einen manuellen Scan vornehmen, rufen Sie dafür *Windows-Sicherheit* per Doppelklick auf das kleine Symbol im Infobereich der Taskleiste auf. Öffnen Sie dort den Bereich *Viren- & Bedrohungsschutz*.

Hintergrund: Was taugt der Windows Defender?

Verschiedene Tests zeigen immer wieder, dass der Defender im Vergleich mit anderen kostenlosen Antivirenprogrammen nicht schlecht abschneidet. Die Erkennungsleistung ist solide, und die gute, unauffällige Integration ins Betriebssystem einschließlich Update-Mechanismus kann als Pluspunkt gewertet werden.

Schwächen offenbart der Defender bei sehr neuen Schädlingen bzw. unbekannten Abarten von Computerviren. Das liegt zum einen an den vergleichsweise langsamen Updates (kommerzielle Programme beziehen teilweise mehrmals täglich Updates, der Defender alle x Tage), zum anderen am Fehlen von effizienten Erkennungsheuristiken. Kommerzielle Produkte bieten darüber hinaus meist weitere Schutzfunktionen, die etwa abgerufene Webseiten überwachen, das versehentliche Weitergeben sensibler Daten auf unsicheren Webseiten verhindern etc. Allerdings machen sich viele dieser Programme auch deutlich stärker bei Speicher und Prozessor bemerkbar. Und Zusatzfunktionen wie den Schutz vor schädlichen Webseiten oder Schutz vor Erpressungstrojanern hat Microsoft inzwischen auch – wenn auch teilweise an anderen Stellen – eingebaut.

Manuelle Überprüfung nach Bedarf durchführen

Neben den automatischen Überprüfungen können Sie auch jederzeit manuelle Überprüfungen durchführen. So können Sie z. B. ergänzend zu den regelmäßigen schnellen Überprüfungen hin und wieder auch mal eine gründliche vollständige Überprüfung durchführen.

Oder Sie begrenzen das Überprüfen auf einen bestimmten Ordner oder ein einzelnes Laufwerk.

1. Für eine manuelle Überprüfung klicken Sie unter der Schaltfläche *Schnellüberprüfung* auf den Link *Scanoptionen*.
2. Im anschließenden Dialog finden Sie eine Auswahl für die Art der Überprüfung, z. B. *Vollständige Überprüfung*.

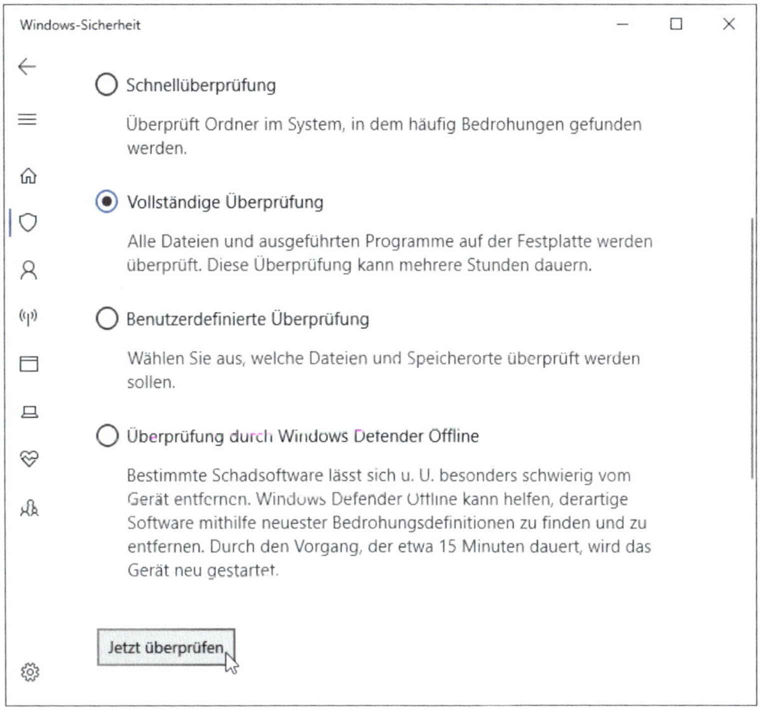

3. Wählen Sie die gewünschte Variante aus, und klicken Sie dann darunter auf *Jetzt überprüfen*.
4. Der Windows Defender beginnt nun mit der Überprüfung der Dateien. Je nach Umfang kann das vor allem bei einer vollständigen Prüfung etwas dauern. Sie können das Programm aber in der Zeit minimieren und weiterarbeiten.

5. Nach Abschluss der Überprüfung zeigt der Defender eine kurze Statistik an. Dieser können Sie entnehmen, wie viele Dateien geprüft wurden und ob dabei Bedrohungen gefunden wurden. Solange hier nur *Keine aktuellen Bedrohungen* steht, ist alles in Ordnung.

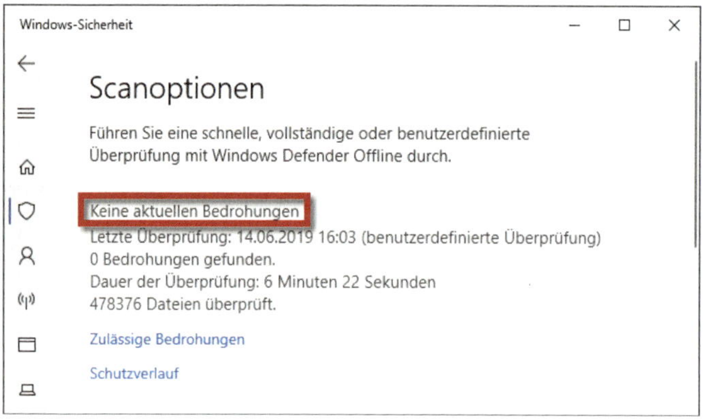

Die Überprüfung auf bestimmte Laufwerke oder Ordner beschränken

Sie können auch gezielt einzelne Ordner oder Laufwerke überprüfen. So lässt sich z. B. eine DVD oder ein USB-Stick ungewisser Herkunft schnell kontrollieren, bevor Sie auf die Daten zugreifen.

1. Wählen Sie dazu die Option *Benutzerdefinierte Überprüfung*.
2. Nach dem Klick auf *Jetzt überprüfen* können Sie dann in einem zusätzlichen Dialog die zu überprüfenden Bereiche auswählen.
3. Markieren Sie dazu den Ordner bzw. das Laufwerk, das geprüft werden soll. Die Prüfung bezieht sich dabei stets auf den vollständigen Inhalt, also auch auf Dateien in Unterverzeichnissen etc.

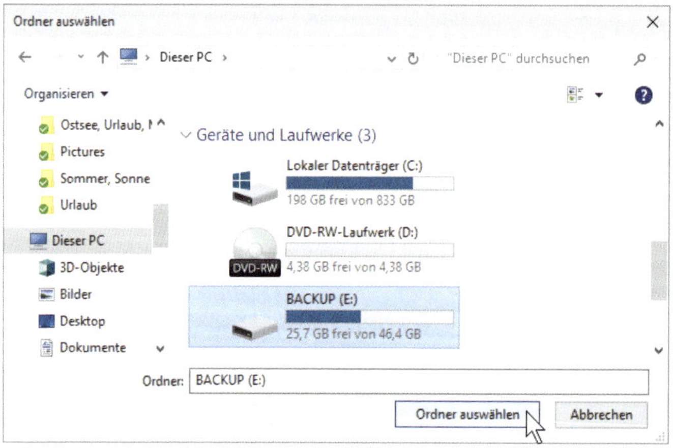

4. Klicken Sie dann auf *Ordner auswählen*, um die Überprüfung dieser Bereiche zu starten.

Ausgewählte Dateien oder Ordner direkt überprüfen

Geht es darum, einzelne Dateien oder Ordner zu scannen, die man gerade heruntergeladen oder beispielsweise von einem USB-Stick kopiert hat, kann man eine Überprüfung auch direkt aus dem Windows-Explorer anstoßen. Dazu markieren Sie einfach das oder die Element(e) und klicken die Auswahl mit der rechten Maustaste an. Im Kontextmenü finden Sie die Option *Mit Windows Defender überprüfen*. Sie führt einen Scan der ausgewählten Elemente durch und zeigt das Ergebnis im Defender-Fenster an.

Virensignaturen überwachen und aktualisieren

Ein Sicherheitsprogramm steht und fällt mit der Aktualität seiner Signaturdateien. Nur wenn diese ständig aktualisiert werden, ist der Anwender vor neuen Bedrohungen geschützt. Die Signaturen des Windows Defender sind in den Windows-Update-Prozess mit einbezogen und werden darüber regelmäßig aktualisiert.

Allerdings ist Windows Update recht zurückhaltend und wartet gern auf Leerlaufzeiten des PCs, um den Benutzer nicht bei seinen Aktivitäten zu behindern. Dadurch können neue Updates schon mal auf sich warten lassen. Deshalb sollten Sie die Situation im Auge behalten und sicherstellen, dass Ihr PC regelmäßig aktuelle Virensignaturen erhält. Wenn Ihr PC beinahe täglich läuft und dabei auch mal zehn Minuten und mehr Leerlauf eintritt, sollten die automatischen Updates häufig genug durchgeführt werden. Ansonsten helfen Sie regelmäßig manuell nach.

1. In *Windows-Sicherheit* finden Sie direkt auf der Seite *Viren- & Bedrohungsschutz* im Abschnitt *Updates für Viren- und Bedrohungsschutz* die Information, wie aktuell die derzeit verwendeten Signaturen sind.

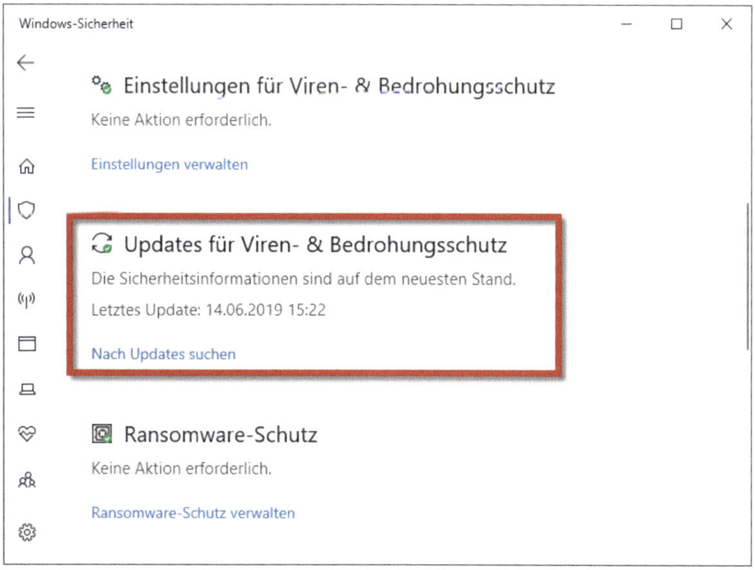

2. Wollen Sie es noch genauer wissen oder besteht Handlungsbedarf, klicken Sie auf *Nach Updates suchen*. Im anschließenden Dialog finden Sie noch mal genauere Angaben zur letzten Aktualisierung und dem jetzigen Stand der Signaturen.

3. Mit einem weiteren Klick auf die Schaltfläche *Nach Updates suchen* können Sie jederzeit manuell den Download der neuesten Signaturen veranlassen. Dieser dauert einige Zeit, Sie können das Programm so lange aber auch minimieren oder schließen und anderweitig weiterarbeiten.

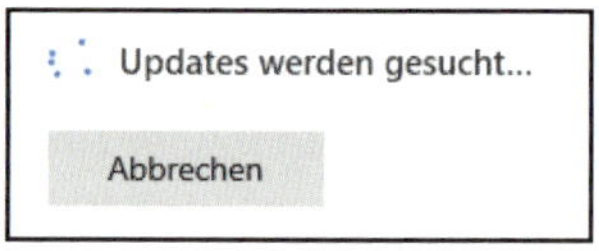

Anschließend ist der Windows Defender erst mal wieder auf dem neuesten Stand und kann Sie zuverlässig schützen.

Im Falle eines Falles: So gehen Sie mit gefundener Malware um

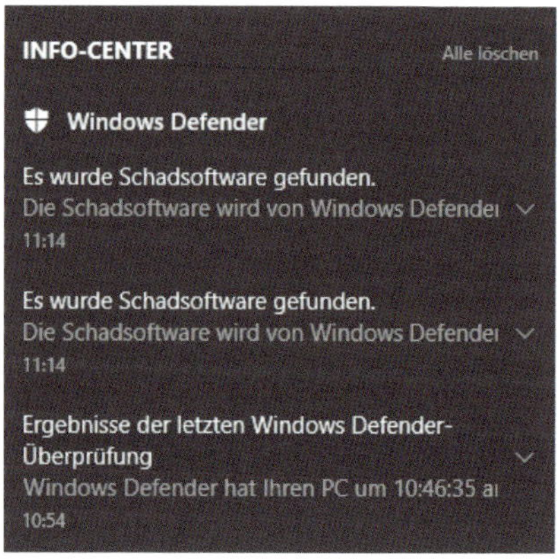

Der Windows Defender läuft permanent im Hintergrund und kontrolliert alle Dateioperationen (sofern Sie nicht den Echtzeitschutz deaktiviert haben). Wird er fündig, erfahren Sie das durch einen Hinweis des Info-Centers. Sollten Sie diesen verpassen, wird aber auch eine Benachrichtigung in der rechten Seitenleiste platziert. Mit einem Klick darauf öffnet *Windows-Sicherheit* direkt den Schutzverlauf. Alternativ können Sie jederzeit selbst nachschauen:

1. Öffnen Sie *Windows-Sicherheit* in der Rubrik *Viren- & Bedrohungsschutz*, und klicken Sie dort auf *Schutzverlauf*.
2. Hier können Sie ein vollständiges Protokoll der gefundenen Bedrohungen abrufen.

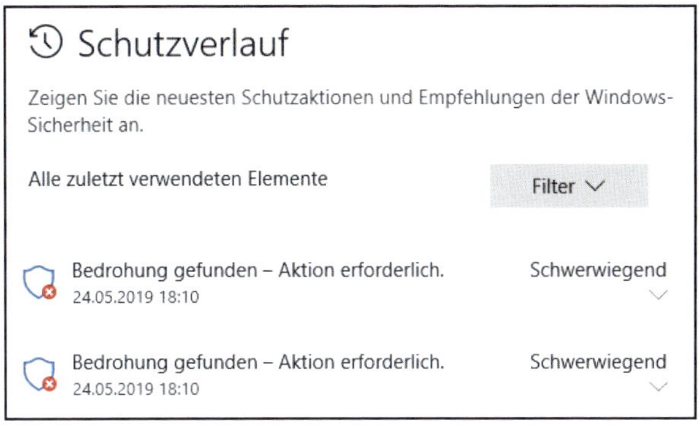

3. Jeden der Einträge können Sie durch Anklicken »ausklappen« und so alle Informationen kompakt erhalten.

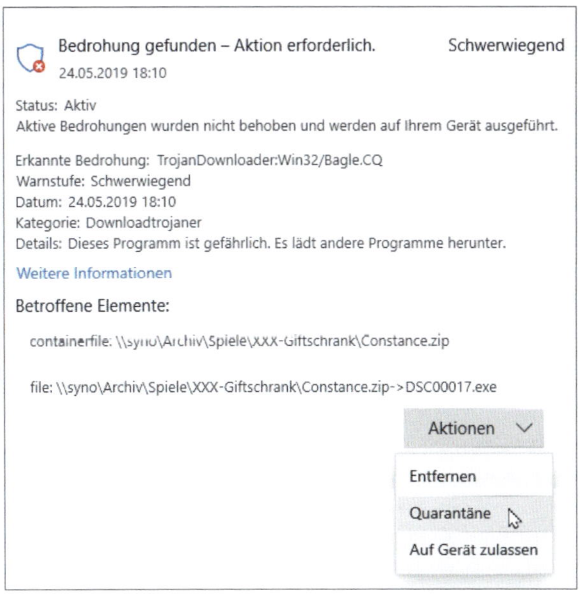

4. Unten finden Sie das Auswahlmenü *Aktionen*, mit dem Sie das betroffene Element direkt entfernen, in *Quarantäne* stecken oder zulassen können.

Grundsätzlich verschiebt der Defender alle als schädlich befundenen Dateien in einen speziellen Quarantäne-Ordner, sodass sie nicht mehr versehentlich geöffnet werden können. Dort verbleiben sie neutralisiert. Diesen Quarantäne-Ordner können Sie jederzeit einsehen und nachschauen, ob und welche Dateien sich darin angesammelt haben.

Klicken Sie dazu im Schutzverlauf oben rechts neben *Alle zuletzt verwendeten Elemente* auf die Schaltfläche, und wählen Sie im so geöffneten Menü *Elemente unter Quarantäne*.

Weitere Einstellungen für den Windows Defender

Die Arbeitsweise des Windows Defender lässt sich mit einigen Einstellungen anpassen. So kann der Echtzeitschutz zumindest vorübergehend deaktiviert werden, um Probleme durch Fehlalarme zu lösen. Aus demselben Grund besteht auch die Möglichkeit, einzelne Dateien, Ordner oder Prozesse von der Überwachung auszunehmen, was der sinnvollere Ansatz ist.

1. Öffnen Sie in *Windows-Sicherheit* die Rubrik *Viren- & Bedrohungsschutz*, und klicken Sie darin auf *Einstellungen für Viren- & Bedrohungsschutz*.

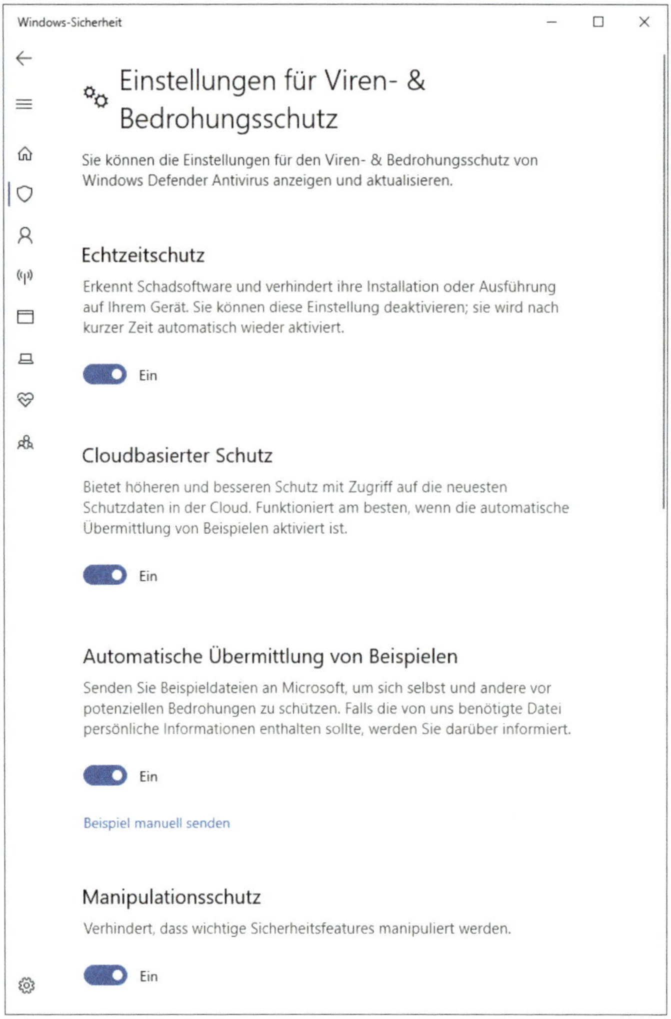

2. Hier können Sie ganz oben den *Echtzeitschutz* deaktivieren. Beachten Sie, dass die Selbstüberwachung von Windows dadurch anspringt und Warnungen dazu im Info-Center anzeigt. So kann man nicht vergessen, den Echtzeitschutz später wieder zu reaktivieren. Und selbst wenn man es vergessen sollte: Er wird nach einiger Zeit automatisch wieder eingeschaltet. Deshalb eignet sich diese Vorgehensweise auch nicht zum nachhaltigen Lösen von Problemen durch einen übereifrigen Defender.
3. Die Optionen *Cloudbasierter Schutz* und *Automatische Übermittlung von Beispielen* gehören eng zusammen. In beiden Fällen geht es darum, dass Ihr PC eigene Erkenntnisse über Schadsoftware bzw. »saubere« Programme an Microsoft übermittelt. Diese Erkenntnisse fließen in die Weiterentwicklung der Signaturen ein, sodass auch andere Benutzer davon profitieren können. Umgekehrt können auch Sie sich dadurch an den Erfahrungen anderer orientieren, beispielsweise in Form von konkreten Empfehlungen.
4. Hinter *Manipulationsschutz* steckt eine Funktion, die Manipulationen an sicherheitsrelevanten Einstellungen verhindern soll. Dieser Manipulationsschutz ist standardmäßig eingeschaltet, was auch sinnvoll ist. Er kann aber Probleme mit einzelnen, wichtigen Anwendungen verursachen, die noch nicht mit dieser Funktion umgehen können. Nur wenn das der Fall ist, sollten Sie diese Funktion abschalten.

Benachrichtigungen über Ergebnisse der letzten Prüfung abschalten

Der Windows Defender teilt regelmäßig mit, wenn er eine Prüfung durchgeführt hat. Dies wird dann im Benachrichtigungsbereich angezeigt. Allerdings bringt diese Nachricht eben auch nur die Erkenntnis, dass eine Überprüfung stattgefunden hat und keine Sicherheitsrisiken gefunden wurden. Wenn diese Benachrichtigungen Sie stören, stellen Sie diese Funktion in den Einstellungen des Windows Defender ab. Klicken Sie dazu ganz unten auf *Benachrichtigungseinstellungen ändern*, und schalten Sie auf der anschließenden Seite die Option *Letzte Aktivitäten und Überprüfungsergebnisse empfangen* aus. Sollte der Defender fündig werden oder sonstige wichtige Hinweise haben, werden Sie trotzdem weiterhin darüber informiert.

Dateien, Ordner und Programme von der Überwachung ausschließen

In seltenen Fällen kann es durch den Windows Defender zu Problemen kommen. Dann lassen sich Anwendungen möglicherweise nicht installieren oder ordnungsgemäß ausführen. Ob es am Windows Defender liegt, können Sie ausprobieren, indem Sie den Echtzeitschutz vorübergehend deaktivieren (siehe vorangegangener Abschnitt).

Diesen Test sollten Sie aber nur machen, wenn Sie ganz sicher sind, dass von der fraglichen Anwendung auch wirklich keine Gefahr ausgeht.

Stellen Sie auf diese Weise fest, dass ein Problem durch den Windows Defender verursacht wird, können Sie Ausnahmen festlegen, bei denen der Defender nicht aktiv wird:

1. Öffnen Sie dazu, wie oben beschrieben, die *Einstellungen für Viren- & Bedrohungsschutz*.
2. Klicken Sie dort im Bereich *Ausschlüsse* auf *Ausschlüsse hinzufügen oder entfernen*. Um einen Ausschluss hinzuzufügen, klicken Sie auf das Plussymbol.

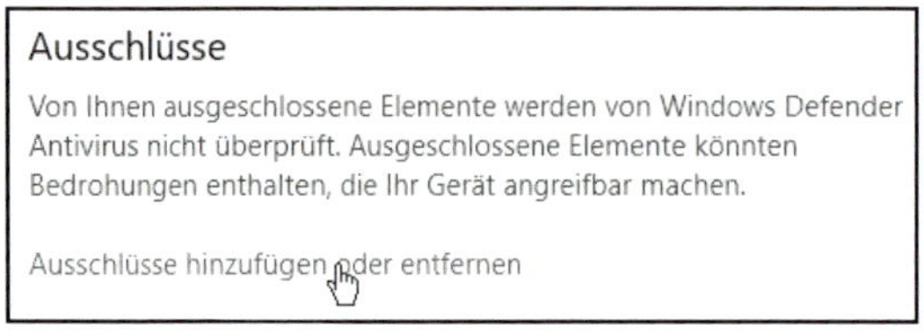

3. Nun können Sie wählen, auf welcher Basis der Ausschluss erfolgen soll. Sie können einzelne Dateien, ganze Ordner, bestimmte Dateitypen oder festgelegte Prozesse definieren. Generell sollten Sie aus Sicherheitsgründen so wenige Ausschlüsse wie möglich vornehmen. Wenn beispielsweise eine bestimmte Anwendung nicht funktioniert, sollten Sie nicht gleich den gesamten Installationsordner ausnehmen, sondern nur die Anwendung selbst (mit *Prozess*).

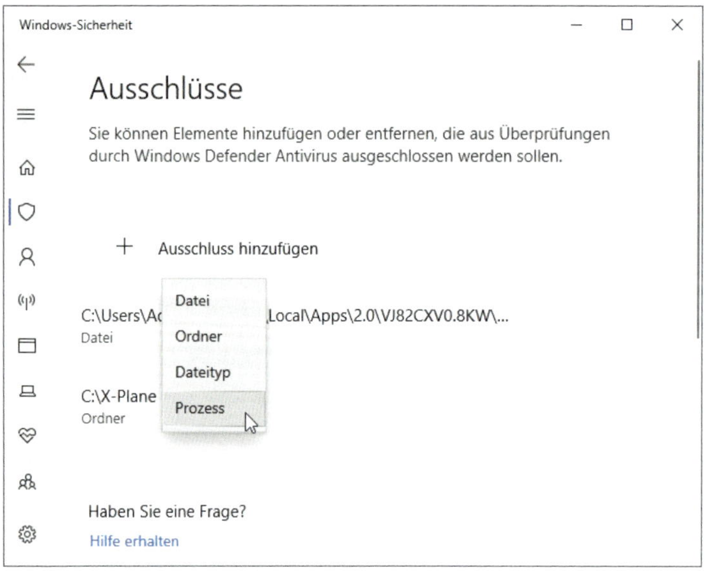

4. Je nach Ausschlussart wählen Sie dann in einem passenden Dialog Datei, Ordner oder Programmdatei aus bzw. geben die Dateiendung an.

Solche Ausschlüsse sind ein probates Mittel, um akute Probleme nachhaltig zu lösen. Man sollte die festgelegten Ausnahmen aber im Auge behalten und von Zeit zu Zeit kontrollieren. Ziel sollte es immer sein, auf Dauer ohne eine solche Ausnahme auszukommen. Teilweise lernt der Windows Defender im Laufe der Zeit dazu. Teilweise lassen sich Probleme mit Anwendungsprogrammen auch durch neue Versionen dauerhaft ohne Ausnahme beheben.

Rootkits und hartnäckige Schädlinge ermitteln

Wie alle Antivirenprogramme hat der Windows Defender seine Grenzen, etwa wenn es an das Aufstöbern und Entfernen von Rootkits geht, die sich geschickt verstecken und über aktive Abwehrmaßnahmen gegen Virenprogramme verfügen. In solchen Fällen hilft der Offlinemodus des Windows Defender weiter. Dabei wird Windows beendet und stattdessen ein spezielles Notfall-Windows gestartet, das den Defender ausführt. Dadurch werden die üblichen Startmechanismen für Rootkits und Trojaner umgangen. Der Windows Defender kann nun völlig ungestört die Daten des inaktiven Windows auf der Festplatte analysieren und nach verdächtigen Spuren durchsuchen. Der ganze Vorgang dauert ca. 15 Minuten. Es ist sinnvoll, ihn hin und wieder durchzuführen. Auf alle Fälle sollten Sie dies tun, wenn ein konkreter Verdacht auf eine Infektion besteht. Wichtig: Schließen Sie alle geöffneten Dokumente, bevor Sie die folgenden Schritte ausführen!

1. Um den Offlinemodus des Windows Defender zu nutzen, öffnen Sie in *Windows-Sicherheit* die Rubrik *Viren- & Bedrohungsschutz*.
2. Klicken Sie dort auf *Scanoptionen*, und wählen Sie im anschließenden Dialog die Option *Überprüfung durch Windows Defender Offline*.

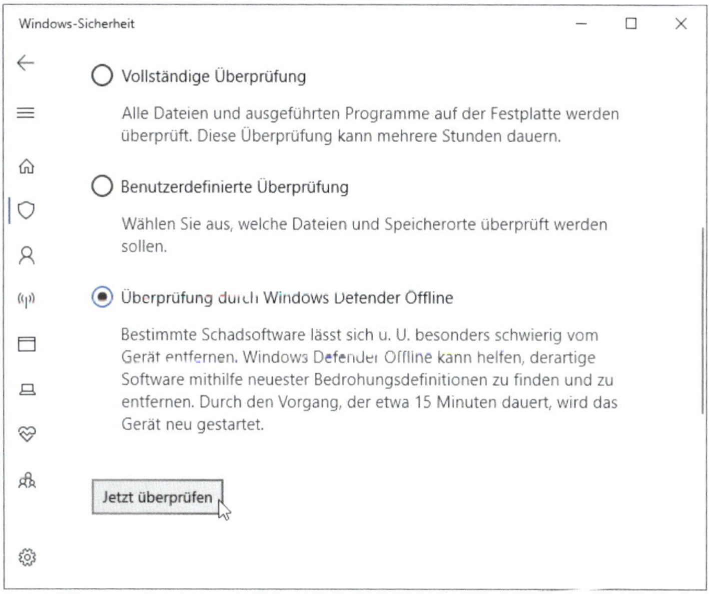

3. Klicken Sie dann auf *Jetzt überprüfen*. Bestätigen Sie anschließend, dass Sie den PC für die Dauer der Überprüfung nicht nutzen können.
4. Sie werden nun automatisch abgemeldet, und Windows wird in einem speziellen Modus neu gestartet, in dem nur der Windows Defender ausgeführt wird.

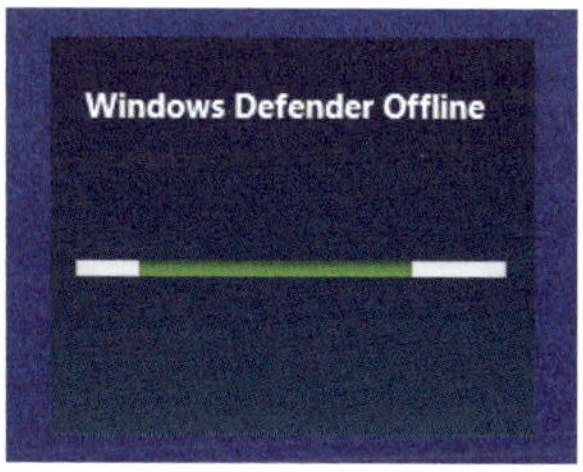

5. Dieser führt automatisch eine Schnellüberprüfung durch. Das sieht genauso aus, wie Sie es vom Defender gewohnt sind. Durch den speziellen Windows-Modus kann er aber gründlicher prüfen und lässt sich nicht durch die üblichen Rootkit-Tricks aufs Glatteis führen.

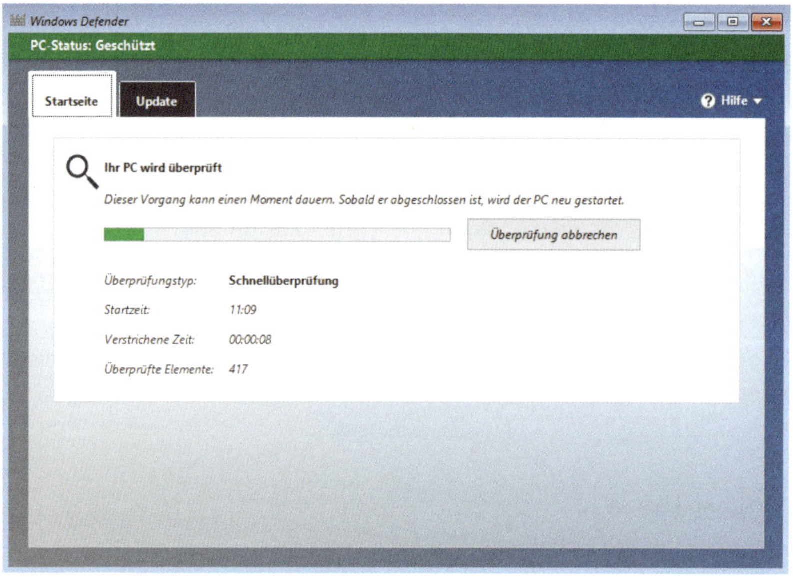

6. Nach Abschluss der Überprüfung wird der spezielle Windows-Modus beendet, und das reguläre Windows startet neu. Anschließend können Sie im Verlauf des Windows Defender überprüfen, ob im Offlinemodus problematische Dateien auf Ihrem PC gefunden wurden. Sollte der Defender fündig geworden sein, meldet sich aber ohnehin das Info-Center und weist Sie darauf hin.

7.3 Erpressungstrojaner

Erpressungstrojaner sind eine ernst zu nehmende Gefahr für Windows-PCs und entwickeln sich zu einer wahren Plage. Ihre Payload ist eine Routine, die alle Dateien, die für den Benutzer von persönlicher Bedeutung sein könnten (Dokumente, Bilder, Videos etc.), verschlüsselt, sodass sie nicht mehr geöffnet werden können. Bei Hinweisen auf Aktivitäten eines Erpressungstrojaners sollte man unmittelbar reagieren. Zwar ist in dem Moment vermutlich bereits ein gewisser Schaden entstanden. Aber oftmals konnte der Übeltäter sein Werk noch nicht vollenden, sodass zumindest ein Teil der Dokumente vor dem Verschlüsseln gerettet und der Schaden so begrenzt werden kann. Erstes Ziel ist es deshalb immer, den Trojaner sofort zu stoppen. Anschließend kann man sich damit befassen, ihn vom PC zu verbannen. Konnte das erfolgreich bewältigt werden, kann man sich dem Wiederherstellen der verlorenen Daten widmen.

Schutz vor Erpressungstrojanern

Um seine Nutzer besser vor Erpressungstrojanern zu schützen, bietet Windows 10 im Windows Defender die Funktion *Überwachter Ordnerzugriff*. Die Idee dahinter: Bestimmte Ordner wie beispielsweise die mit persönlichen Dokumenten und Bildern werden von Windows zusätzlich geschützt, indem der Zugriff darauf nur Anwendungen erlaubt wird, die entweder von Microsoft selbst stammen oder die der Benutzer ausdrücklich dafür freigegeben hat. Versuchen andere Anwendungen den Zugriff, unterbindet Windows dies. Erpressungstrojaner haben somit keine Chance mehr, solange man als Anwender wachsam ist und wirklich nur vertrauenswürdigen Anwendungen den Zugriff erlaubt.

Überwachten Ordnerzugriff aktivieren

Diese zusätzliche Ordnerüberwachung ist standardmäßig ausgeschaltet. Das liegt daran, dass sie zwar schützt, aber eben auch eine Einschränkung bedeutet bzw. zusätzlichen Konfigurationsaufwand erfordert, um trotzdem reibungslos arbeiten zu können. Was das genau heißt, können Sie aber auf den folgenden Seiten nachlesen. Um die Ordnerüberwachung zu aktivieren, gehen Sie so vor:

1. Öffnen Sie in *Windows-Sicherheit* den Bereich *Viren- & Bedrohungsschutz*.
2. Klicken Sie auf der anschließenden Seite unter *Einstellungen für Viren- und Bedrohungsschutz* auf *Einstellungen verwalten*.
3. In den *Einstellungen* gehen Sie nach unten, bis Sie den Abschnitt *Überwachter Ordnerzugriff* finden, und klicken dort auf *Überwachter Ordnerzugriff verwalten*.
4. Schalten Sie dort die Option auf *Ein*. Bestätigen Sie die Sicherheitsrückfrage der Benutzerkontensteuerung.

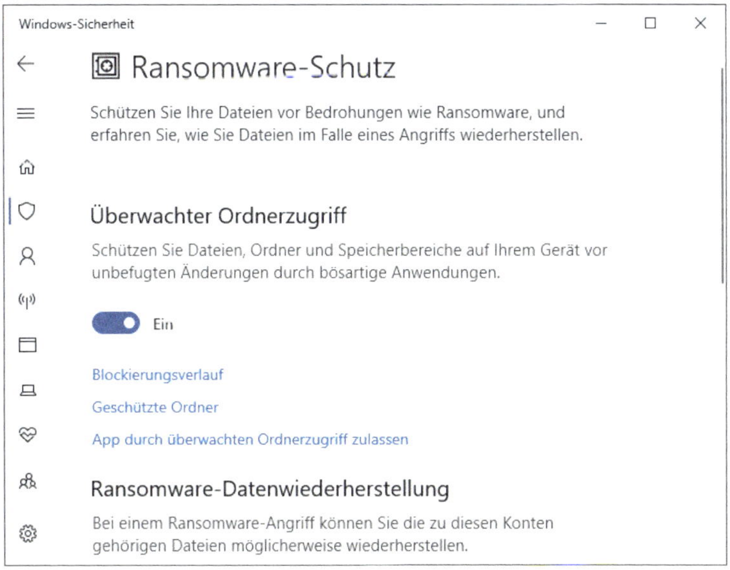

Nach dem Aktivieren der Ordnerüberwachung werden im selben Einstellungsmenü zusätzliche Punkte angezeigt. Wie Sie die Ordnerüberwachung dadurch individuell anpassen und ein komfortables Weiterarbeiten ermöglichen, beschreiben die folgenden Abschnitte.

Ordner zur Überwachung hinzufügen

Der Link *Geschützte Ordner* führt zu einer Liste der von dieser Funktion überwachten Verzeichnisse. Standardmäßig gehören dazu die privaten und öffentlichen Ordner für Dokumente, Bilder, Videos und Musik sowie Desktop und Favoriten. Diese Elemente werden immer kontrolliert (solange diese Funktion aktiv ist) und lassen sich auch nicht entfernen.

Sie können mit dem Plussymbol vor *Geschützten Ordner hinzufügen* aber weitere Ordner in die Überwachung aufnehmen. Wählen Sie dazu einfach im so geöffneten Dialog den gewünschten Ordner aus. Er wird dann mitsamt seinen Unterordnern berücksichtigt. Wählen Sie dazu möglichst nur Ordner aus, die Sie selbst für das Ablegen Ihrer Daten erstellt haben. Ordner, die von Windows oder bestimmten Anwendungen für temporäre Dateien oder Einstellungen angelegt wurden, brauchen eigentlich nicht überwacht zu werden, das könnte auch zu unnötigen Komplikationen führen.

Sie können beliebig viele Ordner der Überwachung hinzufügen. Diese Ordner können Sie – im Gegensatz zu den Standardordnern – auch wieder aus der Liste löschen. Klicken Sie dazu auf den entsprechenden Eintrag und dann auf *Entfernen*.

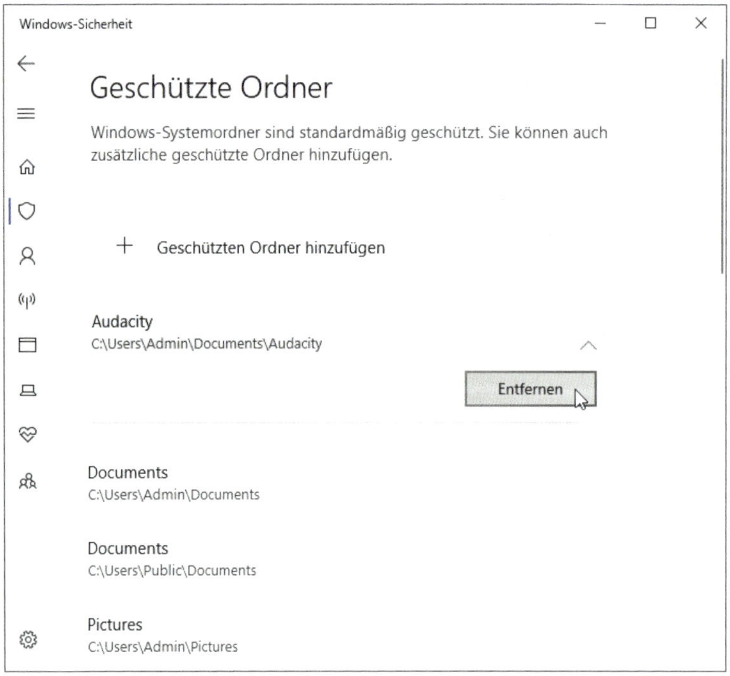

Den Zugriff auf geschützte Ordner steuern

Die andere wichtige Möglichkeit, das Überwachen von Ordnern zu steuern, ist die Auswahl der Anwendungen, denen der Zugriff auf die so geschützten Daten erlaubt wird. Diese Einstellungen finden Sie unter dem Link *App durch überwachten Ordnerzugriff zulassen*. Auch der führt zu einer Liste, die aber zunächst leer ist. Das bedeutet nicht, dass keinerlei Zugriffe möglich wären. Microsoft-eigene Programme wie der Explorer und diverse Systemanwendungen sind als sicher signiert und dürfen unabhängig von dieser Liste immer zugreifen.

Wenn eine andere Anwendung einen potenziell bedrohlichen Zugriff auf einen geschützten Ordner durchführen will, wird das von Windows blockiert. Sie bemerken das an einem Hinweis durch das Info-Center.

Ist der Zugriff in Ihrem Sinn, weil es sich um eine von Ihnen aktiv genutzte Anwendung handelt, können Sie dieses Programm für die Ordnerüberwachung freigeben. Diese Anwendung hat dann grundsätzlich auf alle überwachten Ordner vollen Zugriff. Eine Abstufung, einzelnen Programmen nur für bestimmte Ordner Rechte einzuräumen, ist bei den geschützten Ordnern bislang zumindest nicht vorgesehen.

Um einer App Zugang zu den geschützten Dateien zu ermöglichen, klicken Sie in der App-Liste auf das Plussymbol neben *Zulässige App hinzufügen*. Navigieren Sie im Dateiauswahldialog in den entsprechenden Ordner – meist unter *C:\Programme* oder *C:\Programme(x86)*. Bestätigen Sie die Rückfrage der Benutzerkontensteuerung. Es wird in der App-Liste dann ein Eintrag für diese Anwendung angelegt, über den Sie das Programm später ggf. auch wieder entfernen können.

Sofortmaßnahmen

Im Ernstfall ist es wichtig, dass Sie schnell und richtig handeln. Auch wenn es etwas reißerisch klingt: Es kann bei der Frage, ob sich noch Daten retten lassen, unter Umständen auf jede Sekunde ankommen.

Den PC ausschalten

Wenn Sie den Verdacht (oder auch die Bestätigung) haben, dass auf Ihrem PC ein Erpressungstrojaner aktiv ist, **schalten Sie den PC sofort hart aus!**

Damit ist gemeint:

- Schalten Sie den Ein-/Aus-Schalter hinten am Gehäuse auf AUS.
- Drücken Sie den Ein-/Aus-Schalter vorne am PC ca. zehn Sekunden, bis der PC sich selbst abschaltet.
- Im Zweifelsfall ziehen Sie einfach den Stecker.

Das widerspricht vermutlich allem, was Sie bisher dazu gehört oder gelesen haben – nämlich, dass man einen PC auf diese Weise möglichst nicht ausschalten sollte. Im Fall einer Infektion kommt es aber darauf an, dass der Trojaner sofort am Verschlüsseln weiterer Dateien gehindert wird, sofern er sein Werk noch nicht vollendet hat. Starten Sie den PC erst wieder, wenn Sie ein Live-System auf CD/DVD oder USB-Stick haben, von dem Sie den Rechner booten können.

Externe Speichermedien entfernen

Entfernen Sie alle externen Speichermedien wie USB-Laufwerke, -Sticks oder Speicherkarten. Sammeln Sie diese zunächst an einer Stelle. Sie sind zwar nicht infiziert, enthalten aber potenziell verschlüsselte Dateien. Eventuell ist der Trojaner mit dem Verschlüsseln aber noch nicht so weit gekommen, sodass Sie hier ggf. noch intakte Sicherungskopien finden können. In jedem Fall muss dies spätestens geprüft werden, wenn der PC wieder läuft.

Ressourcen im Netzwerk schützen

Wenn vom infizierten PC aus Netzlaufwerke beispielsweise auf einem NAS erreichbar sind, fahren Sie dieses – regulär – herunter, bzw. stellen Sie sicher, dass keine anderen Rechner mehr auf das NAS zugreifen. So wird verhindert, dass die verschlüsselten Dateien weiterverbreitet werden und womöglich durch Synchronisierungsmechanismen intakte Dateiversionen überschreiben. Wenn andere PCs ihre Laufwerke im Netzwerk freigeben und der infizierte PC darauf zugreifen konnte, deaktivieren Sie diese Freigaben bzw. fahren diese PCs herunter (ein hartes Ausschalten ist nicht notwendig, sofern diese PCs nicht ebenfalls infiziert sind). Auch hier geht es darum, bereits verschlüsselte Dateien nicht weiterzuverbreiten und eventuell noch vorhandene intakte Kopien zu schützen.

Kurzum: Sorgen Sie dafür, dass der Dateitransfer in Ihrem Netzwerk vorläufig vollständig zum Erliegen kommt.

Den Übeltäter sicher identifizieren

Als Erstes sollten Sie sicher sein, mit welchem Erpressungstrojaner Sie es genau zu tun haben. Dann lässt sich das weitere Vorgehen planen. Um den Eindringling stoppen und entfernen zu können, müssen Sie wissen, wie er genau vorgeht. Und auch ob und ggf. wie die verschlüsselten Inhalte zurückgewonnen werden können, muss bei jeder Trojaner-Variante individuell beurteilt werden. Zum Identifizieren benötigen Sie:

- eine Ihrer Dateien, die vom Trojaner verschlüsselt wurde,
- eine der Textdateien, die der Trojaner in verschlüsselten Ordnern platziert hat, um auf sich aufmerksam zu machen und zur Zahlung aufzufordern.

Mit diesen Informationen können Sie online ermitteln, welcher Trojaner sich bei Ihnen eingenistet hat. Oftmals reicht schon eine Google-Suche mit Auszügen aus der »Zahlungsaufforderung«, um schnell zu einem eindeutigen Trojaner-Namen zu kommen.

Besonders hilfreich beim Identifizieren ist eine Onlineerkennung auf der Webseite https://id-ransomware.malwarehunterteam.com/.

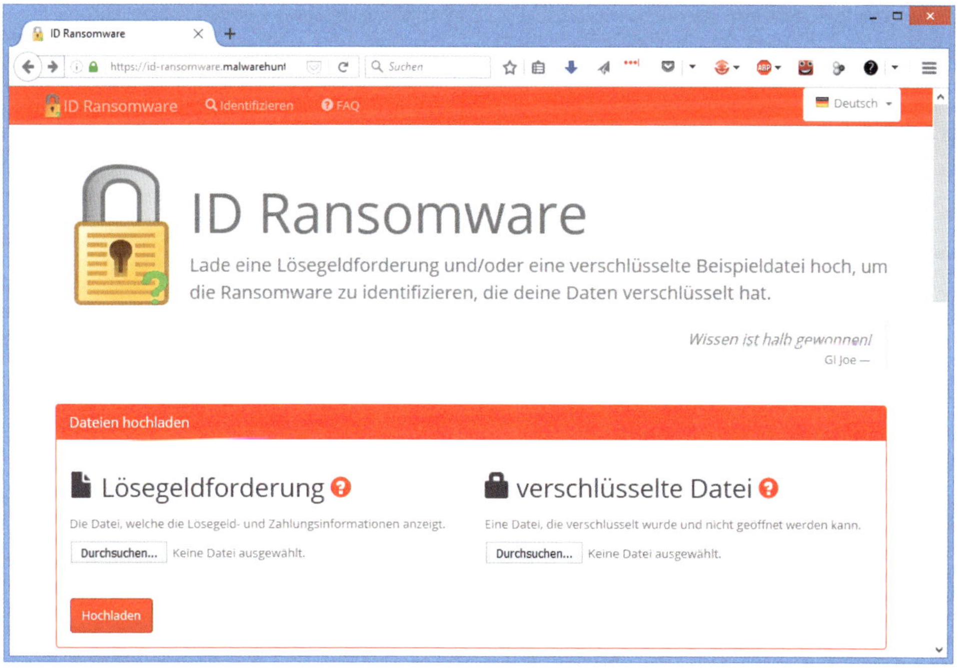

Sie bietet eine automatische Identifizierung von Erpressungstrojanern anhand der hinterlassenen Dateien an. Dazu laden Sie eine *verschlüsselte Datei* und/oder eine Datei mit der *Lösegeldforderung* des Trojaners hoch. Wenn Sie beides gleichzeitig hochladen, ist die Erkennung besonders zuverlässig. Meist reicht es aber, eine von beiden Dateien bereitzustellen. Diese wird in Echtzeit analysiert und auf typische Spuren bzw. auf das verwendete Verschlüsselungsverfahren untersucht. Dazu werden sowohl formale Kriterien wie die Dateiendung bei verschlüsselten Dateien als auch inhaltliche Kriterien wie der Wortlaut der Lösegeldforderung zugrunde gelegt.

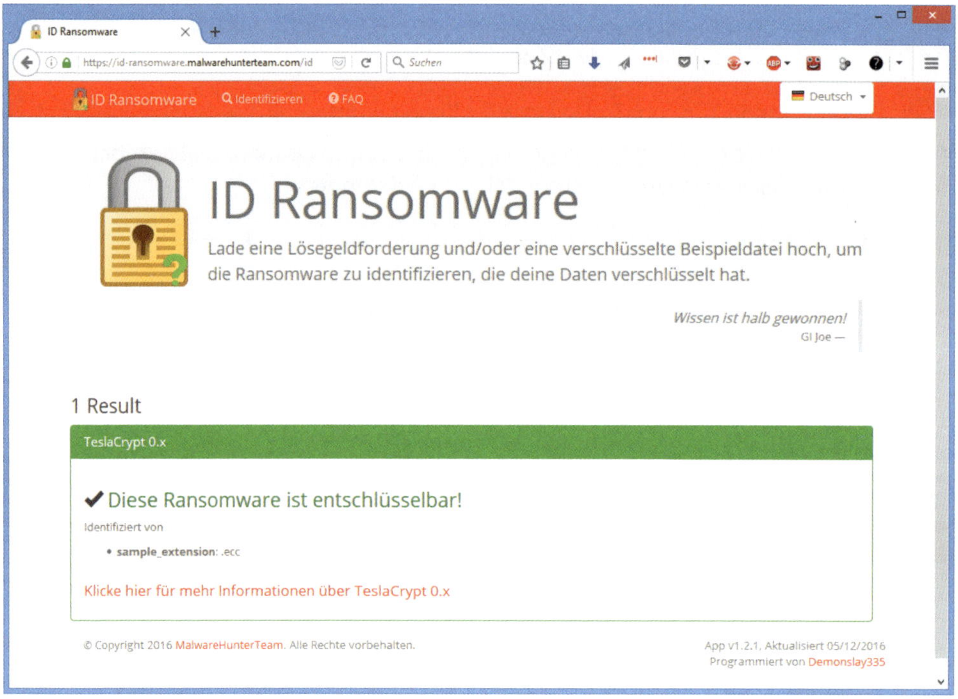

In den meisten Fällen kann der Dienst den Verursacher erkennen. Sie erhalten dann einen Namen ggf. mit einer Versionsnummer für die genaue Variante. Dazu gibt es eine erste Einschätzung, ob eine Möglichkeit bekannt ist, die Dateien zu entschlüsseln. Zusätzlich finden Sie einen Link, der Sie direkt zu weiteren Informationen über den Trojaner und seine Funktionsweise führt. Idealerweise finden Sie dort direkt ein Tool zum Entschlüsseln Ihrer Dateien. Leider wird das aber nicht immer der Fall sein.

Sollte mit der Onlineerkennung auch nach mehreren Versuchen mit verschiedenen Dateien keine Identifizierung gelingen, handelt es sich eventuell um einen neuen Trojaner bzw. eine neue Variante, die noch nicht erkannt werden kann. In dem Fall bleibt Ihnen die Information aus der Lösegeldforderung, um mit Google & Co. auf eigene Faust aktuelle Informationen zu finden. Alternativ kann auch der Virenscan des PCs zu einer eindeutigen Identifizierung führen.

Den Schädling recherchieren

Wenn Sie bezüglich der Identität des Trojaners Gewissheit haben, sollten Sie als Nächstes möglichst viel darüber in Erfahrung bringen.

Die wichtigen Fragen dabei lauten:

- Wie kann man diesen Trojaner zuverlässig vom PC entfernen? Damit ist zunächst der Trojaner selbst gemeint, nicht die Verschlüsselung der Dateien.
- Welche Arten von Dateien verschlüsselt dieser Trojaner?
- Welche Speichermedien werden von diesem Trojaner befallen (Festplatten, USB-Medien, Speicherkarten, Netzlaufwerke, Cloud-Speicher)?
- Ist eine Möglichkeit bekannt, die Verschlüsselung ohne Bezahlen des »Lösegeldes« zu entfernen?
- Wenn ja, gibt es ein Tool, mit dem sich die Verschlüsselung entfernen lässt?
- Wie ist ggf. die genaue Vorgehensweise, um die Verschlüsselung aufzuheben und die Dateien wieder in einen nutzbaren Zustand zu versetzen?

Hilfreiche Links zur Recherche

Das erste und einfachste Mittel zur Onlinerecherche ist wie immer Google oder eine andere Suchmaschine Ihrer Wahl. Geben Sie einfach die gängige Bezeichnung des Trojaners ein, dann finden Sie mit Sicherheit schnell nähere Informationen.

Die weiteren Links helfen darüber hinaus, gezielt weitere aktuelle Informationen zu beschaffen:

- aktuelle Nachrichten zu Erpressungstrojanern
  http://www.golem.de/specials/ransomware/
- das Erpressungstrojanerforum bei heise.de
  http://www.heise.de/forum/heise-Security/Themen-Hilfe/Hilfe-bei-Erpressungs-Trojanern/forum-256381/
- Kategorie »Ransomware« der englischen Wikipedia mit Links zu ausführlichen Trojanerbeschreibungen
  https://en.wikipedia.org/wiki/Category:Ransomware
- englischsprachiger, sehr aktueller Blog zum Thema Sicherheit mit dem wöchentlichen Update »This Week in Ransomware«
  http://www.bleepingcomputer.com/news/security/
- zentrale Ansprechstelle Cybercrime für die Wirtschaft (ZAC)
  https://www.polizei.de/Polizei/DE/Einrichtungen/ZAC/zac_node.html

Den Schädling loswerden

Wie bereits beschrieben, sollte der betroffene PC beim Entdecken von Spuren eines Erpressungstrojaners sofort ausgeschaltet werden. Das bedeutet aber auch, dass dieser PC selbst nicht dazu verwendet werden kann, den Trojaner aufzuspüren und von der Festplatte zu tilgen. Dazu müsste man den PC starten, und während des Virenscans könnte er sein zerstörerisches Werk fortsetzen. Einige Trojaner enthalten außerdem Mechanismen, um sich aktiv vor Virenscannern zu verstecken bzw. zu schützen. Zum Säubern des PCs wird deshalb unbedingt ein unabhängiges externes System benötigt. Dafür bieten sich insbesondere zwei Varianten an:

- Sie verfügen über einen weiteren, sauberen PC oder können einen solchen beispielsweise im Bekanntenkreis auftreiben:
  Dann können Sie die Festplatte(n) aus dem infizierten PC ausbauen und an den sauberen PC anschließen. Auf diesem kann dann ein Virenscanner gestartet werden, der den Trojaner aufspürt und unschädlich macht.
- Sie verfügen nur über diesen einen PC:
  Dann können Sie sich ein alternatives Betriebssystem besorgen, das diesen PC von einer CD/DVD oder einem USB-Stick startet. Der PC wird dann mit diesem Alternativsystem betrieben, und das eigentliche Betriebssystem (einschließlich Trojaner) bleibt unangetastet. Im Alternativsystem kann aber ein Virenscanner die eingebaute Festplatte untersuchen und bereinigen.

Optimal: die betroffene Festplatte kopieren

Ein häufiger Tipp bei einer infizierten (oder auch beschädigten) Festplatte ist es, als erste Maßnahme deren gesamten Inhalt auf einer zweiten Festplatte zu duplizieren. Alle Schritte zum Bereinigen, Reparieren und Wiederherstellen werden dann mit dieser Kopie vorgenommen. Und man kann dabei notfalls auch mal ein wenig experimentieren. Klappt alles, kann man hinterher die Kopie weiterverwenden. Gibt es Probleme, kann man jederzeit auf das Original zurückgreifen bzw. einfach erneut eine Kopie davon erstellen und neu beginnen. Allerdings benötigt man dafür eben eine entsprechende weitere Festplatte und muss einigen Aufwand betreiben. Sinnvoll ist diese Vorgehensweise allemal. Ob es Ihnen das wert ist, müssen Sie selbst entscheiden und vielleicht auch vom individuellen Wert der gefährdeten Dokumente abhängig machen.

Die Festplatte in einem sauberen Zweit-PC reinigen

Wenn Sie einen Zweit-PC haben oder besorgen können, ist dies oftmals die einfachste Lösung. Es gibt im Wesentlichen zwei Hürden dabei:

1. Sie müssen sich zutrauen, die Festplatte(n) aus dem infizierten System auszubauen. Das klingt schwieriger, als es ist. Letztlich müssen nur ein paar Schrauben gelöst und ein oder zwei Stecker gezogen werden. Am besten fotografieren Sie zuvor den Einbauzustand, damit Sie hinterher alles wieder richtig zuordnen können.
2. Die Festplatte muss an den Zweit-PC angeschlossen werden. Sie können natürlich auch den PC öffnen und die Platte an einen freien internen Anschluss stecken. Das empfiehlt sich aber nicht, da es aufwendig ist und die Gefahr besteht, dass der Zweit-PC dann von der neu eingebauten Festplatte startet. Einfacher ist es, einen externen USB-Anschluss zu verwenden, der die Festplatte als Wechsellaufwerk einbindet.

Solche SATA-auf-USB-Adapter können Sie für 10 bis 20 Euro im Fachhandel erwerben. Die Festplatte wird einfach am einen Ende angesteckt, und am anderen befindet sich ein USB-Anschluss, den Sie in den PC einstecken. Achten Sie bei der Adapterauswahl auf zwei Dinge:

- Wählen Sie eine USB-3.0-fähige Variante, sofern der PC auch über USB-3.0-Anschlüsse (innen blau statt schwarz) verfügt. Damit steigt der Datendurchsatz erheblich, und Sie sparen eine Menge Zeit. Die wenigen Euro Mehrkosten sind das in der Regel wert.
- Adapter ohne eigene Stromversorgung reichen für SSDs und kleinere Magnetfestplatten im Formfaktor 2,5 Zoll. Für Festplatten mit 3,5 Zoll und/oder hoher Kapazität sollten Sie vorsichtshalber einen Adapter mit eigenem Netzteil verwenden. Solche Festplatten benötigen häufig mehr Strom, als der USB-Anschluss liefern kann und darf. Sie werden an einem reinen USB-Adapter nicht zuverlässig laufen und könnten im schlimmsten Fall sogar die Hauptplatine des PCs beschädigen.

Für alle Fälle gerüstet

Mein persönlicher Hardwaretipp: Der *Sandberg USB 3.0 Multi Harddisk Link*-Adapter kostet zwar ein paar Euro mehr, bietet aber nicht nur einen SATA-Port, sondern auch Anschlüsse für ältere IDE-Festplatte sowohl im 2,5- als auch im 3,5-Zoll-Format. Ein Netzteil zur externen Stromversorgung ist auch gleich dabei. Gerade wer (auch) noch ältere PCs in seinem Gerätepark hat, ist damit gut aufgestellt.

Haben Sie die betroffene Festplatte erfolgreich am Zweit-PC angeschlossen, benötigen Sie auf diesem nur noch eine aktuelle Virensoftware. Kleiner Tipp: Viele Hersteller bieten kostenlose Testversionen ihrer Produkte an. Damit können Sie ohne Zusatzkosten verschiedene Virenscanner auf Ihre Festplatte loslassen, um auf Nummer sicher zu gehen. Wichtig ist dabei, jeweils die aktuellsten Virensignaturen zu verwenden. Gerade bei Erpressungstrojanern gibt es ständig neue Varianten, die man nur mit einem topaktuellen Scanner finden und eliminieren kann. Tipp: Falls Sie es nicht allzu eilig haben, kann es manchmal helfen, ein oder zwei Tage bis zum nächsten Update der Signaturen zu warten.

Haben Sie die betroffene Festplatte gründlich gesäubert, sollten Sie die Gelegenheit nutzen, wichtige Dateien auf den Zweit-PC zu kopieren. Vielleicht lassen sie sich bei der Gelegenheit auch schon mit einem passenden Programm entschlüsseln. Dann bauen Sie die Festplatte wieder in den ursprünglichen PC ein und schalten diesen ein. Mit etwas Glück startet Windows direkt wieder problemlos, und Sie können sich daranmachen, verlorene Dateien und Ordner wiederherzustellen.

Im Zweifelsfall das Virenorakel befragen

Manchmal kommen einem die Befunde des eigenen Virenscanners zweifelhaft vor. Der erklärt eine Datei als verseucht, bei der man dies für sehr unwahrscheinlich hält und die man gern erhalten würde. Oder eine Datei, die man selbst als sehr verdächtig einstuft, wird anstandslos durchgewinkt. In solchen Fällen gibt es einfache Möglichkeiten, genauer nachzuprüfen. Bei der Website www.virustotal.com können Sie einzelne Dateien hochladen und automatisch von über 50 verschiedenen Virenscannern überprüfen lassen. Auch das ergibt nicht immer ein einheitliches Meinungsbild, aber in der Regel zumindest eine deutliche Tendenz. Oftmals liefern die anderen Scanner auch zusätzliche Informationen wie etwa andere Bezeichnungen des Schädlings, die weitere Ansatzpunkte für die Recherche bieten.

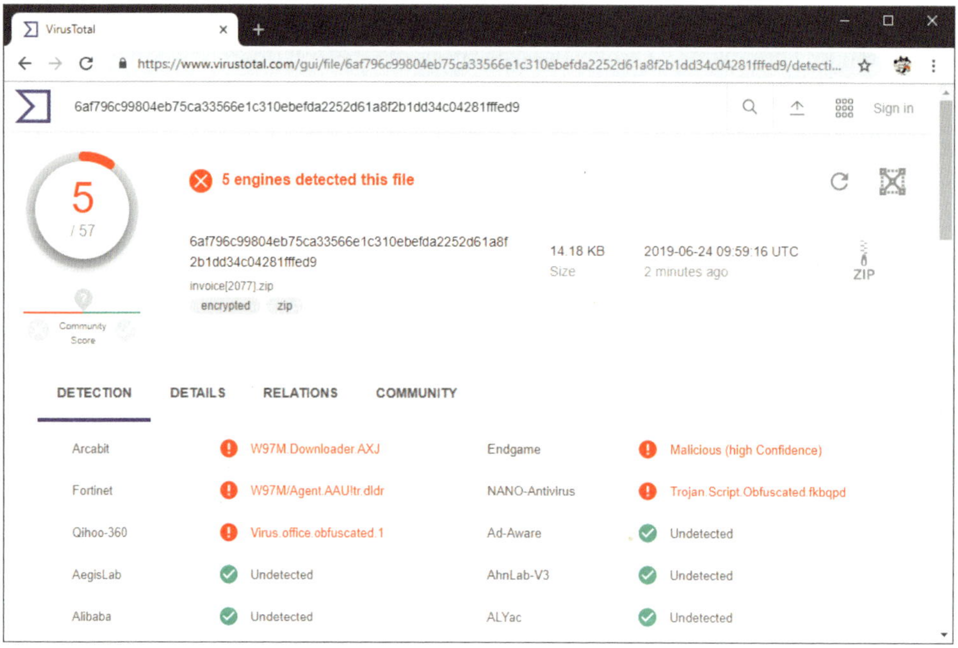

Ein Live-System mit Antivirenprogramm beschaffen

Sollte Ihnen kein Zweit-PC zur Verfügung stehen, können Sie alternativ den betroffenen PC selbst zum Reinigen verwenden. Allerdings dürfen Sie dafür keinesfalls das installierte Windows selbst verwenden, um dem Trojaner keine weitere Gelegenheit zu geben, Schaden anzurichten. Stattdessen können Sie ein Live-Betriebssystem mit Antivirenprogramm nutzen, das direkt von CD/DVD bzw. USB-Stick bootet. Der PC muss ggf. im BIOS so eingestellt werden, dass er von diesem Medium bootet und nicht von der eingebauten Festplatte. Sollte beim Versuch doch wieder Windows starten, schalten Sie den PC sofort wieder aus und versuchen es erneut!

Ein sehr empfehlenswertes Live-System ist *Desinfec't* von der Fachzeitschrift c't. Es liegt einmal jährlich einer Ausgabe der Zeitschrift als Heft-DVD bei. Man kann dieses Heft mitsamt der DVD aber jederzeit beim Verlag für wenige Euro bestellen. Wer es eilig hat, kauft sich die elektronische Version der Zeitung und erhält damit Zugang zum Download der aktuellen Desinfec't-ISO-Datei. Das Geld ist gut angelegt, denn dieses Spezialimage umfasst gleich mehrere Virenscanner, mit denen die Festplatte gründlich untersucht werden kann. Befallene Dateien können automatisch umbenannt werden, sodass sie keine Gefahr mehr darstellen, der Inhalt aber nicht verloren ist. Die Bedienung ist für etwas erfahrene PC-Nutzer keine große Herausforderung.

http://www.heise.de/download/desinfect.html

Rettungsmedien von Antivirenprogrammen

Wer ein kommerzielles Antivirenprogramm im Einsatz hat, kann ggf. auch dessen Live-System nutzen bzw. sich ein solches erstellen (wenn der Ernstfall bereits eingetreten ist, allerdings unbedingt auf einem anderen PC!). Alternativ stellen einige Anbieter kostenlose Images ihrer Live-Systeme zum Download bereit, beispielsweise Kaspersky. Man sollte dabei darauf achten, ein aktuelles Image zu bekommen, denn bei einigen Anbietern werden immer noch Images angeboten, die schon vor einigen Jahren veröffentlicht wurden. Ein positives Beispiel ist die laufend gepflegte Rescue Disk von Kaspersky, auf die der folgende Abschnitt ausführlicher eingeht.

Wichtig bei allen Live-Systemen: Diese Systeme sind niemals aktuell, sondern immer auf dem Stand, auf dem das System zusammengestellt wurde. Deshalb müssen nach dem Booten die Signaturen der Antivirensoftware aktualisiert werden. Das geht automatisch bzw. per Knopfdruck, aber der PC benötigt dazu eine Internetverbindung. Bei einem Kabelnetzwerk wird diese in der Regel automatisch hergestellt. Bei einer WLAN-Verbindung muss zumindest das WLAN-Kennwort eingegeben werden. Der Virenscan sollte erst nach dem erfolgreichen Update der Signaturen durchgeführt werden.

Scannen Sie alle Laufwerke, die im PC eingebaut bzw. daran angeschlossen sind. Netzlaufwerke (beispielsweise ein NAS im lokalen Netzwerk) können Sie vorerst ignorieren und sich darum kümmern, wenn der PC wieder sauber läuft. Zwar werden auch Dateien auf NAS verschlüsselt, bislang ist aber kein Trojaner bekannt, der sich selbst auf NAS einnistet. Lassen Sie alle verdächtigen Dateien in Quarantane verschieben bzw. mit einer anderen Dateiendung versehen. So kann die Programmdatei des Trojaners beim Windows-Start nicht mehr aufgerufen werden.

Den PC mit der Kaspersky Rescue Disk bereinigen

Der Antivirenspezialist Kaspersky stellt auf seiner Website eine kostenlose ISO-Datei der Kaspersky Rescue Disk zum Download zur Verfügung. Diese kann auf eine CD/DVD gebrannt und als Bootmedium verwendet werden. Sie startet den PC mit einem einfachen Rettungssystem, das das aktuelle Kaspersky-Antivirenprogramm umfasst. Nach dem Booten kann man also den PC scannen und mögliche Schädlinge entfernen.

https://support.kaspersky.com/de/viruses/rescuedisk

Wenn Sie über ein bootfähiges Medium verfügen, müssen Sie nur dafür sorgen, dass Ihr PC von diesem anstelle der Windows-Festplatte startet. Einige PCs zeigen beim Vorhandensein eines externen Bootmediums automatisch eine Meldung beim Start an, sodass

Sie nur rechtzeitig eine Taste drücken müssen, um von diesem zu starten. Bei anderen muss kurz nach dem Start des Bootvorgangs eine bestimmte Taste gedrückt werden (Bildschirmhinweise beachten!), um zunächst ein Bootmenü zu öffnen. Hier kann dann das optische Laufwerk bzw. der USB-Stick mit dem Kaspersky-ISO ausgewählt werden.

1. Wenn der PC von der Kaspersky Rescue Disk als CD/DVD oder USB-Stick bootet, müssen Sie beim Anzeigen des Begrüßungsbildschirms innerhalb von zehn Sekunden eine Taste drücken. Andernfalls startet das normale Windows auf dem PC.
2. Wählen Sie dann mit den Pfeiltasten die gewünschte Sprache, und drücken Sie ↵.
3. Dann wählen Sie den Modus, in dem das Rettungsprogramm arbeiten soll. Wenn möglich, sollte der anschaulichere Grafikmodus verwendet werden. Sollte dieser nicht funktionieren, wählen Sie beim nächsten Versuch stattdessen den simpleren, aber funktionell ebenbürtigen Textmodus.
4. Warten Sie nun ab, bis das Programmfenster des Virenscanners angezeigt wird. Eventuelle Rückfragen bis dahin können Sie einfach bestätigen bzw. ignorieren.
5. Nun wird der Lizenzvertrag angezeigt. Setzen Sie Häkchen bei den beiden Optionen darunter, und klicken Sie auf *Accept*.

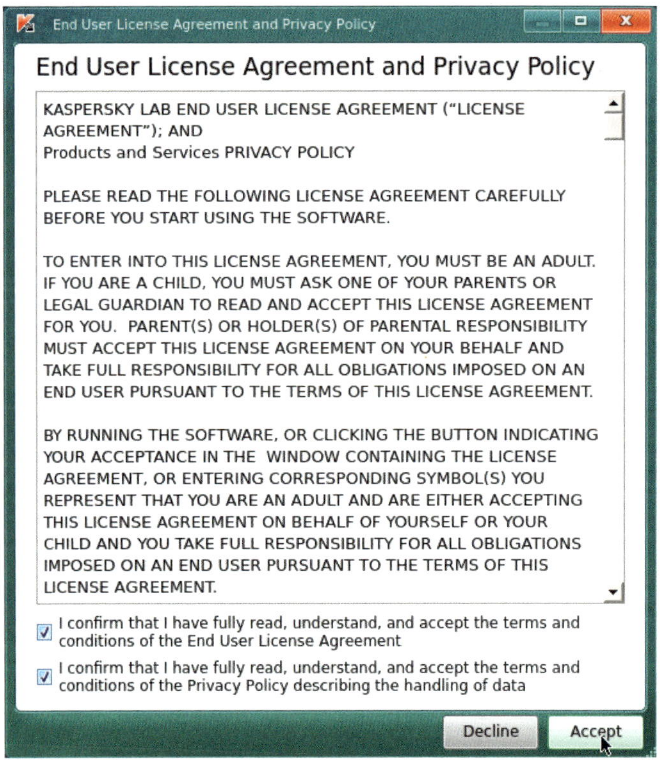

6. Dann wird endlich das Fenster des Kaspersky Rescue Tool angezeigt. Standardmäßig überprüft das Programm die Boot- bzw. EFI-Objekte des PCs sowie die Startdateien einer vorhandenen Windows-Systempartition. Um wirklich alles zu prüfen, klicken Sie auf *Change parameters*.
7. Klappen Sie im anschließenden Dialog alle Ebenen aus, und setzen Sie überall Häkchen. Sollte das Programm weitere Laufwerke oder Partitionen nicht direkt erkannt haben, können Sie diese oben mit *Add object* hinzufügen. Übernehmen Sie die Einstellungen mit *OK*.

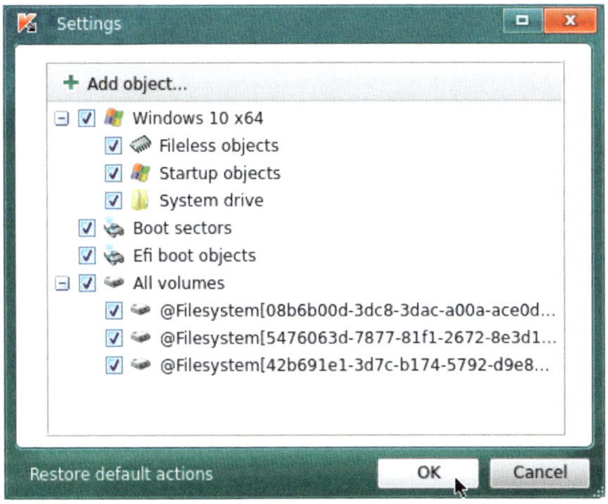

8. Zurück im Hauptfenster, klicken Sie dann auf *Start scan*.

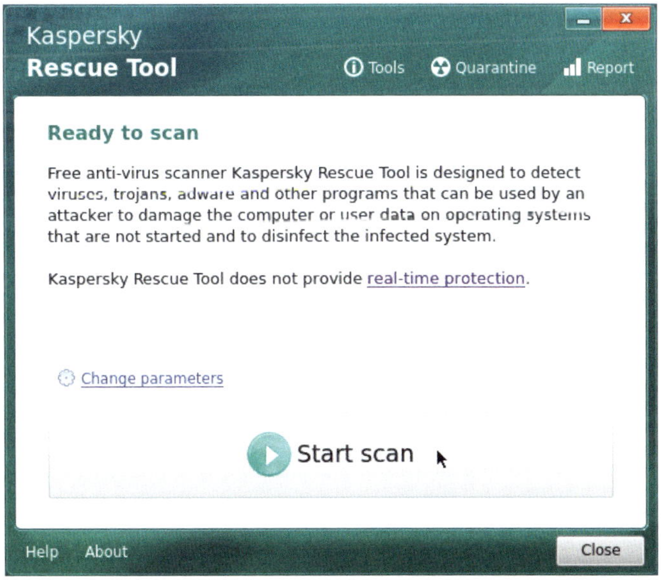

9. Warten Sie nun geduldig ab, während das Programm seine Arbeit tut. Je nach Umfang der vorhandenen Datenträger kann dies länger dauern.

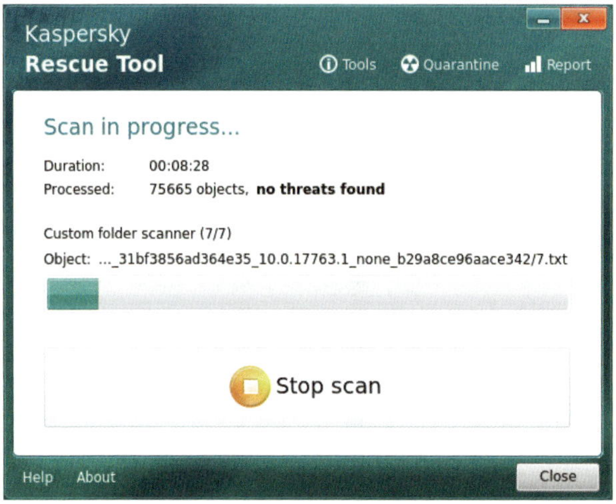

Wurde der Scanner fündig, erhalten Sie nach Abschluss der Überprüfung eine kurze Zusammenfassung. Alternativ finden Sie unter *details* einen ausführlicheren Bericht (den Sie auch jederzeit oben rechts mit *Report* abrufen können). Für infizierte Dateien können Sie entscheiden, ob diese desinfiziert werden sollen. Ist eine Desinfektion nicht möglich, kann die Datei alternativ gelöscht werden. Mit dieser Option sollten Sie allerdings vorsichtig umgehen, denn wenn wichtige Dateien einfach gelöscht werden, ist das der Stabilität von Windows nicht unbedingt zuträglich.

Die Dateiverschlüsselung aufheben

Konnte der Trojaner erfolgreich von der bzw. den Festplatte(n) und Speichermedien verbannt werden, bleibt noch ein Problem: mehr oder weniger zahlreiche Dateien, die verschlüsselt und mit einer anderen Dateiendung versehen wurden und nun nicht mehr ohne Weiteres zu öffnen sind. Diese Verschlüsselung aufzuheben und den Dateiinhalt wieder nutzbar zu machen, ist die größte Herausforderung. Dazu gibt es grundsätzlich drei verschiedene Herangehensweisen:

- Sie können – soweit vorhanden – Backups Ihrer Dokumente einspielen und den Zustand vor der Aktivität des Trojaners wiederherstellen. Dies ist im Grunde genommen die einfachste Lösung, sofern Sie über eine möglichst aktuelle Sicherung verfügen.
- Sie können auf die Forderung eingehen und ein Lösegeld bezahlen. Mit etwas Glück erhalten Sie dadurch ein Kennwort und einen Link zu einem Entschlüsselungsprogramm, das alle betroffenen Dateien wiederherstellt.

- Sie können Spezialprogramme verwenden, die Programmierfehler oder bekannt gewordene Universalschlüssel einzelner Trojaner nutzen, um verschlüsselte Dateien wiederherzustellen. Dies ist aber leider nicht bei allen Erpressungstrojanern möglich.

Verschlüsselte Daten aus einem Backup wiederherstellen

Mit dem Thema Sichern und Wiederherstellen von wichtigen persönlichen Dokumenten befasst sich das folgende Kapitel ausführlich, deshalb soll es an dieser Stelle nicht weiter vertieft werden. Wichtig nur: Verschaffen Sie sich zunächst einen Überblick, welche Dateien auf diese Weise wiederhergestellt werden können und welche Dateien seit der letzten Sicherung noch bearbeitet wurden. Eine gute Hilfe dabei können die Dateieigenschaften und insbesondere das Datum der letzten Änderung sein. Liegt dies vor dem Zeitpunkt des letzten Backups, sind Sie schon mal auf der sicheren Seite.

Aber auch ein neueres Datum muss nicht heißen, dass entscheidende Änderungen vorgenommen wurden. Bei Office-Dokumenten beispielsweise kann schon das Ausdrucken einer Datei reichen, um das Änderungsdatum zu aktualisieren. Hier müssen Sie ggf. eine Bestandsaufnahme im eigenen Gedächtnis vornehmen. Ideal wäre eine Liste der Dateien, in denen nach dem letzten Backup noch wichtige, anderweitig unwiederbringliche Bearbeitungen vorgenommen wurden. Auf dieser Basis können Sie entscheiden, ob und welche Schritte zum Wiederherstellen dieser Dateien ggf. erforderlich und sinnvoll sind.

Lösegeld zahlen

Die Frage, ob das Zahlen eines Lösegelds sinnvoll ist, wurde weiter vorne bereits angesprochen: Eine Garantie für den Wiedererhalt ist es nicht, auch wenn es in der Mehrzahl der Fälle wohl erfolgreich ist. Und man muss sich im Klaren darüber sein, dass man damit letztlich kriminelle Machenschaften unterstützt.

Wenn Sie das im Hinterkopf haben, müssen Sie dann letztlich selbst entscheiden, ob die anderweitig nicht wiederherzustellenden Dateien Ihnen das wert sind. Zuvor sollten Sie aber auf alle Fälle prüfen, ob für den bei Ihnen aufgetretenen Erpressungstrojaner nicht eine Möglichkeit besteht, die Dateiverschlüsselung auf andere Weise zu entfernen.

Die Verschlüsselung entfernen

Für einige Erpressungstrojaner werden früher oder später Möglichkeiten bekannt, die Verschlüsselung der Dateien aufzuheben. Teilweise haben die Entwickler schlicht Fehler bei der Programmierung gemacht, eine zu schwache Verschlüsselung verwendet oder Lücken in Verschlüsselungsalgorithmen übersehen. Werden solche Schwächen bekannt, entstehen schnell Programme, die sie ausnutzen, um betroffene Dateien auch ohne Lösegeldzahlung wiederherzustellen. Im Fall des TeslaCrypt-Trojaners hingegen haben die Entwickler »aufgegeben« und einen Master-Schlüssel öffentlich gemacht, mit dem alle Betroffenen ihre Dateien wiederherstellen können.

Entschlüsselungsprogramme einsetzen

Auch wenn die Vorgehensweise bei jeder Abart der Erpressungstrojaner etwas unterschiedlich ist, benötigen Sie in der Regel zwei Dinge, um verschlüsselte Dateien wiederherzustellen:

- Ein Entschlüsselungsprogramm, das genau auf den bei Ihnen aufgetretenen Trojaner abgestimmt ist.
- Einen in der Regel aus einer langen Reihe von Ziffern und Buchstaben bestehenden Schlüssel. Falls Sie sich zur Zahlung entschlossen haben, erhalten Sie diesen – hoffentlich – im Austausch für Ihr Lösegeld. Wichtig: Der Schlüssel ist auf Ihre Dateien abgestimmt. Sie können also nicht den Schlüssel eines anderen Betroffenen etwa aus dem Internet verwenden. Anders sieht dies bei sogenannten Master-Schlüsseln aus, die gelegentlich bekannt werden. Diese können für alle Dateien verwendet werden, die von einem bestimmten Trojaner (ggf. aber nur in einer bestimmten Version) verschlüsselt wurden.

Diese beiden Komponenten können Sie dann zum Entschlüsseln Ihrer Dateien verwenden, wie hier am Beispiel des TeslaCrypt-Decoders gezeigt werden soll:

1. Starten Sie das Entschlüsselungsprogramm mit Administratorrechten (Rechtsklick und *Als Administrator ausführen*). Dies ist notwendig, damit das Programm ggf. auch auf versteckte und geschützte Dateien und Ordner zugreifen kann.
2. Um den Schlüssel für das Wiederherstellen der Dateien einzugeben, klicken Sie dann zunächst auf die Schaltfläche *Set key*.

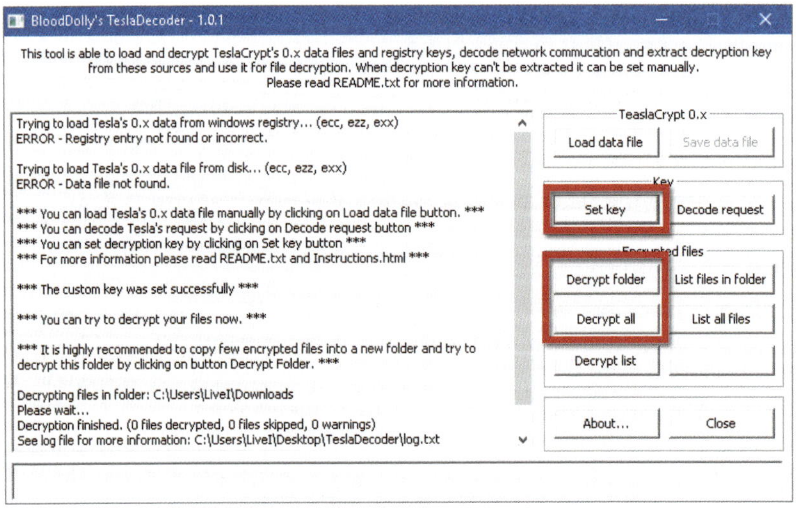

3. Bei Trojanern, die in ihren verschiedenen Varianten auch unterschiedliche Endungen an verschlüsselte Dateien anhängen, müssen Sie nun die in Ihrem Fall verwendete Dateiendung auswählen.

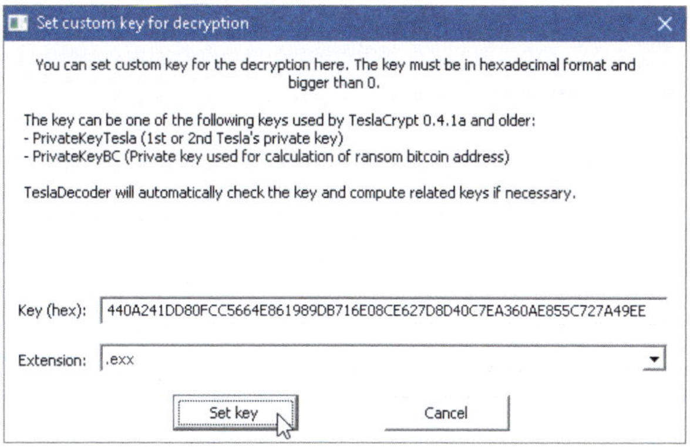

4. Dann tippen Sie den Schlüssel in das Eingabefeld ein, bzw. idealerweise kopieren Sie ihn direkt aus der E-Mail oder Website, von der Sie ihn erhalten haben, um die Gefahr von Tippfehlern zu minimieren. In den Dialogfeldern können Sie Strg+V verwenden, um den Schlüssel aus der Zwischenablage dort einzufügen.
5. Klicken Sie dann auf *Set key*, um die eingegebenen Daten zu verwenden.
6. So vorbereitet, können Sie das Wiederherstellen Ihrer Dateien beginnen. Allerdings empfiehlt es sich, den Vorgang immer erst mit einer kleinen Anzahl von Dateien zu testen. Beim TeslaCrypt-Decoder etwa haben Sie die Möglichkeit, mit *Decrypt folder* erst mal nur einen einzigen Ordner zu dechiffrieren. Anschließend können Sie sich davon überzeugen, dass die dort wiederhergestellten Dateien tatsächlich wieder nutzbar sind.
7. Um Dateien auf einer kompletten Festplatte wiederherzustellen, verwenden Sie dann stattdessen *Decrypt all*.
8. Bei allen Varianten fragt der Decoder nach, ob beim Wiederherstellen jeweils die verschlüsselte Datei durch das entschlüsselte Original ersetzt werden soll. Dies empfiehlt sich in jedem Fall. Falls beim Entschlüsseln etwas nicht klappen sollte, hat man dann immer noch die Ausgangsdatei und kann ggf. weitere Versuche starten. Nach erfolgreichem Entschlüsseln lassen sich die verschlüsselten Duplikate anhand der Endung leicht finden und entsorgen.

9. Nun beginnt das Programm mit der Arbeit des Entschlüsselns und Wiederherstellens, was je nach Umfang des Datenbestands einige Zeit in Anspruch nehmen kann.

10. Anschließend sollten Sie prüfen, ob wirklich alle betroffenen Dateien wiederhergestellt wurden. Hat alles geklappt, können Sie ggf. beibehaltene verschlüsselte Dateien anhand ihrer Endungen aufspüren und löschen.

Alle Dateien mit einer bestimmten Endung finden

Da viele Erpressungstrojaner verschlüsselte Dateien mit einer bestimmten Endung versehen, kann es hilfreich sein, sich auf einen Blick alle Dateien mit dieser Endung auflisten zu lassen. Dies lässt sich mit Windows-Bordmitteln recht einfach umsetzen.

1. Starten Sie den Windows-Explorer, und lassen Sie sich den Inhalt des Stammverzeichnisses der Festplatte anzeigen, also beispielsweise *C:*.
2. Tippen Sie dann im Suchfeld oben rechts die gesuchte Dateiendung ein, etwa *.ttt*.

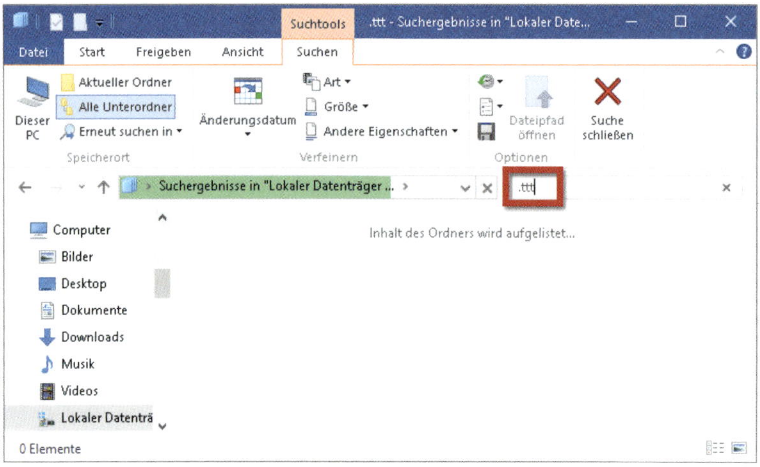

3. Haben Sie nun etwas Geduld. Zunächst zeigt der Explorer nur die passenden Dateien im Stammverzeichnis an. Im Hintergrund durchsucht er aber weiter den gesamten Dateibestand der Festplatte. Sie erkennen das am wachsenden Fortschrittsbalken im Navigationsfeld mit der Anmerkung *Suchergebnisse in ...*
4. Ist die Suche beendet (und der Fortschrittsbalken ganz verschwunden), sehen Sie im Explorer eine Liste aller Dateien, die diese Endung tragen.

7.4 Verdächtige Datei mit Sysinternal-Tools analysieren

Man kann und sollte sich auch auf professionelle Antivirensoftware nicht blind verlassen. Wenn Ihnen das Verhalten Ihres PCs merkwürdig vorkommt oder Sie einen Verdacht hinsichtlich einer bestimmten Anwendung haben, sollten Sie diesem nachgehen, selbst wenn Ihre Antivirensoftware keine Befunde meldet. Dafür können Sie Diagnosewerkzeuge nutzen, die Microsoft mit der Sysinternals-Sammlung kostenlos zur Verfügung stellt.

Sysinternals-Tools im Explorer bereitstellen

Die Sysinternals sind eine Sammlung von Werkzeugen für verschiedene Zwecke im Bereich Diagnose und Wartung, die Microsoft-Mitarbeiter im Laufe der Jahre entwickelt haben. Microsoft stellt diese Programme kostenlos für alle Benutzer bereit. Unter docs.microsoft.com/sysinternals kann man sie – einzeln oder als Gesamtpaket – herunterladen. Die meisten Werkzeuge bestehen aus kleinen Programmen, die man ohne Installation direkt ausführen kann.

Die clevere Alternative dazu: Microsoft stellt die ganze Sammlung als Netzlaufwerk im Internet bereit. Dieses Laufwerk können Sie direkt in den Windows-Explorer einbinden und so bei Bedarf jederzeit schnell und einfach auf ein benötigtes Programm aus der Sammlung zugreifen, ohne dazu etwas herunterladen und installieren zu müssen. Führen Sie dazu nur einmalig die folgenden Schritte aus:

1. Öffnen Sie in der Multifunktionsleiste des Windows-Explorer die Rubrik *Start*, und klicken Sie dort im Bereich *Neu* auf *Einfacher Zugriff*.
2. Klicken Sie im so geöffneten Untermenü auf den Eintrag *Als Laufwerk zuordnen*.
3. Wählen Sie im anschließenden Dialog einen beliebigen Laufwerkbuchstaben für das Netzlaufwerk aus. *S:* wie **S**ysinternals bietet sich an, vielleicht gefällt Ihnen aber *W:* für **W**erkzeuge besser.
4. Geben Sie im Feld *Ordner* dann die Adresse *\\live.sysinternals.com/tools* ein.
5. Wenn Sie nun unten auf *Fertig stellen* klicken, stellt der Windows-Explorer die Verbindung zu dieser Ressource her.

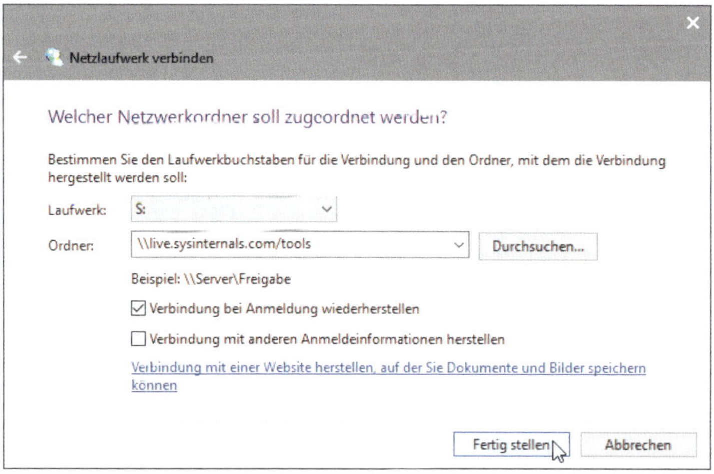

Ab sofort finden Sie ein neues Laufwerk im Windows-Explorer, mit dem Sie jederzeit auf die aktuellen Versionen der Sysinternals-Tools zugreifen und die Programme direkt von dort lokal auf Ihrem PC ausführen können. Der Zugriff dauert je nach Internetverbindung etwas länger als beim Laden direkt von der Festplatte. Aber da die meisten Hilfsprogramme nicht sehr groß sind, müssen Sie einfach nur einige Sekunden warten.

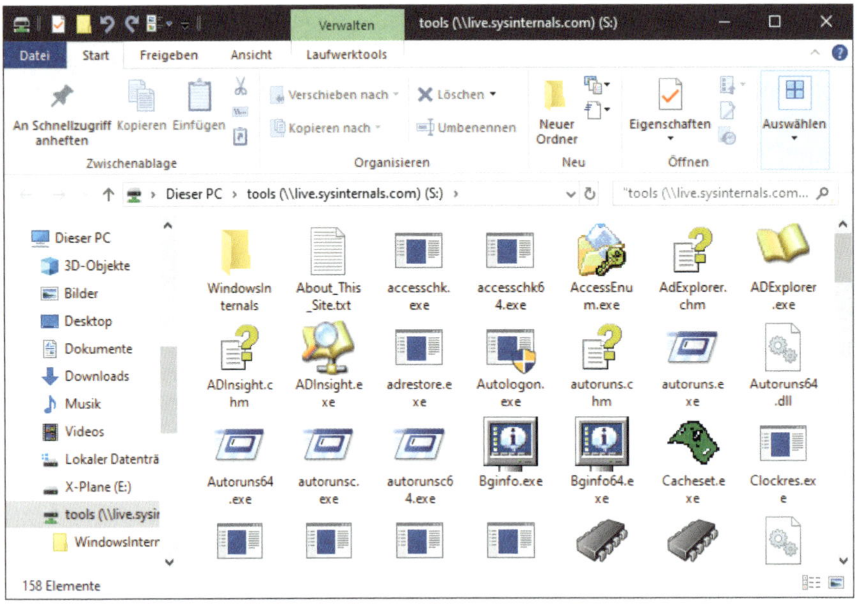

Sicherheitshinweis beim Starten

Wenn Sie Sysinternals-Programme auf diese Weise starten, warnt Windows Sie jeweils, dass sich diese Datei außerhalb des lokalen Dateisystems befindet und das Ausführen deshalb ein Risiko darstellt. Das ist normal und kein Grund zur Beunruhigung. Da diese Quelle direkt von Microsoft selbst zur Verfügung gestellt wird, ist sie nicht weniger sicher als lokale Programme aus dem Windows-Lieferumfang. Dies gilt allerdings nur für die hier verwendete Adresse live.sysinternals.com.

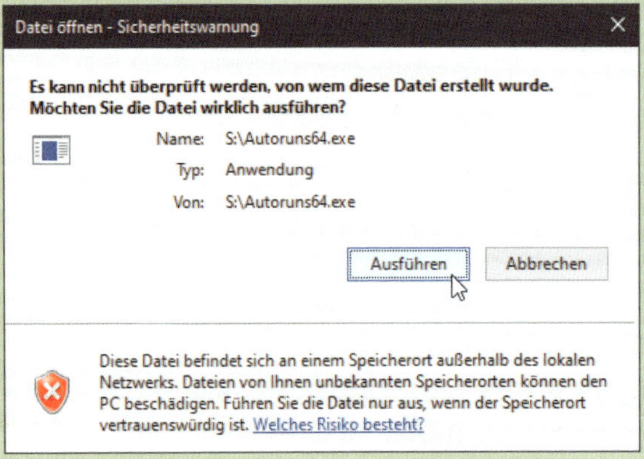

Alle Autostart-Einträge gründlich prüfen

Schadsoftware ist in der Regel darauf angewiesen, beim Systemstart automatisch aktiviert zu werden. Leider bietet Windows eine ganze Reihe von Möglichkeiten, wo ein Schädling sich zu diesem Zweck einnisten kann. Verlässt man sich dabei auf den Task-Manager und dessen Rubrik *Autostart*, erfährt man nur einen Teil der Wahrheit.

Wesentlich detaillierter informiert das Sysinternals-Programm Autoruns (*autoruns.exe* für alle Windows-Versionen bzw. *Autoruns64.exe* speziell für 64-Bit-Windows):

1. Es listet nach kurzer Analyse wirklich alles auf, was während des Starts geladen wird. Ausgenommen sind standardmäßig Komponenten von Windows selbst, aber auch diese können Sie sich durch Entfernen des Häkchens bei *Options/Hide Windows Entries* mit anzeigen lassen.
2. Die Gefahr, von der Menge der Informationen erschlagen zu werden, ist erst mal recht groß. Aber die Liste lässt sich strukturieren, indem Sie oben in der Leiste einzelne Bereiche wie etwas Services (Hintergrunddienste), Explorer oder Codecs anwählen und die Liste so filtern.
3. Außerdem ist die Farbgebung der Zeilen eine gute Orientierung: Einträge, bei denen der Herausgeber (*Publisher*) unbekannt oder nicht verifizierbar ist, sind farblich hervorgehoben. Diesen sollten Sie besondere Aufmerksamkeit schenken.

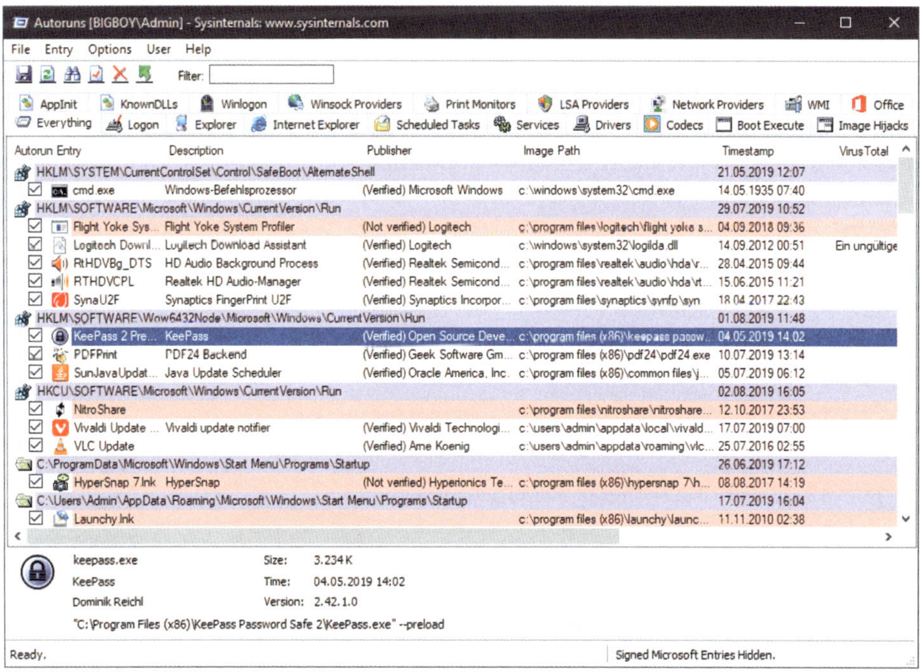

4. Um einen Eintrag näher zu untersuchen, klicken Sie ihn mit der rechten Maustaste an, um das Kontextmenü zu öffnen. Hier können Sie die Eigenschaften (*Properties*) des Eintrags anzeigen lassen, aber auch direkt zum Dateipfad (*Jump to Image*) oder zum dazugehörenden Registry-Eintrag (*Jump to Entry*) springen. Mit *Check Virus Total* unterziehen Sie die Datei einer Onlinevirenprüfung (mehr zu Virus Total erfahren Sie im folgenden Abschnitt zum Prozess-Explorer).

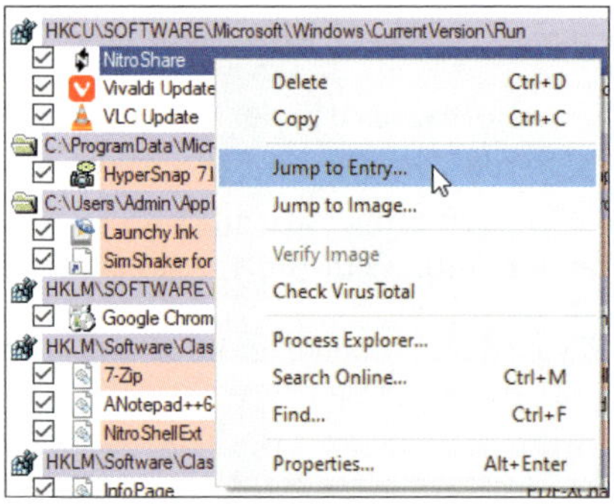

Vorsicht bei Eingriffen

Wie alle Sysinternals-Tools zeigt *Autoruns* nicht nur sehr umfangreich und detailliert Informationen an, sondern erlaubt auch weitgehende Eingriffe ohne zwischengeschaltete Warnhinweise und Rückfragen. Überlegen Sie deshalb gut, welche Einträge Sie bearbeiten oder gar entfernen. Wenn sich Einträge einer bestimmten Anwendung zuordnen lassen, ist es sinnvoller, diese Anwendung zu deinstallieren bzw. in ihren Einstellungen zu prüfen, ob sich Autostartfunktionen abschalten lassen.

Verdächtige Anwendungen mit dem Prozess-Explorer erkennen

Ein weiteres sehr hilfreiches Programm aus der Sysinternals-Sammlung ist der Prozess-Explorer (*procexp.exe* bzw. *procexp64.exe*). Dabei handelt es sich um einen Task-Manager im XXL-Format, der Ihnen wesentlich ausführlichere Informationen zu den auf Ihrem PC laufenden Anwendungen, Diensten und Prozessen verraten kann.

Die Signatur von Anwendungen überprüfen

Programme von namhaften Anbietern sind üblicherweise digital signiert, um ihre Authentizität zu beweisen. Mit dem Prozess-Explorer können Sie Anwendungen aufspüren, denen eine solche Signatur fehlt.

1. Klicken Sie dazu mit der rechten Maustaste in die Spaltenüberschrift der Liste, und wählen Sie im Kontextmenü den Eintrag *Select Columns*.
2. Im anschließenden Dialog setzen Sie ein Häkchen bei *Verified Signer*, um diese zusätzliche Spalte anzuzeigen. Klicken Sie dann auf *OK*.

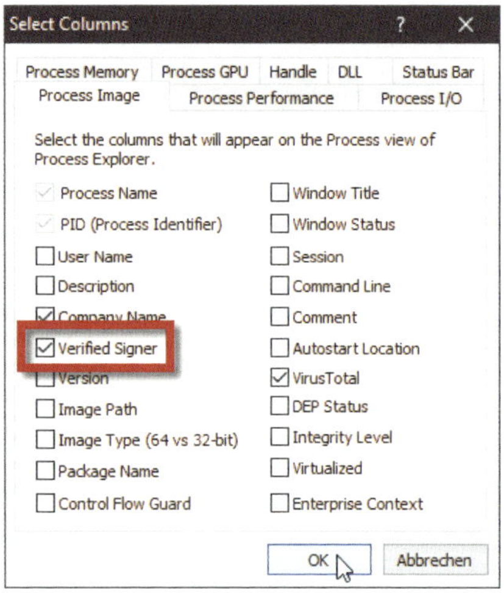

3. Platzieren Sie die neue Spalte möglichst direkt neben der Spalte *Company Name*, um diese beiden Werte leicht vergleichen zu können.
4. Die Spalte ist anfangs leer. Wählen Sie deshalb die Menüfunktion *Options/Verify Image Signatures*, um sie mit Inhalt zu füllen.
5. Klicken Sie dann auf die Spaltenüberschrift, um die Liste anhand dieser Eigenschaft zu ordnen. Dann stehen alle Einträge, die nicht mit *(Verified)* beginnen, ganz oben. Diese sollten Sie nun näher in Augenschein nehmen.
6. Kontrollieren Sie außerdem, ob es in der Liste Einträge gibt, bei denen die Angabe bei *Verified Signer* nicht mit der Angabe unter *Company Name* übereinstimmt.

Gehen Sie allerdings nicht davon aus, dass eine Datei ohne Herstellerangabe und Signatur unbedingt ein Schädling ist. Gerade Einzelentwickler oder kleinere Anbieter können oder wollen sich die Kosten für eine Signatur oft nicht leisten. Und selbst Microsoft liefert einige seiner Apps ohne Signatur aus. Genauer hinsehen sollte man aber schon, wenn eine Anwendung angeblich von einem bekannten Softwarehersteller stammt, aber mit einer ganz anderen Signatur versehen ist. Auch wenn Zertifikate zwar vorhanden sind, aber als nicht vertrauenswürdig eingestuft werden, sollte das ein Alarmsignal sein.

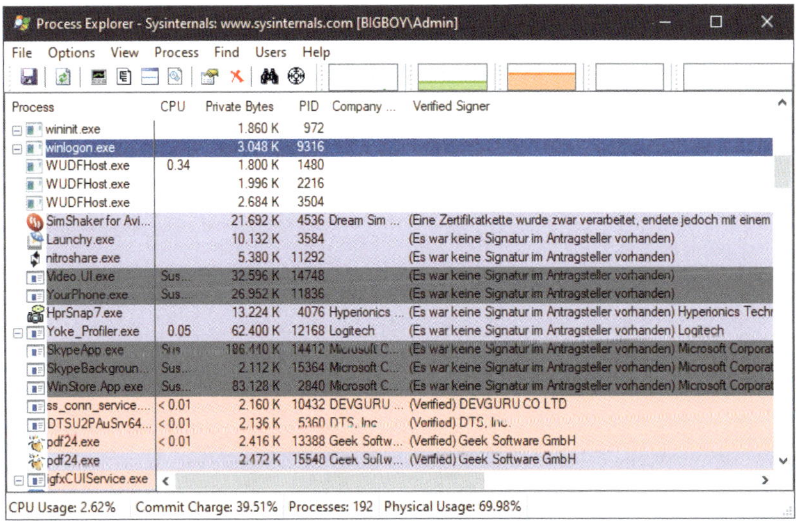

Der Abgleich zwischen Hersteller und Signatur kann verdächtige Abweichungen an den Tag bringen.

Alle laufenden Prozesse auf Malware testen

Der Prozess-Explorer bietet eine Integration des Onlinevirenscanners VirusTotal.com (siehe Seite 260). Dieser überprüft eingereichte Dateien mit bis zu 70 verschiedenen Scanvarianten und liefert einen Wert zurück, der Aufschluss darüber gibt, mit welcher Wahrscheinlichkeit es sich um Malware handelt. Beim Prozess-Explorer können Sie diese Information als Spalte in die Liste einfügen und so auf einen Blick sehen, welche Prozesse verdächtig sind.

1. Wählen Sie dazu zunächst die Menüfunktion *Options/VirusTotal.com/Check VirusTotal.com*, sofern diese noch nicht aktiviert ist. Bestätigen Sie ggf. den Hinweis zum Akzeptieren der Nutzungsbedingungen.

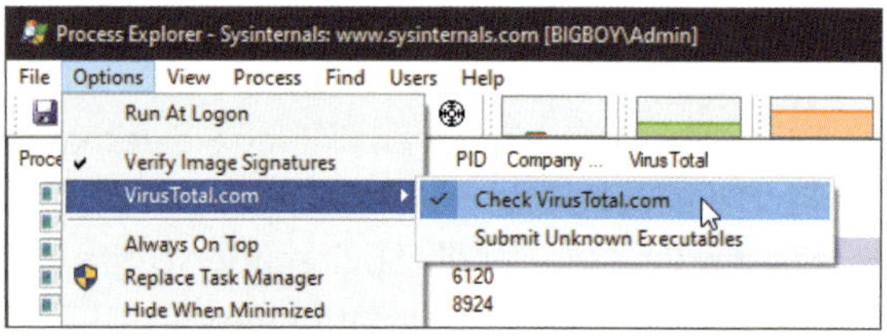

2. Sollte in der Liste der Prozesse noch keine Spalte *VirusTotal* angezeigt werden, orientieren Sie sich an der vorangegangenen Anleitung, um diese Spalte einzufügen.
3. Nun zeigt der Prozess-Explorer in dieser Spalte die Informationen zur Onlinevirenprüfung an. Es kann anfangs allerdings einige Sekunden dauern, während derer hier nur Statusmeldungen stehen. Dann folgen aber die Ergebnisse, üblicherweise in der Form *0/70* o. Ä. Dies bedeutet, dass für dieses Programm von 70 Scanmodulen keines einen Virenalarm gemeldet hat.
4. Klicken Sie auf den Titel der Spalte *VirusTotal*, damit die Liste anhand dieser Eigenschaft sortiert wird. So finden sich die interessanten Einträge ganz am Ende bzw. ganz am Anfang.
5. Achten Sie hier auf Einträge, bei denen die Zahl vor dem / nicht null ist, also beispielsweise *1/59*. Das würde bedeuten, dass eines der Scanmodule bei diesem Programm einen Virus gemeldet hat. Das wäre noch kein Grund für große Besorgnis, da es immer mal zu Fehlalarmen oder falschen Einschätzungen kommen kann. Bei mehr als einer Meldung sollten Sie aber genauer hinschauen.
6. Die Zahlenangabe in der Spalte *VirusTotal* ist zugleich ein Link, den Sie anklicken können. So öffnen Sie eine Webseite mit den Details der Überprüfung und können beispielsweise nachsehen, welcher Virenscanner Alarm geschlagen hat.

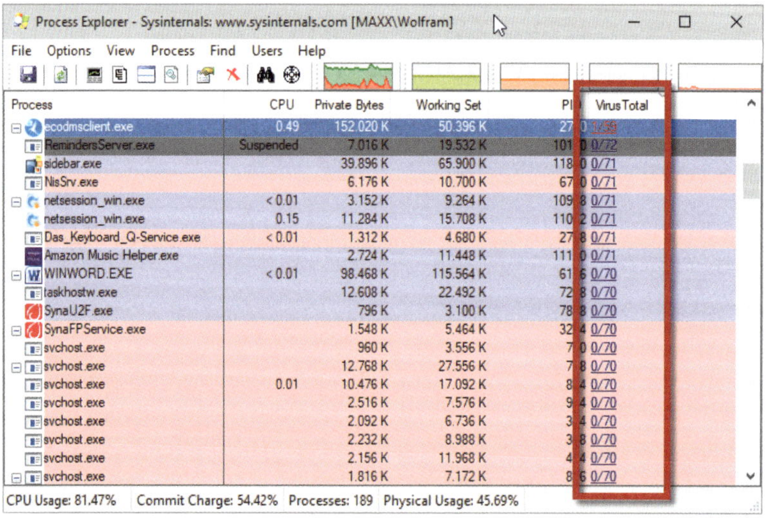

Dateien an VirusTotal.com übermitteln

Standardmäßig übermittelt der Prozess-Explorer keine Programmdateien an den Onlinevirenscanner. Stattdessen wird ein eindeutiger Zahlenwert (Hash) aus dem Binärcode der Programmdatei errechnet und an die Webseite geschickt. Diese vergleicht dann, ob die identische Datei (mit demselben Hash) bereits geprüft wurde, und liefert das Ergebnis. Das reicht in fast allen Fällen aus. Nur bei sehr exotischen oder sehr alten Programmen kann es passieren, dass VirusTotal.com keine passenden Ergebnisse hat. Dann können Sie die eigentliche Programmdatei zum Überprüfen hochladen lassen. Aktivieren Sie dazu im Menü die Einstellung *Options/Submit Unknown Executables*. Prozess-Explorer übermittelt dann Programmdateien, wenn der Hash-Wert kein Ergebnis erbringt. Das kann in diesen Fällen zu längeren Verzögerungen bei der Anzeige des Wertes führen.

Umgang mit verdächtigen Programmen

Im Kontextmenü jedes Eintrags finden Sie den Befehl *Kill Process*, mit dem Sie jedes laufende Programm jederzeit kompromisslos beenden können. Sinnvoller ist es aber, zunächst weitere Informationen zu sammeln. Dazu können Sie stattdessen den Befehl *Suspend* wählen. Damit wird die Ausführung des Programms unterbrochen, sodass es im Moment keinen Schaden mehr anrichten kann. Es verbleibt aber im Speicher und kann weiter untersucht werden. Dazu öffnen Sie ebenfalls über das Kontextmenü die *Properties*.

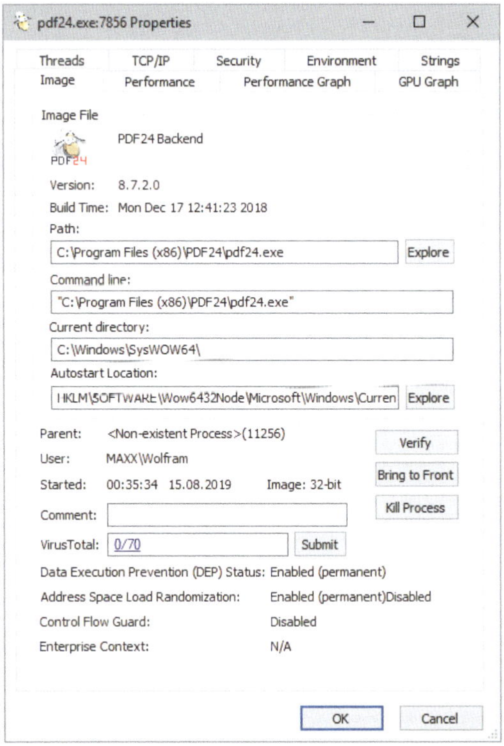

- Besonders ergiebig ist hier die Rubrik *Info*. Sie verrät, wo die Datei genau gespeichert ist und mit welchen Parametern sie gestartet wurde.
- Bei Autostart-Programmen finden Sie bei *Autostart Location* die Angabe, wo in der Registry bzw. in welchem Autostart-Ordner sich der entsprechende Eintrag befindet.
- Spannend kann auch die Angabe *Parent* sein. Sie verrät ggf., durch welches andere Programm die Anwendung gestartet wurde.

- In der Rubrik *Security* können Sie ablesen, mit welchem Benutzerkonto die Anwendung ausgeführt wird. Daraus ergeben sich auch die Benutzerrechte.
- Sehr spannend kann auch die Rubrik *TCP/IP* sein. Sie listet Netzwerkverbindungen auf, die das Programm unterhält. Bei *Remote Address* finden Sie die Adresse des Servers, mit dem die Anwendung kommuniziert.

Programme mit dem Prozessmonitor analysieren

Wenn Sie Zweifel an der Rechtschaffenheit eines Programms haben, können Sie den Prozessmonitor aus der Sysinternals-Sammlung nutzen, um genau nachzuvollziehen, was die Anwendung tut.

1. Starten Sie das Programm *procmon.exe*, und platzieren Sie sein Fenster möglichst platzsparend am Rand des Bildschirms. Stellen Sie sicher, dass im *File*-Menü die Option *Capture Events* aktiv ist.
2. Starten Sie nun die fragliche Anwendung, bzw. führen Sie die Funktion aus, die Sie genauer untersuchen möchten.

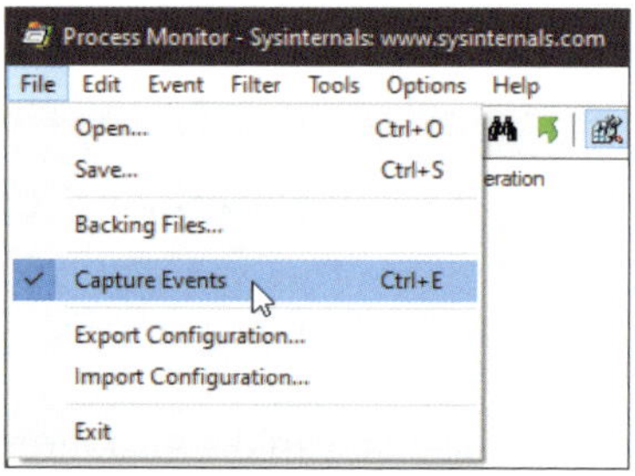

3. Wechseln Sie dann wieder zum Prozessmonitor, und beenden Sie mit *File/Capture Events* das Datensammeln (um die Datenmenge nicht unüberschaubar groß werden zu lassen).
4. Öffnen Sie nun mit der Menüfunktion *Filter/Filter* den Filter-Dialog.
5. Wählen Sie im Auswahlfeld oben links den Wert *Process Name*. Dann können Sie im dritten Auswahlfeld den Namen des zu analysierenden Programms auswählen. Damit schränken Sie die Liste auf Ereignisse ein, die mit diesem Programm in Zusammenhang stehen.

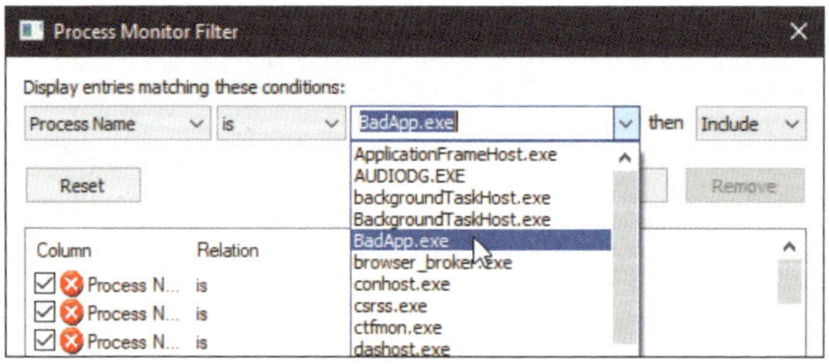

> **Den Filter zurücksetzen und Ereignisse löschen**
>
> Mit *Filter/Reset Filter* können Sie den Filter jederzeit auf seine Standardeinstellungen zurücksetzen. Mit *Edit/Clear Display* löschen Sie die aktuelle Ereignisliste, um etwa neue, aktuelle Daten zu erfassen.

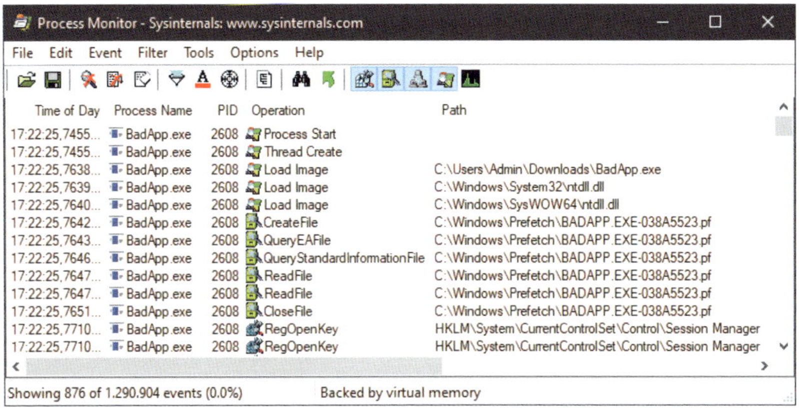

Auf diese Weise erhalten Sie eine chronologische Liste aller Ereignisse, die von der Anwendung im Überwachungszeitraum ausgelöst wurden:

- In der Spalte *Operation* können Sie die Art des Ereignisses ablesen, etwa Dateioperationen oder Registry-Zugriffe.
- In der Spalte *Path* wird das Ziel der Operation angegeben, also etwa eine Datei oder ein Registry-Schlüssel.
- In der Spalte *Result* lesen Sie ab, ob die Operation erfolgreich durchgeführt wurde. Meist steht hier nur *SUCCESS*, umso spannender sind andere Einträge wie beispielsweise *FILE LOCKED*, *NAME NOT FOUND* oder *ACCESS DENIED*.

Uninteressante Events ignorieren

Um die Liste des Prozessmonitors möglichst übersichtlich zu machen, kann es hilfreich sein, alle Ereignisse, die Sie nicht weiterverfolgen möchten, wegzufiltern. Klicken Sie dazu in der Spalte *Operation* mit rechts auf ein interessantes Ereignis, und wählen Sie im Kontextmenü *Include/<Operation>*. In ähnlicher Weise können Sie auch die Werte der anderen Spalten zum Filtern nutzen.

Ich will gar nicht behaupten, dass das Auswerten der Ausgaben des Prozessmonitors ein Kinderspiel wäre. Man muss sich schon einen Reim darauf machen, welche Aktionen ganz normal und welche möglicherweise verdächtig sind. Allerdings kann man schon recht gut verfolgen, auf welche Dateien und Registry-Einträge ein Programm zugreift. Deren Pfade erlauben eine Beurteilung, ob die Anwendung sich nur um ihre eigenen Belange kümmert oder vielleicht in fremden Revieren wildert und versucht, die Dateien oder Registry-Daten anderer Programme auszulesen oder zu beeinflussen.

8. Web und Cloud gefahrlos nutzen

Ebenso, wie das Nutzen eines Webbrowsers für viele längst alltäglich geworden ist, wird auch der Gebrauch von Cloud-Diensten immer selbstverständlicher. Beides ist praktisch und komfortabel und kann zu großen Gewinnen bei Komfort und Produktivität führen. Selbst in immer mehr Berufen sind diese Werkzeuge nicht mehr aus dem Arbeitsalltag wegzudenken. Bei alldem darf aber auch die Sicherheit nicht zu kurz kommen. Denn je intensiver man Web und Cloud nutzt und sich auch teilweise davon abhängig macht, desto mehr Daten gibt man preis, und desto anfälliger ist man gegen Angriffe und Datenverluste.

Das wesentliche Werkzeug für das Nutzen von Webangeboten und Cloud-Diensten ist der Webbrowser. Deshalb ist es besonders wichtig, diesen sicher einzustellen und zu nutzen. Moderne Webbrowser bieten zahlreiche Funktionen, bei denen es oft auf die richtige Mischung aus Komfort und Sicherheit ankommt, um gewinnbringend damit arbeiten zu können.

8.1 Webbrowser aktuell halten

Softwareaktualität ist stets ein wichtiges Thema, aber bei Webbrowsern ganz besonders. Hier sollten Sicherheitslücken stets so schnell wie möglich geschlossen werden. Bei Browsern, die mit dem Betriebssystem mitgeliefert werden, kümmert sich das System selbst darum. Mobil-Browser für Android oder iOS werden durch den jeweiligen App Store auf dem neuesten Stand gehalten. Hat man auf dem PC aber zusätzliche Browser installiert, muss man sich selbst darum kümmern bzw. kontrollieren, ob die Update-Funktionen dieser Anwendungen korrekt eingerichtet sind.

Firefox aktualisieren

Der Webbrowser Firefox bringt eine eingebaute Aktualisierungsfunktion mit. Damit können Sie den Browser jederzeit aktualisieren oder – noch besser – bei Vorliegen eines Updates automatisch aktualisieren lassen.

1. Für die Update-Einstellungen von Firefox öffnen Sie dessen Einstellungen mit dem Menüsymbol oben rechts.
2. Lokalisieren Sie in der Rubrik *Allgemein* den Abschnitt *Firefox-Updates*.
3. Hier können Sie ablesen, welche Version des Browsers derzeit installiert ist. Mit der Schaltfläche *Nach Updates suchen* stoßen Sie direkt eine Suche nach einer neueren Version an.

4. Damit Firefox neue Versionen möglichst schnell automatisch installiert, empfiehlt sich in der Liste darunter die Option *Updates automatisch zu installieren*.
5. Noch schneller geht es mit der Option *Einen Hintergrunddienst verwenden, um Updates zu installieren*. Der kümmert sich permanent unauffällig um diese Aufgabe. Andernfalls würde Firefox jeweils erst beim Start der Anwendung nachprüfen, ob eine neuere Version vorliegt. Das verlängert den Start und auch die Zeit, bis eine neue Version auf Ihrem PC eingespielt ist.

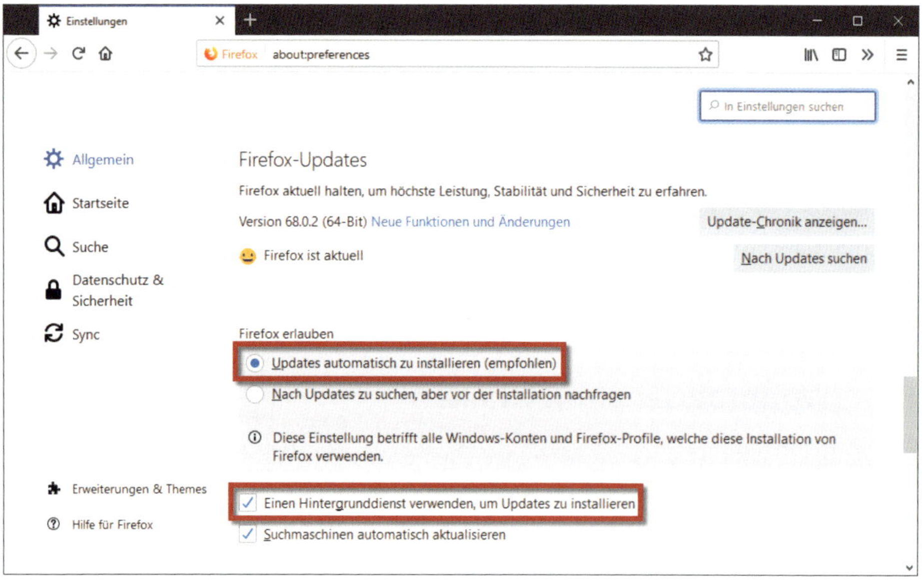

Chrome aktualisieren

Auch der Webbrowser Chrome verfügt über eine eingebaute Update-Funktion, für die es allerdings keine Optionen in den Einstellungen gibt. Chrome prüft also automatisch ständig, ob neue Versionen vorliegen, und installiert diese dann.

Zusätzlich können Sie jederzeit eine manuelle Überprüfung vornehmen:

1. Öffnen Sie mit dem Menüsymbol oben rechts das Hauptmenü von Chrome, und wählen Sie darin den Menüpunkt *Hilfe/Über Google Chrome*.
2. Chrome prüft dann sofort, ob eine Aktualisierung vorliegt. In der Regel dauert das höchstens wenige Sekunden. Dann sehen Sie die Meldung *Google Chrome ist auf dem neuesten Stand* oder – wenn ein Update vorliegt – einen Hinweis auf die verfügbare *Aktualisierung*. Üblicherweise wird diese dann aber auch direkt heruntergeladen und installiert.

3. Wichtig: Nach Abschluss der Installation muss Chrome neu gestartet werden, damit auch tatsächlich die aktualisierte Version des Browsers ausgeführt wird. Klicken Sie dazu auf die Schaltfläche *Neu starten*, und warten Sie kurz ab, bis Chrome sich einmal beendet und wieder gestartet hat.

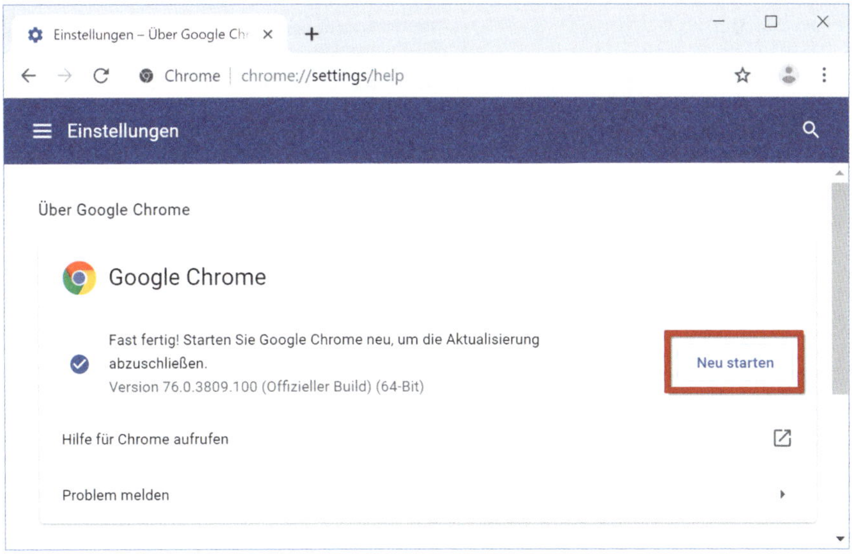

8.2 Sichere Webseiten mit HTTPS

Webseiten werden standardmäßig mit dem **H**yper**T**ext **T**ransfer **P**rotocol (HTTP) übertragen. Das gilt für alle Transfers, die mit der Verwendung solcher Seiten und Dienste zu tun haben, also auch für die Eingaben der Anwender beispielsweise beim Einloggen oder beim Abrufen sensibler Daten wie etwa persönlicher Nachrichten oder Kontoumsätze. Auf Seite 214 zeige ich, wie man mit dem Analyseprogramm Wireshark solche Verbindungen belauschen und beispielsweise Anmeldedaten abfischen kann. Um solche Gefahren zu beseitigen, wurde HTTP zum **H**yper**T**ext **T**ransfer **P**rotocol **S**ecure (HTTPS) weiterentwickelt. Das erweitert HTTP um Verschlüsselungsfunktionen, mit denen der Datentransfer zwischen Webbrowser und -server sicher codiert erfolgt. Selbst wenn jemand die Datenpakete abfängt und belauscht, könnte er damit also wenig anfangen. Das bringt gleich mehrere Gewissheiten:

- Der Anwender kann sicher sein, dass ein Webdienst »echt« ist – zumindest auf einer rein technischen Ebene.
- Alle eingegebenen Daten werden abhör- und manipulationssicher an den Server übermittelt.
- Auch Webseiten, die vom Server ausgeliefert werden, wurden unterwegs garantiert nicht manipuliert.

HTTPS – sichere Webseiten mit SSL-Zertifikaten

HTTPS basiert auf Zertifikaten für **S**ecure **S**ockets **L**ayer (SSL). Ein solches Zertifikat besteht aus einem privaten Schlüssel, mit dem Daten für andere verschlüsselt werden können. Dazu gehört ein öffentlicher Schlüssel, mit dem diese Daten von anderen wieder lesbar gemacht werden können. Damit ein Webserver HTTPS anbieten kann, muss der Betreiber ein solches SSL-Zertifikat erwerben und installieren. Meldet sich ein Webbrowser beim Server, übermittelt er diesem den öffentlichen Teil des Zertifikats. Der Webbrowser kann nun die Echtheit dieses Zertifikats überprüfen. Ist er mit dem Ergebnis zufrieden, entschlüsselt er damit die übermittelten Daten und verarbeitet sie. In der Praxis wird SSL nicht für alle Datentransfers genutzt, da es dafür zu aufwendig ist. Stattdessen verwenden Webserver und -browser es nur, um zu Beginn des Kontakts die Details für ein effizienteres symmetrisches Verfahren festzulegen (»Handshake«). Dazu wird ein gemeinsamer Session-Schlüssel vereinbart, den dann beide bei allen Transfers zugrunde legen.

Wie »überprüft« der Webbrowser die Echtheit eines SSL-Zertifikats? Das Zertifikat ist seinerseits mit einem Zertifikat der Stelle versehen, die das Zertifikat ausgestellt hat. Dadurch entstehen Zertifikatsketten, die sich letztlich auf eine Handvoll »Root-Zertifikate« zurückführen lassen. Diese Zertifikate gelten als allgemein verbindlich und werden mit dem Webbrowser auf dem Rechner des Anwenders installiert (bzw. ggf. mit dem Browser aktuell gehalten).

Im Prinzip wäre damit das Problem gelöst und alles in Ordnung. Leider hat die Sache ein paar Haken:

- HTTP existiert weiter und hat auch weiterhin seine Existenzberechtigung. Immerhin stellt das Verschlüsseln einen gewissen Zusatzaufwand dar. Und bei Webseiten ohne Anmeldung und persönliche Daten muss man diesen eigentlich nicht betreiben, weil hier ohnehin nichts geheim ist. Letztlich bleibt es dem Betreiber eines Angebots überlassen, ob er seinen Webserver für HTTPS konfiguriert oder nicht.
- Im Prinzip (und auch in der Praxis) kann eine Webseite sogar HTTP- und HTTPS-Inhalte mischen.
- Aus diesem Grund unterstützen praktisch alle Webbrowser zusätzlich zu HTTPS weiterhin auch HTTP. Und das ganz unauffällig und transparent, denn man will ja den Nutzer nicht ständig mit Hinweisen warnen, dass er gerade auf einer »unsicheren« Seite unterwegs wäre.
- Das macht es für Anwender nicht gerade einfacher, zu erkennen, ob der aktuell genutzte Webdienst nun HTTP oder das sicherere HTTPS verwendet.
- Dadurch ist es für Angreifer recht einfach, Surfer auf unsichere Seiten zu locken. Dort kann man ihnen leichter manipulierte Informationen unterschieben oder sie dazu bekommen, vertrauliche Daten einzugeben.

Die Sicherheit einer Webseite prüfen

Deshalb ist es wichtig, spätestens vor dem Eingeben persönlicher Daten bzw. dem Anmelden zu überprüfen, ob die Webseite mit HTTPS verschlüsselt ist.

1. Wenn eine Webseite angezeigt wird, beachten Sie die Adresszeile im Webbrowser. Prüfen Sie hier zunächst, ob die richtige Adresse angezeigt wird. Nun wird man nicht in jedem Fall wissen können, welches »die richtige« ist. Aber bei ungewöhnlichen Adressen sollte man sofort misstrauisch sein, etwa wenn der Server nur eine IP-Nummer anstelle eines richtigen Namens aufweist, wenn die Webadresse sehr viele mit Punkten getrennte Bestandteile enthält oder wenn die Schreibweise eines an sich bekannten Namens ungewöhnlich ist (beispielsweise paypal-com.net anstelle von paypal.com).
2. Stellen Sie fest, ob die Webseite mit Verschlüsselung arbeitet. Zwar wird das eindeutige https://... von vielen Browsern ausgeblendet, aber dafür verraten Symbole wie etwa ein Vorhängeschloss oder die Warnung *Nicht sicher* den Status.

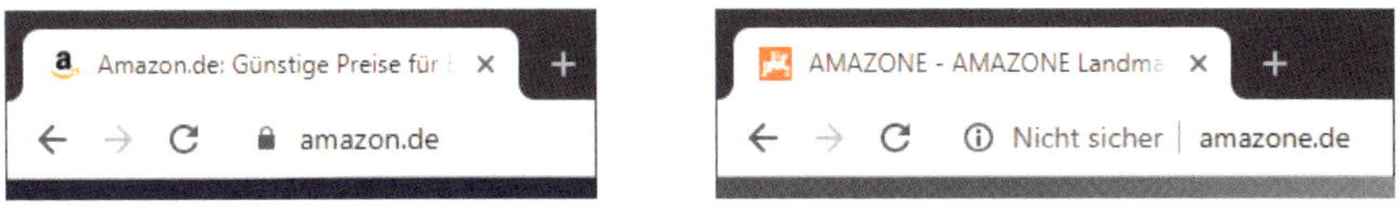

Chrome: Das Schloss symbolisiert sichere Verbindungen – andere werden als »Nicht sicher« gekennzeichnet.

Firefox: Ein grünes Schloss zeigt sichere Verbindungen an – bei anderen fehlt es einfach.

3. Auch wenn eine Verbindung als verschlüsselt angezeigt wird, sollten Sie auf Nummer sicher gehen und dies überprüfen. Dazu können Sie bei den meisten Webbrowsern direkt auf das Verschlüsselungssymbol klicken.
4. Daraufhin wird ein Dialog oder Menü mit näheren Informationen zur Webseite, der verwendeten Verschlüsselung und dem zugrunde liegenden Sicherheitszertifikat angezeigt.

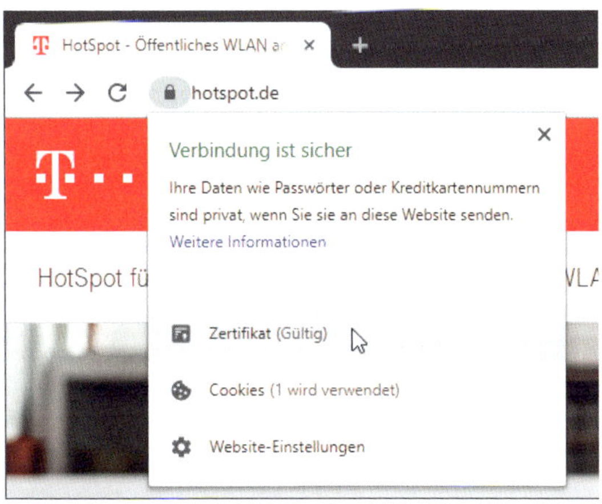

5. Wenn Sie einen verbreiteten Webbrowser wie Firefox oder Chrome verwenden, können Sie sich auf dessen Einschätzung der Zertifikate überwiegend verlassen. Sollte ein Zertifikat aus einer nicht vertrauenswürdigen Quelle stammen oder bereits abgelaufen sein, machen diese Browser Sie automatisch darauf aufmerksam. Sie können aber auch selbst einen Blick auf das *Zertifikat* werfen und so den Aussteller und die Gültigkeit überprüfen.

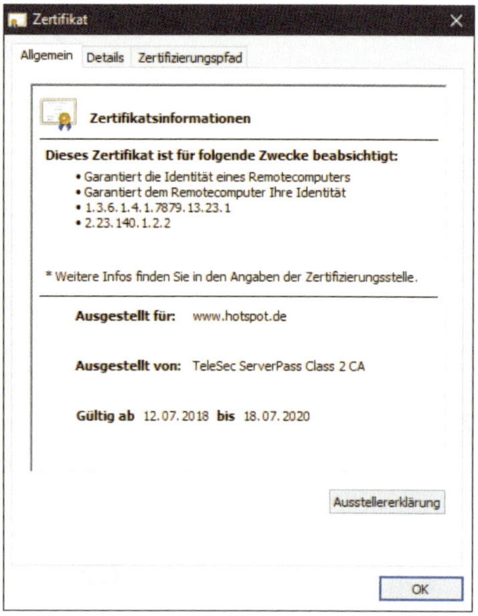

Mit HTTPS Everywhere überall sicher surfen

Wie bereits beschrieben, existieren HTTP und HTTPS nebeneinander, und nicht wenige Webseiten sind sowohl in einer http://...- als auch in einer https://...-Fassung verfügbar. Aus Sicherheitsgründen ist es sinnvoll, wann immer möglich, auf HTTPS zu setzen. Dazu müssen Sie aber ständig darauf achten und auch wissen, von welchen Seiten es alternative HTTPS-Versionen gibt. Diese Mühe kann Ihnen die Browser-Erweiterung *HTTPS Everywhere* abnehmen, die für Firefox, Chrome und Opera kostenlos verfügbar ist. Sie wird von der Electronic Frontier Foundation angeboten, einer gemeinnützigen Organisation, die sich für Grundrechte wie Datenschutz, Privatsphäre und Verbraucherrechte in der digitalen Welt einsetzt (www.eff.org/https-everywhere).

Kernstück von HTTPS Everywhere ist eine ständig aktualisierte Liste von HTTPS-Webangeboten. Wann immer Sie eine Webadresse mit HTTP öffnen, prüft die Erweiterung anhand dieser Liste, ob eine HTTPS-Alternative dazu vorhanden ist, und lenkt den Webbrowser ggf. automatisch dorthin um. Zusätzlich prüft die Erweiterung auch, ob die bei sicheren Verbindungen übermittelten SSL-Zertifikate den üblicherweise zu diesem Webangebot gehörenden Zertifikaten entsprechen. So ist ein zusätzlicher Schutz vor Manipulationen gewährleistet.

Nach der Installation der Browser-Erweiterung finden Sie deren Symbol in der Symbolleiste wieder. Es ermöglicht Zugriff auf die Funktionen und visualisiert seinerseits, ob die Erweiterung korrekt arbeitet und den erforderlichen Zugriff auf die angezeigten

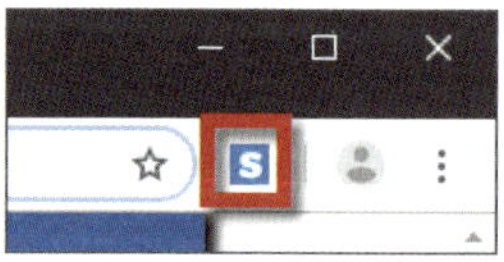

Webseiten hat. Die eigentliche Aufgabe erledigt die Erweiterung unauffällig im Hintergrund: Wann immer Sie eine Webseite öffnen, vergleicht es deren Adresse mit seiner internen Regelliste. Findet sich eine passende Regel, wird diese ausgeführt, um stattdessen eine sichere HTTPS-Version dieser Webseite zu laden.

HTTPS-Verbindungen erzwingen

Meine Empfehlung ist allerdings, noch einen Schritt weiterzugehen und mittels der Erweiterung die Verwendung von HTTPS zu erzwingen. Vereinfacht gesagt, ersetzt das Add-on dann bei allen URLs das http://... durch ein https://... Das kann dazu führen, dass gelegentlich beispielsweise Bilder nicht mehr angezeigt werden.

Nur in Ausnahmefällen werden Webseiten dadurch überhaupt nicht mehr funktionieren. Für solche Fälle können Sie eine Ausnahmeregel definieren (mehr darüber erfahren Sie im folgenden Abschnitt).

1. Um HTTPS überall zu erzwingen, klicken Sie auf das Symbol der Erweiterung in der Symbolleiste des Webbrowsers.
2. Im so geöffneten Menü stellen Sie das Schaltersymbol bei *Alle geeigneten Seiten verschlüsseln* auf *AN*.

3. Die aktuell angezeigte Webseite wird daraufhin automatisch mit den geänderten Einstellungen neu geladen. Klicken Sie irgendwo auf diese Webseite, um das Menü der Erweiterung zu schließen.

Ab sofort sorgt HTTPS Everywhere dafür, dass der Browser Webseiten und darin enthaltene Elemente wie Bilder nur noch über sichere Verbindungen abruft. Selbstverständlich können Sie dies jederzeit wieder rückgängig machen, wenn es in Einzelfällen zu unüberwindlichen Schwierigkeiten führen sollte. Besser wäre es aber, in solchen Fällen Ausnahmeregeln zu definieren.

Ausnahmeregeln definieren

Zusätzlich zur internen, redaktionell bearbeiteten und ständig aktualisierten Regelliste können Sie mit HTTPS Everywhere eigene Regeln erstellen, wann sichere Verbindungen bevorzugt werden sollen und wann auch unsicheres HTTP akzeptabel ist. Dadurch können Sie beispielsweise grundsätzlich sicheres HTTPS erzwingen, aber einzelne Seiten davon ausnehmen, wenn es dadurch zu Problemen kommt.

1. Öffnen Sie zunächst immer die Webseite im Browser, für die Sie eine Regel erstellen, bearbeiten oder entfernen möchten.
2. Klicken Sie dann auf das HTTPS-Everywhere-Symbol im Webbrowser, um das Menü dieser Erweiterung zu öffnen.
3. Hier können Sie nun etwa in der Mitte unter *Einstellungen für diese Seite* Regeln definieren: Ist *Alle geeigneten Seiten verschlüsseln* aktiviert, können Sie hier mit *HTTPS Everywhere auf dieser Website deaktivieren* eine Ausnahmeregel anlegen. Die Erweiterung wird dann bei dieser Webseite http://... nicht durch https://... ersetzen. Verwendet die Seite (in Teilen) von sich aus https://..., wird dies aber beibehalten.

Möglich ist auch der umgekehrte Fall: Auch wenn Sie HTTPS nicht grundsätzlich erzwingen, können Sie es für eine bestimmte wichtige Webseite eben doch tun. Das empfiehlt sich insbesondere für Webseiten, auf denen Sie persönliche Daten eingeben oder die mit Finanztransaktionen und ähnlich wichtigen Dingen zu tun haben.

1. Öffnen Sie auch dazu zunächst die Webseite im Browser, und klicken Sie dann auf das HTTPS-Everywhere-Symbol.
2. Klappen Sie im Menü der Erweiterung dieses Mal *Weitere Informationen* aus.

3. Klicken Sie im so erweiterten Teil auf *Erstelle eine Regel für diese Seite.*

4. Die Erweiterung erstellt in diesem Fall eine Regel, nach der alle Anfragen für dieses Webangebot auf https://... umgestellt werden. Mit einem Klick auf *Erweiterte Optionen* können Sie sich das im Detail ansehen.
5. Sie können die Regel hier sogar noch individuell anpassen, etwa wenn sie nur für einen Unterbereich des Webangebots gelten soll. Allerdings müssen Sie dabei sehr sorgfältig vorgehen und beide Felder passend abändern.
6. Klicken Sie schließlich unten auf *Erstelle eine neue Regel für diese Seite*, um die Regel zu speichern.

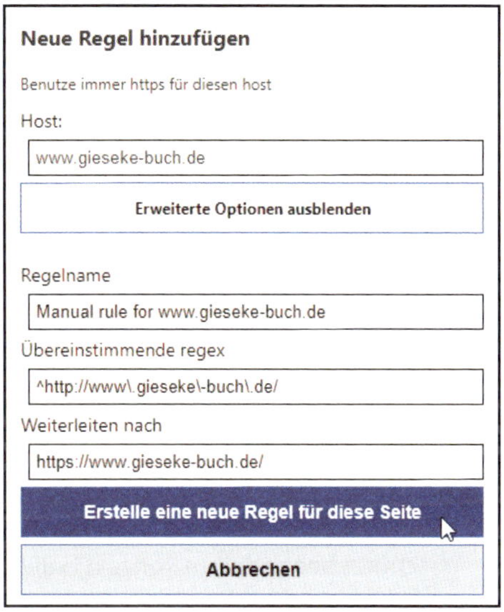

8.3 Angriffe über aktive Inhalte vermeiden

Webseiten an sich werden in der Beschreibungssprache HTML gestaltet, die keinerlei Elemente oder Funktionen enthält, mit denen man einen Rechner angreifen oder Daten abgreifen kann. Allerdings sind die Gestaltungsmöglichkeiten damit eben auch begrenzt, sodass bei vielen Webseiten dynamische Elemente etwa aus Skriptsprachen ins Spiel kommen. Dabei werden in den HTML-Code Anweisungen und kleine Programme eingebettet, die vom Webbrowser ausgeführt werden. Mit solchen interaktiven Elementen sind erweiterte Zugriffe auf lokale Inhalte möglich, wobei Schutzfunktionen Missbrauch verhindern sollen. Das klappt aber nicht immer zuverlässig, sodass immer wieder Sicherheitslücken entdeckt werden, durch die der Zugriff auf lokale Ressourcen oder beispielsweise der Zugriff auf Anmeldedaten in parallelen Tabs oder Frames möglich ist. Auch zu Drive-By-Infektionen (siehe Seite 237) mit Viren oder Trojanern kann es auf diesem Wege kommen.

Es gibt verschiedene Arten von aktiven Inhalten, die lokal im Webbrowser ausgeführt werden. Im Folgenden liegt der Fokus auf JavaScript, da dies am häufigsten eingesetzt und von praktisch allen Webbrowsern von Haus aus unterstützt wird. Andere aktive Inhalte wie Java, Silverlight oder Flash (siehe Hinweiskasten) sind weniger verbreitet und benötigen meist eine Browser-Erweiterung, um zu funktionieren. Man kann sie also einfach blockieren, indem man die Erweiterung entfernt bzw. gar nicht erst installiert.

Auslaufmodell Flash

Ein Klassiker unter den aktiven Inhalten und notorisch für seine Sicherheitslücken ist das Adobe-Flash-Plug-in. Es dient zum Darstellen interaktiver Inhalte, Videos und Spiele im Webbrowser. Allerdings wurde es auch immer wieder für Angriffe auf Surfer missbraucht. Sogar Adobe selbst hat keine Lust mehr, ständig Sicherheitslücken zu stopfen, und stellt die Unterstützung für Flash ein. Auch die gängigen Webbrowser unterstützen es bereits nicht mehr, oder diese Funktion ist zumindest standardmäßig deaktiviert. Belassen Sie es dabei, und suchen Sie für Webangebote, die immer noch auf Flash basieren, Alternativen. Jeder sicherheitsbewusste Surfer sollte um Flash einen großen Bogen machen.

Hacking-Workshop: Sind Seiten per Clickjacking verwundbar?

Im Laufe der Jahre wurde eine Vielzahl von Angriffsvarianten entwickelt, die auf dem Missbrauch aktiver Inhalte basieren. Die meisten davon lassen sich in drei Gruppen einteilen:

- **Cross-Site Scripting**
  Aus einer ungeschützten Verbindung heraus werden Daten in eine parallel laufende, vom Webbrowser als sicher eingestufte Verbindung injiziert. So kann man einen als geschützt behandelten Kontext beliebig fremdsteuern oder auch Daten abgreifen, die in diesem Kontext eingegeben werden.
- **iFrames**
  iFrames sind HTML-Elemente, mit denen man Webinhalte in einem festgelegten Bereich des Webbrowsers anzeigen kann, auch wenn dieser dort eine andere Webseite anzeigt. Das erlaubt kreative Gestaltungsmöglichkeiten, lässt für den Anwender aber intransparent werden, welcher Inhalt zu welcher Webseite gehört. Dadurch können iFrames für Varianten des Cross-Site Scriptings verwendet werden, bei denen aus einem iFrame heraus Schadcode in andere angezeigte Webseiten eingeschleust wird.
- **Clickjacking**
  Beim Clickjacking überlagert man eine Webseite mit anderen Inhalten, die nur visuell, aber nicht funktionell vorhanden sind. Klickt der Benutzer auf solche Elemente, wird der Mausklick stattdessen an das darunterliegende, für den Benutzer unsichtbare Element weitergereicht. So kann man durch Vorspiegeln einer falschen Weboberfläche Anwender dazu verleiten, bestimmte erwünschte Aktionen durchzuführen oder Anmeldedaten in einem nur vermeintlich richtigen Formular einzutippen.

Angriffe per Cross-Site Scripting und iFrames sollten eigentlich vom Webbrowser verhindert werden. Allerdings werden immer wieder Sicherheitslücken entdeckt, mit denen dieser Schutz ausgehebelt werden kann. Clickjacking macht sich eine reguläre Gestaltungsmöglichkeit zunutze und funktioniert auch ohne Sicherheitslücken. Deshalb ist es für den Anwender schwer, sich dagegen zu schützen. Das sollte eigentlich der Anbieter eines Webdienstes übernehmen, indem er seine Webseiten so programmiert, dass sie sich nicht in andere Webseiten einbinden lassen. Ob beispielsweise Ihre Onlinebank oder andere wichtige Webdienste dafür vorgesorgt haben, können Sie leicht selbst ausprobieren:

1. Erstellen Sie auf dem Desktop eine neue, leere Textdatei mit der Endung *.html*, also beispielsweise *Testseite.html*.
2. Öffnen Sie diese Datei in einem Editor (rechte Maustaste und *Öffnen mit/Andere App auswählen/Weitere Apps/Editor*.
3. Fügen Sie in die Datei den folgenden Text ein, wobei Sie <ADRESSE> durch den URL der gewünschten Webseite ersetzen.

```
<html><body>
<p>Ist diese Webseite per Clickjacking angreifbar?</p>
<iframe src="http://<ADRESSE>" width="500" height="500"></iframe>
</body></html>
```

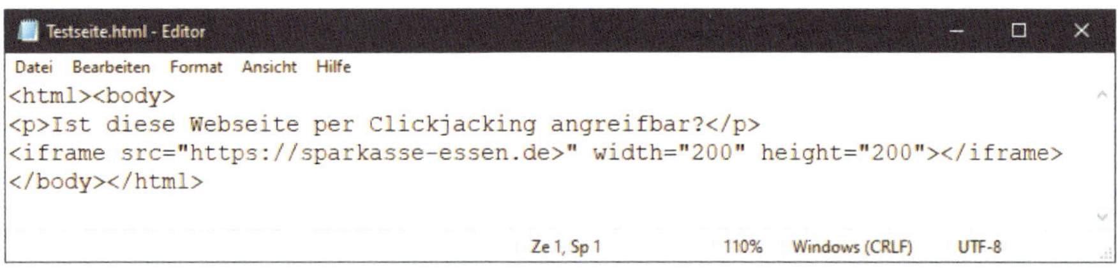

4. Speichern Sie die Datei, und öffnen Sie sie anschließend per Doppelklick in einem Webbrowser.
5. Wird die für <ADRESSE> angegebene Webseite im Webbrowser in einem abgesetzten Bereich geladen und angezeigt, ist sie für iFrame- und Clickjacking-Angriffe anfällig.
6. Ist eine Webseite gegen solche Angriffe geschützt, wird sie nicht im Webbrowser angezeigt werden. Stattdessen sehen Sie ein Fehlersymbol sowie je nach Webbrowser ggf. eine Meldung wie ... *hat die Verbindung abgelehnt*.

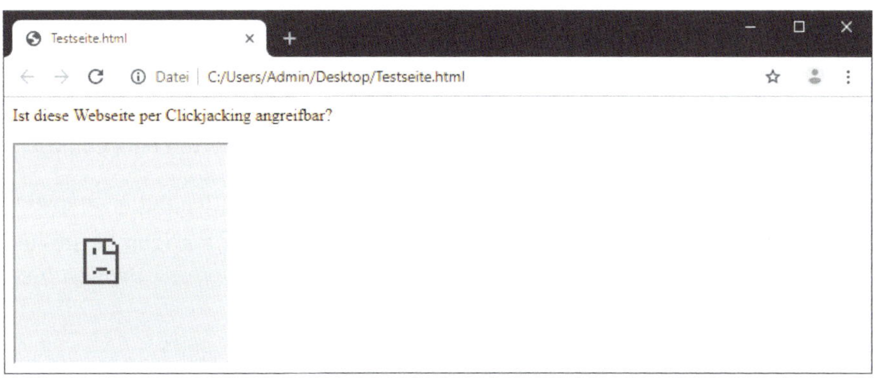

Wie kann man sich dagegen schützen?

Ein wirklich zuverlässiger Schutz aus Sicht des Anwenders ist das Deaktivieren von JavaScript und anderen aktiven Inhalten im Webbrowser. In der Praxis wird man das aber nicht pauschal durchhalten können, da sich viele Webdienste ohne JavaScript nicht oder nur sehr umständlich nutzen lassen.

Praktikabler ist das Verwenden von Browser-Erweiterungen wie NoScript, mit denen man flexibel Regeln erstellen kann, die das Verwenden von aktiven Inhalten nur auf bestimmte, als vertrauenswürdig betrachtete Webseiten zulassen. Diese Möglichkeiten beschreibe ich im Folgenden ausführlicher.

JavaScript deaktivieren

JavaScript ist eine Skriptsprache, die das Ausführen von Funktionen bis hin zu kleineren Programmen erlaubt, mit denen man das Erscheinungsbild einer Webseite dynamisch verändern kann. Zu diesem Zweck ermöglicht sie Zugriff auf Struktur und Inhalt der dargestellten Webseiten sowie auf verschiedene Eigenschaften und Funktionen des Webbrowsers selbst.

Diese Flexibilität bietet aber auch zahlreiche Möglichkeiten für böswillige Manipulationen. So kann man beim Öffnen einer Webseite beispielsweise Dialoge auf dem Bildschirm erscheinen lassen, die wie Sicherheitshinweise des Betriebssystems aussehen und den Benutzer zu bestimmten Aktionen oder zum Eingeben persönlicher Daten veranlassen.

JavaScript wird von allen gängigen Webbrowsern von Haus aus unterstützt. Nicht zuletzt deshalb ist es von modernen Webseiten auch kaum wegzudenken. Eine gute Webseite sollte zwar immer so entworfen sein, dass sie auch ohne JavaScript noch nutzbar bleibt. In der Praxis halten sich aber längst nicht alle Webentwickler daran. Trotzdem lässt sich JavaScript im Webbrowser abschalten, wenn die Einstellungen dazu teilweise auch gut versteckt sind.

JavaScript bei Firefox

Firefox unterstützt JavaScript, bietet in seinen Einstellungsmenüs aber keine Möglichkeit, die Skriptsprache pauschal oder für einzelne Webseiten zu steuern.

Insgesamt deaktivieren kann man es aber trotzdem in den erweiterten Einstellungen:

1. Öffnen Sie Firefox, und geben Sie im Adressfeld die Zeichenkette *about:config* ein.
2. Bestätigen Sie die Warnung, dass Änderungen an den nachfolgenden Einstellungen weitreichende Folgen haben können, mit einem Klick auf *Ich bin mir der Gefahren bewusst!*

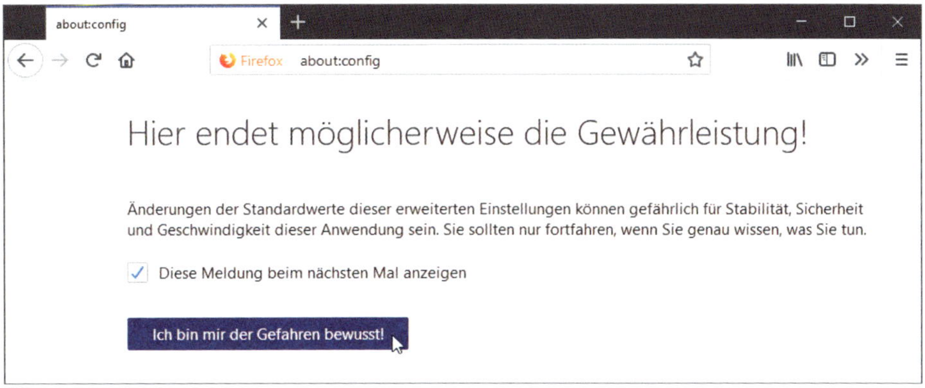

3. Geben Sie anschließend oben im *Suchen*-Feld den Begriff *JavaScript* ein, um die umfangreiche Liste unten auf entsprechende Einträge zu beschränken.
4. Lokalisieren Sie in der Liste den Eintrag *javascript:enabled*.
5. Klicken Sie diesen Eintrag doppelt an, sodass die Eigenschaft in der Spalte *Wert* zu *false* wechselt.

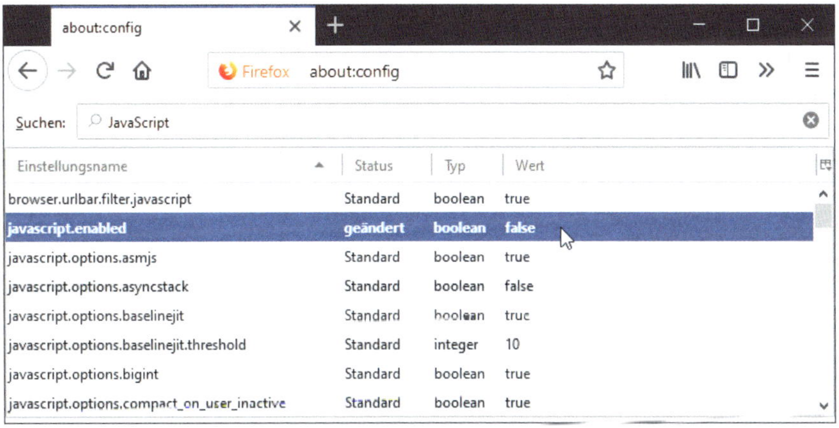

6. Damit ist JavaScript in Firefox deaktiviert. Sie können das Fenster mit den Einstellungen einfach schließen.

JavaScript bei Chrome

Auch Chrome unterstützt JavaScript von Haus aus. Insbesondere für Webanwendungen ist die Verwendung von JavaScript-Funktionen auch unverzichtbar. Deshalb bietet Chrome die Möglichkeit, den Einsatz von JavaScript seitenbasiert zu steuern.

1. Öffnen Sie im Hauptmenü von Chrome die *Einstellungen* und darin *Erweitert/Datenschutz und Sicherheit*.
2. Klicken Sie in dieser Liste auf den Eintrag *Website-Einstellungen*.

3. Suchen Sie in der Liste der Berechtigungen den Eintrag *JavaScript*.
4. Im so geöffneten Menü können Sie die Verwendung von JavaScript mit dem Schalter oben rechts pauschal zulassen oder blockieren.
5. Zusätzlich können Sie darunter Listen mit Webseiten pflegen, auf denen JavaScript grundsätzlich blockiert oder zugelassen wird.

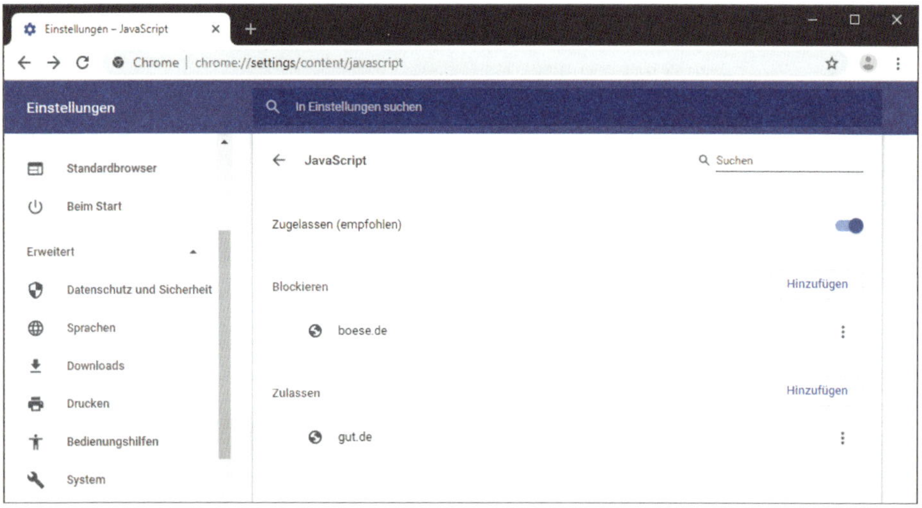

Warum kein interaktiver Modus?

Als Chrome-Benutzer sind Sie es vielleicht gewohnt, bei anderen Berechtigungen (siehe Seite 300) bei neuen Webseiten jeweils gefragt zu werden, ob Sie dies zulassen oder blockieren möchten. Warum geht das nicht auch bei JavaScript? Das liegt daran, dass viele Webseiten JavaScript verwenden und teilweise auch JavaScript-Elemente von anderen Webseiten einbinden. Dadurch würden Sie beim Surfen ständig von Nachfragen genervt, ob Sie dies zulassen möchten oder nicht. Aus diesem Grund verzichtet Chrome bei der JavaScript-Berechtigung auf einen interaktiven Modus.

Die webseitenbasierten Regeln gelten unabhängig von der pauschalen Einstellung. Wenn Sie JavaScript grundsätzlich blockieren, wird es auf zugelassenen Webseiten trotzdem ausgeführt. Wenn Sie umgekehrt JavaScript grundsätzlich erlauben, wird es auf den Webseiten aus der Blockiert-Liste trotzdem nie ausgeführt.

Inhalte mit NoScript gezielt steuern

Wer JavaScript im Webbrowser deaktiviert, wird schnell merken, dass er damit auf viel Komfort verzichten und/oder viel Aufwand in das Definieren von Ausnahmeregeln investieren muss. Wer aktive Inhalte ernsthaft eindämmen möchte, sollte sich deshalb die Browser-Erweiterung NoScript ansehen, die für Firefox und Chrome kostenlos erhältlich ist. Sie erlaubt das regelbasierte Blockieren von Elementen wie JavaScript, Java-Applets, Adobe Flash und Microsoft Silverlight. Der Anwender kann dabei gezielt oder interaktiv Regeln erstellen oder aber auch aktive Elemente für einzelne Sitzungen zeitlich begrenzt freigeben. Zusätzlich schützt NoScript vor den bekannten Angriffstechniken Cross-Site Scripting, Clickjacking oder manipulierten iFrames.

Nach dem Installieren der Erweiterung ist NoScript mit seinen Standardeinstellungen direkt aktiv und blockiert aktive Inhalte. Ausnahmen sind lediglich Webseiten, die auf einer internen Liste der Erweiterung grundsätzlich als vertrauenswürdig eingestuft werden. Optisch macht sich NoScript mit einem eigenen Symbol in der Symbolleiste des Webbrowsers bemerkbar:

1. Wann immer Sie eine Webseite laden, überprüft NoScript diese auf aktive Inhalte und blockiert sie bzw. lässt sie nur zu, wenn dafür entsprechende Ausnahmeregeln festgelegt sind. Hat die Erweiterung Inhalte blockiert, wird das Symbol mit einem entsprechenden Hinweis versehen.

2. Möchten Sie es genauer wissen, klicken Sie einfach auf das NoScript-Symbol. Dann wird ein zusätzlicher Dialog eingeblendet, der anzeigt, von welcher Quelle aktive Inhalte erkannt wurden.

3. Möchten Sie aktive Inhalte teilweise zulassen, etwa weil eine Webseite mit den Standardeinstellungen nicht korrekt angezeigt wird oder weil etwas nicht wie gewohnt funktioniert, können Sie dies auch direkt in diesem Dialog tun. In jeder Zeile finden Sie in der Mitte vier Symbole, die Sie anklicken können (von links nach rechts):

   - *STANDARD*
     Von dieser Webseite werden nur ausgewählte aktive Inhalte ausgeführt, die als ungefährlich gelten, aber für ein komfortables Nutzen der Seite hilfreich sind. Das ist die Standardeinstellung für alle Webseiten, für die keine andere Regel festgelegt wurde. Wie die Standardeinstellungen genau aussehen, können Sie in einem globalen Profil bestimmen.
   - *TEMPORÄR VETRTR.*
     Diese Webadresse wird vorübergehend als vertrauenswürdig behandelt, und aktive Inhalte werden weitestgehend ausgeführt. Das gilt so lange, bis Sie die Surfsitzung beenden, indem Sie Ihren Webbrowser schließen.

- *VERTRAUEN*
  Aktive Inhalte von dieser Webadresse werden weitestgehend ausgeführt. NoScript merkt sich diese Entscheidung und erstellt eine entsprechende Ausnahmeregel.
- *MISSTRAUEN*
  Aktive Inhalte von dieser Webadresse werden grundsätzlich nicht ausgeführt. Auch hier merkt sich NoScript die einmal getroffene Wahl für die Zukunft als Regel.
- *INDIVIDUELL*
  STANDARD, *VERTRAUEN* und *MISSTRAUEN* sind Profile, die genau festlegen, welche Arten von Inhalten erlaubt sind und welche nicht (mehr darüber erfahren Sie im Folgenden). Alternativ können Sie für einzelne Webseiten individuelle Einstellungen unabhängig von diesen Profilen vornehmen. Das erlaubt abweichende Regeln, die auch dann ihre Gültigkeit behalten, wenn Sie die Standardprofile verändern.

4. Wenn Sie im Dialog Änderungen an der Einstufung einer Webseite vornehmen, sollten Sie anschließend oben links auf das Symbol *Neu laden* klicken. Die Webseite wird dann einmal neu geladen, wobei die aktiven Inhalte aufgrund der geänderten Einstellungen neu bewertet und nun ggf. ausgeführt werden.

Die Standardprofile von NoScript anpassen

NoScript arbeitet mit drei verschiedenen Profilen:

- *STANDARD* für alle Webseiten, für die keine eigenen Regeln vorhanden sind. Dieses Profil lässt einige ungefährliche Varianten von aktiven Inhalten zu.
- *VERTRAUEN* für Webseiten, die durch den Benutzer oder eine von den Entwicklern gepflegte interne Liste als vertrauenswürdig eingestuft wurden. Dieses Profil lässt standardmäßig alle Arten von aktiven Inhalten zu.
- *MISSTRAUEN* für Webseiten, die durch den Benutzer als nicht vertrauenswürdig eingestuft wurden. Dieses Profil blockiert standardmäßig alle Arten von aktiven Inhalten.

Sie können diese drei Profile aber bearbeiten und dadurch steuern, welche Arten von aktiven Inhalten in welchem Profil zulässig sein sollen:

1. Öffnen Sie dazu den NoScript-Dialog, und klicken Sie darin auf das *Einstellungen*-Symbol (von den drei Symbol oben links das ganz rechte).
2. In den so geöffneten Einstellungen finden Sie in der Rubrik *Allgemein* die drei beschriebenen Profile wieder.
3. Hier können Sie genau festlegen, welche Arten von Inhalten in welchem Profil zulässig sein sollen und welche nicht.

4. Öffnen Sie dazu die Rubrik des betreffenden Profils. Ein Häkchen bedeutet, dass diese Inhaltsart zugelassen werden soll. Durch Entfernen des Häkchens wird die Inhaltsart für dieses Profil blockiert.

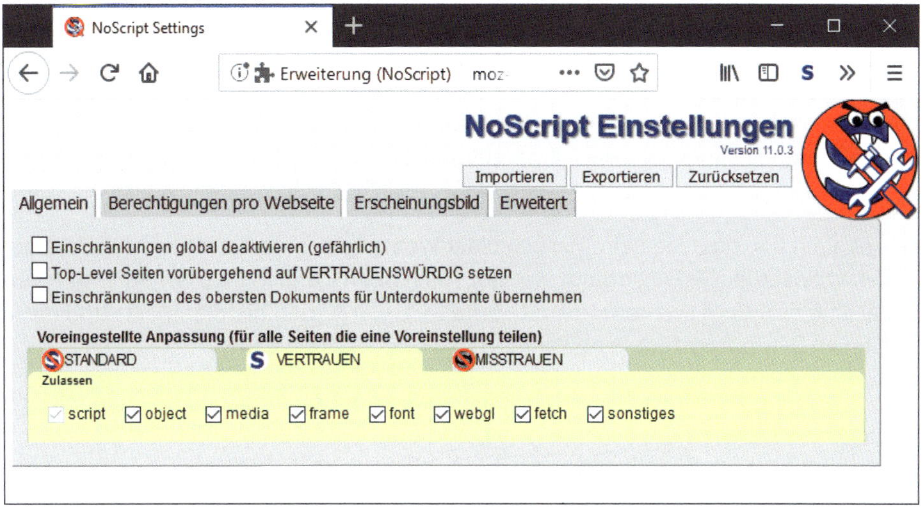

8.4 Sicherheitsrisiko Browser-Erweiterungen und -Plug-ins

Ein nicht zu unterschätzendes Sicherheitsrisiko beim Verwenden von Webbrowsern sind die beliebten Browser-Erweiterungen. Die gibt es für viele Zwecke, und auch in diesem Buch stelle ich verschiedene Erweiterungen vor.

Das Problem dabei ist, dass man dem Herausgeber vertrauen muss, dass seine Software tatsächlich (nur) genau das tut, was er behauptet. Denn die Erweiterungen arbeiten direkt im Kontext des Webbrowsers und haben dadurch auf alles Zugriff, was im Browser geschieht.

So könnte eine Erweiterung beispielsweise alle Eingaben des Benutzers überwachen und dadurch dessen Anmeldedaten abgreifen und mitsamt der Webadresse an einen Server im Internet weitermelden.

Selbst auf Surfsitzungen in privaten bzw. Inkognito-Fenstern können Erweiterungen Zugriff nehmen, wenn der Anwender ihnen dies erlaubt hat.

Vor dem Installieren prüfen

Beherzigen Sie beim Installieren von Browser-Erweiterungen deshalb dieselben Regeln wie bei Software insgesamt. Installieren Sie nur folgende Erweiterungen:

- solche, die Sie wirklich benötigen,
- solche, deren Herausgeber Sie vertrauen,

- solche, die Sie direkt aus offiziellen Erweiterungsverzeichnissen der jeweiligen Webbrowser installieren können (was aber allenfalls ein Indiz und kein Beweis für Unbedenklichkeit ist),
- solche, die schon länger erhältlich sind und für die zahlreiche positive Bewertungen oder andere vertrauenswürdige Empfehlungen etwa in Büchern oder Zeitschriften sprechen.

Es kommt auch vor, dass Sie beim Besuch einer Webseite zum Installieren eines dazugehörenden Browser-Plug-ins gedrängt werden. Auch beim Installieren einer Software wird gern mal eine Browser-Erweiterung »mit« installiert, wenn man nicht aufpasst und diese rechtzeitig im Setup-Assistenten abwählt.

Um solche Angebote würde ich aus Prinzip einen großen Bogen machen. Es handelt sich dabei nicht zwangsläufig um Schädlinge, aber mit hoher Wahrscheinlichkeit dienen solche Komponenten vor allem dem Nutzen des Anbieters und nicht Ihrem.

Vorhandene Erweiterungen kontrollieren

Falls Sie das Thema Browser-Erweiterungen bislang eher unbekümmert angegangen sind, sollten Sie die Gelegenheit ergreifen. Kontrollieren Sie, welche Erweiterungen in Ihrem Webbrowser installiert sind, und prüfen Sie, welche davon Sie tatsächlich noch nutzen und welche auch verzichtbar wären.

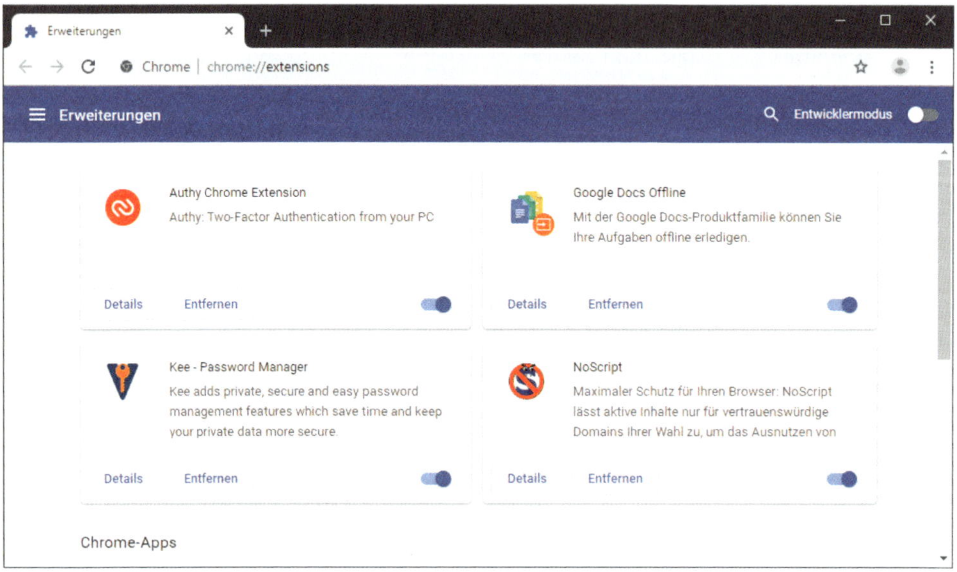

Kontrollieren Sie gelegentlich, ob Sie alle installierten Erweiterungen tatsächlich noch benötigen.

1. Bei Chrome öffnen Sie dazu das Hauptmenü mit dem Menüsymbol oben rechts und wählen dort *Weitere Tools/Erweiterungen*.
2. Damit öffnen Sie eine Übersicht der vorhandenen Erweiterungen.
3. Mit dem Schaltsymbol können Sie Add-ons deaktivieren, die Sie vielleicht noch nicht direkt deinstallieren möchten.
4. Andernfalls klicken Sie auf *Entfernen*, um Erweiterungen dauerhaft zu verbannen.

Noch ein Hinweis: Die *Chrome-Apps* weiter unten sind keine Erweiterungen, sondern Webanwendungen, die in einem speziellen Modus von Chrome ausgeführt werden, der sie wie »echte« lokale Anwendungen erscheinen lässt.

1. Bei Firefox finden Sie die Übersicht der installierten Erweiterungen, wenn Sie das Hauptmenü öffnen und dort auf *Add-ons* klicken.
2. Auf der so geöffneten Seite werden oben im Abschnitt *Aktiviert* alle derzeit aktiven Erweiterungen angezeigt.

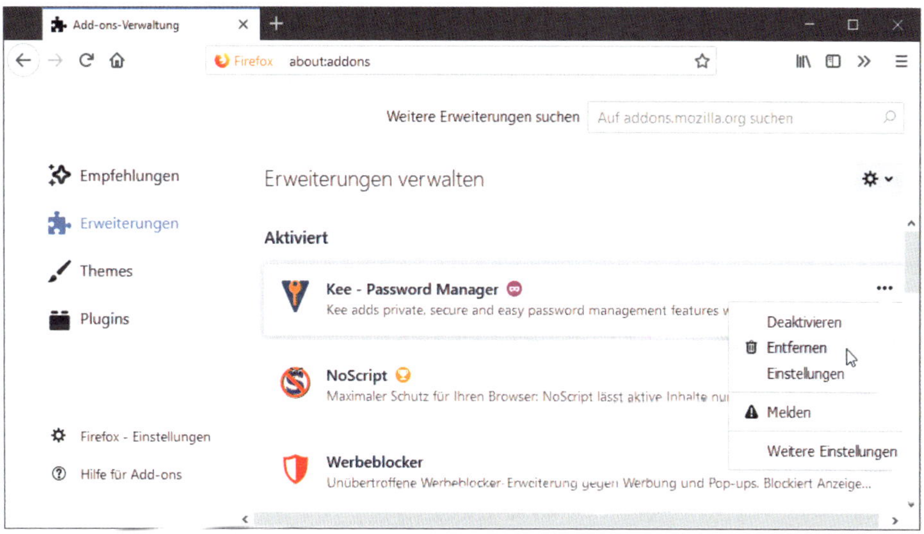

3. Jeder Eintrag hat am rechten Rand ein Menüsymbol. In diesem Menü finden Sie die Funktionen, mit denen Sie diese Erweiterung mit einem Klick auf die gleichnamige Schaltfläche deaktivieren oder entfernen können.
4. Wenn Sie auf den Eintrag einer Erweiterung selbst klicken, erfahren Sie weitere Einzelheiten dieses Add-ons.
5. Besonders interessant ist dabei in der Rubrik *Berechtigungen*, auf welche Funktionen und Daten des Browsers diese Erweiterung Zugriff hat. So kann man sich vergewissern, was die Erweiterung darf und was nicht.

Ein Steuern dieser Berechtigungen ist allerdings nicht vorgesehen. Sind Sie mit etwas nicht einverstanden, bleibt Ihnen nur, diese Erweiterung insgesamt zu deinstallieren.

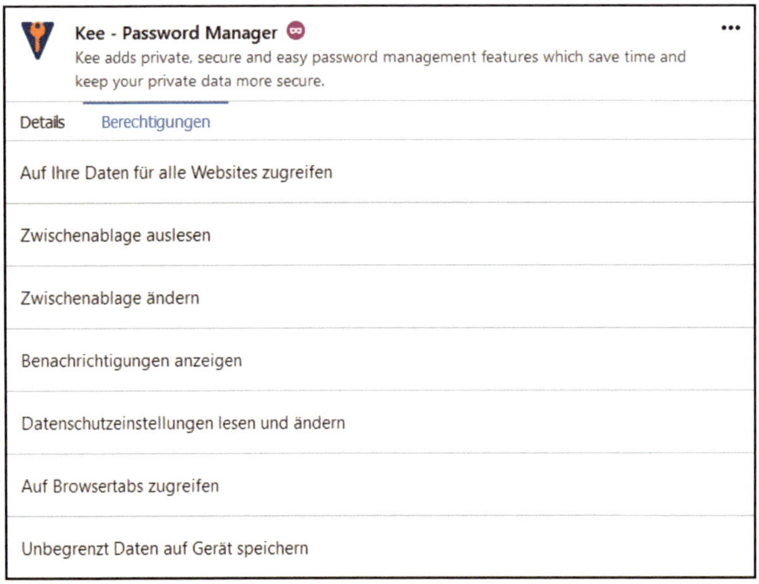

Plug-ins für zusätzliche Webtechnologien

Es gibt Standards, die Webbrowser nicht von Hause aus unterstützen, sondern die über zusätzliche Software nachgerüstet werden müssen, die sich in den Webbrowser einklinkt. Namhafte Beispiele sind Java, Flash oder Silverlight.

Diese erweitern die Möglichkeiten des Webbrowsers, aber leider auch dessen Potenzial für Sicherheitslücken. Ich würde deshalb – soweit irgend möglich – auf das Installieren solcher Plug-ins verzichten.

Adobe Flash und Microsoft Silverlight gelten ohnehin als veraltet und nicht zukunftsfähig. Installieren Sie diese also keinesfalls. Java kann nicht nur Web-Applets im Browser ausführen, sondern wird auch für alleinstehende Anwendungen benötigt. Es kann also notwendig sein, Java zu installieren, um bestimmte Anwendungen ausführen zu können.

In diesem Fall können Sie aber die Nutzung im Webbrowser deaktivieren:

1. Öffnen Sie in der klassischen Systemsteuerung von Windows das *Java*-Modul, um die Einstellungen zu bearbeiten.

2. Wechseln Sie in den *Einstellungen* in die Rubrik *Sicherheit*.
3. Schalten Sie hier ganz oben die Rubrik *Java-Inhalt für Browser- und Web Start-Anwendungen aktivieren* aus.

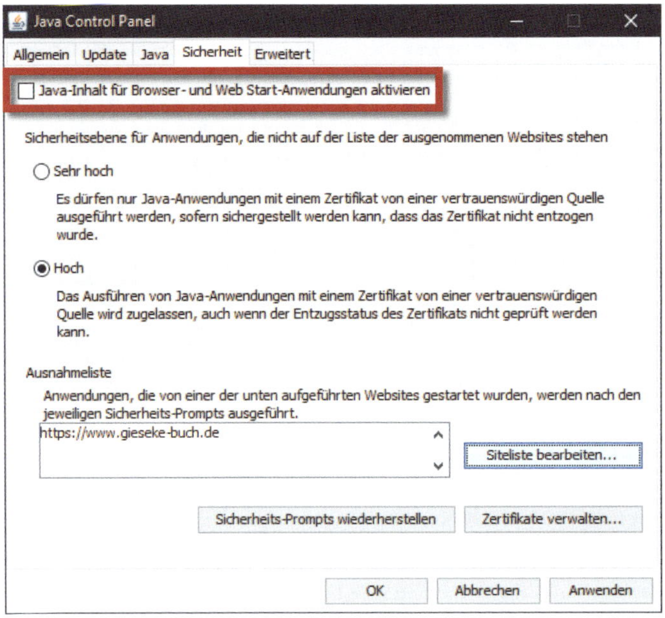

4. Sollten Sie einzelnen Webseiten das Ausführen von Java-Applets erlauben wollen (oder müssen), können Sie diese im selben Menü unten in die Siteliste aufnehmen.

8.5 Webseitenberechtigungen kontrollieren

Webbrowser sollen nicht einfach nur Inhalte anzeigen, sondern in zunehmenden Maße auch als Basis für Webanwendungen dienen und damit klassische, lokal installierte Anwendungen ersetzen.

Ein bekanntes Beispiel ist Office 365, bei dem Microsoft seine traditionellen Anwendungen wie Word, Excel und PowerPoint etc. zu Webanwendungen weiterentwickelt hat, die im Browser ausgeführt werden. Kombiniert mit Cloud-Speicher, braucht der Anwender lokal nur noch ein Betriebssystem und einen Webbrowser, wobei beides austauschbar ist, also auch systemübergreifend funktioniert. Man braucht sich also nur noch im Webbrowser mit seinem Office-365-Konto anzumelden und kann direkt loslegen, egal, wo man sich gerade befindet und welches Gerät man dafür nutzt.

Um wirklich vollwertige Webanwendungen bieten zu können, muss ein Webbrowser aber auch in stärkerem Maß auf Komponenten des lokalen PCs zugreifen können, wie beispielsweise die Zwischenablage, eine eingebaute Kamera, angeschlossene USB-Geräte oder lokal gespeicherte Bilder und Dateien. Diese Schnittstellen stehen potenziell jeder Webseite zur Verfügung. Wer tatsächlich Zugriff darauf erhält, entscheidet der Anwender.

Dazu zeigt der Webbrowser jeweils einen Dialog an, wenn eine Webseite erstmals einen solchen Zugriff versucht. Den kann man *Zulassen* oder *Blockieren* und diese Entscheidung auch gleich für zukünftige Zugriffe (durch dieselbe Webseite) vormerken lassen.

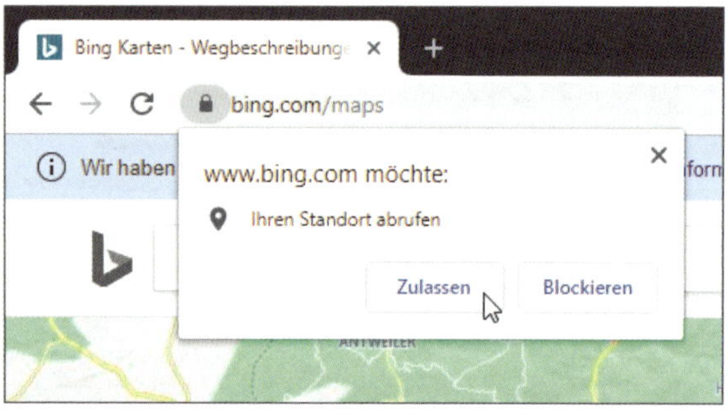

- Wann immer Ihr Webbrowser eine solche Anfrage anzeigt, sollten Sie sich genau überlegen, ob Sie diesem Dienst die gewünschte Berechtigung einräumen wollen. Ist das unbedingt erforderlich, damit der Dienst die Aufgabe erfüllen kann, die Sie von ihm erwarten? Viele Dienste möchten beispielsweise Standortinformationen abrufen, um immer automatisch feststellen zu können, wo Sie sich gerade befinden. Selbst bei einem Onlineroutenplaner können Sie Ihre aktuelle Position aber bei Bedarf jederzeit manuell angeben, sodass automatisches Ermitteln nicht unbedingt erforderlich ist.
- Scheuen Sie sich auch nicht vor »falschen« Entscheidungen. Sie können alles jederzeit rückgängig machen, denn die erteilten oder abgewiesenen Berechtigungen werden vom Webbrowser gespeichert und können jederzeit nachgebessert werden.

Berechtigungen kontrollieren und nachträglich ändern

Chrome ist der Webbrowser mit den vielfältigsten Berechtigungen, da er von Google ausdrücklich als Basis für Webanwendungen entwickelt wurde und weiterhin wird. Gleichzeitig bietet Chrome aber auch umfangreiche Einstellungsmöglichkeiten, mit denen sich solche Berechtigungen kontrollieren lassen. Im Folgenden verwende ich deshalb Chrome als Beispiel. Firefox & Co. bieten ähnliche Einstellungen, wenn auch in geringerem Umfang.

Bestimmte Webadressen suchen

Sehr praktisch kann die etwas unscheinbare Suchfunktion oben rechts sein, die wie ein Filter arbeitet. Geben Sie hier den Namen eines Webangebots ein, wird die Anzeige darunter auf solche Webseiten eingeschränkt, die diesen Namen in ihrer Adresse haben. So kann man auch sehr umfangreiche Listen schnell auf das Wesentliche eindampfen.

1. Um die bislang festgelegten Berechtigungen zu kontrollieren, öffnen Sie in Chrome über das Menüsymbol das Hauptmenü und wählen darin die *Einstellungen*.
2. Klappen Sie in den *Einstellungen* in der Navigationsleiste links den Bereich *Erweitert* auf, und wählen Sie den Bereich *Datenschutz und Sicherheit*.

3. Im unteren Teil dieses Bereichs finden Sie die *Website-Einstellungen*, die Sie durch Anklicken öffnen können.
4. Damit öffnen Sie eine lange Liste von Berechtigungen wie *Cookies*, *Ort*, *Kamera* etc. Klicken Sie einen der Einträge an, um zu überprüfen, welche Webseiten dafür Zugriffsrechte haben bzw. bei welchen Webangeboten dies ausdrücklich blockiert wurde.

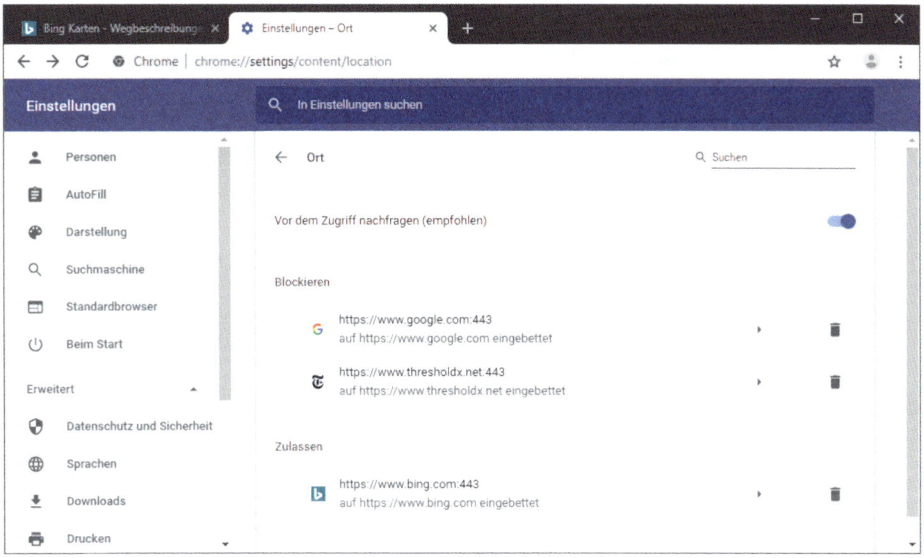

Alle Berechtigungen einer bestimmten Webseite betrachten

Nicht selten möchte man wissen, welche Berechtigungen für ein ganz bestimmtes Webangebot erteilt wurden, und diese ggf. anpassen. Dazu können Sie alternativ zum oben beschriebenen Ansatz nach einer bestimmten Webseite suchen und sich alle deren Zugriffsregeln ansehen:

1. Öffnen Sie, wie oben beschrieben, die *Einstellungen* der Website.
2. Klicken Sie diesmal oberhalb der verschiedenen Berechtigungen auf *Nach Websites sortierte Berechtigungen und gespeicherte Daten aufrufen*.
3. So erhalten Sie eine geordnete Liste aller erfassten Webadressen. Standardmäßig ist diese nach den meistbesuchten sortiert, aber mit dem Auswahlfeld oben können Sie sie beispielsweise auch alphabetisch sortieren lassen.
4. Außerdem steht Ihnen auch hier oben rechts eine einfache Such- bzw. Filterfunktion zur Verfügung, mit der Sie eine bestimmte Webseite schnell finden können.
5. Wenn Sie einen der Listeneinträge anklicken, erhalten Sie eine Übersicht aller Berechtigungen, die für diese Webseite festgelegt sind. Diese können hier auch nachträglich verändert werden.

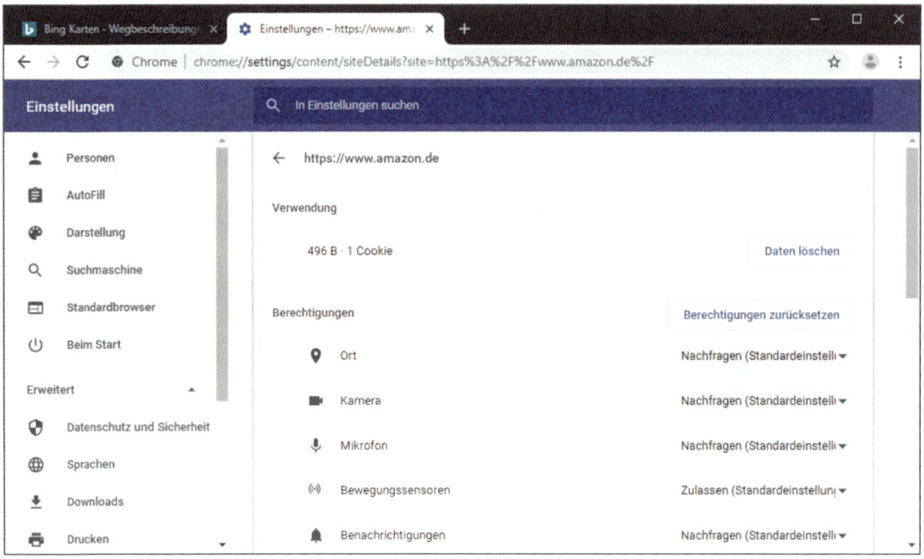

6. Zusätzlich können Sie die Berechtigungen für diese Webseite pauschal *Zurücksetzen* sowie alle *Daten löschen* (beispielsweise Cookies), die diese Webseite lokal gespeichert hat.

Berechtigungen nur in Ausnahmefällen erteilen

Standardmäßig sind Webbrowser wie Chrome darauf ausgerichtet, möglichst viele Funktionen zu ermöglichen. Deshalb ist die Standardeinstellung für die meisten Berechtigungen entweder Nachfrage oder Zulassen. Fordert eine Webseite erstmals eine Berechtigung an, wird also entweder der Benutzer gefragt oder die Aktion direkt ausgeführt. Wer seinen Browser absichern und nicht immer wieder Rückfragen erhalten will, kann auch einen anderen Weg gehen: Die Berechtigung grundsätzlich blockieren und nur in ausgewählten Einzelfällen eine Ausnahmeregel anlegen. Der Weg dahin ist allerdings etwas umständlich, weshalb ich ihn hier einmal beschreibe:

1. Öffnen Sie zunächst, wie oben beschrieben, die Liste der Website-Einstellungen, und deaktivieren Sie hier alle Berechtigungen, die standardmäßig nicht erteilt werden sollen.
2. Wenn Sie nun beispielsweise eine Webseite öffnen, die Zugriff auf Ihren Standort haben möchte, wird dies blockiert. Erkennbar ist das an einem zusätzlichen Symbol rechts im Adressfeld des Webbrowsers. Hier sehen Sie ein Symbol für die Berechtigung, das mit einem roten

X versehen ist. Das bedeutet: Die Webseite hat diese Berechtigung angefordert, aber sie wurde ihr verweigert.

3. Mit einem Klick auf das Symbol erhalten Sie weitere Details und können mit *Verwalten* direkt zu den Einstellungen für diese Berechtigung wechseln.
4. Schalten Sie dort diese Berechtigung vorübergehend ein, sodass vor dem Zugriff wieder nachgefragt wird.
5. Zurück auf der fraglichen Webseite, laden Sie diese nun neu bzw. wiederholen die Aktion, die zum Anfordern der Berechtigung führt, beispielsweise indem Sie Ihren Standort neu ermitteln lassen.
6. Bestätigen Sie nun die Nachfrage, dass diese Webseite die gewünschte Berechtigung erhalten soll.
7. Klicken Sie dann erneut auf das Symbol dieser Berechtigung, das nun ohne rotes Kreuzchen im Adressfeld angezeigt wird, und öffnen Sie mit *Verwalten* die Einstellungen für diese Berechtigung.
8. Schalten Sie die Berechtigung wieder aus, sodass Anforderungen danach ohne Rückfrage verworfen werden.

Auf diese Weise haben Sie eine Ausnahmeregel für diese eine Webseite geschaffen, während die Berechtigung insgesamt weiterhin blockiert wird.

8.6 Sichere Passwörter für Webdienste

Eine besondere Rolle für das sichere Nutzen von Webdiensten spielen Passwörter. Denen widme ich in diesem Buch gleich am Anfang ein eigenes Kapitel (siehe Seite 17), weshalb ich hier nicht nochmals im Detail darauf eingehen möchte. Stattdessen nur noch mal kurz die wichtigsten Punkte bzw. Besonderheiten in Bezug auf das Nutzen vieler verschiedener Webdienste im Browser:

- Ganz klar: Verwenden Sie nur sichere, ausreichend lange und komplexe Passwörter.
- Benutzen Sie für jeden Webdienst ein eigenes Passwort. Die Wahrscheinlichkeit, dass irgendwann mal eines Ihrer Konten gehackt oder durch ein Leak kompromittiert wird, ist recht hoch. Dann sollte dasselbe Passwort nicht auch noch an anderer Stelle einsetzbar sein.
- Insbesondere wenn es um Geld oder um sehr persönliche Daten geht, nutzen Sie nach Möglichkeit eine Zwei-Faktor-Authentifizierung (siehe Seite 61) oder Alternativen wie FIDO2 (siehe Seite 73).
- Behalten Sie Ihre Benutzerdaten und insbesondere das Passwort grundsätzlich für sich. Auch der Kundenservice eines Webdienstes oder eines Unternehmens wird Sie niemals nach Ihrem Kennwort fragen. Sollte es damit Probleme geben, könnte man es im Zweifelsfall zurücksetzen und Ihnen ein neues zukommen lassen. Wenn Sie also jemand nach Ihrem Passwort fragt, ist grundsätzlich Misstrauen angesagt.

Anmelden als?

Bei immer mehr Webdiensten kann man per »Anmelden als« ein ohnehin vorhandenes Konto von Google, Facebook, Amazon oder Microsoft zur Anmeldung nutzen. Das ist verlockend, da man so kein weiteres Passwort benötigt. Die Kehrseite der Medaille: Auf diese Weise kann der dahinterstehende Konzern perfekt erfassen, welche Webdienste Sie wann, wie oft, wie lange etc. nutzen. Insofern ist diese Funktion ein perfektes »Profiling«-Werkzeug. Ob Sie das möchten, müssen Sie für sich selbst entscheiden. Hinzu kommt ein Risiko: Wenn das zugrunde liegende Konto mal gehackt werden sollte, ermöglicht es den Zugang zu zahllosen weiteren. Und umgekehrt: Sollten Sie den Zugang zum Konto irgendwann verlieren oder beispielsweise von Facebook ausgesperrt werden, kommen Sie auch an alle anderen Konten nicht mehr heran.

Passwort-Manager im Webbrowser?

Alle modernen Webbrowser bieten einen eingebauten Passwort-Manager. Der meldet sich bei einer Anmeldung meist sogar automatisch und bietet an, sich die Anmeldedaten für weitere Besuche zu merken. Das ist verführerisch komfortabel, hat aber auch Risiken: Wenn andere Personen Zugriff auf Ihren PC und den Browser haben, erhalten sie dadurch auch Zugang auf Ihre Daten bei Webdiensten. Außerdem muss man sich darauf verlassen, dass die Entwickler Passwörter sicher verschlüsselt speichern.

Sinnvoller ist ein separater Passwort-Manager wie KeePass (siehe Seite 36). Der ist als Spezialist auf seinem Gebiet sicherer und flexibler. Vor allem wenn man mehrere Geräte nutzt, kann man damit Benutzerdaten hin und her synchronisieren. Das macht es beispielsweise viel einfacher, Kennwörter wie empfohlen regelmäßig zu ändern, da man sie nur an einer Stelle aktualisieren muss.

Wenn Sie nur ein einziges Gerät zum Surfen benutzen, können Sie den Passwort-Manager von dessen Webbrowser in Betracht ziehen. Firefox beispielsweise ist als Open-Source-Software erprobt und bietet einen eingebauten Passwort-Manager, den man mit einem Master-Passwort schützen kann. Selbst wenn jemand Zugang zu Ihrem PC erlangt, muss er mindestens einmal dieses Master-Passwort eingeben, bevor Firefox Anmeldedialoge automatisch ausfüllt.

1. Um bei Firefox ein Master-Passwort festzulegen, öffnen Sie im Hauptmenü des Webbrowsers die *Einstellungen*.
2. Wechseln Sie hier in die Rubrik *Datenschutz & Sicherheit*, und lokalisieren Sie auf der rechten Seite den Abschnitt *Zugangsdaten & Passwörter*.
3. Soll Firefox Ihnen anbieten, eingegebene Anmeldedaten für die Zukunft zu speichern, aktivieren Sie die Option *Fragen, ob Zugangsdaten und Passwörter für Websites gespeichert werden sollen*.
4. Schalten Sie dann darunter die Option *Master-Passwort verwenden* ein.

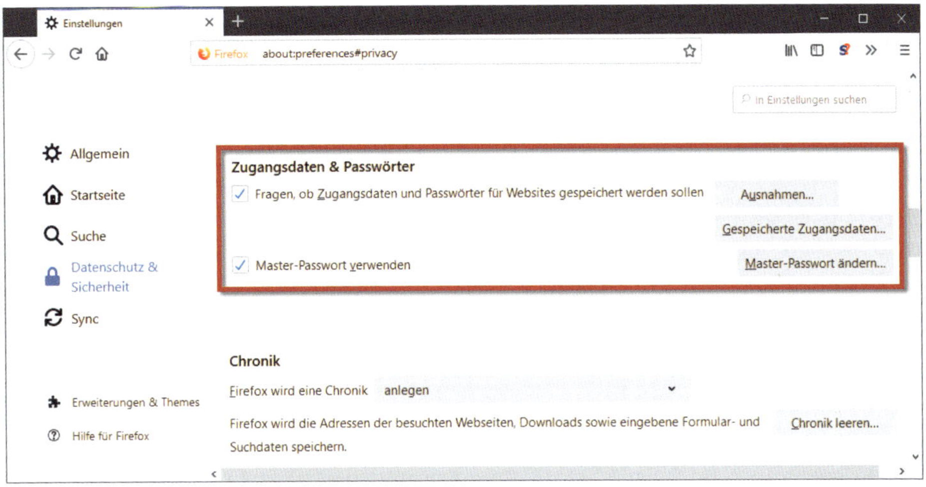

5. Dabei fragt Firefox automatisch ein Master-Passwort ab, sofern Sie dieses nicht bereits festgelegt haben. Ein einmal festgelegtes Passwort können Sie hingegen jederzeit mit der Schaltfläche *Master-Passwort ändern* anpassen.

8.7 Onlineshopping

Sicheres Onlineshopping steht als eine besondere Anwendungsform des Web am Ende einer Reihe von aufeinander aufbauenden Elementen, von denen jedes einzelne möglichst sicher sein sollte. Dann ist auch das Onlineshopping selbst relativ risikolos möglich. Diese Elemente und wie man sie sicher einstellt und nutzt, sind in den vorangegangenen Kapiteln bereits beschrieben worden, deshalb hier nur noch mal kompakt:

- Halten Sie Betriebssystem und Webbrowser auf dem aktuellen Stand.
- Sorgen Sie durch Vorsicht und Antivirenschutz dafür, dass Ihr System frei von Trojanern bleibt.
- Besuchen Sie nur Onlineshops, die sichere Verbindungen (HTTPS) bieten.
- Verwenden Sie sichere und einzigartige Passwörter für jeden Onlineshop.
- Wenn Sie bei einem Anbieter Bezahlinformationen wie Konto- oder Kartennummern dauerhaft hinterlegen, richten Sie, wenn möglich, eine Zwei-Faktor-Authentifizierung ein.
- Minimieren Sie Gefahren wie aktive Inhalte und Browser-Erweiterungen, durch die insbesondere Konten- oder Kreditkartendaten ausgespäht werden könnten.

Wenn Sie hier alles richtig machen, haben Sie eine gesunde Basis, um Onlineshops besuchen und Zahlungsinformationen guten Gewissens eingeben zu können. Nun gilt es nur noch, die spezifischen Risiken beim Onlineshopping geschickt zu umschiffen.

Zuverlässige Onlinehändler

Das beginnt schon bei der Auswahl des Onlinehändlers. Diese gibt es wie Sand am Meer, und leider gibt es darunter auch immer wieder schwarze Schafe. Man kann sich an bekannten Namen und deren Plattformen orientieren. Aber selbst das bietet nur begrenzten Schutz.

Schaut man sich beispielsweise das Angebot des Platzhirsches Amazon an, stößt man sehr schnell auf den »Marketplace«, in dem Amazon die Angebote anderer Händler sammelt und weiterreicht. Wenn man nicht genau hinsieht, tätigt man eine Bestellung also nicht beim großen »A«, sondern bei einem obskuren Hinterhofhändler. Zwar verspricht Amazon seinen Kunden Schutz vor negativen Einkaufserlebnissen auch im Marketplace, aber in der Praxis kann es erfahrungsgemäß eben doch einigen Ärger bedeuten, wenn eine Lieferung nicht erfolgt oder den Erwartungen nicht entspricht.

Hält der Händler sich an die Regeln?

Leider gibt es kein Patentrezept, woran man zuverlässige von unzuverlässigen Händlern unterscheiden kann. Insbesondere, da »zuverlässig« nicht nur bedeutet, dass ein Händler die bestellte Ware zeitnah und wie zugesichert liefert. Dazu gehört auch, dass er seinen gesetzlichen Pflichten zu Rücknahme und Gewährleistung innerhalb der gültigen Fristen nachkommt. Ebenso, dass er die Daten seiner Kunden gemäß den Datenschutzbestimmungen behandelt und nicht etwa an Adresshändler veräußert.

Es gibt Regeln, an die Onlinehändler sich halten müssen, damit ihr Angebot dem geltenden Recht entspricht. Man sollte meinen, dass es eine Selbstverständlichkeit ist, dass sich alle daran halten. Aber leider muss der Verbraucher immer noch selbst ein Auge darauf haben, insbesondere wenn er das erste Mal Geschäfte mit einem Anbieter macht.

Bevor Sie irgendwelche persönlichen Daten eingeben oder gar eine Bestellung aufgeben, sollten Sie deshalb Folgendes prüfen:

- Findet sich auf den Webseiten ein Impressum mit einer vollständigen Anbieterkennzeichnung (siehe Infokasten)?
- Sind die allgemeinen Geschäftsbedingungen (AGB) veröffentlicht?
- Sind Informationen zu Datenschutz und Datensicherheit verfügbar?
- Macht der Händler konkrete Angaben zu Widerrufsrecht, Rückgabe und Rückerstattung des Kaufpreises verfügbar (und sind Sie damit einverstanden)?
- Bietet der Händler eine Zahlungsmöglichkeit an, die für Sie infrage kommt?
- Werden Versandkosten, Rücksendekosten und mögliche Zusatzkosten vor der Bestellung transparent angegeben?

Anbieterkennzeichnung

Eine vollständige Anbieterkennzeichnung umfasst alle Angaben, die Sie im Ernstfall vom Händler benötigen, und ist überdies ein Zeichen dafür, dass der Händler sich um ein rechtskonformes Angebot bemüht.

Die Kennzeichnung sollte folgende Angaben umfassen:

- Name und vollständige Anschrift des Anbieters
- Adressen für schnelle Kontaktaufnahme (Telefonnummer, E-Mail, Fax)
- Unternehmensname und Rechtsformzusatz
- Umsatzsteuer-Identifikationsnummer
- Gewerberegister und Gewerberegisternummer
- bei zulassungspflichtigen Angeboten (beispielsweise Onlineapotheken) Angabe der Aufsichtsbehörde

Bewertungen und Kundenmeinungen

Ein sehr gutes Indiz für die Seriosität von Händlern sind Kundenbewertungen. Über Bewertungsportale, Foren oder auch Preissuchmaschinen kann man sich oft einen Eindruck verschaffen. Achten Sie dabei darauf, ob tatsächlich der Händler und nicht ein Produkt bewertet wird. Schauen Sie auch, ob die Bewertungen authentisch wirken und über einen längeren Zeitraum entstanden sind. Gerade neue Händler oder solche mit schlechten Absichten kaufen sich gern mal positive Bewertungen, um schnell ins Geschäft zu kommen.

Vor größeren Bestellungen sollten Sie auch ruhig ein wenig Rechercheaufwand treiben und den Händlernamen in Kombination mit Schlüsselwörtern wie »Erfahrungen«, »Meinung« oder »Problem« suchen. Bei schwarzen Schafen sollten Sie recht schnell fündig werden.

Gütesiegel für Onlinehändler

Es gibt verschiedene Gütesiegel, mit denen Händler ihre Shops und Bestellprozesse von einer unabhängigen Stelle überprüfen lassen können. Erfüllt ein Angebot die Kriterien, darf es sich mit einem Siegel schmücken. Darüber hinaus liefern die Siegel teilweise weitergehende Informationen zum Shop, etwa Kundenmeinungen. Teilweise kann der Käufer über das Gütesiegel auch weiter gehende Leistungen wie einen erweiterten Käuferschutz in Anspruch nehmen. Dies erkauft man aber durch das Preisgeben persönlicher Daten bei der Anmeldung.

Diese Händlersiegel werden von der Initiative D21 als Indikatoren für zuverlässige Onlinehändler empfohlen.

1. Finden Sie beispielsweise einen Shop mit dem Trusted-Shops-Siegel, können Sie dieses Symbol direkt anklicken.
2. Dadurch wird zusätzlich eine Seite der Gütesiegel-Organisation zu diesem Anbieter geöffnet.
3. Kontrollieren Sie zunächst, ob es sich tatsächlich um dieselbe Webseite handelt (und nicht jemand das Siegel auf seine eigene Webseite »entführt« hat).

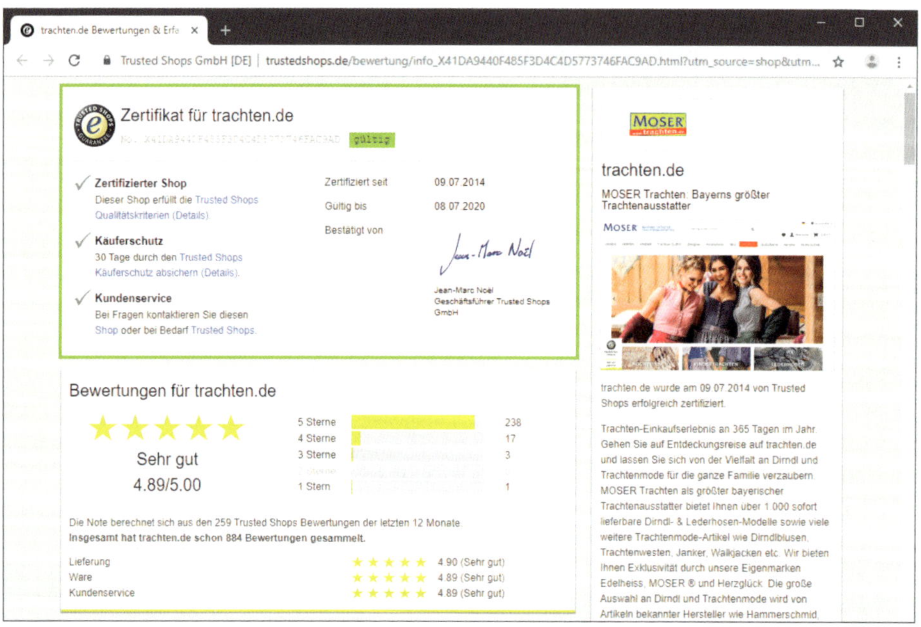

Hinweis: Dieser Shop ist zufällig ausgewählt und stellt keinerlei Präferenz oder Empfehlung des Autors dar!

4. Außerdem finden Sie auf der Seite Bewertungen von Kunden, die in der Vergangenheit Geschäfte mit diesem Händler gemacht haben. Ein gutes Zeichen sind viele Bewertungen und davon die meisten positiv. Achten Sie auch darauf, ob sich das Verhältnis zwischen positiven und negativen Bewertungen in letzter Zeit verschlechtert hat.
5. Gibt es nicht nur Sterne, sondern auch Beschreibungen, würde ich vor allem nach etwas längeren Texten suchen, die nicht nur aus »Alles bestens« bestehen. Oftmals findet man hier Schilderungen zu Problemen wie Fehllieferung, Rücksendungen etc., die etwas aussagekräftiger sind.

Online sicher bezahlen

Ein wesentlicher Aspekt beim Onlineshopping ist das Bezahlverfahren. Dabei sind zwei Aspekte zu beachten:

- Das Verfahren sollte Kunden möglichst vor Betrug schützen. Idealerweise zahlt der Kunde erst, wenn er die Ware erhalten hat. In der Praxis ist dies aber nur selten möglich, da dabei das gesamte Risiko auf den Händler abgewälzt wird. Beim Vorkasseverfahren wiederum trägt der Kunde das gesamte Risiko. Dazwischen gibt es verschiedene Verfahren, die dem Händler die Zahlung bestätigen, gleichzeitig aber für den Käufer einen gewissen Schutz bieten, durch den man sich in Streitfällen sein Geld wiederholen kann.
- Das Übertragen der erforderlichen Informationen wie Kontonummern, Benutzeranmeldungen, PINs oder TANs sollte auf sicherem und möglichst direktem Weg erfolgen. Dadurch erschwert man es Angreifern, diese Daten abzugreifen und für eigene Bestellungen zu missbrauchen.

Prüfen Sie Ihre Kontoauszüge

Wenn Sie Bestellungen online bezahlen und dabei Konten oder Kreditkarten etc. nutzen, machen Sie es sich zur Gewohnheit, regelmäßig die Kontoauszüge zu prüfen. So kommen Sie Missbrauch oder auch Fehlern bei Händlern rechtzeitig auf die Spur. Die Möglichkeit, eine Rückbuchung zu veranlassen, ist in der Regel zeitlich begrenzt. Danach gilt die Zahlung als von Ihnen akzeptiert, und es wird schwierig, das Geld zurückzubekommen.

Kauf auf Rechnung

Für den Käufer die sicherste Variante ist der Kauf auf Rechnung. Dabei kommt mit der Ware die Rechnung ins Haus, die innerhalb einer Frist bezahlt werden muss. Man hat die Ware also sicher und kann sie prüfen, bevor man zahlt. Bei Streitigkeiten sitzt man am längeren Hebel, da der Händler ggf. Schritte einleiten muss, um an das Geld zu kommen. Wegen dieses Risikos bieten viele Händler keinen Kauf auf Rechnung an bzw. ermöglichen dies nur bei Stammkunden.

PayPal

Sehr beliebt ist der Zahlungsdienstleister PayPal. Er hat den Vorteil, dass man nicht bei jedem Shop wieder seine Zahlungsdaten angeben muss. Stattdessen wird man nach Abschluss der Bestellung auf eine PayPal-Seite geleitet, wo man sich mit seinen Zugangsdaten anmeldet und die Zahlung autorisiert. Wichtig ist, dass man dabei jedes Mal in der Adressleiste des Webbrowsers überprüft, ob man sich tatsächlich bei PayPal anmeldet (und nicht einem »Nachbau«) und ob die Verbindung verschlüsselt ist. Das Geld kann man per Lastschrift einziehen lassen, oder man überweist es vorab als Guthaben an PayPal. Nachteil der Methode ist, dass PayPal anhand der Onlinekäufe ein sehr umfassendes Profil seiner Kunden erstellen kann.

Amazon Payments, Apple Pay, Google Pay

Wer ohnehin als Kunde bei einem großen Onlineanbieter registriert ist, kann auch bei einigen anderen Webshops auf diese Weise bezahlen. Ähnlich wie bei PayPal braucht man keine Zahlungsdaten anzugeben, sondern gibt die Zahlung über eine Anmeldung beim Konto des Anbieters frei. Der Betrag wird über die dort eingerichtete Zahlungsmethode eingezogen. Diese Methode ist komfortabel und unter Einhaltung der üblichen Sicherheitsvorkehrungen risikoarm. Allerdings sammeln die Onlinedienste dabei fleißig zusätzliche Informationen über ihre Kunden.

Lastschrift

Der Einzug des Rechnungsbetrags per Lastschrift gehört im deutschsprachigen Raum nach wie vor zu den Klassikern. Man gibt im Onlineshop seine Bankverbindung an und erlaubt dem Händler, den Betrag für die Bestellung davon einzuziehen. Wichtig dabei ist, dass das Konto ausreichende Deckung aufweist. Andernfalls wird die Lastschrift von der Bank zurückgewiesen, wodurch satte Bankgebühren entstehen, die der Händler in der Regel vom Kunden erstattet haben möchte.

Kreditkarte

Auch im deutschsprachigen Raum sind Kreditkarten mittlerweile verbreitet und werden von vielen Onlineshops akzeptiert. Bei Problemen mit Händlern bieten viele Karten die Möglichkeit, eine Zahlung zumindest eine Zeit lang zurückzuholen (»Chargeback«). Wichtig ist aber, dass man die Daten der Kreditkarte nur bei vertrauenswürdigen Webseiten und über sichere Verbindungen (siehe Seite 281) eingibt. Denn die Kartendaten allein reichen jedem Hacker, um Bestellungen zu tätigen, für die dann Ihr Kartenkonto belastet wird.

Sofortüberweisung und giropay

Sofortüberweisung bzw. giropay entsprechen im Grunde genommen einer »betreuten« Vorabüberweisung. Der Käufer wird im Onlineshop direkt zu seiner Onlinebank geleitet, meldet sich dort an und nimmt die vorausgefüllte Überweisung vor. Dadurch hat der Händler die Sicherheit, dass der Kunde tatsächlich bezahlt hat und den Betrag auch nicht wie bei einer Lastschrift widerrufen kann. Er kann die Ware also sofort losschicken, wodurch Verzögerung und Verwaltungsaufwand einer Vorabüberweisung entfallen.

Allerdings müssen Kunden ihre Kontoinformationen im Onlineshop eingeben, und für die Abwicklung wird ein Zahlungsdienstleister zwischengeschaltet, der zumindest begrenzten Zugriff auf das Bankkonto erhält. Man muss bei diesem Verfahren deshalb sorgsam darauf achten, nur sichere Verbindungen zu verwenden und nicht auf eine falsche Webseite gelockt zu werden.

Vorkasse

Wenn Sie nirgends Kontodaten angeben möchten, ist diese Methode die beste für Sie: Sie überweisen das Geld vorab auf das Bankkonto des Händlers, und der schickt die Ware nach Erhalt los. Leider mögen auch Händler diese Methode gern, denn so haben sie den Betrag erst mal sicher. Bei Konflikten muss der Kunde dann seinem Geld hinterherrennen.

Mehr Sicherheit durch PSD2

Die seit September 2019 verbindliche EU-Richtlinie PSD2 soll für mehr Sicherheit (unter anderem) beim Onlineshopping sorgen. Dies betrifft insbesondere direkte Zahlungen über einen zwischengeschalteten Dienstleister, wie dies etwa bei Kreditkarten oder PayPal & Co. geschieht. Für solche Zahlungen ist eine Zwei-Faktor-Authentifizierung nun obligatorisch. Meist wird dafür per SMS oder über eine spezielle App ein Code aufs Smartphone geschickt, der zum Autorisieren der Zahlung zusätzlich im Bestellformular eingegeben werden muss. Ausnahmen gibt es bei kleinen Beträgen und für Händler, denen der Kunde ausdrücklich eine pauschale Freigabe erteilt hat.

Kaufvertrag sicher abschließen

Bestellvorgänge im Internet umfassen mehrere Schritte mit Produktauswahl, Adressangabe, Auswahl der Zahlungsmethode etc. Oftmals erfährt man den vollständigen Kaufpreis einschließlich Versandkosten erst am Ende. Seriöse Händler präsentieren Kunden abschließend eine Zusammenfassung mit allen für den Vorgang relevanten Daten. Hier kann man alles noch mal gründlich prüfen und dann die Bestellung abschließen. Leider sind aber eben nicht alle Anbieter seriös.

Deshalb schützt der Gesetzgeber Kunden davor, versehentlich in Bestellfallen zu tappen. So muss der abschließende Schritt des Bestellvorgangs durch aussagekräftige Begriffe wie »Kostenpflichtig bestellen«, »zahlungspflichtigen Vertrag abschließen«, »Kaufen« oder »Jetzt kaufen« eindeutig bezeichnet sein. Weniger deutliche Umschreibungen wie »Anmelden«, »Bestellen« oder »Weiter« reichen hingegen nicht aus, um einen bindenden Vertrag zustande kommen zu lassen.

Solange der Bestellvorgang mit »Weiter« fortgesetzt wird, können Sie also bedenkenlos klicken. Erst wenn einer der beschriebenen Begriffe kommt, sollten Sie alle Angaben nochmals prüfen und die Bestellung dann bestätigen.

E-Mail-Bestätigung der Bestellung

Es ist zwar rechtlich nicht erforderlich, aber ein seriöser Händler sollte dem Kunden nach Abschluss der Bestellung eine E-Mail mit den Einzelheiten des Vertrags zusenden, damit dieser etwas »in der Hand« hat. Ich persönlich habe es mir zur Gewohnheit gemacht, die Bestellseite noch im Webbrowser geöffnet zu lassen, bis ich eine solche E-Mail erhalten habe. Bleibt sie aus, kann man den Inhalt des Webbrowsers ggf. speichern oder als Bildschirmfoto aufbewahren (bei Windows 10 ⊞+⇧+S).

One-Touch-Shopping – pro und kontra

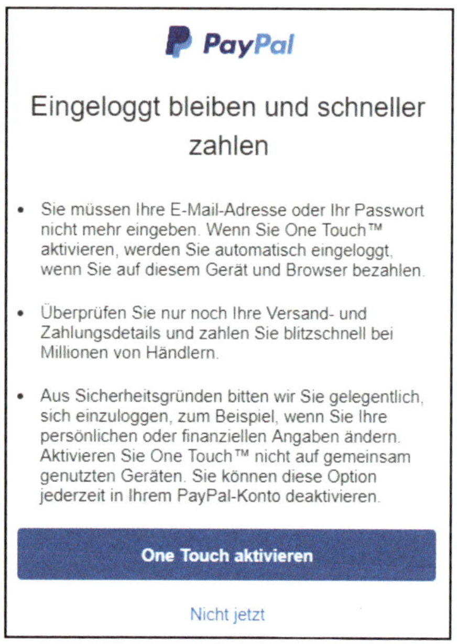

Verschiedene Onlineshops und Bezahldienstleister wollen es den Kunden so einfach wie möglich machen und bieten Funktionen wie »One-Touch-Shopping« oder »Ein-Klick-Bezahlen« an. Der Anwender soll damit so schnell und komfortabel wie möglich einkaufen und bezahlen können, ohne umständlich Passwörter einzutippen. Denn mit jeder Hürde, die ein Verkäufer während des Bezahlvorgangs aufbaut, steigt die Wahrscheinlichkeit, dass der Kunde es sich anders überlegt.

In der Praxis sieht das meist so aus, dass man sich auf demselben Gerät nur einmal mit Passwort anmelden muss. Danach erkennt der Onlineshop das Gerät wieder, und man kann direkt ohne Anmeldung bezahlen bzw. muss sich nur hin und wieder erneut mit Passwort anmelden.

Das steigert den Komfort, aber es erhöht auch das Missbrauchspotenzial. Auf einem Gerät, zu dem auch andere Personen Zugriff haben, rate ich von solchen Funktionen entschieden ab. Ist der Zugang zum Gerät zuverlässig durch ein sicheres Passwort oder biometrische Eigenschaften geschützt, kann man zumindest darüber nachdenken. Aber auch dann würde ich es nur in Betracht ziehen, wenn es sich um eine Anmeldung handelt, die man mehrmals täglich benötigt und bei der das Missbrauchspotenzial begrenzt ist, beispielsweise weil nur kleine Transaktionen möglich sind oder maximal ein bestimmtes Guthaben verbraucht werden kann. Bei allen Anmeldungen, die man höchstens einmal täglich nutzt, würde ich auf ein Passwort jeweils nicht verzichten wollen, insbesondere wenn man es mit einem Helfer wie KeePass komfortabel eingeben kann. Und insbesondere im Bereich Onlineshopping und -banking, also wenn es um empfindliche finanzielle Einbußen gehen kann, würde ich ganz im Gegenteil eher zur zusätzlichen Absicherung per Zwei-Faktor-Anmeldung raten (siehe Seite 61).

Sonderfall Onlineauktionen und -kleinanzeigen

Neben klassischen Onlineshops erfreuen sich auch Onlineauktionen und Plattformen für Kleinanzeigen großer Beliebtheit. Allerdings nicht nur bei ehrlichen Käufern und Verkäufern. Da sie wenig reglementiert sind und kaum kontrolliert werden, tummeln sich hier auch zwielichtige Gestalten mit finsteren Absichten. Deshalb ist es wichtig, auch – bzw. besonders – bei günstigen Preisen Vorsicht und gesunden Menschenverstand nicht über Bord zu werfen.

- Lesen Sie sich die Beschreibung des Angebots sorgfältig durch. Mancher hat schon viel Geld für ein Gerät ausgegeben, aber am Ende nur die Verpackung desselben erhalten, was so auch in der Beschreibung stand. Vor allem bei Gebrauchtgeräten sollte der Zustand möglichst genau und eindeutig beschrieben und durch Bilder belegt sein.
- Lassen Sie sich von sehr günstigen Preisen nicht zu Risiken verführen. Sicher kann man mal ein Schnäppchen machen. Aber wenn ein Angebot deutlich unterhalb der üblichen Preisspanne liegt, ist zumindest Vorsicht geboten.
- Überprüfen Sie – soweit möglich – Bewertungen des Verkäufers oder Käufers. Negative Bewertungen sind immer ein Warnzeichen. Aber auch eine sehr positive Bilanz kann allenfalls ein Indiz sein, da solche Bewertungen manipuliert werden können. Regelmäßig werden auch Konten beispielsweise bei eBay gehackt und »unfreundlich« übernommen. Der Angreifer profitiert dabei zumindest eine Zeit lang vom guten Leumund des eigentlichen Kontobesitzers. Trudeln dann die ersten negativen Bewertungen ein, zieht er einfach zum nächsten gehackten Konto weiter.
- Nutzen Sie solche Plattformen nur zur Anbahnung eines Geschäfts, nehmen Sie den eigentlichen Kauf oder Verkauf dann aber möglichst persönlich vor. Sollte ein Verkäufer eine Abholung vor Ort verweigern, dann lassen Sie am besten gleich die Finger davon.

- Wenn ein Artikel nur per Versand erworben werden kann und vorab bezahlt werden muss, nutzen Sie möglichst einen Treuhandservice oder Käuferschutz der Plattform. Beim Treuhandservice erhält die Plattform das Geld und überweist es erst an den Verkäufer, wenn Sie den Erhalt der Ware bestätigt haben. Beim Käuferschutz erstattet die Plattform Ihnen bei Problemen den Kaufpreis, allerdings nur unter bestimmten Voraussetzungen. Informieren Sie sich am besten schon im Voraus darüber.
- Wenn Sie den Kaufbetrag überweisen müssen, achten Sie darauf, dass Kontoinhaber und Käufer identisch sind. Weichen die Daten voneinander ab, kann dies ein Hinweis auf einen möglichen Identitätsdiebstahl sein. Vergewissern Sie sich in einem solchen Fall, bevor Sie Geld überweisen. Zahlen Sie erst, wenn Sie die Adresse des Verkäufers kennen, um bei Problemen einen direkten Ansprechpartner zu haben.
- Alle Plattformen sehen bestimmte Wege für Kommunikation und Bezahlung vor. Versucht ein Teilnehmer, Sie auf andere Wege zu locken, seien Sie misstrauisch. Wenn Sie beispielsweise bei einer Onlineauktion unterlegen waren, aber kurze Zeit später eine Nachricht vom Verkäufer erhalten, dass Sie die Ware außerhalb der Plattform trotzdem zum gebotenen Preis erwerben können, ist Skepsis angesagt.
- Lassen Sie sich nicht überreden, einem Verkäufer (oder Käufer) eine Kopie Ihres Personalausweises (o. Ä.) zu senden. Die könnte für Identitätsdiebstahl missbraucht werden.

PayPal für Familie und Freunde

Bei Auktionen und Kleinanzeigen wird gern der Zahlungsdienstleister PayPal verwendet, weil sich damit schnell und unkompliziert Zahlungen abwickeln lassen. Insbesondere bei eBay-Angeboten ist dies fast immer möglich, und hier bietet PayPal sogar einen gewissen Käuferschutz. Allerdings kassiert PayPal dafür Gebühren vom Zahlungsempfänger.

Als Alternative gibt es die PayPal-Variante »Geld senden an Familie und Freunde«, die für alle Beteiligten kostenlos ist. Vielleicht möchte ein Verkäufer Sie überreden, diese Variante zu nutzen, um Kosten zu sparen. Dann müssen Sie sich darüber im Klaren sein, dass der Käuferschutz für diese Variante nicht gilt und Sie keine Gelegenheit haben, das Geld ggf. zurückzufordern. Verwenden Sie diese Variante also wirklich nur bei Empfängern, die Sie persönlich kennen.

8.8 Onlinebanking

Beim Onlinebanking müssen noch strengere Kriterien angelegt werden als beim Onlineshopping. Denn hier geht es nicht um eine Bestellung bei einem Onlineshop, sondern um den Zugriff auf ein oder mehrere Konten und somit die Verfügungsgewalt über das dort hinterlegte Geld. Dementsprechend attraktiver sind Angriffe auf Onlinebanking, und dementsprechend aufwendiger sollte es geschützt sein.

Mehrfacher Schutz fürs Onlinebanking

Da der Zugriff auf das Bankkonto und das Ausführen von Geldtransfers im Missbrauchsfall so unmittelbare und teure Konsequenzen haben können, sollten stets mehrere Hürden aufgebaut sein. Ob das der Fall ist, können Sie bei jedem Gerät und Konto selbst prüfen:

1. Zunächst sollte der Zugang zum Gerät selbst geschützt sein. Dies ist vor allem wichtig, wenn Sie spezielle Banking-Software oder -Apps verwenden. Nutzen Sie den Webbrowser, kann dieser erste Schutz vernachlässigt werden. Dann ist es aber wichtig, im Browser keine Anmeldedaten zu speichern und keine Surfspuren zu hinterlassen.
2. Die Anmeldung zum Onlinebanking darf nicht automatisch erfolgen, sondern zumindest das Kennwort muss jedes Mal eingegeben werden. Dies gilt sowohl für das Banking per Webbrowser als auch für spezielle Banking-Software. Das Speichern der Anmeldedaten in Banking-Apps ist gerade bei mehreren Konten sehr komfortabel. Aber dann sollte der Zugang zur App selbst mit einem sehr sicheren Passwort oder biometrischen Merkmalen geschützt sein.
3. Ist das Anmelden zum Banking per Zwei-Faktor-Authentifizierung geschützt, sollte der zweite Faktor auf einem separaten Weg übermittelt werden. Beim Banking am PC kann man beispielsweise ein Mobilgerät oder einen TAN-Generator für den zweiten Faktor nutzen.
4. Schließlich muss für jede Transaktion eine zusätzliche Autorisierung durch eine TAN o. Ä. erfolgen. Auch diese sollte auf einem separaten Weg übermittelt werden oder der Empfang bzw. das Generieren durch eine weitere Authentifizierung geschützt sein.

Sind die verwendeten Authentifizierungsmittel wie Passwörter und biometrische Merkmale jeweils sicher, sind einem möglichen Missbrauch ausreichend Hürden in den Weg gestellt, sodass er in der Praxis effektiv verhindert werden sollte.

Onlinebanking ohne Datenspuren

Beim Onlinebanking per Webbrowser besteht immer das Risiko, dass im Browser Surfspuren verbleiben, die von anderen Benutzern oder auch Angreifern ausgenutzt werden konnen. Ein einfacher Schutz dagegen sind die »Privatsitzungen«, die mittlerweile praktische alle Webbrowser bieten. Alles, was in einer solchen Sitzung passiert, taucht nicht in Verlauf oder Cache auf, und mit dem Schließen des Browser-Tabs werden auch alle Cookies oder sonstige Datenspuren zuverlässig gelöscht.

Eine entsprechende Funktion finden Sie im Hauptmenü des Webbrowsers, beispielsweise unter der Bezeichnung *Neues Inkognito-Fenster* bei Chrome oder *Neues privates Fenster* bei Firefox. Dies gilt jeweils auch für die mobilen Versionen dieser Browser.

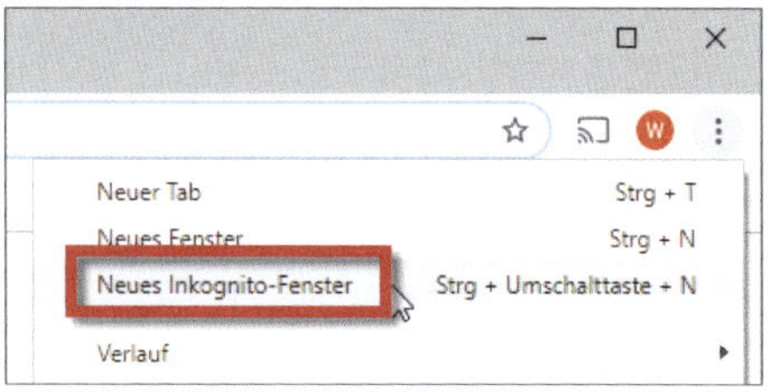

Das Browser-Fenster unterscheidet sich in diesem Modus deutlich vom sonstigen Erscheinungsbild. Man kann es sich zur Gewohnheit machen, Bankgeschäfte nur in diesem Modus vorzunehmen.

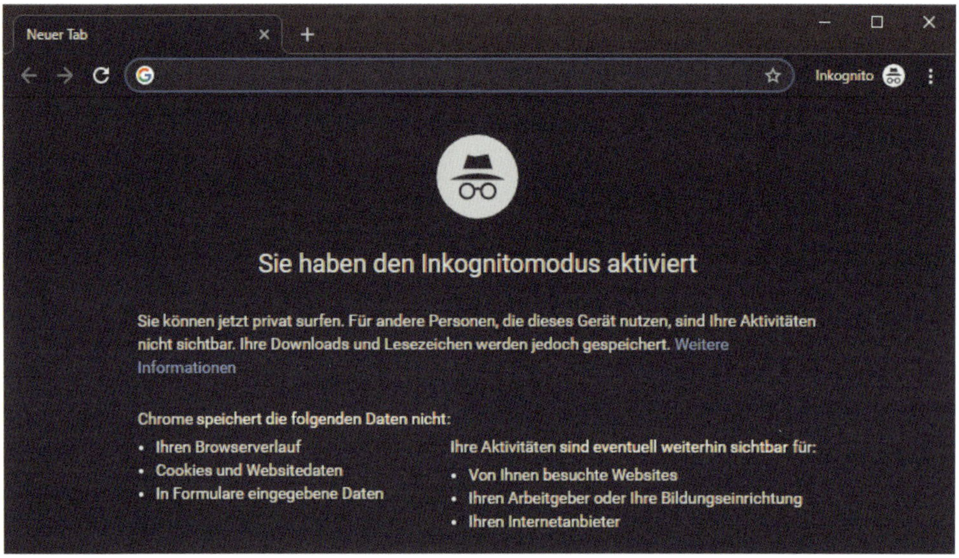

Im Inkognitomodus zeichnet der Webbrowser keine Daten auf bzw. verwirft sie nach dem Schließen automatisch.

Banking per App

Eine Variante beim Onlinebanking sind elektronische Bankgeschäfte per App auf dem Mobilgerät. Hier wird also nicht der Browser benutzt, um die Webseiten der Onlinebank anzusteuern. Stattdessen installiert man eine spezielle App und füttert sie mit den Zugangsdaten des Kontos, sodass sie Kontoumsätze abrufen und anzeigen kann. Auch Transaktionen sind möglich, wobei aber genau wie beim Webbanking ein zweiter Faktor wie etwa TAN-Codes zur Autorisierung benötigt wird. Bei den Banking-Apps sind grundsätzlich zwei Arten zu unterscheiden:

- Viele Banken veröffentlichen eigene Apps, mit denen Kunden auf ihre Konten dort zugreifen können. Solche Apps sind recht vertrauenswürdig, da die Banken selbst dafür haften und für Fehler aufgrund von Sicherheitslücken o. Ä. im Zweifelsfall geradestehen. Dafür kann man mit diesen Apps in der Regel eben nur Konten bei dieser einen Bank kontrollieren. Hat man Konten bei mehreren Banken, benötigt man mehrere Apps.
- Alternativ findet man in den App Stores allgemeine Banking-Apps, bei denen man den Zugriff auf Konten bei verschiedenen Banken einrichten kann (siehe Multi-Banking). Das ist zum Verwalten mehrerer Konten praktischer. Allerdings sollte man bei der Auswahl einer solchen App besonders sorgfältig sein und nur unzweifelhaft vertrauenswürdige App-Anbieter in Betracht ziehen.

Banking-Apps erscheinen auf den ersten Blick als die perfekte Alles-in-einem-Lösung. Man kann auf dem Smartphone den Kontostand prüfen, eine Überweisung vornehmen und erhält den TAN-Code auch direkt dorthin, um die Transaktion damit zu bestätigen. In diesem Komfort liegt aber auch genau das Risiko: Ein heimlich auf dem Gerät installierter Trojaner könnte alle Informationen ausspähen, die zum Durchführen von Transaktionen benötigt werden.

Wer eine Banking-App sicher nutzen will, sollte deshalb darauf achten, dass der zweite Faktor bei der Authentifizierung bzw. Autorisierung von Transaktionen über ein anderes Gerät läuft. Beispielsweise gibt es separate TAN-Generatoren, die einen QR-Code vom Bildschirm des Mobilgerätes ablesen und dann eine passende TAN generieren, die man ablesen und eintippen kann.

8.9 Cloud-Dienste sicher nutzen

Cloud-Dienste erfreuen sich mittlerweile großer Beliebtheit. Kein Wunder, denn sie machen es leicht, Daten zwischen mehreren Geräten zu synchronisieren oder auf einem neuen Gerät die Daten und Einstellungen des Vorgängers schnell wiederherzustellen. Und die Nutzung wird einem leicht gemacht, da bei allen aktuellen Betriebssystemen ein Cloud-Dienst schon zum Lieferumfang gehört und ohne große Umstände aktiviert werden kann: OneDrive bei Windows, iCloud bei iOS und macOS oder Google Drive bei Android.

Aber wenn man seine Daten »außer Haus« gibt, steigt eben auch die Gefahr, dass sie in falsche Hände geraten. Immer wieder gibt es Berichte über Sicherheitslücken bei Cloud-Anbietern oder digitale Einbrüche, bei denen massenweise Zugangsdaten von Anwendern entwendet werden (siehe Seite 17). Mit den richtigen Schutzmaßnahmen kann man Cloud-Dienste sicher nutzen und im Fall der Fälle das Schlimmste verhindern.

Sichere Passwörter sind das A und O

Wie man sichere Passwörter erstellt und komfortabel nutzt, ist ab Seite 17 ausführlich beschrieben, sodass ich hier nur darauf verweise. Für Cloud-Dienste, die jedermann per Webbrowser besuchen kann, sind ausreichend lange und komplexe Passwörter besonders wichtig, die gegen Brute-Force-Angriffe immun machen. Vor allem aber ist es wichtig, bei jedem Cloud-Anbieter ein anderes Passwort zu nutzen. Sollten die Zugangsdaten doch mal bei einem Datenklau in falsche Hände geraten, könnten sonst auch alle anderen Anmeldungen mit demselben Kennwort kompromittiert sein.

Zwei-Faktor-Authentifizierung nutzen

Große Gefahr für die in der Cloud gespeicherten Daten droht, wenn die Anmeldedaten in falsche Hände geraten. Daran muss nicht mal der Anwender selbst schuld sein, weil er ein unsicheres Passwort verwendet hat. Cloud-Betreiber sind ein beliebtes Ziel von Hackern, da man so auf einen Schlag an eine große Menge von Daten gelangen kann. Schon mehrfach wurden Cloud-Dienste gehackt und die Anmeldedaten der Benutzer entwendet. Schützen kann man sich davor mit einer Zwei-Faktor-Authentifizierung (2FA).

Die wird auf Seite 61 ausführlich vorgestellt, deshalb hier nur kurz: Zusätzlich zum Benutzernamen und dem Passwort kommt ein weiterer Code hinzu, der idealerweise mit einem anderen Gerät (beispielsweise dem Smartphone) ermittelt wird. Selbst wenn ein Angreifer den Benutzernamen und das Passwort kennt, bekommt er ohne diesen Zusatzfaktor keinen Zugriff auf die Daten.

Auf Seite 65 zeige ich, wie man bei Google-Konten eine 2FA-Anmeldung einrichtet, die dann beispielsweise auch Google Drive umfasst. Diesen Zusatzschutz findet man auch bei anderen Cloud-Diensten wie iCloud (siehe Seite 191) oder OneDrive, wobei die Funktionen dafür oftmals direkt ins System integriert sind.

Hier möchte ich das Vorgehen deshalb am Beispiel des beliebten Cloud-Dienstes Dropbox zeigen, der sich per Webbrowser nutzen, aber auch als App in praktisch alle Systeme einbinden lässt.

1. Öffnen Sie im Webbrowser die Webversion von Dropbox unter www.dropbox.com, und melden Sie sich mit Ihrem Benutzerkonto an.
2. Klicken Sie dann oben rechts auf das Symbol Ihres Dropbox-Kontos, und wählen Sie im so geöffneten Menü die *Einstellungen*.

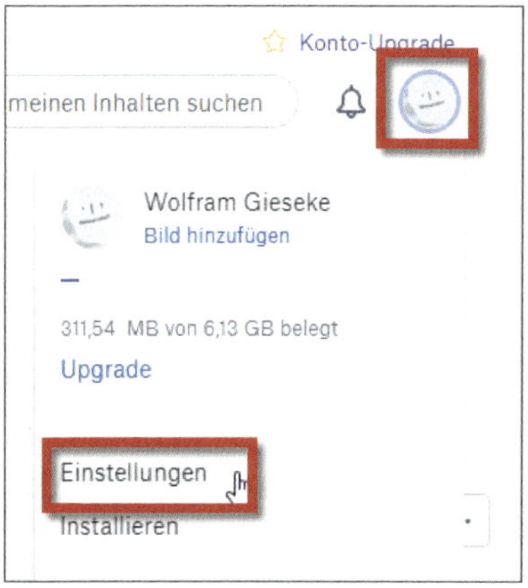

3. Wechseln Sie im Einstellungsmenü in die Rubrik *Sicherheit*.

4. Schalten Sie hier in der Liste der Optionen bei *Zweistufige Überprüfung* rechts den Schalter auf *Ein*.

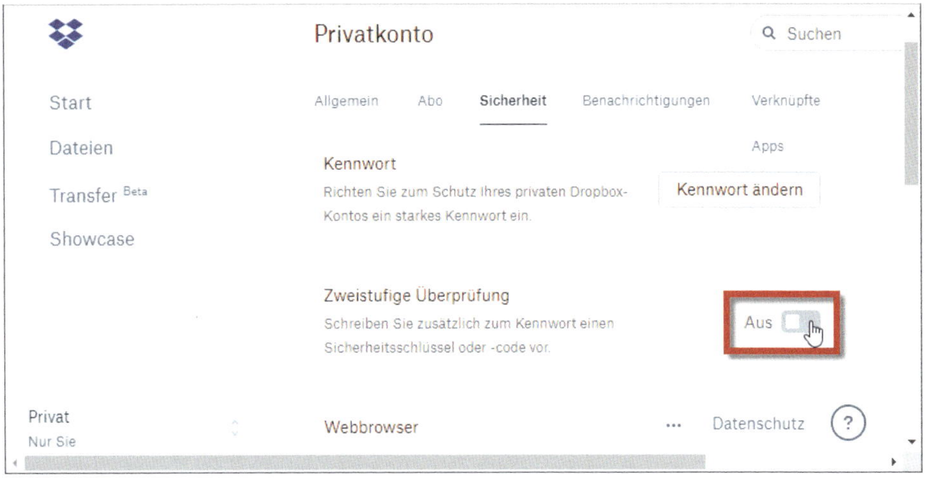

5. Damit starten Sie einen Assistenten, der Sie durch die Schritte zum Einrichten der Zwei-Faktor-Anmeldung führt. Bestätigen Sie ihn mit *Jetzt starten*.
6. Als ersten Schritt müssen Sie erneut das Kennwort für Ihr Dropbox-Konto eintippen, um sich als berechtigter Benutzer auszuweisen.

7. Nun können Sie auswählen, auf welchem Weg der zweite Faktor bei der Anmeldung übermittelt werden soll.

   Dropbox bietet zwei Varianten:

   - *Per SMS*: Der zusätzliche Sicherheitscode wird per SMS an Ihr Smartphone übermittelt. Diese Variante erfordert keine zusätzliche App. Sie brauchen nur Ihre Mobilfunknummer anzugeben und zu bestätigen. Ab sofort wird bei einer neuen Anmeldung jeweils eine SMS mit dem Code geschickt, den Sie zusätzlich ins Anmeldeformular eintippen. Allerdings sind Sie dafür stets auf Ihr Smartphone angewiesen. Ist das mal leer oder hat keinen Empfang, können Sie sich nicht anmelden. Und falls Ihr Smartphone gestohlen wird, gelangt auch der zweite Faktor in fremde Hände.

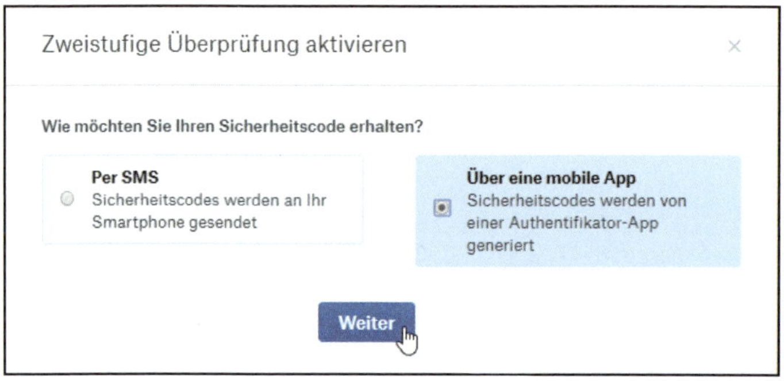

- *Über eine mobile App*: Sie generieren den zusätzlichen Sicherheitscode mit einer App wie Authy (siehe Seite 68). Da die App zusätzlich geschützt ist, ist diese Variante etwas sicherer und unabhängiger. Im Folgenden zeige ich deshalb die weiteren Schritte für diese Variante.

8. Dazu wird Ihnen ein QR-Code auf dem Bildschirm angezeigt. Starten Sie Authy bzw. eine andere Authenticator-App, und legen Sie dort einen neuen Zugang an. Scannen Sie dann den QR-Code mit der Kamera ein. Alternativ klicken Sie auf *geben Sie Ihren geheimen Schlüssel manuell ein*. Dann wird ein länglicher Code angezeigt, den Sie in der Authenticator-App eintippen.

9. Haben Sie den neuen Zugang in der App erfolgreich angelegt, zeigt diese Ihnen automatisch einen Code an. Klicken Sie im Webbrowser auf *Weiter*, und geben Sie im anschließenden Dialog diesen Code ein.

10. Anschließend können Sie eine Telefonnummer hinterlegen. Sollte das Generieren des Zugangscodes einmal nicht möglich sein, können Sie sich stattdessen einen per SMS an diese Nummer senden lassen.
11. Schließlich sehen Sie im Webbrowser eine Liste von Einmalcodes. Auch diese können Sie verwenden, falls das eingerichtete 2FA-Verfahren irgendwann mal nicht genutzt werden kann, beispielsweise weil das Smartphone defekt oder verloren ist. Heben Sie diese Liste an einem sicheren Ort gut auf, beispielsweise ausgedruckt in einem Tresor.

Damit haben Sie das 2FA-Verfahren für Dropbox erfolgreich eingerichtet. Ab sofort wird jedes Mal der zusätzliche Code abgefragt, wenn Sie sich per Webbrowser bei Dropbox anmelden oder wenn Sie einer App den Zugriff auf Ihr Dropbox-Konto erlauben möchten.

Angemeldete Geräte überprüfen

Sie sind unsicher und haben den Verdacht, dass sich jemand Unbefugtes Zugang zu Ihrem Cloud-Speicher verschafft haben könnte? Die meisten Cloud-Anbieter zeichnen Zugriffe auf und führen ein Protokoll, in dem Sie sich jederzeit Gewissheit verschaffen können.

1. Bei Dropbox öffnen Sie dazu, wie oben beschrieben, die *Einstellungen* und darin die Rubrik *Sicherheit*.
2. Lokalisieren Sie hier den Abschnitt *Webbrowser*.
3. Hier sind alle Websitzungen aufgeführt, die derzeit mit Ihrem Cloud-Speicher verbunden sind. Sofern Sie Ihr Konto nicht mit anderen Personen teilen, sollte hier also immer nur Ihre eigene aktuelle Sitzung angezeigt werden.
4. Tauchen in der Liste weitere Verbindungen auf, können Sie deren IP-Adresse erfahren, wenn Sie den Mauszeiger auf dem Infosymbol ruhen lassen.
5. Mit einem Klick auf das *X*-Symbol ganz rechts erzwingen Sie das sofortige Beenden dieser Sitzung.

Haben Sie eine Sitzung entdeckt, die vermutlich von einem unberechtigten Benutzer ausgegangen ist, sollten Sie es nicht beim Abbrechen der Verbindung belassen:

- Ändern Sie umgehend das Kennwort, damit derjenige sich nicht einfach erneut anmelden kann.

- Richten Sie eine Zwei-Faktor-Anmeldung ein, um solchen Missbrauch in Zukunft auszuschließen (siehe Seite 318).
- Kontrollieren Sie, ob die unbekannte Person eventuell Apps den Zugang zu Ihrem Cloud-Speicher erlaubt hat (siehe folgenden Abschnitt).

App-Freigaben kontrollieren

Cloud-Dienste benutzt man meist nicht nur per Webbrowser. Programme und Apps erlauben es, den Speicher direkt in PC oder Mobilgerät zu integrieren und Daten zwischen verschiedenen Geräten zu synchronisieren. Auch Webanwendungen können direkt auf Cloud-Speicher zugreifen, wenn man ihnen dies einmalig erlaubt. Der Cloud-Server speichert dabei eine eindeutige ID für die jeweilige Anwendung, sodass diese sich anschließend immer wieder ohne erneute Anmeldung mit dem Speicher dieses Kontos verbinden darf.

Nutzt man einen Cloud-Speicher auf diese Weise ein paar Jahre mit verschiedenen Geräten und Diensten, kommt meist eine ganze Reihe von Berechtigungen zusammen. Diese sollte man von Zeit zu Zeit kontrollieren, um nicht mehr genutzte Apps, Geräte und Dienste auszusortieren und sicherzustellen, dass wirklich nur noch gewünschte Dienstleister Zugriff auf die Cloud haben.

1. Bei Dropbox öffnen Sie dazu, wie oben beschrieben, die *Einstellungen* und darin die Rubrik *Verknüpfte Apps*.
2. Lokalisieren Sie dann unten in der Liste den Abschnitt *Apps mit Zugriff auf Ihre Dropbox*.
3. Hier sind in einer Tabelle alle Dienste aufgelistet, jeweils mit Namen, Herausgeber und der Art des Zugriffsrechts. Dabei wird unterschieden, ob eine App Zugriff auf die *Gesamte Dropbox* oder nur einen eigenen *App-Ordner* innerhalb der Dropbox hat.

4. Insbesondere bei Apps mit vollem Zugriff sollten Sie genau hinschauen. Wenn Sie genau wissen, wozu dieser Zugriff benötigt wird und dass dieser Anwendungszweck immer noch aktuell ist, kann alles so bleiben.

5. Andernfalls können Sie der App mit dem *X*-Symbol ganz rechts das Zugriffsrecht entziehen. Haben Sie dabei keine Angst, zu voreilig zu sein. Sollten Sie bemerken, dass ein entzogenes Zugriffsrecht doch noch benötigt wird, können Sie es jederzeit in der App bzw. dem Webdienst neu einrichten.
6. Im anschließenden Dialog bestätigen Sie das Aufheben der Verknüpfung. Außerdem können Sie bei Apps mit eigenem Ordner diesen auch gleich löschen lassen.

Boxcryptor: Daten verschlüsselt in der Cloud speichern

Cloud-Speicher ist praktisch und unter Sicherheitsaspekten auch sinnvoll, da er das Speichern einer Kopie »außerhalb« ermöglicht, durch die man wichtige Daten vor Diebstahl, Feuer oder Wasserschäden schützen kann. Ein großer Nachteil ist allerdings, dass man seine Daten dazu auf einem fremden Server ablegen muss. Dort können sie zumindest vom Betreiber eingesehen werden. Durch Sicherheitslücken kann es außerdem passieren, dass andere Benutzer Zugriff erlangen oder sie bei Hackerangriffen in falsche Hände geraten.

Alles das kann man aber vermeiden, indem man die Daten vor dem Transfer in die Cloud verschlüsselt. So liegt dort immer nur eine sicher verschlüsselte Kopie vor. Selbst wenn die in falsche Hände gelangt, kann ohne den dazugehörenden Schlüssel niemand etwas damit anfangen. Nun klingt es erst mal kompliziert, Dateien immer erst ver- und später wieder entschlüsseln zu müssen.

Aber eine Software wie Boxcryptor kann genau das automatisieren. Boxcryptor ist u. a. für Windows, macOS, Android und iOS verfügbar (boxcryptor.com) und richtet auf Ihrem Gerät ein zusätzliches virtuelles Laufwerk ein. Alles, was Sie darin speichern, wird verschlüsselt und an den eingerichteten Cloud-Dienst übertragen. Von dort kann es auf demselben oder auch einem anderen Gerät jederzeit wieder abgerufen werden, wobei die Daten automatisch wieder entschlüsselt werden. Boxcryptor kann also auch zum sicheren Austausch von Daten zwischen verschiedenen Geräten genutzt werden.

Boxcryptor einrichten

Nach dem Installieren werden Sie beim ersten Start von Boxcryptor aufgefordert, ein Benutzerkonto anzulegen. Ähnlich wie bei Windows kann man dabei ein Online- oder ein lokales Konto verwenden. Wenn Sie Boxcryptor nur auf einem Gerät einsetzen möchten, reicht ein lokales Konto zunächst aus. Später können Sie dieses bei Bedarf immer noch in ein Onlinekonto mit Synchronisierungsfunktion umwandeln.

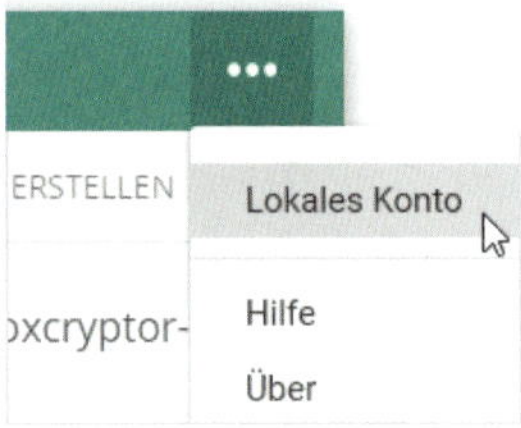

1. Klicken Sie dazu im *Anmelden*-Dialog auf das Menüsymbol oben rechts.
2. Wählen Sie im Menü *Lokales Konto* aus.
3. Klicken Sie im anschließenden Dialog ganz unten auf *Ich möchte ein lokales Konto verwenden*.
4. Klicken Sie dann auf die Schaltfläche *Neue Schlüsseldatei erstellen*, um einen Schlüssel für das Ver- und Entschlüsseln Ihrer Dokumente im Boxcryptor-Container zu generieren. Wählen Sie aus, wo die Datei mit diesem Schlüssel gespeichert werden soll.
5. Erstellen Sie dann ein sicheres Passwort, mit dem der Zugriff auf die Schlüsseldatei geschützt wird.

Anschließend richtet Boxcryptor ein virtuelles Laufwerk ein, das Sie im Explorer bzw. einem entsprechenden Dateimanager jederzeit verwenden können. Installieren Sie Boxcryptor in Windows, wird der in Ihrem Microsoft-Konto enthaltene OneDrive-Speicher automatisch eingebunden. Bei der Boxcryptor-App für Android beispielsweise können Sie stattdessen auswählen, welche Art von Cloud-Speicher (beispielsweise Dropbox, Google Drive, Amazon S3, MagentaCLOUD, NextCloud etc.) Sie einbinden möchten. Bei iOS- und macOS-Geräten wird auch die iCloud angeboten.

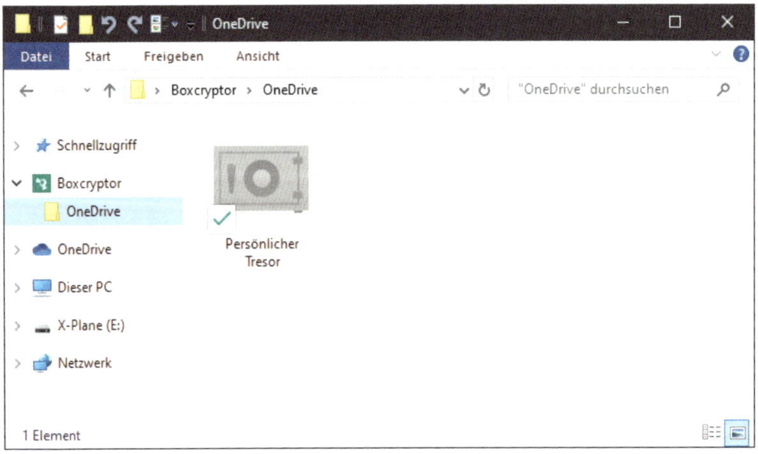

Boxcryptor integriert den sicheren Cloud-Speicher als virtuelles Laufwerk ins Dateisystem.

Boxcryptor selbst finden Sie zumindest am Windows-PC als Symbol im Infobereich der Taskleiste vor. Darüber können Sie das virtuelle Laufwerk jederzeit schnell auf den Bildschirm holen und auch Zugriff auf die Einstellungen erhalten.

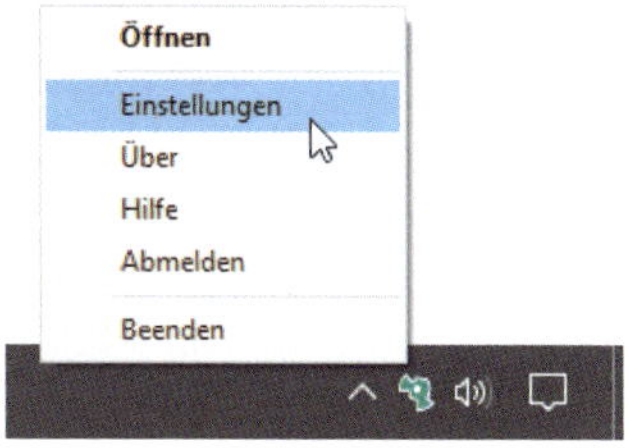

Beschränkungen der kostenlosen Version

Die kostenlose Version von Boxcryptor für den privaten Gebrauch ist funktionell etwas eingeschränkt. Man kann genau einen Cloud-Speicher einbinden und Boxcryptor auf bis zu zwei Geräten nutzen. So kann man beispielsweise auch zwischen PC und Smartphone sicher synchronisieren, also durchaus praktisch damit arbeiten. Abgesehen von diesen Einschränkungen, ist die kostenlose Version identisch und verwendet dieselbe starke Verschlüsselung. Wer mehr Geräte oder weitere Onlinespeicher nutzen möchte, kann für wenige Euro pro Monat den Dienst abonnieren und dann unbeschränkt nutzen.

Einen Cloud-Dienst einrichten

Um einen Cloud-Dienst in Boxcryptor einzurichten, benötigen Sie die Zugangsdaten für diesen Anbieter, also in der Regel einen Benutzernamen (bzw. eine E-Mail-Adresse) und ein Kennwort. Sollten Sie für diesen Dienst eine Zwei-Faktor-Authentifizierung eingerichtet haben, wird ggf. auch diese benötigt. Boxcryptor erstellt also kein Cloud-Speicher-Konto für Sie, sondern ist auf ein bereits vorhandenes angewiesen.

1. Klicken bzw. tippen Sie in den Einstellungen von Boxcryptor unter *Speicherorte* auf das *Hinzufügen*-Symbol.
2. Wählen Sie dann in der Liste den Cloud-Anbieter aus, bei dem Sie ein Konto haben.
3. Der weitere Ablauf hängt im Detail vom Anmeldeprozess des jeweiligen Anbieters ab und sieht deshalb jeweils etwas anders aus. Im Prinzip geben Sie aber die Zugangsdaten ein, die Sie von diesem Anbieter erhalten haben. Das sind in der Regel Benutzername und Passwort, mit denen Sie sich beispielsweise auch per Webbrowser anmelden würden. Manche Anbieter stellen aber auch spezielle Zugangsschlüssel für Programme wie Boxcryptor bereit.

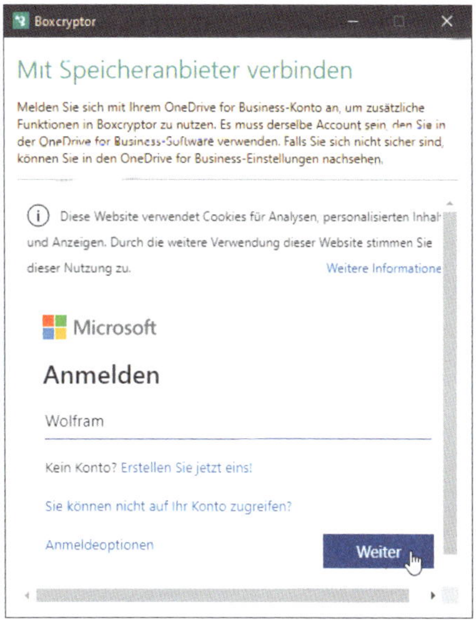

4. Einige Anbieter sehen ggf. einen weiteren Bestätigungsschritt vor. Bei Google Drive etwa wird der Vorgang auf Mobilgeräte, die mit diesem Konto verbunden sind, gemeldet und kann dort bestätigt werden. Eventuell erhalten Sie auch eine E-Mail mit einem Bestätigungslink, der zunächst angeklickt werden muss.
5. Bei einigen Anbietern erhalten Sie außerdem eine Übersicht, welche Berechtigungen Boxcryptor für diesen Dienst anfordert, und müssen dies nochmals ausdrücklich bestätigen.
6. Hat alles geklappt, finden Sie im virtuellen Boxcryptor-Laufwerk anschließend einen neuen Ordner für diesen Speicherdienst vor. So können Sie beim Verwenden mehrerer Cloud-Speicher steuern, welche Dateien in welcher Cloud gespeichert werden.

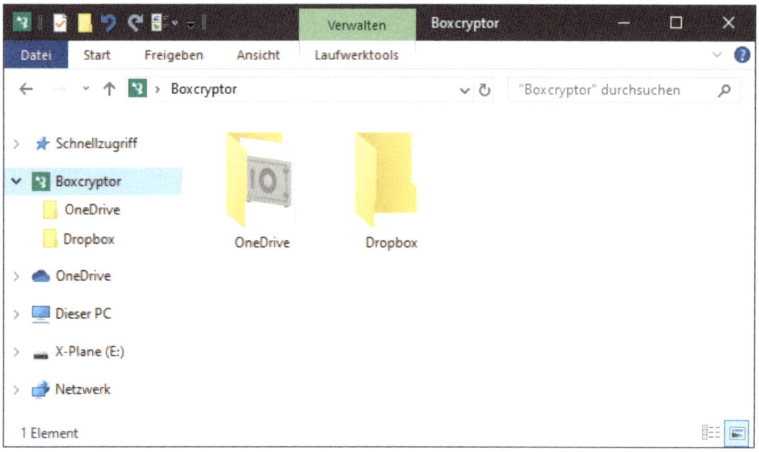

Boxcryptor im praktischen Einsatz

Einmal eingerichtet, können Sie jederzeit Dateien und Ordner im virtuellen Laufwerk bzw. dessen Unterordner ablegen. Wichtig ist dabei aber Folgendes: Die Inhalte dort werden nicht automatisch verschlüsselt. Wenn Sie das möchten, müssen Sie es beim ersten Anlegen, Verschieben oder Kopieren eines Ordners oder einer Datei angeben. Ab dann wird dieses Objekt in Zukunft immer verschlüsselt.

Um Dateien oder Ordner in den Boxcryptor-Cloud-Speicher zu befördern, stehen Ihnen die verschiedenen Möglichkeiten des jeweiligen Betriebssystems zur Verfügung:

- Unter Windows können Sie beispielsweise Drag-and-drop per Maus oder auch die Zwischenablage zum Kopieren und Einfügen nutzen.
- Bei Android bringt die jeweilige Boxcryptor-App selbst einen einfachen Dateimanager mit. Außerdem können Sie jederzeit die Teilen-Funktion des Betriebssystems nutzen, in der Sie Boxcryptor als Ziel auswählen können.

- Auch die iOS-App hat einen einfachen Dateimanager eingebaut, der das Kopieren und Verschieben von Fotos und Dokumenten ermöglicht.

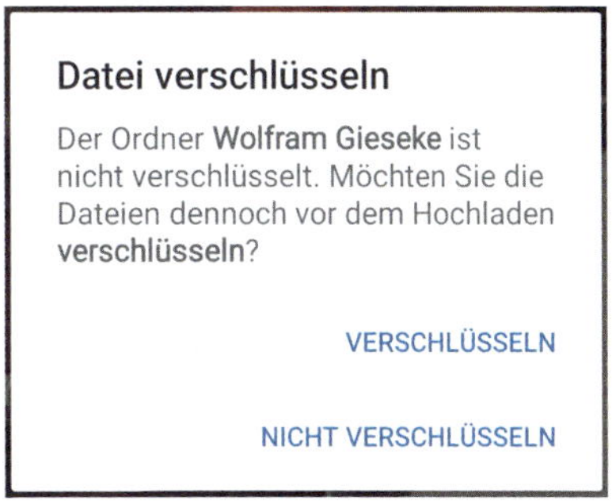

- Wann immer Sie einen Ordner oder eine Datei in den Boxcryptor-Speicher kopieren oder verschieben, werden Sie darauf aufmerksam gemacht, dass die Dateien standardmäßig nicht verschlüsselt werden. Wollen Sie in diesem Fall verschlüsseln, bestätigen Sie dies einfach. Dann wird dieses Objekt in Zukunft automatisch ver- bzw. bei Bedarf entschlüsselt.
- Sollten Sie sich erst nachträglich zum Verschlüsseln entscheiden, öffnen Sie beispielsweise in Windows das Kontextmenü für die Datei(en) bzw. Ordner und wählen darin *Boxcryptor/Verschlüsseln*. Auf die gleiche Weise können Sie Objekte auch wieder auf Dauer entschlüsseln, nur dass sich im Kontextmenü dann der Befehl *Entschlüsseln* findet.

9. Heimnetzwerk und Geräte schützen

Ein Internetzugang ist keine Einbahnstraße. In dem Moment, wo Sie Ihr Heimnetzwerk mit einem Internetzugang versehen, ist es prinzipiell auch aus dem Internet erreichbar. Mit dem Internetzugang ist eine IP-Adresse verknüpft. Die wird zwar nirgends veröffentlicht (auch wenn man von »öffentlicher IP-Adresse« spricht). Aber sie ist auch nicht wirklich geheim. Bei jedem Abruf einer Webseite beispielsweise teilt Ihr Webbrowser dem Server diese Adresse mit, damit der weiß, wohin er die Antwortdatenpakete zu schicken hat.

Wenn man das Heimnetzwerk mit einem Wohnhaus vergleicht: Selbst wenn Sie niemandem verraten, wo Sie wohnen, lassen Sie Ihre Haustür nicht einfach offen stehen. Denn sonst könnte irgendein Unbekannter, der zufällig des Weges kommt, einfach ins Haus rein. Die gute Nachricht: Ihr Internetrouter ist so etwas wie ein Türsteher. Solange er richtig konfiguriert ist, sorgt er dafür, dass nur erwünschte Datenpakete ins Heimnetzwerk kommen.

9.1 Web- und Wartungszugänge absichern

Nicht nur der Internetrouter, sondern auch andere Netzwerkgeräte wie NAS, WLAN-APs oder -Repeater oder auch »intelligente« Hausgeräte verfügen über eine Weboberfläche zur Konfiguration. Eigentlich sollte diese standardmäßig von außen nicht erreichbar sein, und eigentlich sollte sie standardmäßig mit einem sicheren Passwort geschützt sein.

Nur leider ist das in der Praxis eben nicht immer der Fall. Manchmal stehen die Webzugänge sperrangelweit offen, um den Anwendern das Leben möglichst leicht zu machen. Manchmal werden alle Geräte mit ein und demselben Standardpasswort ausgeliefert, das man dringend ändern sollte.

Machen Sie also am besten eine Bestandsaufnahme, und stellen Sie sicher, dass nur die benötigten Webschnittstellen aktiviert und dass diese mit sicheren, einzigartigen Passwörtern geschützt sind. Wenn Sie nicht sicher sind, welche Ihrer Geräte überhaupt eine Webschnittstelle haben, führen Sie, wie auf Seite 338 beschrieben, einen umfassenden Portscan in Ihrem Heimnetzwerk aus. So erfahren Sie, welche der Geräte eine HTTP- oder HTTPS-Schnittstelle geöffnet haben.

Ich zeige im Folgenden wieder am Beispiel der weitverbreiteten FRITZ!Box, worauf Sie beim Absichern von Internetroutern und anderen Geräten achten müssen. Diese bietet in dieser Hinsicht auch recht umfassende Einstellungsmöglichkeiten. Bei anderen Modellen sind es ggf. weniger, und die Konfigurationsoberfläche sieht anders aus. Grundlegende Funktionen wie das Ändern von voreingestellten Passwörtern finden Sie aber immer vor.

Eigene Zugangsdaten verwenden

Ein Internetrouter mit WLAN und Telefoniefunktionen wie bei vielen FRITZ!Box-Modellen wird ab Werk mit verschiedenen vorgegebenen Zugangsdaten ausgeliefert. Diese sind entweder bei allen Geräten des Herstellers gleich, wie etwa die Standard-PIN 0000 für DECT, oder individuell für das jeweilige Gerät erstellt, wie die WLAN-SSID und der Netzwerksicherheitsschlüssel. Beides sollten Sie ändern und durch eigene Daten ersetzen. Denn Standard-PINs kennt jeder, und die individuellen Zugangsdaten sind auf der FRITZ!-Box selbst aufgedruckt und dort ggf. ablesbar.

- Weboberfläche zur Konfiguration des Routers
  Das Kennwort für die Weboberfläche einer FRITZ!Box wird bei der ersten Anmeldung festgelegt. Sie können es später jederzeit unter *System/FRITZ!Box-Benutzer* in der Rubrik *Anmeldung* im Heimnetzwerk abändern. Hier können Sie die Weboberfläche auch auf *Anmeldung mit FRITZ!Box-Benutzername und Kennwort* umstellen, damit sich Benutzer mit verschiedenen Zugriffsrechten anmelden können.

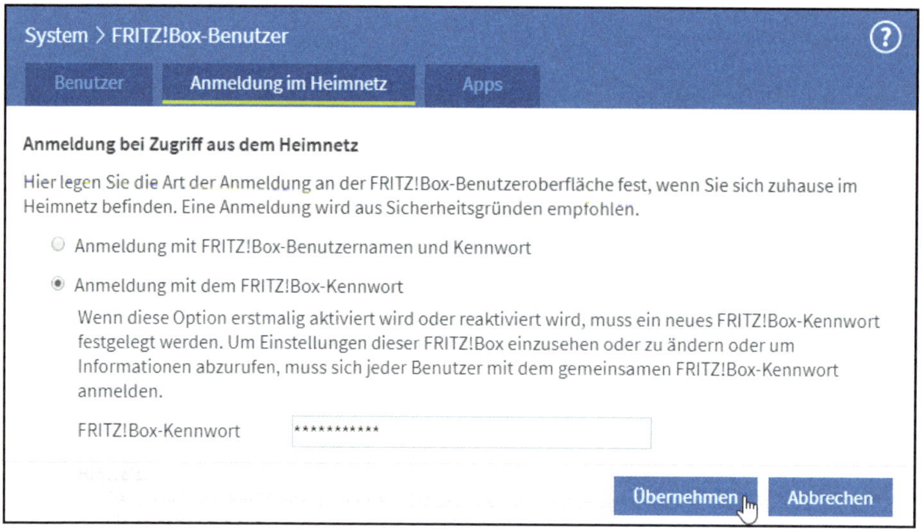

- WLAN-Zugangsdaten
  Die Zugangsdaten für Ihr WLAN finden Sie unter *WLAN/Sicherheit*. Ersetzen Sie hier den *WLAN-Netzwerkschlüssel* durch ein eigenes, möglichst sicheres Passwort. Unter *WLAN/Funknetz* können Sie auch den Namen Ihres WLAN abändern, sodass er keinen Rückschluss auf die verwendete Hardware mehr zulässt (mehr dazu erfahren Sie auf Seite 196).
- DECT-PIN
  Unter *DECT/Basisstation* finden Sie im Abschnitt *Anmeldung* das Feld *PIN*. Ersetzen Sie die Standard-PIN durch eine eigene vierstellige Zahl. Falls Sie keine DECT-Geräte verwenden, sollten Sie diese Funktion ganz oben bei *DECT-Basisstation aktiv* abschalten.

- Standardbenutzer
  Fast jede FRITZ!Box kennt ab Werk den Standardbenutzer *ftpuser* (nur bei neueren Firmware-Versionen wurde dieser aus Sicherheitsgründen abgeschafft). Er erhält automatisch das Passwort, das Sie auch für die Weboberfläche vergeben. Mit einem sicheren Passwort ist der Zugang zwar geschützt, aber durch den allgemein bekannten Benutzernamen stellt er immer noch ein erhöhtes Angriffsrisiko dar. Ich würde diesen Benutzer deshalb entfernen und durch (einen) eigenen Benutzernamen ersetzen. Unter *System/FRITZ!Box-Benutzer* finden Sie seinen Eintrag und können ihn mit dem roten *x* ganz rechts entfernen.

Fernzugriffe und -wartung abschalten

Viele Internetrouter unterscheiden beim Zugriff auf die Weboberfläche, ob dieser von innerhalb des lokalen Netzwerks oder von außerhalb über den Internetzugang erfolgen soll. Beides ist möglich, aber den Zugriff von außerhalb sollte man nur freigeben, wenn man das unbedingt benötigt. In der Regel wird man Änderungen am Internetrouter nicht ständig vornehmen und kann das ggf. tun, wenn man im lokalen Netzwerk angemeldet ist. Das Freigeben des externen Zugriffs reißt dann eine unnötige Sicherheitslücke auf, denn ein Zugang, der gar nicht erst besteht, kann auch nicht gehackt werden.

Besser: Fernwartung per VPN

Wenn man gelegentlich von außerhalb den Internetrouter konfigurieren möchte, ist ein VPN-Zugang (siehe Seite 220) die bessere Lösung. Der ist sicher verschlüsselt, und man muss keine Lücken in den Schutzschirm des Routers reißen. Hat man sich per VPN ins Heimnetzwerk eingewählt, kann man auch die Weboberfläche des Routers so öffnen, als wenn man lokal angemeldet wäre.

Bei Internetroutern ohne Benutzerverwaltung, wo es nur einen Administratorbenutzer gibt, kann man einfach per Option wählen, ob ein externer Zugang erlaubt sein soll oder ob die Weboberfläche nur für Zugriffe aus dem internen Netzwerk freigeschaltet sein soll.

Bei Geräten, die Wert auf Sicherheit legen, sollte eine solche Option standardmäßig ausgeschaltet sein. Ändern Sie das nur, wenn es unbedingt nötig ist.

Zugang auch aus dem Internet erlaubt

Verfügt der Router wie eine FRITZ!Box über eine Benutzerverwaltung, kann man dies sogar auf Benutzerebene kontrollieren. Dann sollte man beachten, dass diese Berechtigung nur genau den Benutzern erteilt wird, die dies tatsächlich benötigen:

1. Öffnen Sie dazu in der Benutzerübersicht unter *System/FRITZ!Box-Benutzer* die Einstellungen für dieses Konto.
2. Im Abschnitt *Zugang aus dem Internet* finden Sie nur die Berechtigung *Zugang auch aus dem Internet erlaubt*. Am sichersten ist es, diese Option auszuschalten. Allerdings bezieht sich dies auf alle Berechtigungen, die darunter aufgeführt werden. Soll ein Benutzer also beispielsweise die NAS-Funktionen von außerhalb nutzen dürfen, dürfen Sie die Option nicht ausschalten.
3. In diesem Fall sollten Sie aber im Bereich *Berechtigungen* die Funktionen abwählen, die der Benutzer von unterwegs nicht ausführen darf.
4. Manche Kombinationen sind mit diesen Mitteln nicht möglich – etwa ein Benutzer, der aus dem Heimnetzwerk die Weboberfläche, aber von unterwegs nur NAS-Funktionen nutzen darf. In dem Fall legen Sie zwei Benutzerkonten an, eines für die Verwendung im Heimnetzwerk und eines für den Zugriff von unterwegs.

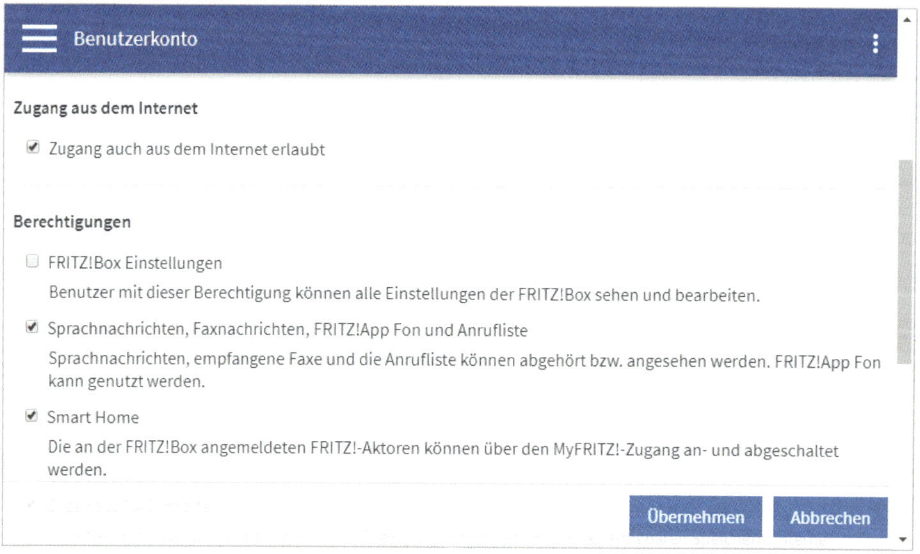

Weitere Wartungsfunktionen

Manche Internetrouter bieten neben einer Weboberfläche zusätzliche Schnittstellen zur Fernsteuerung durch den Internetanbieter oder durch spezielle Software. Wenn man sie benötigt und davon profitiert, können sie ein Segen sein.

Andernfalls aber kann man sie auch als überflüssige potenzielle Sicherheitslücken sehen. Deshalb sollte man auch hier nach dem Motto »so viel wie nötig, so wenig wie möglich« verfahren und Funktionen abschalten, die nicht benötigt werden.

TR-069 für den Internetanbieter

TR-069 ist ein Protokoll, über das Internetanbieter Router per Fernkonfiguration einstellen und beispielsweise Updates durchführen können. Zu diesem Zweck lauscht der Router auf einem bestimmten Port auf Kommandos aus dem Internet. Dieser Kommunikationskanal ist durch Verschlüsselung und Zertifikate geschützt und kann »normalerweise« nicht missbraucht werden. Wenn Sie trotzdem skeptisch sind, sollten Sie TR-069 in den Einstellungen deaktivieren.

Wenn Ihr Internetanbieter die Fernkonfiguration per TR-069 unterstützt, zeigt eine FRITZ!-Box unter *Internet/Zugangsdaten* zusätzlich die Rubrik *Anbieter-Dienste* an. Deaktivieren Sie hier die Option *Automatische Einrichtung durch den Dienstanbieter zulassen*. Dadurch werden auch die weiteren Optionen automatisch deaktiviert.

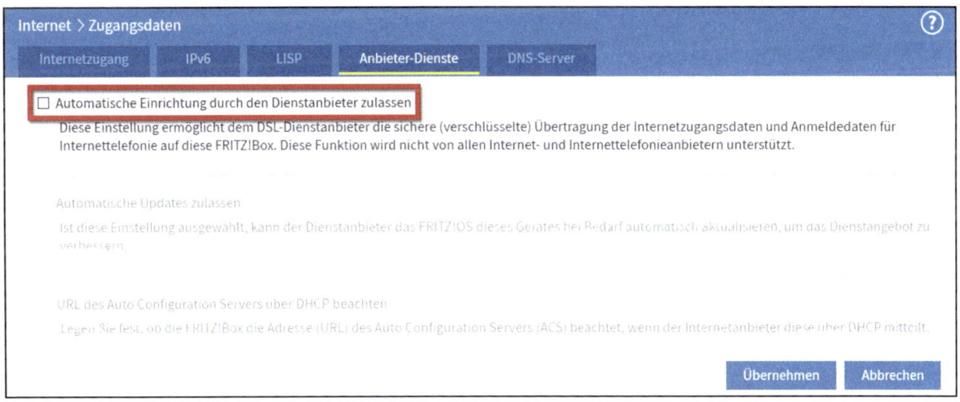

Wenn Sie diese Rubrik bei Ihrer FRITZ!Box nicht vorfinden, nutzt Ihr Internetanbieter diese Funktion nicht. Laut AVM wird die Funktion in der FRITZ!Box dann automatisch deaktiviert.

TR-064 für Zusatzprogramme

Ein weiteres Protokoll für den Zugriff ist TR-064, das AVM als mehr oder weniger offizielle Schnittstelle für Programme pflegt, die per Netzwerk auf die FRITZ!Box zugreifen möchten, beispielsweise um Anrufe auf anderen Geräten zu melden oder wesentliche Funktionen zu steuern.

Um die Verwendung von TR-064 zu kontrollieren, öffnen Sie in der Weboberfläche das Menü *Heimnetz/Netzwerk*. Wechseln Sie rechts in die Rubrik *Netzwerkeinstellungen*, und suchen Sie dort den Abschnitt *Heimnetzfreigaben*. Hier steuert die Option *Zugriff für Anwendungen zulassen* die Verwendung von TR-064. Wenn Sie keinerlei Programme oder Apps einsetzen, die auf die FRITZ!Box zugreifen, sollte die Option ausgeschaltet sein. Wollen Sie hingegen ein Programm verwenden und es beschwert sich, dass der Zugriff nicht gelingt, dann aktivieren Sie diese Option.

Wichtige Änderungen zusätzlich bestätigen

Eine FRITZ!Box hat ab Werk die Angewohnheit, bei wichtigen und sicherheitsrelevanten Änderungen der Einstellungen eine zusätzliche Bestätigung zu verlangen. Man muss dann entweder an einem angemeldeten Telefon einen bestimmten Tastencode eintippen oder eine der Tasten an der FRITZ!Box drücken. Das ist zwar manchmal lästig, aber Sie sollten das als zusätzliche Sicherheit auf sich nehmen. Sollte nämlich doch mal ein Unbefugter Zugang zur Weboberfläche Ihrer FRITZ!Box erlangt haben, hindert ihn das daran, wesentliche Änderungen aus der Ferne vorzunehmen, da diese zusätzlich »vor Ort« bestätigt werden müssen.

1. Um zu überprüfen, ob dieser zusätzliche Sicherheitsmechanismus aktiv ist, öffnen Sie dazu im Menü *System/FRITZ!Box-Benutzer* die Rubrik *Anmeldung im Heimnetz*.
2. Hier finden Sie ganz unten im Abschnitt *Bestätigen* die Option *Ausführung bestimmter Einstellungen und Funktionen zusätzlich bestätigen*.
3. Damit steuern Sie, ob bei wichtigen Einstellungsänderungen eine zusätzliche Bestätigung gefordert wird.

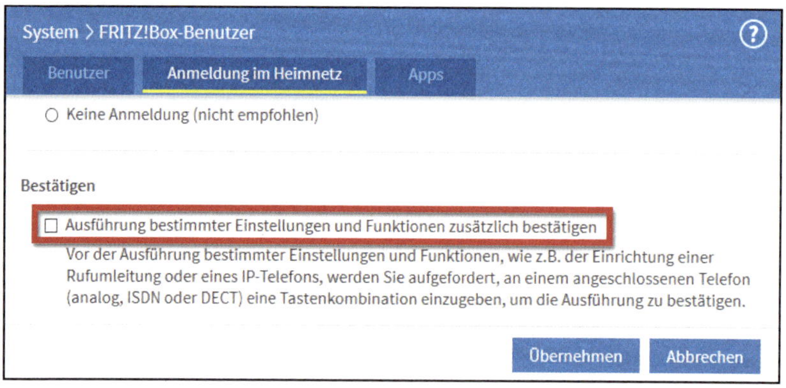

Die Tastensperre der FRITZ!Box aktivieren

Wie im vorangegangenen Abschnitt beschrieben, dienen die Tasten an der FRITZ!Box bei einigen Einstellungen als zusätzliche Bestätigung. Auch DECT-Mobilteile und WLAN-Geräte lassen sich per Tastendruck schnell und ohne weitere Umstände an der FRITZ!Box anmelden. Solange die FRITZ!Box vor unbefugten Zugriffen gut geschützt wird, ist das kein Problem. Wenn sie aber beispielsweise für Besucher oder Mitarbeiter erreichbar ist, könnten diese das potenziell missbrauchen.

Deshalb bietet die FRITZ!Box die Möglichkeit, die Tasten am Gerät zu deaktivieren. Der Tastendruck wird dann ignoriert, und die entsprechenden Funktionen lassen sich nur anderweitig – etwa über eine Weboberfläche und damit nach einer kennwortgeschützten Anmeldung – durchführen.

1. Um die Tastensperre zu aktivieren, öffnen Sie in der Weboberfläche das Menü *System/Tasten und LEDs*.
2. Wechseln Sie auf der rechten Seite zur Rubrik *Tastensperre*.
3. Schalten Sie hier die Option *Tastensperre aktiv* ein, und bestätigen Sie die Änderung unten mit *Übernehmen*.

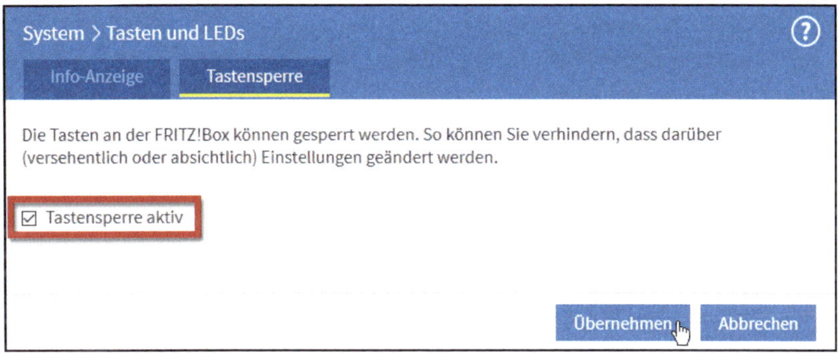

9.2 Firmware aktualisieren

Auch Internetrouter (und andere Netzwerkgeräte) können von Sicherheitslücken in ihrer Software betroffen sein. Deshalb ist es ein positives Zeichen, wenn Hersteller regelmäßig Aktualisierungen der Firmware veröffentlichen. Es ist zwar manchmal lästig, diese einzuspielen, weil dies meist mit etwas Zeitaufwand und einem Neustart verbunden ist. Aber das sollte einem dieses Mehr an Sicherheit wert sein.

In der Regel bieten Internetrouter oder NAS einen »Automatikmodus« für Updates an. Das Gerät sucht regelmäßig nach vorliegenden Aktualisierungen, lädt diese ggf. herunter, spielt sie automatisch ein und führt den ggf. notwendigen Neustart durch.

Das Ganze findet standardmäßig nachts statt, wenn die Geräte üblicherweise nicht genutzt werden. Teilweise kann man auch einen Zeitpunkt festlegen, zu dem solche Aktualisierungen vorgenommen werden sollen. So lässt sich der Vorgang ggf. mit anderen automatischen Aufgaben koordinieren.

Schnell installieren oder warten?

Vielleicht bedingt durch schlechte Erfahrungen bei Windows oder zumindest die Berichterstattung darüber, neigen manche Anwender dazu, Updates generell erst verzögert zu installieren. Die Überlegung dabei ist, dass bis dahin eventuelle Probleme mit dem Update bei anderen bereits aufgefallen sind und behoben wurden. Die Idee ist auch nicht schlecht, aber gerade wenn es um das Schließen aktueller Sicherheitslücken geht, sollte man nicht lange warten. Leistungsfähige Portscanner (siehe Seite 338) können leicht erkennen, welcher Internetrouter oder welches NAS in einem Netzwerk aktiv sind.

Sind aktuelle Sicherheitslücken bekannt, liegt es für einen Angreifer nahe, diese auszuprobieren. Außerdem kommt hinzu, dass Updates für Router oder NAS nicht das typische Problem haben, dass die Software auf einer Vielzahl heterogener Hardwarekonfigurationen laufen muss. Ganz im Gegenteil gibt es meist nur wenige Modelle, auf denen man neue Firmware gründlich testen kann. Deshalb ist das Risiko, ein »schlechtes« Update zu erwischen, sehr gering und sollte zugunsten der Sicherheit vernachlässigt werden.

Bei Synology NAS etwa lässt sich das automatische Update-Verhalten in der Konfigurationsoberfläche recht flexibel steuern. Vom Beschränken auf wichtige Aktualisierungen bis hin zum zeitnahen vollautomatischen Einspielen aller neuesten Updates können Sie das Aktualisieren an Ihre persönlichen Erfordernisse an Stabilität und Sicherheit anpassen. Öffnen Sie dazu in der Systemsteuerung des NAS den Bereich *Aktualisieren & Wiederherstellen*.

Klicken Sie dort in der Rubrik *DSM-Aktualisierung* auf die Schaltfläche *Update-Einstellungen*:

- *Mich benachrichtigen und mir die Entscheidung überlassen, ob das neue Update installiert werden soll*: Das Gerät sucht regelmäßig nach Updates, spielt sie aber nicht automatisch ein, sondern informiert nur.

- *Neues Update automatisch installieren*: Das Gerät lädt vorliegende Updates automatisch herunter und installiert sie auch.
- *Zeitplan kontrollieren*: Hier legen Sie den Zeitpunkt fest, zu dem das Gerät nach Aktualisierungen sucht und diese ggf. gleich installiert. Gerade für letztere Variante bietet sich eine Zeit an, in der das Gerät typischerweise nicht benötigt wird, also etwa nachts oder am Wochenende.

Falls Sie Updates nicht automatisch installieren lassen, sollte es einen Mechanismus geben, über den Sie über das Vorliegen informiert werden. Sonst würde es unter Umständen lange Zeit dauern, bis Sie mal wieder die Web-Konfigurationsoberfläche eines Gerätes öffnen und dort das Vorliegen eines Updates bemerken.

Es gibt dafür verschiedene Lösungen. Bei manchen Geräten etwa blinkt beim Vorliegen einer Aktualisierung eine Info-LED am Gehäuse. Eine FRITZ!Box macht ggf. auch an angemeldeten Telefonen darauf aufmerksam. Viele Geräte bieten die Möglichkeit, eine E-Mail-Adresse anzugeben, an die dann eine Nachricht geschickt wird (siehe Seite 350).

9.3 Portfreigaben kontrollieren und absichern

Wenn ein Gerät mit dem Internet verbunden ist, kann es über verschiedene Protokolle Daten mit anderen Geräten austauschen. Dabei gibt es eine Vielzahl von Diensten und Protokollen, wie etwa E-Mail, Web, Dateitransfer, Messaging etc. Jeder dieser Dienste verwendet eigene Protokolle, die aber alle auf einem zugrunde liegenden Netzwerkprotokoll aufsetzen.

Damit es dabei kein Durcheinander gibt, ist die Netzwerkkommunikation in verschiedene »Kanäle« unterteilt. Da gibt es z. B. einen Kanal für das Anfordern und Übertragen von Webseiten, einen für das Austauschen von E-Mails etc.

Wenn ein Gerät einen dieser Dienste nutzen will, muss es eine Verbindung über den entsprechenden Kanal herstellen. Diese Verbindung bezeichnet mal als Port. Für alle wichtigen Standarddienste gibt es festgelegte Standardports, wie etwa den Port 80 für HTTP oder den Port 443 für HTTPS. Darüber hinaus gibt es Tausende frei verfügbarer Ports, die beliebig genutzt werden dürfen.

Prinzipiell müssen Sie Ihr Heimnetzwerk gar nicht für Zugriffe von außerhalb freigeben. Das ist die sicherste Variante. Aber selbst dann sollten Sie überprüfen, ob tatsächlich keine Ports freigegeben sind. Außerdem gibt es immer mehr Anwendungen, die auf solche Freigaben angewiesen sind.

Möglicherweise soll das Smart Home ferngesteuert werden, oder Sie möchten von unterwegs auf Dokumente oder die heimische Mediensammlung zugreifen? Dann sind Sie auf – möglichst sichere – Portfreigaben angewiesen.

Hacking-Workshop: Schwachstellen per Portscan aufspüren

Mit einem Portscan kann man feststellen, auf welchen Kanälen (Ports) ein Gerät auf eingehende Datenverbindungen lauscht. Dazu schickt man eine Anfrage an diesen Port auf diesem Gerät und wartet auf eine Antwort. Sendet man beispielsweise eine Anfrage an den Port 20 und erhält eine Antwort, dann weiß man, dass auf dem Gerät ein FTP-Server läuft. Mit diesem Wissen könnte ein Angreifer z. B. versuchen, sich über den FTP-Server Zugang zum Rechner zu verschaffen. Nach diesem Prinzip können Hacker Netzwerkgeräte systematisch untersuchen, indem sie einfach an alle denkbaren Ports eine Anfrage schicken und die Reaktion auswerten. So wissen sie in kürzester Zeit, welche Verbindungen von Ihrem Rechner unterstützt werden, und können den weiteren Angriff planen.

Sind Portscans legal?

Ein Jurist würde diese Frage wohl sehr ausführlich beantworten, wobei es am Ende auf ein »kommt drauf an« hinausliefe. Rein technisch ist ein Portscan nicht illegal, sondern ein erlaubtes Werkzeug, das auch von vielen Netzwerkadministratoren genutzt wird, um das eigene Netzwerk auf Schwachstellen abzuklopfen. Das ist auch erlaubt. Problematisch wird es, wenn man es gegen fremde Netze wendet, in der Absicht, in diese einzudringen. Das wäre eine Straftat und das vorherige Ausführen eines Portscans zumindest das Vorbereiten einer solchen. Solange Sie einen Portscan im eigenen Netzwerk ausführen, sind Sie also auf der sicheren Seite. In fremden Netzen würde ich es unterlassen, selbst wenn es nur aus eigener Neugier geschieht. Insbesondere in Firmennetzen kann auch Schutzsoftware aktiv sein, die Portscans erkennt und die Administratoren alarmiert.

Portscans mit Nmap

Zu den leistungsfähigsten Portscannern gehört der Network Mapper, meist kurz als Nmap bezeichnet (www.nmap.org). Es handelt sich dabei um ein kommandozeilenbasiertes Programm, das kostenlos für viele Betriebssysteme erhältlich ist. Die Windows-Variante enthält zusätzlich eine komfortable Benutzeroberfläche, die das Merken komplizierter Parameter erspart und die Scanergebnisse anschaulich aufbereitet.

1. Nach dem Start von Nmap geben Sie oben links im Feld *Ziel* die Adresse(n) des bzw. der zu scannenden Geräte ein. Diese Vorgabe kann unterschiedlich aussehen:
   - Sie können hier den Netzwerknamen eines Gerätes angeben, sofern dieser im Netzwerk auflösbar ist, also beispielsweise *fritz.box*.
   - Ebenso kann hier die IP-Nummer eines Gerätes stehen, insbesondere wenn die Namensauflösung nicht funktioniert, also beispielsweise 192.168.1.5.
   - Sie können auch einen ganzen Bereich von Geräten scannen, wozu ein IP-Nummernbereich angegeben werden kann, beispielsweise 192.168.1.1-50 scannt die Geräte mit den Adressen 192.168.1.1, 192.168.1.2, 192.168.1.3 etc. bis 192.168.1.50.

- Ebenso können Sie ein gesamtes Netzwerksegment scannen, beispielsweise mit der Angabe 192.168.1.1/24 lassen Sie alle Geräte mit den Adressen 192.168.1.1 bis 192.168.1.254 überprüfen.

2. Im Feld *Profil* rechts daneben legen Sie die Art des Scans fest. Dabei steht eine ganze Reihe von vorgefertigten Profilen zur Auswahl. Hier nur die wichtigsten:
   - Mit einem einfachen *Ping scan* kann man sich erst mal einen schnellen Überblick verschaffen, welche Geräte sich überhaupt im Netzwerk befinden.
   - *Quick scan* überprüft die 100 meistgenutzten Portnummern.
   - *Regular scan* überprüft die 1.000 meistgenutzten Portnummern.
   - *Intense scan* untersucht die offenen Ports ausführlicher und liefert ggf. Daten über die dahinter laufenden Dienste, Zertifikate sowie das Betriebssystem des Gerätes.

3. Um den Scan auszuführen, klicken Sie ganz rechts auf die Schaltfläche *Scan*.

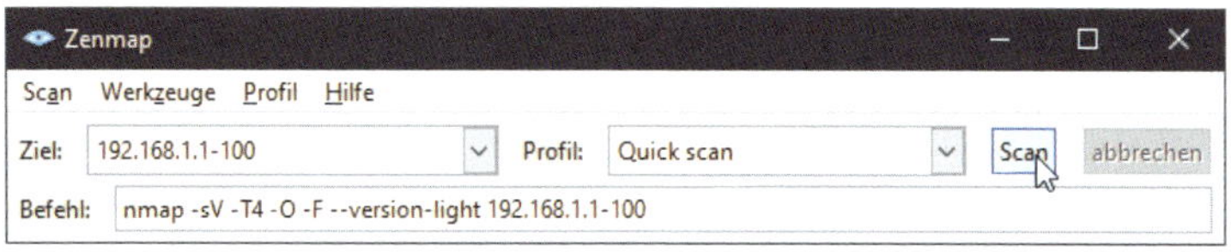

4. Nun heißt es warten, bis sich im Hauptfenster in der Rubrik *Nmap-Ausgabe* die Antwort von Nmap aufbaut. Dies kann je nach gewählter Scanvariante wenige Sekunden bis Stunden (bei intensiven Scans mehrerer Rechner) dauern. Haben Sie Geduld, auch wenn zeitweise nichts passiert. Ein sicherer Indikator ist die Schaltfläche *abbrechen* ganz oben rechts. Solange diese aktiv ist, läuft die Überprüfung noch.

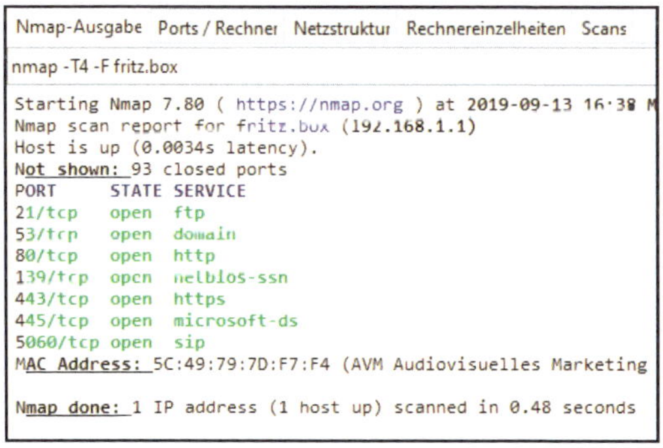

5. Die Antwort entspricht der Textausgabe des Nmap-Kommandozeilenprogramms und ist etwas spröde. Aber offene Ports werden dort deutlich farbig hervorgehoben, sodass man gut einen ersten Eindruck erhält.
6. Um die Ergebnisse etwas übersichtlicher auszuwerten, finden Sie in der Navigationsleiste am linken Rand alle von Nmap identifizierten *Rechner*. Wählen Sie einen davon aus, sehen Sie rechts in der Rubrik *Ports/Rechner* alle Details übersichtlich aufgeführt.

Hier steht im Klartext, welcher Dienst sich hinter jedem Port verbirgt und welche Software ggf. in welcher Version diesen Dienst gewährleistet.

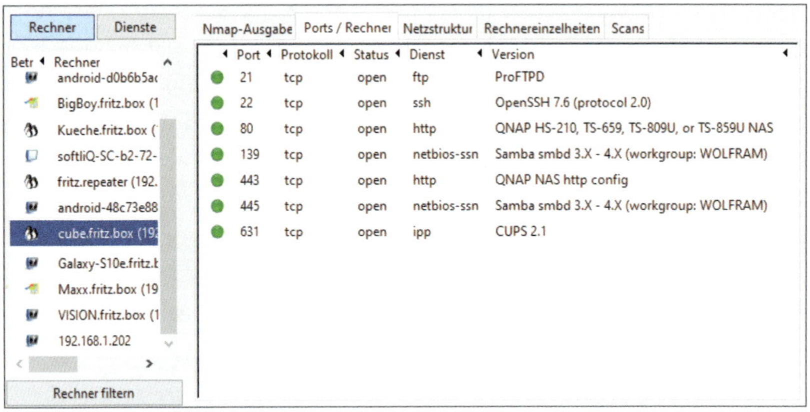

7. Eine für Angreifer ebenfalls hilfreiche Sichtweise bietet die Rubrik *Dienste*. Hier sind alle Netzwerkdienste aufgeführt, die Nmap erkannt hat. Wählt man einen davon aus, sieht man rechts alle Geräte, die diesen Dienst anbieten. Zu jedem Dienst werden, soweit bekannt, die verwendete Software und die Version angegeben. So kann man schnell nach veralteten Versionen mit bekannten Sicherheitslücken suchen, die vielversprechende Angriffsmöglichkeiten bieten.

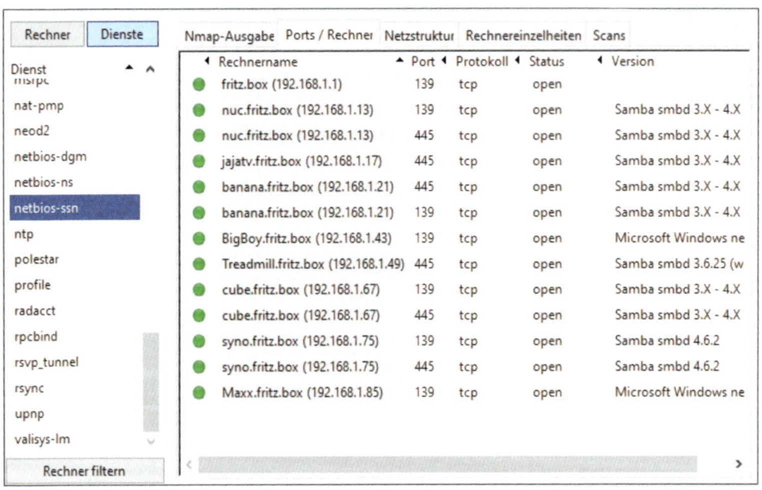

Portscan am eigenen Internetanschluss

Ein Programm wie Nmap kann man gut intern im Netzwerk benutzen. Um aber den eigenen Internetanschluss von außerhalb zu überprüfen, müssten Sie den PC mit Nmap irgendwo anders in ein Netzwerk bringen und dann einen Portscan auf Ihre externe IP-Adresse durchführen. Bevor Sie sich diese Mühe machen, sollten Sie die unkomplizierte Hilfe eines Webangebots wie itexpers.at/online-portscanner-nmap nutzen.

1. Hier geben Sie die öffentliche bzw. dynamische IP-Adresse Ihres Internetanschlusses ein, sofern diese nicht ohnehin korrekt erkannt und eingetragen wurde.
2. Wenn Sie das Feld *Option* auf *default* belassen, werden die Portnummern der häufigsten Internetdienste überprüft. Ansonsten können Sie hier bestimmte Portnummern auflisten, die gezielt gescannt werden sollen.
3. Die Option *Ping vor Scan* kann deaktiviert bleiben.
4. Bestätigen Sie aber, dass Sie berechtigt sind, auf der oben angegebenen Adresse einen Portscan durchzuführen.
5. Klicken Sie dann auf die *Scan*-Schaltfläche.

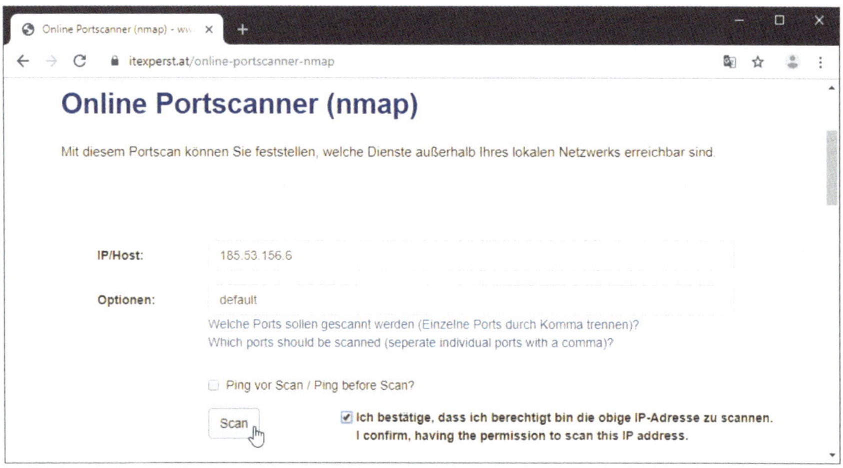

6. Warten Sie, bis sich das Ergebnis im Webbrowser aufbaut. Grüne Zeilen bedeuten, dass der entsprechende Port nicht offen ist.
7. Wenn rote Zeilen in der Liste auftauchen, sollten Sie unbedingt prüfen, ob dieser Port aus einem bestimmten Grund offen sein muss. Wenn nein, dann schließen Sie ihn in der Konfiguration Ihres Internetrouters. Wenn ja, dann stellen Sie sicher, dass der dahinterstehende Zugang zuverlässig abgesichert ist.

Offene Ports / Open Ports	
80	Port "HTTP" ist offen / is open.
Geschlossene Ports / Closed Ports	
20	Port "FTP-DATA" ist geschlossen / is closed.
21	Port "FTP" ist geschlossen / is closed.
22	Port "SSH" ist geschlossen / is closed.
23	Port "TELNET" ist geschlossen / is closed.

Portfreigaben im Router steuern

Nur wenn man von unterwegs auf bestimmte Dienste von Netzwerkgeräten zu Hause zugreifen möchte, sind Portfreigaben überhaupt notwendig. Ist das bei Ihnen nicht der Fall, brauchen Sie also nur sicherzustellen, dass an Ihrem Internetanschluss keine Portfreigaben bestehen. Sind doch welche vorhanden oder möchten Sie bewusst welche einrichten, dann ist dafür der Internetrouter zuständig, der Ihren Internetzugang per DSL, Kabel, Glasfaser oder anderweitig bereitstellt.

Ein solcher Router fungiert prinzipbedingt wie eine Firewall nach außen: Er lässt Datenpakete von innen nach außen passieren und merkt sich dabei, welcher interne Netzwerkteilnehmer diese verschickt hat. Werden die Pakete beantwortet, leitet er sie an diesen Teilnehmer weiter. Treffen beim Router aber Datenpakete ein, die keine Antwort auf eine Anfrage eines internen Netzwerkgeräts sind, kann der Router damit nichts anfangen, weil er nicht wissen kann, an welches interne Gerät er sie weiterleiten soll. Deshalb würde er diese Datenpakete einfach zurückweisen.

Nur wenn man will, dass Datenpakete einer bestimmten Art eines der internen Netzwerkgeräte erreichen, dann muss man im Internetrouter eine Portfreigabe erstellen. Das ist eine Regel, die besagt: Wenn Datenpakete auf einem bestimmten Port eintreffen, dann nimm sie entgegen, und leite sie an das Gerät XYZ weiter. Die Vorgehensweise dazu ist bei jedem Router ähnlich.

Bei der weitverbreiteten FRITZ!Box funktioniert es so:

1. Öffnen Sie dazu in der Weboberfläche das Menü *Internet/Freigaben*. Hier finden Sie eine Übersicht der derzeit eingerichteten Portfreigaben. Überprüfen Sie, ob diese alle (noch) benötigt werden. Andernfalls können Sie einzelne Freigaberegeln mit dem roten *x* am rechten Rand löschen.

2. Um eine neue Regel einzurichten, klicken Sie auf der rechten Seite auf die Schaltfläche *Gerät für Freigaben hinzufügen*.
3. Im so geöffneten Dialog wählen Sie zunächst ganz oben das Heimnetzgerät aus, an das die Datenpakete weitergeleitet werden sollen. Daraufhin werden die Felder unterhalb dieser Auswahl automatisch mit den Daten dieses Gerätes befüllt.

4. Die Optionen in den Abschnitten *IPv4-Einstellungen* sowie *IPv6-Einstellungen* können Sie in der Regel deaktiviert lassen und ignorieren. Klicken Sie ganz unten bei *Freigaben* auf die Schaltfläche *Neue Freigabe*.
5. Wählen Sie im damit geöffneten Dialog zunächst die *Anwendung* aus. Die FRITZ!Box kennt ab Werk eine Reihe von Standardanwendungen wie *HTTP-Server*, *eMule* oder *MS Remotedesktop*. Dann werden die weiteren Einstellungen dafür bereits passend ausgefüllt.
6. Oft werden Sie aber eine andere Anwendung mit eigenen Daten freigeben wollen. Wählen Sie dazu *Andere Anwendung*. Dadurch werden zusätzliche Einstellungen angezeigt:
   - Bei *Bezeichnung* geben Sie einen beliebigen Namen für diese Freigabe an. Sie dient nur Ihrer eigenen Orientierung. Es bietet sich an, dafür beispielsweise den Namen der Anwendung zu verwenden.
   - Bei *Protokoll* wählen Sie die Art des Datentransportprotokolls. In der Regel kommt entweder *TCP* oder *UDP* zum Einsatz. Wenn Sie dieselben Ports sowohl für TCP als auch UDP freigeben müssen, legen Sie dazu zwei Freigaben mit identischen Ports an.
   - Bei *Port an Gerät* tragen Sie die Portnummer ein, unter der dieser Dienst am Heimnetzgerät selbst erreichbar ist. Für einen Nummernbereich füllen Sie zusätzlich *bis Port* aus.
   - Bei IPv4-Freigaben können Sie zusätzlich bei *Port extern gewünscht* die externe Portnummer angeben, falls diese sich von der internen unterscheidet. Wenn Sie einen Nummernbereich verwenden, reicht es, den untersten Port anzugeben. Die FRITZ!Box gibt dann automatisch einen entsprechend großen Bereich frei. Für IPv6 ist die Angabe eines externen Ports nicht erforderlich.

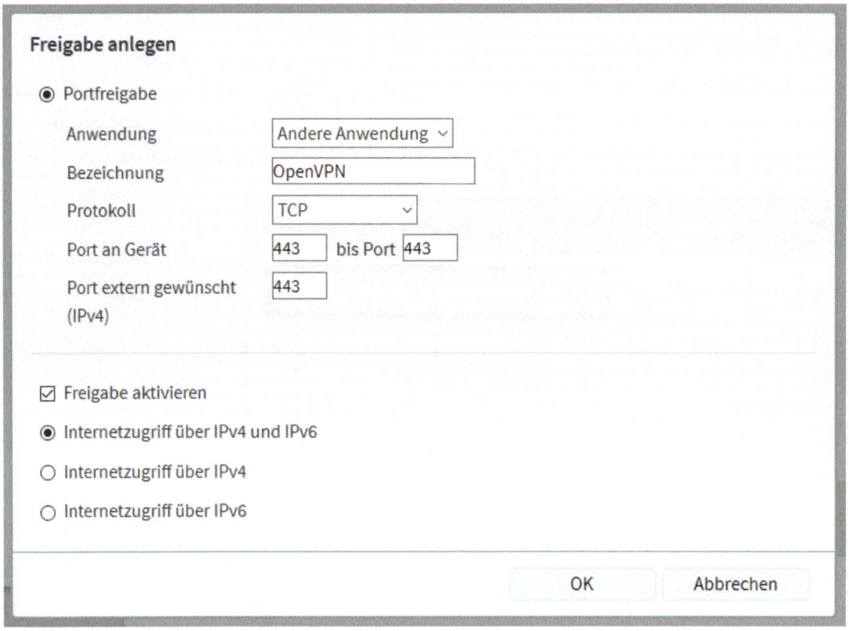

7. Wichtig: Geben Sie hier nie mehr Ports frei, als für die Anwendung tatsächlich benötigt werden. Klicken Sie unten auf *OK*, um diese Freigabe zu speichern.
8. Sie gelangen damit zurück zum vorherigen Menü, wo diese Freigabe nun aufgeführt ist. Mit einem erneuten Klick auf *Neue Freigabe* können Sie weitere Freigaben erstellen, etwa wenn neben TCP- auch UDP-Freigaben benötigt werden oder wenn mehrere nicht zusammenhängende Portnummern freigegeben werden sollen.
9. Wichtig: Klicken Sie abschließend unten auf *OK*, um die für dieses Gerät erstellten Freigaben endgültig zu aktivieren und zu speichern.

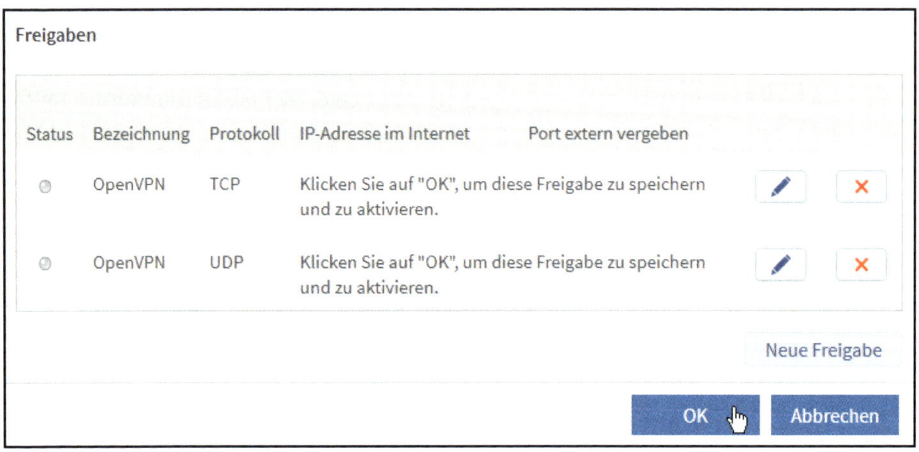

Freigaben sicher nutzen

Wie bereits beschrieben, ist es technisch nicht schwierig, eine oder mehrere Freigaben im Internetrouter einzurichten. Wenn Sie für eine konkrete Anwendung von außerhalb auf Ihr Heimnetzwerk zugreifen möchten, können Sie dies also durchaus tun. Allerdings sollten Sie sich dabei im Klaren darüber sein, dass jeder andere das auch tun kann. Sowohl die IP-Adresse als auch die Portnummer stehen zwar in keinem öffentlichen Verzeichnis, sind aber auch nicht wirklich geheim. Durch Ausprobieren oder Portscans kann man sie jederzeit erreichen.

Deshalb sollten die auf diese Weise freigegebenen Dienste und Anwendungen stets verschlüsselt und mit einer Anmeldung mittels eines sicheren Passworts geschützt sein. Selbst wenn ein Angreifer diesen Eingang in Ihr Heimnetzwerk als solchen erkennt, muss die Tür fest verriegelt sein und darf nur mit dem richtigen Schlüssel geöffnet werden.

Sichere Alternative VPN

Eine sinnvolle Alternative zu Portfreigaben für einzelne Dienste ist ein VPN-Zugang ins eigene Heimnetzwerk (siehe Seite 220). Ist die Verbindung einmal aufgebaut, können Sie alle Dienste im Netzwerk genauso nutzen, als wenn Sie lokal angemeldet wären. Zwar sind auch für die VPN-Verbindung Portfreigaben erforderlich. Weitere Konfigurationen zu einzelnen Diensten können Sie sich so aber sparen. Und da die VPN-Verbindung an sich verschlüsselt erfolgt, können auf diese Weise sogar unverschlüsselte Dienste sicher genutzt werden.

Sicherheitsfalle UPnP

Bei der oben beschriebenen Freigabevariante erstellt der Anwender ausdrücklich eine Regel, welche Ports an welches Gerät durchgeleitet werden. Es gibt aber auch die Möglichkeit, Freigaben dynamisch nach Bedarf durch Anwendungen anlegen zu lassen, die Freigaben benötigen. Typische Beispiele dafür sind Filesharing und Videokonferenzen. Das Zauberwort dafür heißt UPnP – **U**niversal **P**lug a**n**d **P**lay. Dieses Protokoll ermöglicht es Anwendungen, eigenständig Freigaben im Internetrouter anzulegen und auch wieder zu entfernen. Dadurch können sie benötigte Zugangspunkte für Verbindungen aus dem Internet nach Bedarf selbst schaffen.

Falls Sie jetzt denken: »Wie, Anwendungen dürfen einfach selbst Ports zum Internet hin öffnen, über die meine Geräte von außen erreichbar sind?«, dann denken Sie genau richtig. Denn ganz unproblematisch ist UPnP aus genau diesem Grund nicht. Solange man der Software vertrauen kann, ist es eine praktische und komfortable Funktion. Aber sie kann eben auch von Schadsoftware genutzt werden, um Löcher in die Firewall zu bohren, die das lokale Heimnetzwerk vor Angriffen aus dem Internet schützt. Deshalb sollte UPnP – wenn überhaupt – nur in dem Maße eingesetzt werden, wie es wirklich notwendig ist.

UPnP auf Basis einzelner Geräte erlauben

Bei manchen Routern kann man UPnP nur pauschal ein- oder ausschalten. In dem Fall würde ich zum Ausschalten raten. FRITZ!Boxen bieten immerhin die Möglichkeit, UPnP-Freigaben nur einzelnen Geräten zu erlauben. Standardmäßig darf erst mal kein Netzwerkgerät eigenständig Freigaben anlegen. Nur wenn Sie das einem vertrauenswürdigen Gerät erlauben möchten bzw. müssen, können Sie das ausdrücklich angeben.

1. Öffnen Sie mit *Heimnetz/Netzwerk* die Übersicht der Netzwerkverbindungen.
2. Lokalisieren Sie in der Liste das Gerät, dem Sie selbstständige Freigaben gestatten möchten, und klicken Sie dort auf die *Bearbeiten*-Schaltfläche.
3. In den Detailinformationen des Gerätes setzen Sie ein Häkchen bei der Option *Selbstständige Portfreigaben für dieses Gerät erlauben*.
4. Klicken Sie dann unten auf *OK*, um diese Einstellung zu speichern.

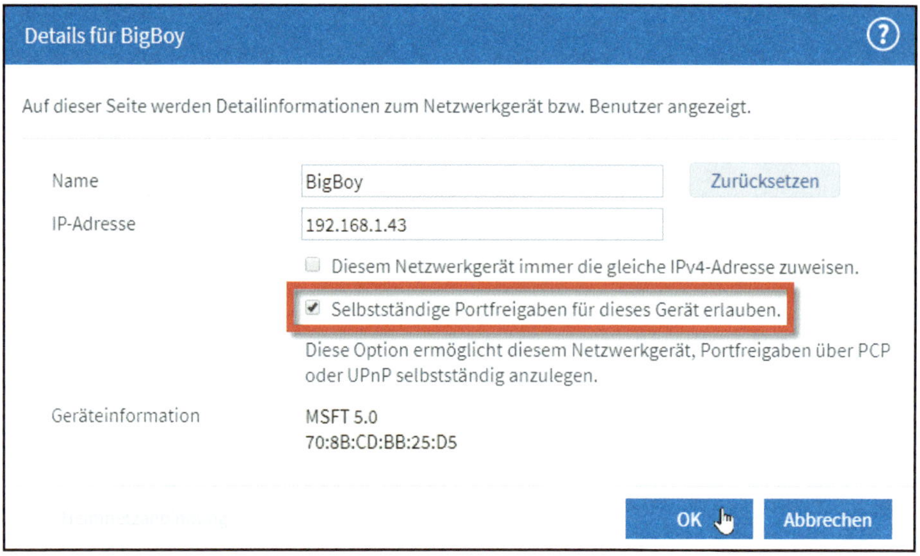

Freigegebene Ports kontrollieren

Ab sofort darf das Gerät bzw. darauf laufende Software eigenständig Freigaben per UPnP erstellen und entfernen. In der Netzwerkübersicht erkennen Sie solche Geräte leicht am Eintrag *selbst. Portfreigabe erlaubt* in der Spalte *Eigenschaften*.

In der Übersicht unter *Internet/Freigaben* gibt es eine eigene Spalte für *Selbstständige Portfreigabe*. Hier sehen Sie nicht nur, welche Geräte dazu befugt sind (dann ist das Häkchen gesetzt), sondern auch, ob und wie viele solcher Freigaben gerade aktiv sind.

Möchten Sie wissen, welche Ports genau freigegeben sind, öffnen Sie in einer der Übersichten den Eintrag des Gerätes. Im Abschnitt *Zugangs-Eigenschaften* finden Sie dann eine Tabelle mit den aktuellen *Portfreigaben* dieses Gerätes. Selbstständige Freigaben erkennen Sie an der Bezeichnung *UPnP*.

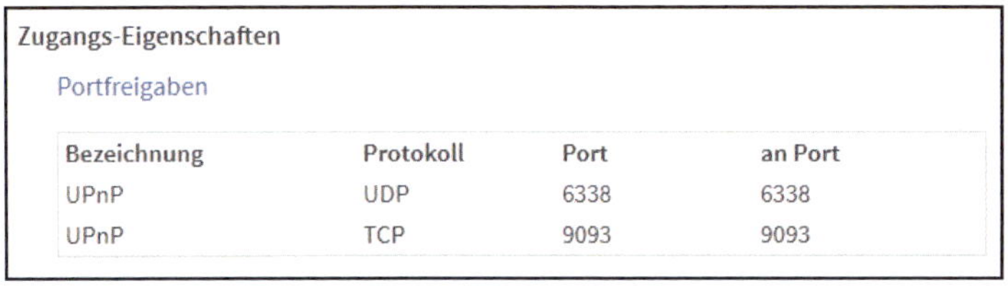

Selbstständige Portfreigabe deaktivieren

Wenn man Netzwerkgeräten das Recht auf selbstständige Portfreigaben einräumt, möchte man am Ende trotzdem noch die Kontrolle darüber behalten und Freigaben notfalls manuell beenden. Zum einen gibt es die Möglichkeit, das Recht auf selbstständige Portfreigaben wieder zu entziehen. Dazu entfernen Sie in den Details des jeweiligen Gerätes das Häkchen bei *Selbstständige Portfreigaben erlauben* einfach wieder. Wichtig: Wenn in diesem Moment eigene Portfreigaben des Gerätes aktiv sind, werden diese dadurch sofort unterbrochen.

Es wäre etwas mühsam, das Recht auf selbstständige Portfreigaben bei jedem Gerät einzeln zu entfernen, vor allem, wenn man nicht mehr genau weiß, wem man dieses Recht eingeräumt hat. Deshalb gibt es dafür eine praktische Abkürzung:

1. Öffnen Sie mit *Internet/Freigaben* die Übersicht der Netzwerkfreigaben.

2. Klicken Sie unten rechts auf die *Deaktivieren*-Schaltfläche. Damit deaktivieren Sie die Option *Selbstständige Portfreigaben erlauben* bei allen Geräten, die das Recht dazu hätten, aber derzeit keine eigenen Portfreigaben angefordert haben.

Nun bleiben nur noch die Geräte übrig, die derzeit aktive Portfreigaben angelegt haben. Diese sehen Sie aber in der Freigabe-Übersicht auf einen Blick und können die Berechtigung dafür ggf. manuell entfernen.

Ein Gerät komplett für den Zugriff freigeben (DMZ)

Normalerweise sollten Portfreigaben nach dem Prinzip »so viel wie nötig, so wenig wie möglich erfolgen«. Viele Router bieten die Möglichkeit, ein Gerät komplett für den Zugang aus dem Internet freizugeben. Man spricht dabei auch von Exposed Host oder **Dem**ilitarisierter **Z**one (DMZ). Der Router leitet dann alle Datenpakete, die er keinem anderen Gerät zuordnen kann, an dieses Gerät weiter durch. Dieses Gerät ist dadurch also auf allen denkbaren Verbindungen für Teilnehmer aus dem Internet erreichbar.

Dazu sollte ganz klar gesagt werden: Ein produktives Anwendungsgebiet gibt es für diese Vorgehensweise nicht. Sie sollte immer nur vorübergehend zu Testzwecken eingesetzt werden. Das kann beispielsweise hilfreich sein, wenn der Zugriff auf ein Gerät aus dem Internet nicht zuverlässig klappt und man feststellen will, ob dies an Sicherheitsmechanismen des Routers liegt. Gibt man das Gerät komplett frei und der Zugang klappt selbst dann nicht, liegt es höchstwahrscheinlich am Gerät selbst. Ebenso kann man mit dieser Methode testen, ob ein Gerät an sich ausreichend gegen Angriffe aus dem Internet geschützt ist. Denn der eingebaute Schutzmechanismus des Routers greift in diesem Fall nicht mehr.

Auch wenn es also verführerisch ist, wenn der externe Zugriff auf ein Gerät partout nicht klappen will: Verwenden Sie eine Demilitarisierte Zone allenfalls kurzzeitig zu Testzwecken.

9.4 Nur notwendige Funktionen eingeschaltet lassen

Moderne Netzwerkgeräte vom Schlage einer FRITZ!Box oder eines NAS sind die sprichwörtlichen »Eierlegenden Wollmilchsauen«. Sie bieten eine Vielzahl von Funktionen, um die Bedürfnisse möglichst vieler Kunden abzubilden. Eines aber haben sie alle gemeinsam: Kein Kunde benötigt ALLE diese Funktionen. Deshalb gilt auch hier wieder das Motto: »so viel wie nötig, so wenig wie möglich«. Aktivieren Sie nur die Funktionen, die Sie tatsächlich benötigen. Und das ist leichter gesagt als getan, denn manche Dienste sind schon ab Werk eingeschaltet, um den Anwendern das Inbetriebnehmen so leicht wie möglich zu machen. Deshalb ist leider meist aufwendige Handarbeit angesagt: Man muss die Einstellungen einmal komplett durcharbeiten und sich mit jeder Funktion zumindest kurz beschäftigen.

Leider gibt es für das »Abspecken« des Funktionsumfangs kein Patentrezept. Es hilft nur, alle Einstellungen einmal durchzugehen, sich über die einzelnen Funktionen klar zu werden und jeweils eine Entscheidung zu treffen. Folgendes kann dabei helfen:

- Dokumentieren Sie alle Änderungen, die Sie vornehmen. Sollte sich herausstellen, dass anschließend etwas nicht mehr wie gewohnt funktioniert, kann man die Schritte nachvollziehen und rückgängig machen.
- Schalten Sie in einem ersten Schritt die Funktionen ab, bei denen Sie sich ganz sicher sind. Danach können Sie weitere Dienste nach und nach deaktivieren und jeweils die Auswirkungen testen.
- Wenn das Gerät die Möglichkeit bietet, Einstellungen in einer lokalen Datei zu sichern, dann nutzen Sie diese. Das macht es einfacher, zu einem früheren Stand zurückzukehren.
- Informieren Sie sich vorab, wie Sie ggf. die Werkseinstellungen des Gerätes wiederherstellen können. So können Sie jedes Gerät wieder in einen funktionsfähigen Zustand versetzen.

Erweiterte Ansicht für volle Kontrolle

Manche Geräte wie beispielsweise FRITZ!Box oder Synology NAS zeigen standardmäßig nicht alle Einstellungen an. Zum einen soll die Oberfläche für einfache Nutzer mit weniger Ansprüchen dadurch übersichtlicher werden. Zum anderen werden dadurch speziellere Einstellungen, von denen nur bestimmte Anwender profitieren und die bei anderen aber leicht zu Fehlfunktionen führen können, standardmäßig ausgeblendet. Vor einer gründlichen Prüfung aller Funktionen sollten Sie die erweiterte Ansicht mit allen Einstellungen wählen.

- Um bei einer FRITZ!Box die Ansicht zu ändern, suchen Sie unten links in der Weboberfläche den Text *Ansicht: Standard* bzw. *Ansicht: Erweitert*. Dieser gibt den aktuellen Anzeigemodus an. Ein Mausklick darauf wechselt zur jeweils anderen Variante.
- Bei neueren FRITZ!OS-Versionen mit Hilfsmenü können Sie außerdem das Menü mit dem Drei-Punkte-Symbol oben rechts öffnen. Das Symbol rechts neben *Erweiterte Ansicht* dient zugleich als Schalter, mit dem Sie diese Option an- und ausschalten können.
- Bei Synology NAS klicken Sie oben rechts auf der Startseite der Systemsteuerung auf den unscheinbaren Text *Erweiterter Modus >*. Dann schaltet die Systemsteuerung in den »Expertenmodus«, wo sich die Anzahl der Themenbereiche in etwa verdoppelt.

9.5 Nachricht bei Problemen oder Verdacht

Wenn ein Router oder NAS einmal eingerichtet ist und alles reibungslos läuft, wird man die Weboberfläche vielleicht gar nicht mehr so häufig besuchen. So kann einem schnell entgehen, wenn Verdächtiges passiert oder wenn beim NAS der freie Speicher zur Neige geht oder sich ein Festplattendefekt ankündigt.

Deshalb bieten manche Geräte neben Hinweisen in der Weboberfläche zusätzlich Benachrichtigungen per E-Mail, SMS oder über Push-Dienste an. Vorbildlich sind dabei beispielsweise Synology NAS, bei denen man genau vorgeben kann, worüber man auf welchem Kanal informiert werden möchte.

Dazu richtet man beispielsweise einmalig ein E-Mail-Konto ein:

1. Öffnen Sie dazu im Bereich *Benachrichtigung* die Rubrik *E-Mail*, und schalten Sie die Option *E-Mail-Benachrichtigung aktivieren* ein.
2. Geben Sie dann die *E-Mail-Adresse des Empfängers* an, der die Benachrichtigungen erhalten soll, und wählen Sie ggf. ein anderes *Subjekt-Präfix* aus, mit dem Sie Nachrichten Ihres NAS ggf. schnell erkennen oder auch automatisch verarbeiten können.
3. Wählen Sie dann den *Serviceanbieter* des oben angegebenen E-Mail-Kontos aus. Ist der nicht in der Liste, wählen Sie *Benutzerdefinierter SMTP-Server*. Abhängig von der Wahl werden zusätzliche Felder angezeigt, die Sie ausfüllen müssen.
4. Ganz unten können Sie mit den verwendeten Daten eine *Test-E-Mail senden*. Klappt das, klicken Sie unten auf *Übernehmen*.

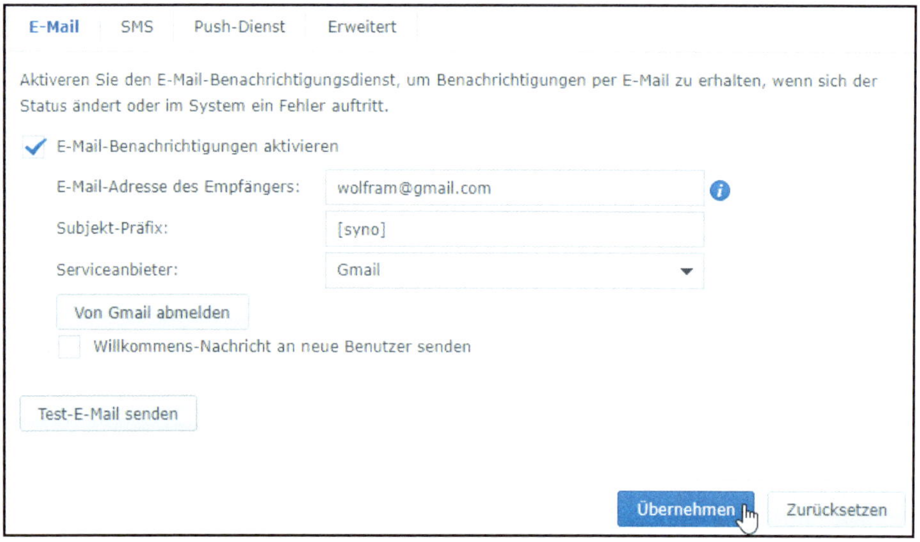

Worüber soll wie benachrichtigt werden?

In den oben beschriebenen Einstellungen können Sie in der Rubrik *Erweitert* detailliert festlegen, bei welchen Ereignissen Sie informiert werden möchten und auf welchem Weg. Dazu ist in einer langen, ausklappbaren Liste eine Vielzahl von Ereignissen aufgeführt, für die Sie jeweils eine Benachrichtigung per *E-Mail*, *SMS* und/oder *Mobil* (per Push-Dienst) aktivieren können.

In Bezug auf Sicherheit ist dabei der Bereich *Sicherheitsberater* besonders interessant. Hier können Sie sich beispielsweise informieren lassen, wenn das Gerät ungewöhnliches Anmeldeverhalten oder andere Sicherheitsrisiken feststellt.

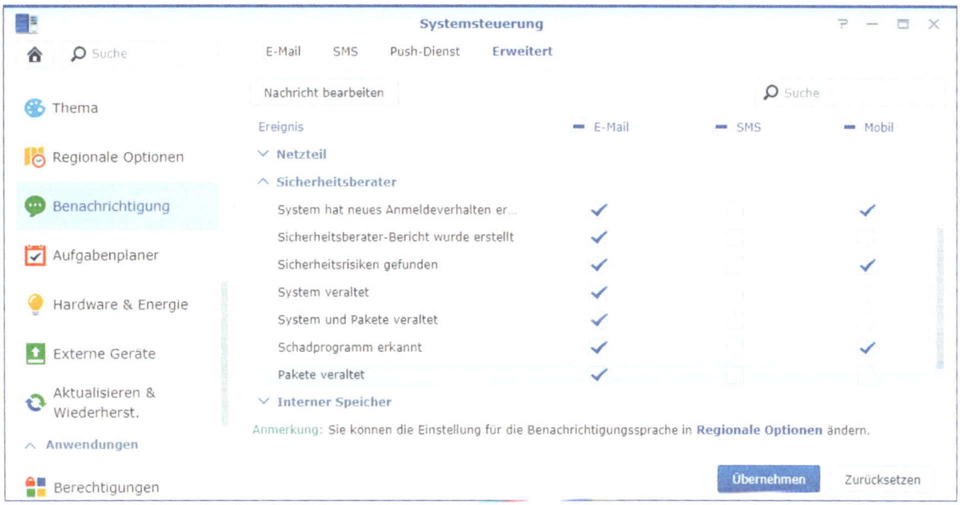

Einige NAS erlauben eine sehr genaue Konfiguration von sicherheitsrelevanten Benachrichtigungen.

9.6 Besondere Maßnahmen bei NAS

Netzwerkspeichergeräte, auch **N**etwork **A**ttached **S**torage oder kurz NAS genannt, sind sozusagen »Festplatten im Netzwerk«, die ihre Speicherkapazität allen Teilnehmern zur Verfügung stellen. Man kann Daten dorthin auslagern, gemeinsam nutzen und langfristig archivieren oder sie auch als Speicher für Backups verwenden.

Auf solchen NAS landen also oftmals persönliche Daten wie E-Mail-Archive, Kontoauszüge oder digitale Kopien von wichtigen Dokumenten und Ausweisen. Zugleich bieten leistungsfähige NAS neben dieser Kernfunktion zahlreiche weitere Dienste an, was sie flexibler, gleichzeitig aber auch gefährdeter macht. Denn jeder Dienst ist ein potenzielles Sicherheitsrisiko, das von Angreifern ausgenutzt werden kann.

Zusatzpakete bei NAS kontrollieren

Die meisten NAS bieten schon ab Werk eine Auswahl von Diensten an. Diese sollten wie bei jedem Netzwerkgerät kontrolliert und auf das Nötigste beschränkt werden (siehe Seite 348). Weiter gehende Zusatzfunktionen werden bei NAS meist über Softwarepakete realisiert, die man aus einem Onlineverzeichnis des Herstellers mit wenigen Mausklicks herunterladen und installieren kann. Auch hier empfiehlt es sich, diese Zusatzpakete zu kontrollieren und alles zu deinstallieren, was nicht unbedingt gebraucht wird. Und bei den verbleibenden Zusatzmodulen sollten wiederum die Einstellungen geprüft werden, um möglichst verschlüsselte Übertragungen und sichere Passwörter zu verwenden.

Außerdem sollte sichergestellt werden, dass die installierten Pakete ebenso wie das Betriebssystem des NAS regelmäßig automatisch aktualisiert werden.

Bei Synology NAS heißt das Softwareverzeichnis *Paket-Zentrum* und kann in der Weboberfläche des NAS geöffnet werden. Wechseln Sie im Navigationsbereich links in die Rubrik *Installiert*. Sie sehen dann, welche Pakete derzeit auf dem NAS installiert und aktiv sind.

Hinweis: Einige vorinstallierte Pakete sind für den Betrieb des NAS unerlässlich und können durch den Anwender deshalb nicht entfernt werden.

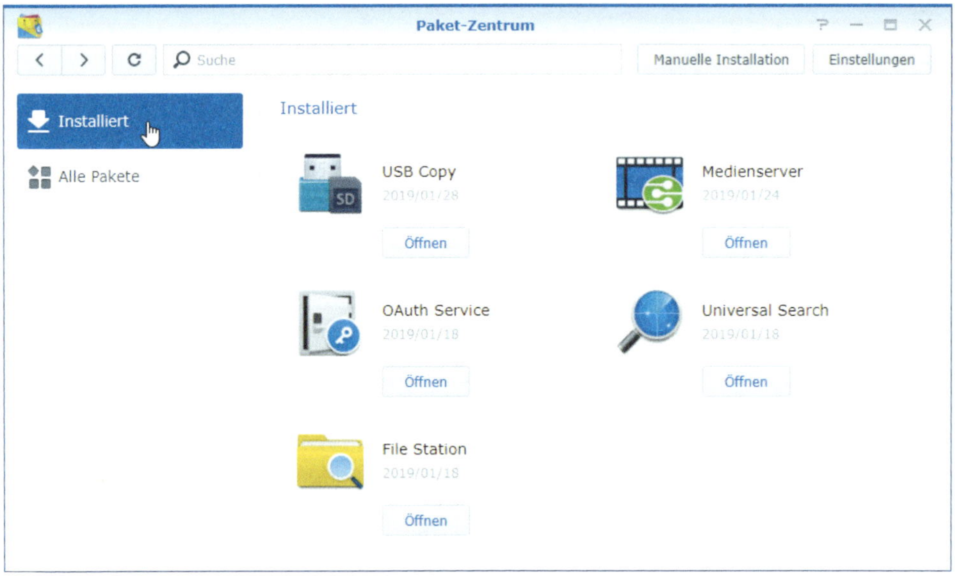

1. Um ein Paket zu deinstallieren, klicken Sie auf dessen Eintrag in der Liste (aber nicht auf die darin enthaltene Schaltfläche!).

2. Klicken Sie in der ausführlichen Beschreibung des Pakets in der Schaltfläche auf den Pfeil rechts, um ein Menü mit weiteren Aktionen auszuklappen. Klicken Sie darin auf den Befehl *Deinstallieren*.

3. Bestätigen Sie die Rückfrage zur Deinstallation mit *Ja*. Eventuell erfolgt eine weitere Rückfrage, wenn das Programm eigene Daten beispielsweise zur Konfiguration erstellt und gespeichert hat. Sie können dann entscheiden, ob diese Daten mit entfernt werden sollen.
4. Warten Sie kurz, bis das System seine Arbeit erledigt hat und die Bestätigung *Das Paket wurde erfolgreich deinstalliert* angezeigt wird.

Pakete auf dem aktuellen Stand halten

Wie jede Software müssen Pakete gelegentlich aktualisiert werden. Wenn Sie Pakete für Ihr NAS aus den Quellen im Paket-Zentrum installiert haben, ist dieser Vorgang sehr geradlinig bzw. lässt sich sogar komplett automatisieren. Denn das Paket-Zentrum prüft in regelmäßigen Abständen, ob neue Versionen der installierten Pakete vorliegen, und informiert Sie darüber.

1. Öffnen Sie im Paket-Zentrum mit der Schaltfläche oben rechts die *Einstellungen*.
2. Um Aktualisierungen beim Vorliegen automatisch auszuführen, wechseln Sie in die Rubrik *Automatisch aktualisieren*.
3. Schalten Sie hier zunächst oben die Option *Pakete automatisch aktualisieren* ein.

4. Die einfachste Variante ist es, wenn Sie *Alle Pakete automatisch aktualisieren*. Dann spielt das System Paket-Updates jeweils eigenständig ein, sobald sie vorliegen. Sie brauchen sich nicht darum zu kümmern und können davon ausgehen, jederzeit auf dem aktuellen Stand zu sein.

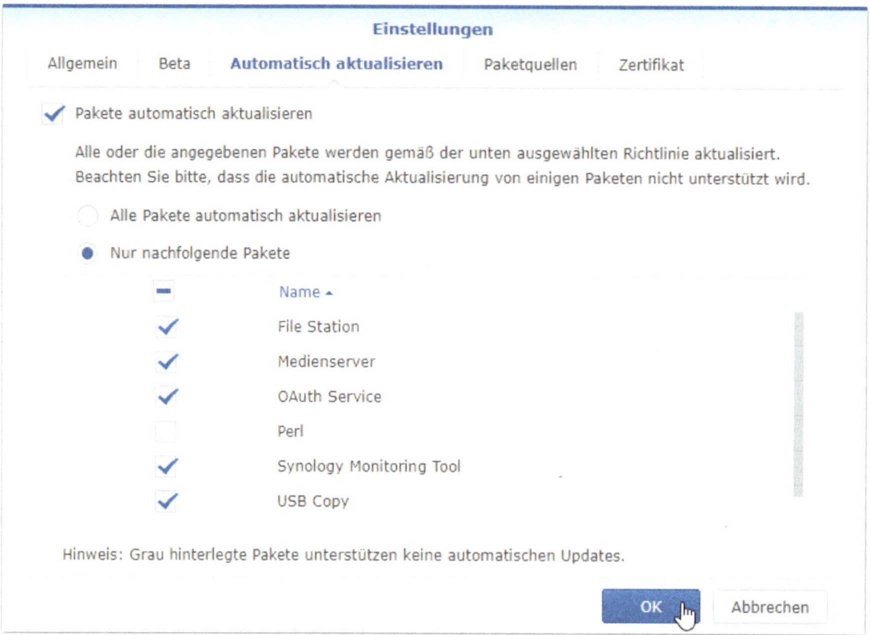

5. Falls Sie bei einzelnen Paketen auf ein automatisches Update verzichten möchten, etwa weil eine neuere Version eventuell Änderungen mit sich bringen könnte, für die Sie erst Vorkehrungen treffen müssen, wählen Sie stattdessen die Option *Nur nachfolgende Pakete*. Setzen Sie dann darunter Häkchen nur bei den Paketen, die automatisch erneuert werden sollen. Das System kümmert sich dann bei diesen um die Updates, bei den anderen Paketen werden Sie informiert, wenn Aktualisierungen vorliegen, und können dann selbst entscheiden, ob und wann Sie diese ausführen.

Verschlüsselter Zugriff aufs NAS

Spätestens wenn Sie sich auch von unterwegs über das öffentliche Internet mit Ihrem NAS verbinden wollen, müssen Sie sicherstellen, dass die Daten verschlüsselt übertragen werden. Nur dann ist gewährleistet, dass niemand »mithören« kann, wenn Sie etwa Mails abrufen, vertrauliche Dokumente bearbeiten oder sich mit Benutzernamen und Passwort anmelden.

Das lässt sich erreichen, indem Sie geschützte Versionen der Verbindungen verwenden, also beispielsweise HTTPS statt HTTP (siehe Seite 281) oder FTPS statt FTP. NAS sind meist mit einem entsprechenden SSL-Zertifikat des Herstellers ausgestattet, was im Prinzip auch reicht. Allerdings werden sich Webbrowser trotzdem beschweren, wenn Sie beispielsweise für die Verbindung zum NAS https://... anstelle von http:// verwenden. Denn das Zertifikat stammt nun mal nicht von einer anerkannten Ausgabestelle.

Dem können Sie abhelfen, indem Sie selbst ein Zertifikat – beispielsweise bei der Initiative Let's Encrypt – erstellen und im NAS hinterlegen. NAS von Synology etwa sind darauf vorbereitet und erledigen die Anmeldung sowie die regelmäßig erforderliche Aktualisierung.

1. Öffnen Sie in der Systemsteuerung des NAS unter *Konnektivität* den Bereich *Sicherheit*.
2. Wechseln Sie dort in die Rubrik *Zertifikat*. Hier finden Sie das Standardzertifikat von synology.com.
3. Klicken Sie oben links auf die *Hinzufügen*-Schaltfläche.
4. Im so geöffneten Assistenten wählen Sie am besten die Option *Vorhandenes Zertifikat ersetzen*. Dann wird das bisherige Standardzertifikat durch das neue ersetzt und kommt dadurch automatisch an allen wichtigen Stellen zum Einsatz.
5. Geben Sie im nächsten Schritt oben eine eigene Beschreibung für das neue Zertifikat ein. Wählen Sie dann die Option *Zertifikat von Let's Encrypt abrufen*, und setzen Sie unten ein Häkchen bei *Als Standardzertifikat festlegen*.

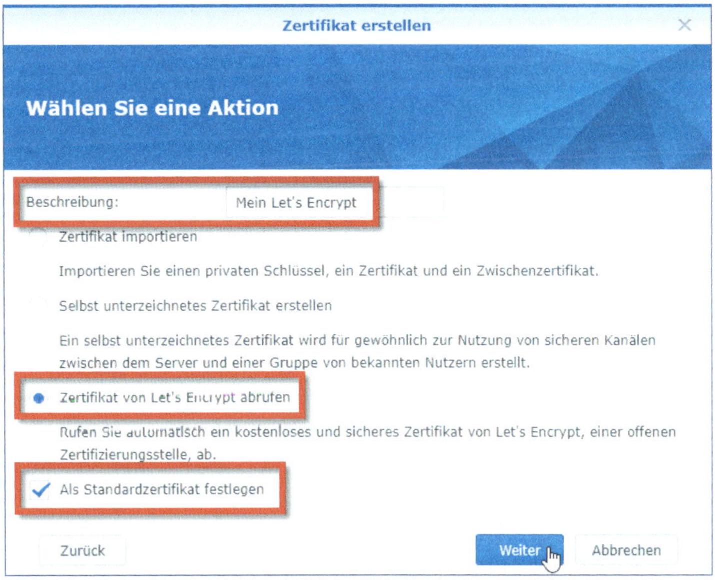

6. Nun geben Sie Ihre DynDNS-Domain ein, also die Adresse, unter der Ihr NAS aus dem Internet erreichbar ist. Zusätzlich ist eine E-Mail-Adresse erforderlich. Falls Sie mehrere Domains verwenden, können Sie im dritten Feld eine oder – durch Semikolon getrennt – alternative Domains angeben.
7. Klicken Sie dann auf *Übernehmen*, und warten Sie ab, bis der Assistent Ihr Zertifikat registriert und den Webserver ggf. einmal neu gestartet hat.

Zurück in der Zertifikatsübersicht, finden Sie nun das frisch erstellte Let's-Encrypt-Zertifikat. Es ist zwar jeweils nur für 90 Tage gültig, aber das NAS kümmert sich ab sofort darum, dass es rechtzeitig vor Ablauf der Frist automatisch erneuert wird.

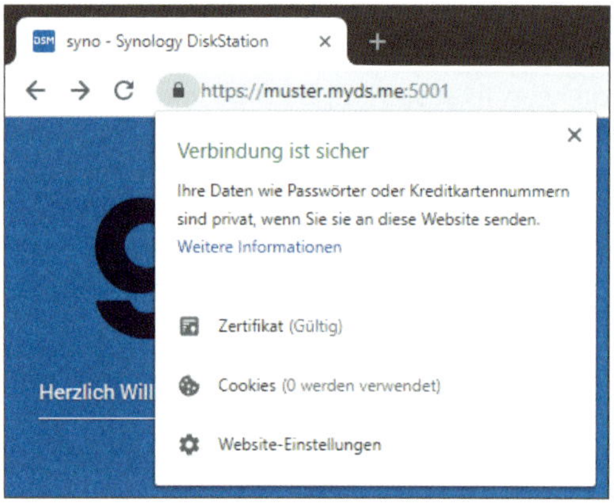

Ab sofort können Sie im Webbrowser – sowohl im lokalen Netzwerk als auch von unterwegs – das NAS mit *https://muster.myds.me:5001* erreichen, wobei Sie die Domain in der Adresse durch Ihre eigene DynDNS-Domain ersetzen müssen. Achten Sie außerdem auf http**s**:// und 500**1**. Da das Zertifikat von einer offiziellen Ausgabestelle stammt, wird sich kein Webbrowser darüber beschweren, und die Verbindung wird als sicher und authentisch gekennzeichnet.

Ordner mit wichtigen Daten verschlüsseln

NAS können die Daten auf den eingebauten Festplatten verschlüsseln. Einfachere Modelle machen das per Software, was die Zugriffe etwas verlangsamen kann. Bessere Geräte haben einen speziellen Verschlüsselungschip eingebaut, sodass Ver- und Entschlüsseln kaum spürbar sind. Warum aber sollte man die Daten verschlüsseln, wenn der Zugriff auf das NAS ohnehin jeweils mit einem Passwort abgesichert ist?

Weil dadurch eben nur der Zugriff geschützt ist, nicht die Daten selbst. Wenn jemand beispielsweise das komplette NAS entwendet und die Festplatten ausbaut, können diese in einem anderen NAS wieder eingesetzt werden und geben den Zugriff auf die gespeicherten Daten dann einfach frei. Um genau dieser Gefahr vorzubeugen, sollte man zumindest wichtige persönliche und/oder vertrauliche Dokumente verschlüsseln. Die einzigen »Nachteile« sind ggf. ein etwas geringerer Datendurchsatz und die Notwendigkeit, nach einem Neustart des NAS jeweils einmal das Entschlüsselungspasswort eingeben zu müssen, bevor der Zugriff auf den verschlüsselten Ordner gelingt.

Bei Synology NAS etwa verschlüsselt man nicht pauschal den gesamten Speicher. Stattdessen legt man bei jedem Freigabeordner fest, ob der verschlüsselt werden soll oder nicht. So beschränkt man die Verschlüsselung auf wichtige Dokumente, während beispielsweise Musik, Bilder und Filme unverschlüsselt bleiben können.

1. Klicken Sie in File Station oben auf die Schaltfläche *Erstellen*, und wählen Sie im Menü dann *Neuen gemeinsamen Ordner erstellen*. Dadurch wird automatisch in der System-

steuerung der Bereich *Gemeinsamer Ordner* geöffnet und darin der *Erstellen*-Assistent gestartet.

2. Geben Sie wie üblich dort einen Namen für den Ordner an, wählen Sie ggf. das Speichervolumen aus, und legen Sie die weiteren Einstellungen für den Zugriff fest. Für vertrauliche Daten sollten die folgenden Optionen eingeschaltet sein:
   - *Verbergen Sie diesen gemeinsamen Ordner unter "Netzwerkumgebung"*: Der Ordner wird in der Netzwerkumgebung, beispielsweise im Windows-Explorer, nicht angezeigt, sondern ist nur erreichbar, wenn man seinen Namen kennt.
   - *Unterordner und Dateien vor Benutzern ohne Berechtigung ausblenden*: Der Inhalt des Ordners wird nur den Benutzern angezeigt, die dazu berechtigt sind.
   - Wenn Sie den *Papierkorb aktivieren*, sollten Sie dessen *Zugriff auf ausschließlich Administratoren beschränken*. Dann dürfen nur Benutzer der Administratorgruppe gelöschte Dateien aus dem Papierkorb wiederherstellen.
3. Im nächsten Schritt aktivieren Sie oben die Option *Diesen gemeinsamen Ordner verschlüsseln*. Darunter geben Sie (zweimal) ein ausreichend langes und komplexes Passwort ein.

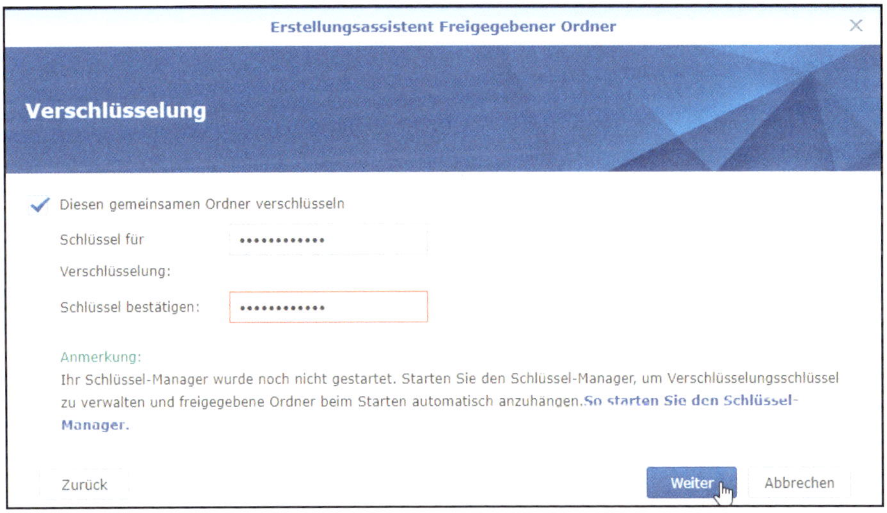

4. Die weiteren Schritte unterscheiden sich nicht vom Erstellen eines unverschlüsselten Freigabeordners.

Der Zugriff auf einen so verschlüsselten Ordner ist nur möglich, wenn der Schlüssel seit dem letzten Neustart des NAS mindestens einmal eingegeben wurde. Es gibt keine Möglichkeit, ohne diesen Schlüssel Zugang zu den Daten zu erlangen. Sie dürfen ihn also auf keinen Fall vergessen. Speichern Sie ihn also ggf. in einem Passwort-Manager wie KeePass (siehe Seite 36), oder notieren Sie ihn, und bewahren Sie den Zettel an einem gut gesicherten Platz auf.

2FA 61

A

Administrator 93, 94
echter 100
ohne Rückfrage 99
Adobe Flash 288
Amazon Pay 310
Anbieterkennzeichnung 307
Android
andere Stores 168
Apps 166
Bedienhilfen 172
Benutzer 160
Fernzugriff 178
FIDO2 75
Fingerabdruck 156
Gast 160
Geräteadministrator 171
Gesichtserkennung 157
LineageOS 163
orten 178
Passwort verbergen 154
Play Protect 173
Play Store 165
Root 180
Smart Lock 158
Sperrbildschirm 151
Updates 162
verschlüsseln 176
Virenschutz 173
VPN 228
WebAuthn 75
Zugriffsrechte 169
Anmeldedialoge 26
Anmelden als 304
Ansicht, erweiterte 349
Anwendungen installieren 101
App-Berechtigungen 188
Apple 183
Apple-ID 191
Apple Pay 310
Apps
Berechtigungen 169
Zugriffsrechte 169
Auktionen 313
Authy 67
anmelden 71
Backup-Passwort 70
Dropbox 318
Einmalcode erzeugen 71
Einrichten 68
Konto einrichten 68
PayPal 68
synchronisieren 72
Autoruns 271
Auto-Type 47
Autovervollständigen 27

B

Benachrichtigung 350
Benutzerkonten 85
Benutzerkontensteuerung 92, 96, 233
Administrator 93
einstellen 97
Bezahlverfahren 309
BitLocker 121
BitLocker-Laufwerkverschlüsselung 121
BitLocker To Go 130
Blog 5
Bluetooth 81, 160
dynamische Sperre 81
Boxcryptor 323
Browser
Anmelden als 304
anonym surfen 315
Erweiterungen 295
HTTPS 281
HTTPS Everywhere 284
inkognito 315
JavaScript 290
NoScript 292
Passwort-Manager 304
Plug-ins 298
Seitenberechtigungen 299
Update 279

C

CCMP 201
Chargeback 310
checkdeinpasswort 22

Checklisten 13
Checksumme 236
Chef-Masche 235
Chrome
  Erweiterungen 297
  JavaScript 291
  Seitenberechtigungen 300
  sichere Verbindung 283
  Update 280
Clickjacking 288
Cloud
  angemeldete Geräte 321
  App-Freigaben 322
  Boxcryptor 323
  verschlüsseln 323
  Zwei-Faktor-Anmeldung 318
Cloudbasierter Schutz 247
Codeoptionen 183
ConsentPromptBehaviorAdmin 99
ConsentPromptBehaviorUser 100
Container 112
Cross-Site Scripting 288

D

Datei-Downloads 235
Dateien verschlüsseln 117, 134
Demilitarisierte Zone (DMZ) 348
Desinfec't 260
Desinfizieren 257
DMZ 348
Domänenprofile 147
Drive-By-Infektion 237
Dropbox 318
Dynamische Sperre 81

E

eBay 313
Echtzeitschutz 240, 247
EFS 117
Eingabeaufforderung 95
Einmalpasswörter 72
E-Mail-Anhänge 234
EnableInstallerDetection 101
EnableLUA 100
Entschlüsselungsprogramm 266
Erpressungstrojaner 250
Erweiterte Ansicht 349
Expertenansicht 349
Exposed Host 348

F

Face ID 184
Fernortung, iOS 189
Fernzugriff, Android 178
FIDO2 73
Filterregeln 212
Fingerabdruck 156
Fingerabdruckscanner 79, 184
Firefox
  Erweiterungen 297
  JavaScript 290
  Passwort-Manager 304
  sichere Verbindung 283
  Update 279
Firewall 141
  Anwendungen blockieren 150
  Domänenprofil 147
  erweiterte Einstellungen 146
  öffentliches Profil 147
  privates Profil 147
Firmware aktualisieren 335
Flash 288, 298
Fragmentierung 162
Freigabeordner 356
Funknetz 197

G

Gast-WLAN 208
Gehackte Zugangsdaten 17
Geschützte Ordner 252
Gesichtserkennung 157, 184
giropay 311
Google-Konto
  Gerät wiederfinden 178
Google Pay 310
Google, Zwei-Faktor-Anmeldung 65
Gruppenrichtlinien 97, 98
Gütesiegel 308

H

Hacker-Baukasten 102
Handshake 282
Hash 31
haveibeenpwned 17
Heimnetz, Portfreigaben 337
Heuristik 240
Hotspots 214
HTTPS 281
HTTPS Everywhere 284

I

iCloud 192
iFrames 288
Internetrouter 329
iOS
  aktualisieren 186
  App-Berechtigungen 188
  Apple-ID 191
  Backups 192
  Face ID 184
  iCloud 192
  iTunes 193
  orten 189
  Sperrbildschirm 183
  Touch ID 184
  VPN 230
  Zwei-Faktor-Anmeldung 191
IPSec 221
iTunes 193

J

Java 298
JavaScript 290
John the Ripper 31

K

Kaspersky Rescue Disk 262
Kaufvertrag 311
KeePass
  Android 57
  AutoFill-Plug-in 60
  automatisch ausfüllen 47
  Auto-Type 47
  Browser 46
  Browser-Erweiterung 51
  Daten eintragen 41
  deutsch 37
  einrichten 37
  Fingerabdruck 58
  in Webbrowser 51
  KeePassRPC 51
  mobil 56
  Passwort-Generator 49, 54
  Schlüsseldatei 40
  Speicherschutz 45
  Windows-Konto 40
  Zwischenablage 43
Keepass2Android 57
KeePassRPC 51
Kleinanzeigen 313
Konten, mehrere 86
Kreditkarte 310

L

L2TP 221
Lastschrift 310
Laufwerkverschlüsselung 121
Let's Encrypt 355
LineageOS 163
Live-System 260

M

MAC-Adresse 202
Manipulationsschutz 247
Metasploit 102

N

NAS 254, 329
Netzwerkgeräte 329
Netzwerkname 197
Netzwerkschlüssel 199
Netzwerkumgebung 357
NFC 160
Nmap 338
NoScript 292
NTFS-Verschlüsselung 117
Nutzungszeit 108

O

Öffentliche Netze 140
Öffentliches Profil 147
Offlinemodus 249
One-Touch-Shopping 312
Onlineauktionen 313
Onlinebanking
  anonymes 315
  per App 316
OpenVPN 221
Ordner überwachen 251
Ortung 178

P

Paket-Zentrum 352
Passwort
  Cracker 31
  John the Ripper 31
  KeePass 36
  knacken 29
  Länge 24
  prüfen 22
  schützen 25
  sicheres 23
  Sofortmaßnahmen 20
  Symptome für geknacktes 18
  Windows 88
  ZIP-Archiv 29
Passwort-Generator 27, 49, 54
Passwort-Manager 36
PayPal 68, 310, 314
PIN-Code 78
Play Protect 173
Play Store 165
PMF 201
Portalseiten 218
Portfreigabe 342
Portfreigabe, selbstständige 346
Ports 145, 337
Portscan 338
Portscanner 103
PPTP 221
Privates Profil 147
Programme installieren 101
PromptOnSecureDesktop 101
Prozess-Explorer 272
Prozessmonitor 276
PSD2 311

Q

QR-Code 63, 69, 211, 317

R

Registry, Gruppenrichtlinien 98
Rescue Disk 262
Rootkits 249
Root-Zugriff 180

S

Sandkasten 112
Secure Sockets Layer 282
Selbstständige Portfreigaben 346
SEPA-Lastschrift 310
Service Set Identifier 197
Sicherer Desktop 101
Sicherheit
  BitLocker 121
  Verschlüsselung 121
Sicherheitslücken 102
Sicherheitsrichtlinie 98
Signaturen 243
Silverlight 298
Skriptsprachen 287
Smart Lock 158
Sofortüberweisung 311
Software installieren 101
Speichermedien verschlüsseln 130
Sperrbildschirm
  Android 151
  iOS 183
  Windows 77, 82
Sperre 81
Sperrliste 205
SSID 197
SSL 282
Standardbenutzer 93, 95
Standardbenutzer, ohne Rückfragen 100
Sysinternals 269
Systemadministrator 93

T

Tablet wiederfinden 178
TAN-Generator 317
Tastensperre 335
Telefonnummer 68, 191
TKIP 201
TOTP 63
Touch ID 184
TPM-Kryptochip 121
TR-064 333
TR-069 333

U

UAC 93
UAP 93
Überwachter Ordnerzugriff 251
Universal Plug and Play 345
Updates deinstallieren 110
UPnP 345
USB-Stick verschlüsseln 130
USB, Virenschutz 234
User Account Control 93

V

VeraCrypt 134
Verschlüsselung 121
  Android 176
  Boxcryptor 323
  NAS 356
  VeraCrypt 134
  Windows 117
Vertrauenswürdige Geräte 159
Vertrauenswürdige Orte 159
Vervollständigen 27
Virenorakel 259
Virenscanner 262
Virenschutz
  Android 173
  identifizieren 255
  Links 257
  Lösegeld 265
  Recherche 256
  richtig reagieren 244
  säubern 257
  Sofortmaßnahmen 254
  testen 238
Virtualisierung 112
VirusTotal 273
Vorkasse 311
VPN 220

W

Wartungscenter 96
Wartungszugänge 331
Webbrowser
  Autovervollständigen 27
  KeePass 51
Webseitenberechtigungen 299
Wechselspeicher verschlüsseln 130
WEP 200
Wiederherstellungsschlüssel 131
Wi-Fi Protected Setup 206
Windows
  Anmeldung 77
  Autoruns 271
  Benutzerkonten 85
  Benutzerkontensteuerung 92
  BitLocker 121
  Defender 240
  dynamische Sperre 81
  EFS 117
  FIDO2 74
  Fingerabdruckscanner 79
  Firewall 141
  hacken 83
  Hello 80
  Konto ändern 91
  Nutzungszeit 108
  öffentliche Netze 140
  Passwort 88
  PIN-Code 78
  Prozess-Explorer 272
  Prozessmonitor 276
  Rollback 110
  Sandbox 112
  Sperrbildschirm 77, 82
  Sysinternals 269
  Update 106, 243
  Updates deinstallieren 110
  VeraCrypt 134
  Verschlüsselung 116
  VPN 225
Windows Defender 240

Windows-Kern 112
WireGuard 221
Wireshark 214
WLAN
  Gäste 208
  Netzwerkschlüssel 199
  öffentliches 214
  Portalseiten 218
  sicher einrichten 195
  unsichtbar 198
  unterwegs 214
  Wireshark 214
  Zugang beschränken 204
WPA 201
WPS 206

Z

Zertifikat 119, 355
ZIP-Archiv 29
Zugangsdaten 330
Zwei-Faktor-Authentifizierung 61
  App 67
  Apple-ID 191
  Authy 67
  Google 65
  Onlinedienst 62
  Onlinedienste 63
  PayPal 68